技术与组织关系研究丛书

主编 邱泽奇

技术与组织

学科脉络与文献

邱泽奇 主编

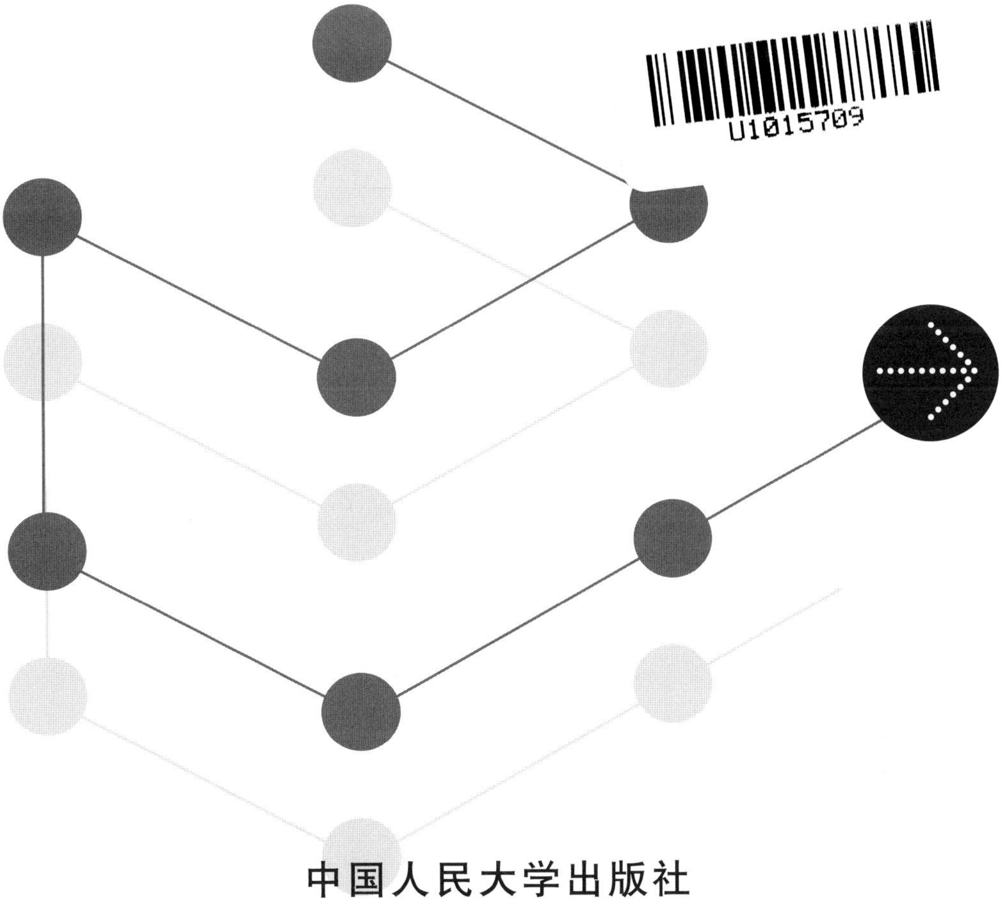

中国人民大学出版社

·北京·

总序

从 2001 年开始，我们关注到 ERP（Enterprise Resource Planning，企业资源计划）技术应用中的一些问题，譬如当时在企业界流行着这样一个段子：不上 ERP 等死，上 ERP 找死。ERP 技术应用的困境让我们注意到规模企业在运用外源性信息技术时面临的困难和抉择。譬如：用，会遇到如成本、抵制、磨合等难题；不用，又受到用了之后将提升绩效的诱惑。为此，我们组织了一个团队，在社会学组织研究领域展开了实证研究，研究的技术范围从 ERP 应用拓展到信息技术包括互联网技术应用，研究对象也从企业组织扩展到社会。

坦率地说，当我们面对中国企业的实践问题时，并不知道有技术与组织这样一个专门的研究领域。在当时的社会学界，大家熟悉和热衷的是社会分层与流动、社会资本、社会关系网络、劳动关系、“三农”等议题。对技术与社会的关系，社会学家们总觉得那是自然辩证法的内容，因此不屑一顾。尽管如此，对中国社会经济发展的关注却让我们难以放下这样一个有社会需要，而在社会学学科中不受关注且不被看好的议题。

从对青岛啤酒集团的研究开始，我们这个团队先后在马鞍山钢铁、一汽轿车、长虹电器等不同类型的规模企业展开了对 ERP 技术应用的实证研究。在研究进程中，我们一边观察企业运用 ERP 的实践，一边拓展文献的搜索范围，同时与同行进行交流。逐步地，我们了解到存在一个专门的研究领域——技术与组织，并把自己的研究与既有的研究进行衔接和比较，以信息技术应用面对实践议题引领，定位和拓展研究在知识积累中的价值，而不囿于既有的学科边界。

从“信息技术应用与组织变迁”的具体议题入手，经过十多年的摸索，我们不仅弄清楚了技术与组织研究领域的来龙去脉，也弄清楚了我们自己的研究除了可以用于理解中国企业在发展中面对的难题之外，在知识积累上也具有意义；甚至我们可把团队的研究纳入技术与组织研究的第三个阶段，即信息技术应用研究的中国实践。

这套丛书是我们十多年努力的部分产出，纳入了对规模企业信息技术应用研究的内容，希望可以让对技术与组织有兴趣的人快速了解这个领域，了解这个领域的历史脉络，也了解这个领域的最新进展，避免我们曾经在摸索上的浪费和走过的弯路。

丛书由两部分内容组成。第一部分为技术与组织研究的经典文献，目的是向读者介绍技术与组织研究领域的历史源流，重要的是了解具有节点意义的文献及其讨论的问题。第二部分是团队成员实证研究的成果，涉及技术与组织研究的不同议题。

丛书的出版历经了漫长的过程。主要影响因素是我们并不确定其对中国社会的意义。在研究之初，我们非常清楚其对企业实践是有意义的，后来我们了解到其对知识积累也有意义；只是，我们并不确定其对大众生活有怎样的意义，进而对中国社会又有怎样的意义。

随着信息技术的发展，不仅技术形态千变万化、创新百出，技术应用也已渗透到社会生活的各个领域和各个环节，进而直接改变着人类社会生产与生活。在这样的历史潮流中，中国的信息技术应用又是人类社会的排头兵，这就让我们对既往研究的社会意义产生了十足的信心，我们相信曾经被社会学学科忽略的议题会成为社会学必须关注且影响其学科发展的议题。我们甚至认为，对社会学而言，长期忽视技术议题不能不说是非常遗憾且需要引起重视的现象。我们认为，自绝于技术议题之外是不利于社会学学科发展的。我们出版这套看起来稚嫩的丛书如果说有什么意义的话，至少是抛出了一块砖头，希望引出社会学界有识之士的真玉——对技术的社会学探索的真知灼见，为新技术社会学的发展铺路。

这项研究中的成果部分得到过教育部人文社会科学重点研究基地的支持，是“技术进步与社会组织变迁”（05JJD840001）的成果，部分是研究团队成员兴趣产出的成果。

丛书的出版得到了中国人民大学出版社的支持，还得到了不同来源基金的支持。谨此一并致谢！

邱泽奇谨识

前言

文献呈现的学科发展

邱泽奇

技术与组织是一个由企业管理专家提出的议题，最初的目的是希望探讨技术与组织的交互作为一个因素对组织绩效的影响。后来，该议题逐步演化成社会科学和自然科学多个学科交汇的学术领域。在 60 年的发展中，研究的目的也突破对组织绩效的唯一关注，拓展到了在组织中运用技术的复杂主题，如创新、厂商、知识、工作、人际关系、人机关系等。这一演化本身也是一个复杂的社会过程。

总体上说，技术与组织的研究经历了三个大的历史阶段。从 1958 年英国管理学家伍德沃德（Joan Woodward）明确提出这个议题到 1980 年代是第一个阶段。这个阶段的主要议题是技术与组织结构的关系如何影响组织绩效。其中，有两个研究小组的努力是重要的，一是帝国理工小组，以伍德沃德为代表；另一是阿斯顿（Aston）小组，以皮尤（Derek S. Pugh）为代表。第二阶段从 1980 年代到 20 世纪末。在这个阶段，研究活动中心从英国到了美国，研究议题也从传统的生产技术与组织结构之间的关系及其对组织绩效的影响扩展到了组织与技术的各个维度，参与研究的学科也从以管理学为主扩展到了社会科学和自然科学的众多学科。其中麻省理工学院斯隆商学院的斯隆（Sloan）学派的影响是重要的。第三个阶段从本世纪开始，议题转向了信息技术，现在依然在进行中。

这本文集希望借13篇文献反映技术与组织研究领域在过去60年里前两个阶段的发展脉络。

第1篇文献是邱泽奇撰写的专题文章《技术与组织研究的历时脉络与未来机遇》，是为这套丛书进行专题研究的成果，比较系统地从多个维度梳理了技术与组织作为一个研究领域的发展演化。

在技术与组织研究领域存在两个传统，即英国传统和美国传统。英国传统关注技术与组织结构之间的匹配，又将技术区分为不同的类型。其中，技术的含义被约束在生产技术范围。英国传统的影响力到1970年代逐步退去了。美国传统初期将技术作为中介变量，把技术作为组织结构复杂性的影响因素之一，后在社会学结构化理论的影响下逐步建构出了“技术-个体-组织”的分析框架，把技术与组织交互的议题变成了一个非常宽泛的议题域，从个体的心理如情绪到组织的环境如制度和文化。

在学术视角上，以管理学为主的多学科和社会学之间则有着明确差异。社会学之外的学科关注绩效相关的因素如创新，细分主题的结构清晰，如“绩效-创新-厂商”“绩效-信息技术-管理”等。社会学则关注人群关联的因素如工作，细分主题分散且呈现为概念孤岛，如知识、工作等。

在理论上，早期的研究以技术中心论为主，1990年代之后情境中心论和社会中心论逐渐凸显，形成了多取向并存且各有适宜的格局。其中，情境中心论更多地强调了技术应用情境对技术效率、使用者认知、组织结构和绩效的影响及其之间的交互，形成了一个从个体到制度和文化的情境域，覆盖了取向广泛的理论探索。

作为一篇归纳性的文献，邱泽奇还针对这一领域的发展趋势指出，如果说以工厂为代表的组织是工业化时代人类社会生产与生活的基本形态，让组织绩效占据主导，那么，在信息技术应用广泛且走向纵深的时代，人的个性化的凸显则呼唤社会学对人群关注的发展和创新，为理解信息时代的技术与组织提供理论支撑。

如果希望了解这一领域的历史脉络和未来机遇，建议优先阅读这一篇文献。

第2篇文献是道森和韦德伯恩（Sandra Dawson and Dorothy Wedderburn）写的一篇“导言”，选自琼·伍德沃德的《产业组织：理论与实践》（第二版）（牛津大学出版社，1980年）。

第二次世界大战之后，作为工业革命的发源地，英国的工业生产在经历了飞速发展之后，到1950年代开始缓慢下来。产业界和学术界都在寻找保持英国工业发展优势的良方。英国皇家科学院甚至提出了专门的研究议题。“技术与组织”议题正是来自1958年伍德沃德的那份由英国皇家科学与工业研究部出版的“工业进步问题”系列的第3份报告：《管理与技术》。

当时各界对英国工业发展提出的一个问题是：工厂的生产效率，除了管理（组织），除了创新（技术）之外，还来自哪里？伍德沃德在报告中观点鲜明地回答道，每一类工厂都有自己的生产技术，每一类生产技术都要求与之相应的组织结构。如果技术与组织结构适配，则有高生产效率；否则，生产效率便会大打折扣。

从 1953 年开始专题探讨"技术与组织"议题，1958 年提交了《管理与技术》报告，之后伍德沃德继续进行实地研究，终于在 1965 年出版了《产业组织：理论与实践》。可以说，这部著作是伍德沃德积 10 余年经验研究的心得。整本书分为三个部分和两个附录。第一部分讲实地调查的目的、方法，对组织的分析，包括技术性变量、组织性变量，以及技术与组织对绩效的影响。第二部分讲具体的案例研究，包括案例研究方法、组织的解剖学、生产方式与技术，以及生产技术与控制。第三部分讲后续的研究，包括对变迁的研究以及变迁的后果。在此基础上，伍德沃德试图阐述组织理论在 10 年中的发展。两个附录则呈现了经验研究中的技术问题。

这篇导言选自《产业组织：理论与实践》的第二版。第二版出版于 1980 年，那时，伍德沃德已经离世 9 年。导言的作者是伍德沃德在帝国理工学院时的同事，对伍德沃德的工作非常熟悉。其中，道森（全名为 Dame Sandra Dawson）是著名的管理学家，担任过剑桥大学副校长；韦德伯恩教授生于 1925 年，比伍德沃德小 9 岁，专注于产业战略和贫困问题，是英国著名的左翼知识分子、社会学家。

选择道森和韦德伯恩写的"导言"作为这个领域历史巡礼的开篇，其用意在于让最熟悉伍德沃德的人来告诉我们，一个新的学术领域是如何在实践中产生的，又是如何被议题化、领域化的。我相信，对希望了解"技术与组织"研究领域缘起的人而言，没有比这篇更合适的文献了。

第 3 篇文献是希克森、皮尤和佩赛（David J. Hickson, D. S. Pugh and Diana C. Pheysey）的《操作技术和组织结构：基于经验研究的重估》，选自《管理科学季刊》（*Administrative Science Quarterly*）1969 年第 3 期。《管理科学季刊》是管理学领域创办最早的专业期刊，1956 年在美国康奈尔大学创刊，也是 1960 年代组织研究领域最权威的期刊。

文献的三位作者是英国组织研究领域著名的阿斯顿小组的成员。阿斯顿小组指 1961—1970 年期间活跃于组织研究领域的一个研究小组，负责人为皮尤。阿斯顿小组的全名为"伯明翰高级技术学院产业管理研究团队"（Industrial Administration Research Unit of the Birmingham College of Advanced Technology）。1966 年，伯明翰学院更名为阿斯顿大学（Aston University），由皮尤负责的小组也顺势成为阿斯顿小组。小组成员来自多个学科和领域，研究的议题非常广泛。

在组织研究领域，阿斯顿小组最重要的贡献在于把统计学方法引入组织研究之中。

在伍德沃德于 1965 年出版了《产业组织：理论与实践》之后，技术与组织很快变成了有争议的实践与理论议题。阿斯顿小组的这篇文章对于我们理解当时学术界尤其是组织研究领域的观点，至少提供了一家之言，也为理解英国传统的研究提供了例子。

不仅如此，这篇文章也是英国在组织研究领域最有影响力的学者之间对"技术与组织"的切磋，让我们有机会品味英式的学术探讨。我们知道伍德沃德在讨论中将技术与生产关联，区分了小批量生产技术、大批量生产技术和连续生产技术。在这篇文章中，作者将技术区分为操作技术、材料技术和知识技术，让组织规模作为调节变量直接进入技术与组织关系机制的讨论中，进而直击当时管理学领域的争论焦点：技术与管理是否有关？作者的回答是，是否有关取决于组织的规模和技术的类型，而没有一个笼统的答案。

第 4 篇文献是巴利（Stephen R. Barley）的《技术作为结构化的诱因：观察 CT 扫描仪与放射科社会秩序获取的证据》，选自《管理科学季刊》1986 年第 1 期。正如之前两篇选题说明指出的，技术与组织是源自英国工业发展实际困境的议题，在英国传统的研究中，"技术"始终被约束在生产技术的范围，尽管阿斯顿小组区分了操作技术、材料技术、知识技术等，其约定依然留在生产技术的范围内。事实上，在伍德沃德离世（1971 年）之后，无论是帝国理工学院的研究还是阿斯顿小组（1970 年解散）之后的研究，都没有突破伍德沃德的遗产。

当美国学者对技术与组织或对组织发展的技术因素的关注获得重视时，时间已经进入 1980 年代。早在 1960 年代，美国学术界在组织研究中就关注过技术，如马奇（James March）主编的《组织手册》，佩罗（Charles Perrow）的相关讨论，都涉及技术与组织。不过，那时还不像英国将其作为影响组织绩效的直接因素，而是作为影响组织结构复杂性的因素。基本的路径是，技术影响组织复杂性，组织复杂性影响其他，组织绩效是其中的一个因变量。

巴利的这篇文章正是在这样的理论脉络中出现的，它试图回答技术与组织结构复杂性之间有着怎样的动力机制。其中，最重要的是其将社会学观察问题的视角带入了技术与组织研究。如果说英国传统的研究是典型的从管理学切入的努力，那么，值得注意的是，在美国传统的研究中，从一开始就有社会学家参与，巴利则在研究中明确地把技术作为社会因素，把组织结构作为社会过程，试图证明技术不是决定而只是触发了组织结构的变化，且可以获得不同的组织结果。关注英美传统之间学术议题和指向的差异，是理解其后在技术与组织研究领域理论脉络多样化的基础。

巴利的学术生涯始于麻省理工学院的斯隆商学院，他曾先后在康奈尔大学和斯坦福大学的管理学院任教。在技术与组织研究领域，斯隆学派关注更多的是技术的界面问题，用通俗的话说，即人机界面。在后面的文献中，可以更清楚地看到这一点。巴利发表这篇文章的时候，博士毕业刚刚两年。在文章中，他并没有直接继承斯隆学派的衣钵，而是更多地在结构维度进行讨论，尽管隐含着结构的结构化过程。至于斯隆学派的掌门人奥利科夫斯基（Wanda J. Orlikowski）明确提出技术的结构化模型，则是 6 年之后的事了。

第 5 篇文献是威克（Karl E. Weick）的《技术的多样性：新技术的意义建构》，选自古德曼和思普鲁尔（Paul S. Goodman and Lee S. Sproull）主编的《技术与组织》（乔塞-巴斯出版社，1990 年），这篇文章是该文集的第一篇。

古德曼和思普鲁尔主编的这本文集是迄今为止唯一一本试图建构技术与组织研究知识体系的。我们知道管理科学的传统之一是泰勒的科学管理，对科学管理提出挑战的就有融合了工程、心理、社会等学科的卡内基·梅隆学派。领头人赛特（Richard M. Cyert）是卡内基·梅隆学派的奠基者之一。文集的编者之一古德曼正是卡内基·梅隆大学以赛特冠名的教授，他出身于心理学，在组织心理学领域卓有建树。文集的另一位编者思普鲁尔则是一位社会学家，专长是管理领域的信息技术应用研究。在主编这本文集的时候，她正在卡内基·梅隆大学任教，与古德曼是同事。

如此，我们便可以理解为什么文集的第一篇便是威克的文章。威克是一位传奇的组织心理学家，有纯正的心理学背景，却对组织的心理学议题极其痴迷。为了让他博士毕业，俄亥俄州立大学心理学系专门为他设置了一个学位：组织心理学。其实，在组织研究中，威克是一位绕不过去的学者，他曾被新制度主义的代表人物之一斯科特（W. Richard Scott）称为组织研究领域最聪明的人。

在技术与组织的研究中，心理因素曾经是被忽略的变量。在这篇文章中，威克把人们对技术的理解作为影响组织结构的变量，创建了技术与组织研究的心理路径。这篇文章的“聪明”之处不仅在于提出了组织中人们对技术有自己的理解，且人们的理解在多个维度都可能不一致，进而影响到技术与组织结构之间的复杂关系，更重要的是，作者选择了“新技术”作为研究对象，即让人们面对一项之前都没有接触过的技术时，各自如何建构技术的意义，人们不同的建构又如何影响组织结构；其中最重要的是，他把人们面对新技术时的“情绪”引入分析，提出了有关技术和组织结构的结构化议题，并强调了技术与个体、组织之间“耦合”关系，其中，“松散耦合”（loose coupling）正是威克对组织研究领域最重要的贡献之一。

第 6 篇文献是古德曼、格里菲斯和芬纳（Paul S. Goodman，Terri L. Griffith and Deborah B. Fenner）的《在组织脉络中理解技术与个人》，同样选自古德曼和思普鲁尔主编的《技术与组织》（乔塞-巴斯出版社，1990 年）。这篇文章是该文集的第二篇。

前面已经有对古德曼的介绍，这里不再重复。

文献的第二位作者现在是圣塔克拉拉大学（Santa Clara University）商学院的副院长，专注于技术与组织决策研究，曾经做过泰德（TED）演讲，还拥有自己的生意，其2011年的著作《插件管理者：协调让人、技术与组织兴旺》（*The Plugged-In Manager：Get in Tune with Your People，Technology，and Organization to Thrive*）获得了众多奖项。她还是2012年硅谷最有影响力的100位女性之一。参与这篇文章写作的时候，她还在卡内基·梅隆大学攻读博士学位，文集正式出版的时候她已经在亚利桑那大学谋得了第一份教职。

第三位作者在文集出版时还在卡内基·梅隆大学攻读博士学位，有关其之后的职业生涯，我们没有找到更多的信息。

选择这篇文献的直接理由是它关注到技术对个体即技术使用者的影响，同时也关注到个体使用对技术的影响。尽管作者没有明确提出来，但文献却在事实上把传统的技术与组织的研究框架扩展为“技术-个体-组织”三位一体的框架，并将分析的层次从结构降低到个体，将分析维度从结构耦合扩展到应用中的互动，使得对技术与组织的探讨从曾经的决定论取向开始转向情境分析，对以斯隆学派为代表的技术二重性讨论，乃至技术与组织的“社会物质性”理论的发展都产生了重要影响，对我们讨论技术与组织的相互建构也产生了直接影响。

不仅如此，其建构分析工具的努力也是继伍德沃德之后的有益尝试。

第7篇文献是苏斯曼（Gerald I. Susman）的《工作组：自主性、技术与选择》，同样选自古德曼和思普鲁尔主编的《技术与组织》。这篇文章是该文集的第三篇。

在技术与组织的研究中，分析单位或层次也是一个曾经被忽略的问题。在古德曼、格里菲斯和芬纳的文章之前，学者们完全没有关注技术与组织的分析层次，而将其默认为组织结构。其实，结构也是有层次的，在我们团体的研究中充分地注意到了这一点。我们知道任何一个生产组织，只要是用到设备，都会区分组织层次，这是从管理学产生之初便被默认的事实。或许正是因被默认，也就被忽视了。古德曼、格里菲斯和芬纳的文章注意到了技术应用的个体，并将个体对技术的理解、意义赋予与应用纳入分析之中，拓展了这个领域的研究范围。苏斯曼的研究则关注到群体层次，进一步丰富了技术与组织研究的分析单位。不仅如此，文章选择的切入点也值得欣赏，那就是把新制造技术的应用作为情境，既能观察到原有技能的影响，又能观察到在面对新的、不熟悉的技能需求时使用者的反应。选择任务小组作为分析单位，观察到的是群体合作的模式与目的，那就是解决技术应用中遇到的问题。

苏斯曼是宾夕法尼亚大学的讲席教授，他毕业于加利福尼亚大学伯克利分校，属于 3B，即从本科到博士都是在伯克利度过的。他从 1969 年开始从教，始终关注的只有一个议题，那就是技术与组织变迁的管理。写这篇文章的时候，他已经在学界多年，处于对技术与组织研究洞察力最敏锐的职业阶段。这篇文献虽然不长，却非常值得研读。

第 8 篇文献是奥利可夫斯基（Wanda J. Orlikowski）的《技术的二重性：对组织中技术概念的反思》，选自《组织科学》（*Organization Science*）1992 年第 3 期。

从第 1 篇文献我们知道，美国社会科学界对组织中的技术议题有自己的理解，学者们也将技术与组织作为一个议题来对待，不过，不像英国学者那样认为技术与组织是一个因素，而是认为技术是影响组织复杂性的因素之一，组织复杂性又是组织研究关注的议题。在这个脉络下，我们可以把英国的研究看成管理学取向的研究，把美国的研究看成社会学取向的研究。理解了这一点，如果进一步把泰勒科学管理的传统纳入背景，就容易理解第 5 到第 7 篇文献的知识背景和奥利可夫斯基这篇文献的学术基础了。

简单地说，奥利可夫斯基认为美国传统的研究已经进行了大量的实证研究、经验研究，从个体、群体到组织层次，无论是在管理学还是在社会学领域，因此是时候在理论上进行归纳了。正是其在理论上的企图，加上那个时间段吉登斯（Anthony Giddens）结构化理论在社会科学领域的影响力，让奥利可夫斯基试图把组织中的技术与组织现象放在社会学的宏大理论背景下来探讨。我认为，这是理解这篇文献不可以忽略的背景。

一如奥利可夫斯基在文章的摘要中陈述的，她希望建构一个理论模型，用于考察技术与组织间的互动关系。在她看来，早期的研究假定技术是一个客观的外部力量，对诸如结构之类的组织属性有决定性影响。后来的研究集中于技术人性化的一面，把技术看作战略选择和社会行动的后果。奥利可夫斯基认为这两种观点都不完整，因此需要对技术重新进行概念化，以用于理解人类选择、技术发展与使用，以及组织设计三个方面的局限与机会。所谓“二重性”即是认为，技术既有其外在性，也有其使用者的建构性。

对技术二重性的探索，为其后将技术放在“技术-个体-组织”关系中理解，进而建构有关技术的社会物质性理论提供了概念基础。要理解奥利可夫斯基后来发展的社会物质性理论，这篇文献是基础。

重要的还有，这篇文献为我们团队提出技术与组织的相互建构提供了知识前提，也提供了重要启发。

第 9 篇文献是拜卡（Wiebe E. Bijker）的《荧光照明技术的社会建构》，选自维贝 · E. 拜卡和约翰 · 劳（Wiebe E. Bijker and John Law）的《形塑技术与建构社会：社会技术变迁研究》（麻省理工学院出版社，1992 年）。

到第 8 篇文献为止，我们的视野局限在技术与组织这个专门领域。其实，第 8 篇奥利可夫斯基的文献已经让我们看到，对技术与组织的研究离不开社会科学的理论发展。其中，对技术与社会的研究是更加直接的影响源。在技术与社会研究领域，从默顿（Robert K. Merton）创立“科学-技术-社会”（STS）框架（《17 世纪英国的科学、技术与社会》）开始，对技术与社会的研究始终处在比较混乱的、多学科的争议之中，不区分科学与技术是其中的一个状态，另一个状态是在技术与社会研究中的决定论。其中，技术决定论具有悠久的传统，也有众多的文献。

从这一篇文献开始，我们将跳出技术与组织专题来观察技术与组织研究。

选择拜卡的这篇文献是希望呈现另一个决定论，即社会决定论。说“决定论”有一些严重，更加妥帖的说法是社会中心论。在文章中，拜卡试图用荧光灯技术的创新与扩散来证明荧光灯技术的发展是因各类社会群体的参与而社会性地塑造和再创造的。值得注意的是，在技术的推广阶段，社会建构是一股重要的力量，直接影响着技术的状态和形制。

看起来这篇文献和技术与组织研究的关系不大，事实上却有着直接的关系。作为理论来源，对技术与组织的探讨离不开一般意义的理论环境，尤其是相关领域。这篇文献正是相关领域的理论环境，那就是技术扩散，技术在组织中的应用正是技术扩散的一部分。

当然，技术扩散是另一个重要的多学科领域，也有一系列文献，最早的是罗杰斯（E. M. Rogers）的《创新的扩散》，这篇文献是偏重于社会中心论的。

拜卡是荷兰马斯特里赫特大学（Maastricht University）的教授，担任过社会科学与技术系的主任。他父亲是一位工程师，而他自己则是坚定的社会建构论者，他出版的几乎所有论著都持社会建构论立场，尽管他自己也接受过工程教育。

第 10 篇文献是休斯（Thomas P. Hughes）的《技术动力论》，选自马利特·R. 史密斯和里奥·马克斯（Merritt Roe Smith and Leo Marx）主编的《技术推动了历史吗？技术决定论的困境》（麻省理工学院出版社，1994 年）。

在社会的意义上，技术是如何发展的？把这个问题放回到技术与组织框架中，那就是技术是如何出现在组织中，组织中的技术又是如何发展的。我们知道有众多的文献在讨论技术创新，从 1930 年代开始，技术创新就是一个热门议题，且始终热门。在组织研究领域，伯恩斯和斯托克（Tom Burns and G. M. Stalker）1961 年的《创新的管理》更是被不断引用的文献。不过，我们希望看看在社会意义上人们如何讨论技术的创新与发展。为此，我们选择了这篇文献。

与其他著作不同，这篇文献对出处有清晰的介绍。如果希望了解文献的前因后果，读者可以翻到参考文献处去了解。这里我们希望说明的是，技术中心论和社会中心论始终是许多人不大赞成的理论取向。为了说明技术发展的动力既来自社会，也来自技术群体，休斯提出了技术体系概念。其实，在组织研究中，这是一个成熟的概念，有兴趣的读者可以参考斯科特和戴维斯（W. Richard Scott and Gerald F. Davis）的《组织理论》的第六章，有关技术体系的专题论述还可以参考阿瑟（W. Brian Arthur）的《技术的本质：技术是什么，它是如何进化的》的第二章。

为了区别于技术决定论和社会决定论，休斯提出观察技术体系，因为处于不同发展阶段的技术受到的影响的力量来源不同，从整个技术体系来看，也就很难判断到底是社会在决定还是技术本身在决定，为此他主张采用“技术动力”概念。而这正是对拜卡很好的尽管并非直接的回应。

休斯是一位技术史专家，2014 年离世前是宾夕法尼亚大学的教授，是技术史学会（Society for the History of Technology）的三位发起人之一，曾获得过技术史学会的最高荣誉达·芬奇奖（Leonardo da Vinci Medal），技术动力学是他在技术史研究领域最重要的贡献之一。

受此启发，在技术与组织的研究中，我们团队认为技术应用的阶段对理解技术与组织之间的交互异常重要。在我们的研究中，从技术的外源性入手便严格地区分了从技术引进、技术导入到技术使用的各个阶段。唯有如此，才能明确理解技术与组织之间的关系本质。正如在第一篇文献中阐述的，我们更加倾向于“情境中心论”。

第 11 篇是布卢姆菲尔德、库姆斯、欧文和泰勒（Brian P. Bloomfield，Rod Coombs，Jenny Owen and Paul Taylor）的《作为管理者的医生：建构国家医疗服务系统及其使用者》，选自布卢姆菲尔德、奈茨和利特尔（Brian P. Bloomfield，David Knights and Daniel Little）的《信息技术与组织：战略、网络与整合》（牛津大学出版社，1997 年）。

信息技术虽然早在 1950 年代就已经是运用于军事和企业组织的技术，可其真正对组织和社会产生影响还是 1990 年代及以后。我们的研究正是从这个阶段切入的。这篇文献说的也是这个阶段的故事。

在组织的发展变迁中，信息系统试图将每一个人卷入其中，在医疗系统中还包括医生。在传统的组织体系中，医生是凭借自己的职业训练和逐步积累的缄默知识展开工作的，这也是医院组织相对独立的一部分，医生通常只做医生的事：诊断与治疗。建设一个信息系统的初衷，是为医生的诊疗活动提供工具，譬如记录诊疗的过程、与其他医生的诊疗进行比较和参照，可建设信息系统本身却让医生直接参与了业务管理。

从今天的知识出发，我们知道信息系统看起来是一个工具，事实上是“连通性”。尽管文章讨论的现象都可以运用“连通性”进行解释，可是在那个年代，认识到信息技术应用对既有组织的影响并试图回避不良影响是现实的议题。在决定论或中心论的理论背景下，这篇文献的经验事实与理论讨论清晰地呈现了信息技术与组织的关系不同于之前讨论的技术这一事实。信息技术的外源性、渗透性、全局性极大地扩展了技术与组织的讨论空间。

我们的研究也正是在这个背景下获得了现实的意义与理论拓展的空间。

这篇文献的作者是一个混合团队，其中布卢姆菲尔德是兰卡斯特大学（Lancaster University）管理学院的教授，专注于技术、系统与组织研究。库姆斯是曼彻斯特大学的教授，专注于创新与技术变迁的经济学研究，还担任过曼彻斯特大学的副校长，并在该职位上退休。欧文是谢菲尔德大学（The University of Sheffield）的专家，专注于公共健康方面的研究，也已经退休。遗憾的是，最后一位作者泰勒，我们没有找到相关的信息。这些作者从各自的专业素养出发，让一个具体的技术议题具有了重要的社会意义。

第 12 篇文献是奥利可夫斯基和巴利（Wanda J. Orlikowski and Stephen R. Barley）的《技术与制度：信息技术研究和组织研究相互学习什么?》，选自《管理信息科学季刊》（*MIS Quarterly*）2001 年第 2 期。

同样是关注信息技术，这篇文献则试图对社会学的组织研究成果加以借鉴。

奥利可夫斯基和巴利两位都是偏好和亲近社会学理论与方法的学者，不仅对管理学的技术议题研究有重要影响，对社会学组织研究中的技术议题也有重要影响。可以说，在多学科的组织研究中，提到技术议题如果不提这两位或其中的一位，那就意味着基本没入门。

在前面的文献中我们分别选了他们各自的一篇，一篇是从英国传统到美国传统桥接与过渡的重要文献，另一篇则是开启美国观点的宣誓性文献。在这篇文献中，两位首次合作，貌似也是唯一的一次合作，讨论的则是在技术与组织研究中长久被忽视的另一个重要变量：制度。

我们知道从 1980 年代起，以迈耶（John Meyer）为代表的新制度主义在组织研究中崛起，形成了社会学组织研究的复兴。如果说卡内基-梅隆学派从多学科视角切入曾经让组织研究风生水起，成为批判泰勒科学管理的先锋，那么，默顿领导的哥伦比亚学派则直接从社会学视角切入，从对科层制的反思入手，让社会学在组织研究中占据了理论领袖的位置。其后，管理学一系列实践性理论的发展让社会学的影响慢慢消退。1980 年代的新制度主义从反思旧制度主义入手，再次让制度进入组织研究的视野，让社会学的影响重现。

这篇文献秉持学术开放的态度，敏锐地观察到了技术与组织研究中对制度变量的忽视。尽管人们说技术研究与组织研究之间能相互借鉴和受益，但是客观地说，技术与组织研究在宏观与微观之间存在一个断层，制度正好是填补断层的中间变量。因此，技术研究从中受益更多。选择这篇文献也正是希望读者能看到学科交叉的受益模式。

第 13 篇文献是博特纳（Matthew S. Bothner）的《竞争与社会影响：第六代处理器在全球电脑行业中的扩散》，选自《美国社会学杂志》（*American Journal of Sociology*）2003 年第 6 期。

如果说制度是技术与组织研究曾经忽略的一个变量，那么，市场则是其忽略的另一个重要变量。显然，这是选择这篇文章的一个理由，另一个重要的理由是它是发表在社会学主流期刊上的文章，它证明了我们之前的判断：社会学家们的兴趣还在传统的社会分层与流动中，对在社会发展变迁中扮演重要角色的技术要么视而不见，要么有意回避，这进而造成了社会学在技术驱动社会变迁的探讨中的失语。

坦率地说，文章并无多少新意，只是把博弈论思想引进技术扩散的研究之中，且关注到了行动者关系的网络特征，而文章又特别强调非网络因素的影响，类似于在给组织研究的权变理论寻找现代环境下的运用接口。不过，它关注到市场竞争对技术采用的影响，这正是技术与组织研究中需要警醒的。

博特纳现在是欧洲管理与技术学院（European School of Management and Technology）的教授，这篇文章发表的时候，他从哥伦比亚大学社会学系获得博士学位并在芝加哥大学找到第一份教职，现在则专注于战略管理研究。

到这里，我们可以对这本文集做一个总体的说明了。第一，它希望读者可据此了解技术与组织研究发展的总体脉络，即从议题到关联变量的发展。第二，它希望读者明了技术与组织的研究不是一个孤立的领域，而是在社会科学发展中的领域。第三，它还希望指出技术与组织的研究并不能脱离一个社会的制度与市场，甚至不能脱离一个社会的文化。

这本文集的出版历经 10 年之久，多方机构和人员对此做出了重要贡献。其中，选题是我们研究团队共同努力的结果，刘振业、刘小涛、谢铮、刘伟华的研究工作对此产生了影响，张燕、王旭辉、任敏在选择文献的进程中提供了重要意见，各位译者和校者对译文的质量产生了直接影响，王旭辉为译稿的统校工作付出了大量汗水，宋义平和中国人民大学出版社的潘宇编审及文字编辑对文集的出版付出了辛勤的劳动，谨此一并致谢。

目 录

技术与组织研究的历时脉络与未来机遇*

邱泽奇

在任何形态的组织中，无论在哪儿都能发现新的技术。
——Paul S. Goodman and Lee S. Sproull，1990：xi

一、问题与数据

在工业化的进程中，有两个元素相辅相成，这两个元素就是技术和组织。人类对这两个元素各自的关注与工业化进程同步，可对两者关系或合并的关注却非常晚，且进程并非尽如人意。

人类对技术的探讨有着悠长的历史（布莱恩·阿瑟，2014），也有着极大的广度，从发明技术、使用技术、改进技术，到更新技术，直至把技术发展作为国策（李伯重，2017）。不过，既有的文献并不系统，只是或零星或局部地展示着人类与技术之间的复杂联系[①]和对技术探讨的复杂格局。

对组织的探索也历史悠长（邱泽奇，1999），从《荀子·

* 文中的部分计算工作得到了陈华珊、尚进，特别是乔天宇的帮助，张燕、王旭辉、任敏对初稿提出了修改意见，谨此一并致谢！本文的简写稿发表于《社会学研究》2017年第4期。

① 对技术与人类发展有兴趣的读者可以参阅查尔斯·辛格等主编的7卷本《技术史》（辛格，霍姆亚德，霍尔，2004）。

王制篇第九》拿人与牲畜比较来说明组织的合力，到亚当·斯密《国富论》在劳动分工中阐发组织的效率，再到韦伯、米歇尔斯对科层制的论述，对组织的探索已经是一个庞大的跨学科领域（斯科特，戴维斯，2011：第一章）。

在组织研究中，人们认识到技术和组织分别是影响组织绩效的因素。工程师探讨技术创新和改进，组织专家探讨组织改进和创新。在相当长的时间内，人类对技术和组织的研究各自独立，形成了各自的传统。目的都是提高组织绩效。直到1950年代有人指出单纯关注技术或组织的突进，都不一定能提高组织的绩效，且观察到技术与组织的交互对组织绩效也有重要的影响（Woodward，1958），技术与组织才引起广泛关注，成为一个专门的研究领域。

在过去的近60年里，技术与组织主题受到多个学科的关注。管理学、社会学、经济学、政治学、工程学、信息科学、行为研究等学科的学者们在各自的学科内做了大量工作。可是，隔行如隔山，学科之间的隔阂让面对同一个主题的不同学科的学者们对总体格局并不熟悉。

曾有文献对技术与组织主题的某个或某些维度进行过综述。不过，这些综述或专注于一类理论视角（张燕，邱泽奇，2009），或专注于一类技术如信息技术（李治堂，吴贵生，2008；齐晓云，毕婷，周志永，2012；李小卯，2000；曾楚宏，王斌，2011；杨梦园，2015；陈文波，黄丽华，2006；Dedrick，Gurbaxani and Kraemer，2003；Brynjolfsson and Yang，1996；Leidner and Kayworth，2006；Wade and Hulland，2004），或专注于其他维度（Phillips，Griffiths and Sewell，2010）。这些探索为相关研究提供了索引，对学科的发展功不可没。不过，由于过于零碎或专门，难以呈现研究领域的整体图景。

还有文献曾试图建构“技术与组织”的知识体系（Goodman and Sproull，1990；Hunt，1970；Aldrich，1972；Blau et al.，1976），由于没有后继研究而中断。当然，在今天看来，即使认同那时的知识体系，技术与组织的快速发展也让其变得陈旧和不完整。

没有整体图景和更新的知识体系，让对技术与组织有兴趣的人们无从涉足，难以对研究主题准确定位，也难以在有兴趣的现象或议题上找到有意义的学术生态位（niche）。进一步的困境是，让辛辛苦苦的研究或变成既有研究的重复，或仅增加既有结论的例证。可能幸运地无意中为既有知识增加一个新的“点”，却不一定了解这个点与其他相关知识的关系，不能形成对研究领域相关知识的有机拓展与推进，进而损失研究应有的价值。

每一次技术与组织的巨变都给人类社会提出巨大的挑战。在工业领域，从蒸汽机、电力，到信息技术，人类正在迈进智能制造、智能服务、智能生活和人机融合的时代，技术与组织的变革再一次进入关键时刻。把握技术与组织研究的整体知识图景对理解正在发生的变革和即将出现的变革具有未雨绸缪的意义。

本文的数据由三部分构成。第一，运用传统的主题检索[①]方法获取相关图书、期刊文献、学位论文数据。(1) 运用中国知网、JSTOR、ScienceDirect 等数据库进行主题检索。(2) 专题查找社会科学综合、社会学、经济学、管理学、政治学、教育学、科学学、软科学、信息科学等主要中英文期刊（参见附录一）。(3) 运用北京大学、清华大学、哈佛大学、麻省理工学院、斯坦福大学、大英图书馆的在线书目数据库检索相关图书和丛书。在检索后经过整理，获得文献近 3 000 篇/部，逐一筛选后留存的文献为 1 021 篇（部）。[②] 其中，英文 878 篇/部，中文 143 篇/部；期刊文章 853 篇，图书 76 部，学位论文 74 篇，研究报告 1 篇，会议论文 4 篇，其他 13 篇。运用这部分数据，通过阅读文献获得对技术与组织研究的多学科格局与社会学关注的感知。

第二，科学网（Web of Science，以下简称 WoS）在线数据中的核心合集。WoS 收录了自 1898 年以来 5 900 万个以上的文献记录，其中接近 100%是西文期刊记录，还有极少的丛刊或其他类型的文献，是最丰富和最全面的西文期刊数据集。为从总体上把握对技术与组织研究的多学科格局，本文运用 WoS 主题检索“technology and organization（技术与组织）”获取多学科数据，运用 WoS 分析工具分析技术与组织文献在不同学科的分布，运用 WoS 数据工具提取主题词和被引用次数等数据用于进一步分析。运用这部分数据，通过分析获得技术与组织研究的多学科格局和社会学关注，并比较两者之间的异同。

第三，谷歌学术（google scholar）的网络数据。谷歌学术在文献来源上具有综合性（图书、图书章节、期刊、报告、学位论文等），可以弥补 WoS 在文献来源上的偏差（仅期刊数据）。(1) 运用谷歌学术主题检索“技术与组织”，运用谷歌算法按照主题相关性由高到低排序，获取多学科综合数据。(2) 运用网络数据搜集工具获取前 1 000 条记录的字段数据。(3) 逐条记录、核对文献各字段数据的准确性，筛选文献，将其整理为可分析的数据。鉴于谷歌学术数据并不完整，故在后面的分析中仅运用这部分数据佐证对学科格局和理论取向的探讨。

对搜集到的文献，采用文献工具（Zotero 和 EndNote）进行整理，形成文献数据库。对用于计算的数据，依据计算需求进行整理，包括运用 Python 脚本对文献主题词进行分词，形成计算用的数据库。在分析中还综合运用了多种工具，如 Excel，Stata，Gephi 等。

本文分为五部分。第一部分交代讨论的起点、目的与数据来源。第二部分讨论“技术与组织”的多学科研究的整体格局，并关注社会学的位置。第三部分比较多学科与社会学的细分主题，呈现不同学科包括社会学的主要议题。第四部分

---

① 主题检索指按文献内容进行的检索，一般包含题名、摘要、主题词、关键词等与内容相关的字段，而不仅仅检索主题词。其中，主题词是文献编录机构依据文献内容添加的主题词标签。

② 在写作中，对进入数据库的数据有调整，不过，不同类型数据的结构趋势未变。

分析多学科与社会学细分主题之间的关联关系，并阐述技术与组织研究的理论取向变化。第五部分探讨技术与组织研究面对的挑战和可能的未来。

本文的基本观点是，“技术与组织”是一个综合技术特征与组织特征关系的主题，技术在变化，组织在变化，两者特征关系的主题也在变化。在宏观上，技术和组织的创新与应用是组织绩效的基本来源；在中观上，尤其在组织内部的不同应用层次上，任何一方都不能绝对左右或决定另一方；在微观上，个体的知识与技能又直接作用于技术在组织中的应用。在理论取向上，从曾经的只强调技术中心论、情境中心论、社会中心论转向了多种取向并存，不同取向适用于不同现象的格局。

二、技术与组织研究的多学科格局

人们很容易观察到技术与组织的紧密联系，没有组织不运用技术，也没有技术不在组织中运用（Phillips，Griffiths and Sewell，2010）。技术与组织甚至是一体两面。那么，在过去的 60 年里，人们对技术与组织的理解到底呈现为怎样的格局呢？这一部分将分别运用期刊文献和图书文献数据分三段讨论技术与组织研究的多学科格局。

出于对绩效的关注，在泰勒（Frederick Winslow Taylor，1856—1915）和法约尔（Henri Fayol，1841—1925）时代，人们对管理议题就已着迷①。管理活动虽然存在于工厂、学校、政府等各类组织之中，但人们更加重视的还是与生产活动相关的组织。同时，人们很早也关注了创新的影响（Burns and Stalker，1961），认为技术创新是提高组织绩效最有效的途径。

无论是关注管理，还是关注创新，在相当长的一段时间里，组织研究的成果散布在各个学科譬如管理学和社会学的专业期刊之中，直到 1980 年欧洲组织研究群体（European Group for Organizational Studies，EGOS）创办《组织研究》（*Organization Studies*），1990 年美国管理科学研究院（The Institute of Management Sciences）创办《组织科学》（*Organization Science*），以及 1994 年 Sage 出版公司出版《组织》（*Organization*），才使得多个学科的组织研究有了相对集中的呈现载体。

《组织研究》试图超越国家和地区，超越学科壁垒，反映学术界对组织研究的兴趣和有关成果（Hickson et al.，1980）。《组织科学》则试图超越规范科学（normal science）的约束，以实践议题为导向，初期关注商业组织和政府组织

① 附录一显示，管理学期刊的创办时间远远早于组织研究的期刊，这就是证据之一。

(Daft and Lewin, 1990), 如今, 其关注的学科范围已经覆盖到人工智能、沟通理论、经济学、历史学、信息科学、组织理论、政治学、心理学、社会学、战略管理和系统理论等。《组织》也是一份跨学科期刊, 强调有着更宽的议题范围 (Mike and Mats, 1994), 譬如组织中的性别、宗族, 组织与解体, 消费与组织, 组织的时空, 组织认同, 生态与组织, 组织死亡, 法律与组织, 组织与后现代等①。

早在 1950 年代, 琼·伍德沃德 (Joan Woodward) 就因应管理实践困境展开对技术与组织的探讨。她在管理和创新至上的背景下观察到"技术与组织"交互对组织绩效的影响, 提出了探讨组织绩效的新思路, 成就了在管理研究中不直接以组织绩效为目的, 而是通过对技术与组织的探讨来观照组织绩效的一片新天地。②

在半个多世纪的发展中, 对技术与组织进行探讨的学科, 在社会科学中, 除社会学以外, 还有管理学、经济学和政治学等; 在自然科学中, 则有信息科学的多个学科。对技术与组织的研究, 直到今天依然是一个多学科的领域。

(一) 学术期刊进行专题探讨

在文献维度上, 与组织研究的早期情形类似, 有关技术与组织研究的文献主要散布在各类图书和期刊之中。从下面的事实可以看出, 即使是专注于组织研究的期刊, 对技术与组织这个主题的关注也融汇在组织研究的大主题之中。

在创刊后的 35 年里,《组织研究》出版过"信息时代的铁笼: 马克斯·韦伯组织研究的遗产与关联" (2005 年第 4 期)、"管理创新的生产、扩散与采用" (2014 年第 9 期)、"网络动态的转型性和创新性力量" (2016 年第 3 期)、"不适、迷途与主流: 创造性产业的创新" (2016 年第 6 期) 等四期技术与组织的专刊。

在以技术创新和应用见长的美国,《组织科学》在过去的二十多年中也出版了两期相关的专辑。1992 年第 3 期出版了专辑"技术的管理", 在生产过程的意义上讨论了组织应对技术变迁的效率 (Tyre and Hauptman, 1992), 技术竞赛的代理人理论 (Lawless and Price, 1992), 知识、兼容与技术迭代的关系 (Kogut and Zander, 1992), 技术的二重性 (Orlikowski, 1992), 技术网络与创新的关系 (Pennings and Harianto, 1992)。2007 年第 5 期出版了专辑"信息技术与组织的功能和形态", 专题讨论了信息技术与组织能力 (Aral and Weill, 2007)、组织变

---

① 这 3 份期刊在学术界有着不同的影响力。影响力最大的是《组织科学》, 近 5 年的影响因子为 6.137; 其次是《组织研究》, 近 5 年的影响因子为 3.899;《组织》的影响力相对较弱, 近 5 年的影响因子为 1.777。尽管影响因子不是绝对指标, 但在相对意义上, 也具有参考价值。

② 英国专注管理学和工程学的出版公司埃默拉尔德 (Emerald Group Publishing Limited) 在 2010 年出版了一本文集 (Phillips, et al., 2010), 用以纪念技术与组织领域的开拓者伍德沃德。伍德沃德于 1971 年去世, 终年 54 岁。去世前, 她是伦敦帝国理工学院的教授。她去世后, 受伍德沃德学术恩泽的同行后生在帝国理工大学设立了伍德沃德讲座 (The Joan Woodward Lecture) 以推动学术界对技术与组织的研究。

迁（Leonardi，2007；Zammuto et al.，2007；Volkoff，Strong and Elmes，2007）、组织学习（Kane and Alavi，2007）、技术和组织的模式（Pentland and Feldman，2007）以及组织形态（Sahaym，Steensma and Schilling，2007）。

在关注管理的期刊中，1956 年创刊于美国康奈尔大学的《管理科学季刊》（*Administrative Science Quarterly*）出版了两期与技术有关的专题。1965 年的第 1 期专题“组织中的专业人员”讨论了诸如科层制与创新（Thompson，1965）、价值取向和管理人员与科学家的关系（La Porte，1965）、专业组织中的监管（Scott，1965；Evan，1965）、激励（Glaser，1965）和评估（Freidson and Rhea，1965）等议题，探讨如何管理专业人员。1990 年的第 1 期专题“技术、组织与创新”探讨了组织中的创新（Henderson and Clark，1990）、技术系统的组织生态（Barnett，1990）、技术与结构的一致性（Barley，1990）、技术变迁与社会网络结构和权力的关系（Burkhardt and Brass，1990）、吸收能力（Cohen and Levinthal，1990）、企业研发的边界（Pisano，1990）等非常有意思的议题。

（二）专业图书建构知识体系

如果说在期刊文献中我们看到了“技术与组织”专题的话，那么，在图书中则有以“技术与组织”为题的专著、“乔塞-巴斯管理学丛书”（The Jossey-Bass Management Series）之一《技术与组织》（*Technology and Organizations*）（Goodman and Sproull，1990）。这部专著从对技术的理解开始，依次讨论了个体与技术、群体与技术、技术与结构、技术与管理、技术与组织的跨国比较、技术与组织的经济制度分析、技术与新组织形式等。每一章的作者都是组织研究领域响当当的人物，像古德曼（Paul S. Goodman）、马奇（James G. March）、威克（Karl E. Weick）、苏斯曼（Gerald I. Susman）、斯科特（W. Richard Scott）、莫维利（David C. Mowery）、瑞迪（Raj Reddy）等。在这部专题著作之外，还有两部相关的著作（Scarbrough and Corbett，1992；Galliers and Baets，1998）。

在组织社会学研究领域，美国社会学会的“组织、职业与工作专业委员会”1982 年出版了一套《组织社会学专辑》（*Research in the Sociology of Organizations*），意在把社会学组织研究的主要议题汇集成册，方便对这个领域有兴趣的学者或读者查阅，到 2016 年为止共出版了 52 卷类似年刊的文集。从第 7 卷开始，编委会便尝试编辑主题文集。其中，2010 年出版的第 29 卷为纪念伍德沃德出版了《技术与组织：琼·伍德沃德纪念文集》（*Technology and Organization: Essays in Honour of Joan Woodward*）。

综上所述，在 60 年的发展中，尽管对技术与组织的探讨并没有像人们对技术和组织的感受那样无处不在，却也让技术与组织成长为一个独立的专门领域，且在不同的学科中得以发展。在人们的印象中，跨学科领域往往是最有可能通过知识的交叉与融合产生新洞见与创新的，也最容易在学术界产生共鸣。的确，在学术丛林中，技术与组织虽未长成一棵参天大树，却在管理学、社会学、经济学、信息科学之中产生了广泛的影响。

(三) 近期文献数量增长快速

第一类数据可以给我们真切的感受，却无法呈现学科研究的总体格局，为此我们运用第二类数据，即 WoS 的学科分类①，对技术与组织主题文献在不同学科的分布进行了分析。

分析结果显示，文献数量在时间轴上的基本格局是：从 1956 年有文献以来，1956—1982 年之间文献数量非常有限，直到 1990 年，每年的文献数量没有超过 10 篇。1992 年第一次超过 100 篇，2000 年超过 200 篇，2008 年超过 300 篇，2010 年超过 400 篇，2016 年的文献数量达 675 篇。从发展过程上看，在文献数量的增长上呈现出前慢后快的发展趋势。

在学科分布上，如表 1 所示，对文献数量贡献最大的是管理学，已经占据文献总数的 49.4%，其次是商学；管理学和商学合计超过了文献总数的 3/4；如果再加上管理学的操作研究，三类文献大约占据了文献总数的 4/5。另外还有经济学、计算科学的信息系统、社会科学跨学科等。

在 7 000 多篇文献中，社会学②文献有 381 篇，份额为 5.3%。表 1 列出了在经过相关性排除之后文献数量最多的前 25 个相关学科。但如果按照研究方向分析，则管理学、商学和经济学占据着 3/4 的份额，与按照学科分布分析的结果一致；其次是计算科学，占 14%；再次为社会科学跨学科，占 7.82%；接下来才是社会学，依然占 5.33%。

对文献来源出版物的分析佐证了上述判断。在单种期刊贡献 90 篇及以上文献的来源出版物中，除了一份信息科学的期刊以外，其他均为管理学和组织研究期刊，按照期刊贡献文献数量由高到低排列，依次为：《组织科学》（*Organization Science*），《计算机信息系统》（*Journal of Computer Information Systems*），《技术分析战略管理》（*Technology Analysis Strategic Management*），《研发管理》（*R&D Management*），《信息系统管理》（*Information Systems Management*），《组织研究》（*Organization Studies*），《管理科学》（*Management Science*），《操作生产管理国际杂志》（*International Journal of Operations Production Management*），《商业研究杂志》（*Journal of Business Research*）。其中，

---

① 与通常的图书馆学科分类或中国高等教育学科分类不同，WoS 将文献中蕴含的学科划分为 252 个类别，更有利于了解研究主题在不同学科中的细分格局。

② 从后面的分析中可知，381 篇并非纯粹社会学的文献。

《组织科学》（*Organization Science*）发表的文章数量最多，达到 220 篇。

对来源出版物所属国家或地区的分析表明，文献数量占比超过 5%的均为英语国家，如美国、英国、加拿大、澳大利亚，其中美国的文献数占 40.8%，英国的为 13.5%，中国排不进前 25 位。① 进一步按照语种分析，结果表明，英语占绝对优势，为 95.9%，其次是西班牙语，降至 1.175%，中文不在其列。

进一步对作者所属机构的分析让我们看到，排在前 25 位的是美国、英国和加拿大的高校，其中美国的大学有 20 所，前 3 位均为美国学校（哈佛大学、麻省理工学院、斯坦福大学）。与之一致，对作者的分析进一步显示，排在前 10 位的作者为奥利可夫斯基（W. J. Orlikowski）、伦纳迪（P. M. Leonardi）、里宁（J. Van Reenen）、斯卡伯勒（H. Scarbrough）、李（J. Lee）、加里卡诺（L. Garicano）、赖特（M. Wright）、索托-阿科斯塔（P. Soto-Acosta）、奈茨（D. Knights）、达文波特（T. H. Davenport）。

表 1 “技术与组织”文献在不同学科的分布格局

学科类别	记录数	比例（%）
Management（管理学）	3 532	49.4
Business（商学）	1 839	25.7
Economics（经济学）	1 006	14.1
Computer Science Information Systems（计算科学：信息系统）	637	8.9
Computer Science Interdisciplinary Applications（计算科学：跨学科应用）	454	6.4
Social Sciences Interdisciplinary（社会科学：跨学科）	416	5.8
Sociology（社会学）	381	5.3
Operations Research Management Science（管理科学：操作研究）	352	4.9
Anthropology（人类学）	247	3.5
Psychology Applied（应用心理学）	216	3.0
Industrial Relations Labor（产业关系：劳动力）	192	2.7
Political Science（政治科学）	177	2.5
Multidisciplinary Sciences（科学：多学科）	153	2.1
Communication（传播学）	137	1.9
Archaeology（考古学）	130	1.8
Social Issues（社会问题）	115	1.6
Environmental Studies（环境研究）	110	1.5
Geography（地理学）	107	1.5
Education Educational Research（教育学：教育研究）	82	1.1

① 我们认为，构成这一格局的主要影响因素是语言障碍。

续前表

学科类别	记录数	比例（%）
International Relations（国际关系）	78	1.1
Ergonomics（人类工程学）	76	1.1
Business Finance（商学：投资）	72	1.0
Public Administration（公共管理）	68	1.0
Ethics（伦理学）	61	0.9
Geosciences Multidisciplinary（地学：多学科）	58	0.8

说明：

数据：科学网核心合集。

文献类型：文章。

检索：采用主题基本检索方式，检索"technology and organization"。

初选学科：Management，Computer Science Information Systems，Business，Computer Science Interdisciplinary Applications，Economics，Anthropology，Social Issues，Industrial Relations Labor，Political Science，Social Sciences Interdisciplinary，Sociology，Education Scientific Disciplines。

排除学科：Information Science Library Science，Engineering Industrial，Planning Development，Computer Science Theory Methods，Medical Informatics，Computer Science Software Engineering，Engineering Multidisciplinary，Computer Science Artificial Intelligence，Health Care Sciences Services，Telecommunications，Engineering Electrical Electronic。

检索结果：7 148 个记录。75 Web of Science 类别 {0} 个 {1} 超出显示选项设置范围；00.000% {0} 条记录 {1} 不包含所分析字段的数据。

更新时间：2017 年 2 月 14 日。

对文献引用的分析也显示同样的结果。对被引用次数最多的前 500 篇文献的分析表明，在学科维度，管理学 357 篇，占 71.4%；商学[①] 211 篇，占 42.2%；经济学 55 篇，占 11%；管理科学的操作研究 54 篇，占 10.8%；社会学 15 篇，占 3%。在来源出版物维度，被引数量占比超过 2.0%的期刊，除了《组织科学》和《组织研究》以外，均为管理学期刊，其中《组织科学》占 16.6%，《组织研究》占 2.4%。

在作者所属机构方面，占比排在前 10 位的均为美国大学。与之一致，在来源出版物所属国家或地区方面，美国、英国、加拿大排在前 3 位，荷兰、瑞典紧随其后，其中，美国的占比为 74.4%，处于绝对优势位置。

值得关注的是，被引用作者按降序排列，除奥利可夫斯基排在第一以外，后面作者的排序与其在数量贡献中的排序并不一致，排在前 10 位的作者是：奥利可夫斯基（W. J. Orlikowski）、迈赫扎克（A. Majchrzak）、福斯（N. J. Foss）、苏兰斯基（G. Szulanski）、里夫金（J. W. Rivkin）、皮萨诺（G. P. Pisano）、科格特（B. Kogut）、艾森哈特（K. M. Eisenhardt）、达文波特（T. H. Davenport）、布林约尔松（E. Brynjolfsson）。

① 部分文献跨越几个学科，故总百分比会超过 100%，相对位置的排列是有效的。

我们对被引超过 200 次的文献进行了分析。结果表明，在 143 篇文献中，管理学 130 篇，占 79.3%；商学 76 篇，占 46.3%；组织科学的操作管理 23 篇，占 14.0%；经济学 15 篇，占 9.1%；应用心理学 7 篇，占 4.3%；社会学 5 篇，占 3.0%。在 146 种来源出版物中，《组织科学》贡献了 28 篇，占 17.1%；排在第 2 至第 5 位的期刊为管理学期刊；第 6 位是《组织研究》，贡献了 6 篇，占 3.7%。

为了检验运用 WoS 数据分析的结果，我们运用谷歌学术数据进行校验。在谷歌学术中，截取相关性最高的前 200 篇/部文献，经过筛选留存文献 131 篇/部，再剔除非期刊文献，剩下 31 部/篇，进一步获取每一篇/部文献的被引用数据。

从表 2 中可以看出，大格局与从 WoS 获得的结果一致，占主导地位的是管理学和商学。在表 2 列出的前 25 部/篇文献的作者中，阿奇（Mary Jo Hatch）和休斯（Everett C. Hughes）为社会学家，贝茨（A. W. Tony Bates）为教育学家，方丹（Jane E. Fountain）为政治学家，卡斯特尔（Manuel Castells）为城市规划学家，寇拉比（Hafedh Chourabi）和舍佩斯（Scheepers）为计算机科学专家，其余均为管理学和商学领域的专家。

表 2　谷歌学术相关性前 200 篇/部文献中图书被引排序

作者	年份	短标题	类型	被引次数
Burns and Stalker	1961	The Management of Innovation	书籍	15 119
Davenport	2013	Process Innovation：reengin…	书籍	8 115
Woodward	1965	Industrial organization：Theory…	书籍	5 787
Allen	1977	Managing the flow of technology：	书籍	5 491
Galbraith	1977	Organization design	书籍	4 780
Hatch and Cunliffe	2013	Organization theory：modern,…	书籍	4 115
Orlikowski	2008	Using technology andconstitute…	章节	4 027
Daft and Lengel	1983	Information richness：A new…	报告	3 707
Hughes	1958	Men and their work	书籍	3 016
Bates	2005	Technology，e-learning and…	书籍	2 704
Burgelman et al.	1996	Strategic management of techn…	书籍	2 006
Bates	2000	Managing Technological Change：…	书籍	1 673
McFarlane	1984	Informationtechnology changes…	书籍	1 672
Fountain	2004	Building the virtual state：…	书籍	1 594
Woodward	1958	Managementand technology	书籍	1 491
Castells	1996	The network society	书籍	1 420
Marquardt	1996	Building the learning organiz…	书籍	1 291
Applegate et al.	2007	corporate information strategy…	书籍	1 167
Grint and Woolgar	2013	The machine at work：Techn…	书籍	1 038
Bates and Poole	2003	Effective Teaching with Techn…	书籍	934
Wang and Brown	2006	Computational auditory scene…	书籍	862
Smith	2005	Measuring innovation	章节	771

续前表

作者	年份	短标题	类型	被引次数
Chourabi et al.	2012	Understanding smart cities: An…	会议	665
Scheepers et al.	1997	Using Internet technology within	会议	74
Foss and Klein	2002	Entrepreneurship and the firm: …	书籍	67

说明：检索时间为 2017 年 2 月 10 日。

如果对多学科“技术与组织”研究格局做一个简要归纳，便可以发现：(1)“技术与组织”主题是从管理实践中产生的。(2) 直到 1990 年代初期之前，除了阿斯顿小组以外，少有研究者特别关注这个主题；期间，美国曾有人联手试图将主题知识系统化。(3) 随着组织研究专业期刊的出现，人们对组织研究的兴趣迅速升温，促进了对技术与组织尤其是信息技术与组织的研究，期刊文献的数量快速增长，《组织科学》杂志则在其中扮演着领导者的角色。(4) 无论是从文献数量上看还是从引用次数上看，跨学科皆为主流状态。(5) 从学术活动的地域分布看，美国的大学如哈佛大学、麻省理工学院、斯坦福大学、加州系等学校占据着优势地位。

三、技术与组织研究的细分主题

到此，读者可能会有疑问：前面讨论那么多的“技术与组织”，什么是技术？什么是组织？技术与组织指的是什么呢？三个问题的答案貌似不言而喻，但如果细究，可能并不简单。这部分，我们先对这三个问题做简洁讨论，然后探索在多学科和社会学中的细分主题。

(一) 技术与组织指的是什么？

对技术的定义有英美两个传统。英国传统的界定相对严格，主要限于生产技术；美国传统的界定则非常宽泛。

伍德沃德在 1958 年把技术与组织并称的时候没有给技术下定义，而是使用生产技术、技术复杂性、技术创新、技术发展等多个概念。在归纳组织与技术时她说道：“看起来，不同技术对（组织中的）个体与组织有不同的要求，而要满足这些要求，尚需要组织采用不同的形态（forms）。”在后面的探讨中她进一步阐述道，如果要发挥技术的效率，则需要依赖组织中的人类关系（human relations）（Woodward，1958：16－18）。显然，伍德沃德讨论的是生产技术，即在工厂生产中运用的生产机器、设备、设施等技术。在 1965 年出版的专著（Woodward，1965）中她延续了对技术内涵相对严格和狭义的界定。

在阿斯顿小组的研究中，希克森等人（Hickson，Miller and Wilson，1996）、皮尤（Pugh，1996）以及另一些同样关注组织任务特征与技术的研究都沿用了伍德沃德对技术内涵的界定，将技术限定为与工作任务直接相关的生产技术（参见Phillips，Griffiths and Sewell，2010：11-17的讨论）。

同样是1965年，一群美国社会学家试图把当时已有的组织研究成果系统化。由马奇牵头，召集当时社会学、管理学、心理学等学科对组织研究颇有造诣的学者编撰《组织手册》（*Handbook of Organizations*）（March，1965）。在手册中，心理学背景的Harold J. Leavitt认为组织的基本要素有：任务、人（行动者）、技术、结构。其中，技术指用于解决问题的发明创造（invention），譬如工作测量技术、钻床等，既指机器，也指程序（Leavitt，1965：1144）。

随后出现的佩罗的定义则更加宽泛，认为技术（technology）是用以将组织的投入（原材料、信息、思想）转换为产出（产品和服务）的各种工作流程、机器和方法（Perrow，1967）。《组织科学》的创刊人之一达夫特（Richard L. Daft）除了直接引用佩罗的定义，还进一步补充道，技术指的是组织的生产过程，不仅包括机器设备，也包括工作程序（达夫特，2014）。

对英美文献进行系统梳理可以发现，学者们从一开始就对与组织并称的技术在认识上有分歧（Phillips，Griffiths and Sewell，2010：11－16），以伍德沃德为代表的英国传统对技术的界定基本约束在与生产相关的范围内，而美国传统则始终保持更宽泛的界定，大到组织生产过程（斯科特，戴维斯，2011：117），小到个人在生产活动中使用的硬件如“设备、机器和工具”（Orlikowski，1992：399）。

在信息技术广泛应用的情境下，对技术的界定变得更加复杂。不过，美国学术传统的界定倒是依然适用，人们认识到技术已不再只是处理原材料的手段与流程，技术是动态的（Gawer，2010：288）。认识到这一点对理解技术与组织议题的历时变化很重要，这一点也是技术与组织研究主题分散与变化的主要环境影响因素。

至于组织，文献显示各方在认识上非常统一，指的就是正式组织，如工厂、商店、学校等。纵观组织的发展，在1990年代之前，组织成员的组织属性相对单一，一个有岗位的劳动力通常只属于一个组织，即使兼职，也主次分明。在信息技术广泛应用和劳动力兼职现象普遍之后，组织的边界逐步成为一个被讨论的议题。事实上，从1990年代初期开始，人们就在讨论研发企业的组织边界（Pisano，1990），如今兼职现象变得越来越普遍，使得这个议题变得越来越现实（Afuah，2003；Black，Carlile and Nelson，2004；Santos and Eisenhardt，2005；Allen，2014），以至于我们不得不重新思考伍德沃德命题的现实意义。

对文献的历时追溯显示，技术与组织之所以成为一个议题，正是因为1958年伍德沃德的那份由英国皇家科学与工业研究部出版的“工业进步问题”系列的第 3 份报告。这份报告观点鲜明地回答了当时各界对英国工业发展提出的一个问题：工厂的生产效率，除了管理（组织），除了创新（技术）之外，还来自哪里？伍德沃德的回答是：每一类工厂都有自己的生产技术，每一类生产技术都要求有与之相应的组织结构。如果技术与组织结构适配，则有较高生产效率；否则，生产效率便会大打折扣。

在初期的探索中，人们最先认识到的是技术与组织结构的适配关系，这也是其后相当一段时间英国学者研究的主题，包括阿斯顿小组。这一主题一直持续到 1990 年代。1990 年出版的《技术与组织》（Goodman and Sproull，1990）显示，美国的研究主题要宽泛许多，包括组织成员心理、个体、小组，组织结构、管理，跨国比较，甚至跳出组织，从经济和制度的视角来讨论技术与组织。如果把这些讨论纳入技术与组织，便可以组合出众多的主题，如，技术与组织成员、技术与组织成员的心理感知、技术与组织非正式群体、技术与组织管理等等。

有人认为技术与组织探讨范围的扩大是从 1990 年代的奥利可夫斯基那里开始的，即从传统的组织结构转向组织个体（Phillips，Griffiths and Sewell，2010：12）。这个判断其实不准确。事实是，美国传统的研究，在主题上从一开始就是宽泛的，从组织成员的心理到组织环境包括制度都是“技术与组织……”议题中可以填进省略号的部分。那么，到底填进去了哪些细分的主题呢？

（二）多学科关注的细分主题

由于技术与组织研究涉及社会科学和自然科学的众多学科，文献数量浩如烟海，来源分布离散如沙。假设每篇文献的主题词映射的正是其细分主题，则主题词的分布便反映了多学科对技术与组织研究的细分主题状态。为从总体上把握技术与组织研究的细分主题，我们运用 WoS 数据整理了逐层嵌套的四份主题词①及其对应的被引次数数据。

对数据的分析分为两步：第一步，计算主题词分布，观察文献中主题词映射的细分主题的总体格局。第二步，在主题词数据中剔除技术、组织、技术与组织等主题词之后，观察文献主题词细分主题的变化，凸显细分主题。

这一部分我们运用前两份数据，分析和刻画细分主题的多学科总体格局。

第一份为最外层的多学科数据。采用与表 1 同样的检索方式，获得文献 7 170 篇②，运用 WoS 的标记工具提取有被引数据的文献 5 785 篇文献（有效记录

---

① 在主题词数据中，有 2 个字段：DE（作者主题词）为文章发表时由作者标记的主题词；ID（Keywords Plus，主题词扩充）为文献编目时由编者依据文献内容增加的主题词。合并 DE 和 ID 比较周延地反映了主题词对主题的归纳。在后面的分析中我们将仅运用合并后的数据。

② 检索时间变化，文献的数量也略有变化。不过，误差极小。

5 273 个，空记录 512 个，即部分文献没有记录主题词)，以及主题词和被引次数。

第二份为按同理构建的被引次数最高的前 100 篇文献的主题词和被引次数数据（以下简称前 100，记录数 100 个，有效记录数 95 个）。①

运用这两份数据分别计算两组参数，用以判断技术与组织研究在多学科中的细分主题状态。第一组为以主题词为分析单位的基本统计参数，用以反映文献中细分主题的整体格局。第二组为用主题词乘以被引次数为权数计算的主题词参数——权次，用以反映细分主题的受关注程度或影响力。

整理后的主题词总数为 15 239 个，主题词出现次数总计 52 891 次；其中，仅出现 1 次的主题词为 10 930 个，占主题词总数的 71.7%。图 1 的分布显示，少数主题词如组织和技术有着极高的出现次数，绝大多数主题词的出现次数极低。依出现次数由高到低排在前 25 位的主题词参见表 3 第一列。

图 1　多学科文献中主题词出现次数的分布

说明：横坐标的主题词为 1 828 个，显示出来的为不同词频对应的主题词，而非所有主题词。

对多学科数据的分析发现，主题词出现次数的均值为 3.47 次，方差高达 587.76，中位数为 1 次，25%分位数为 1 次，75%分位数为 2 次；前 10 个主题词的累计频次占比为 14.6%。这说明主题词数量多且分布异常分散。

对主题词出现次数分布的进一步探讨发现，其在总体上呈现为幂律分布②，满足齐普夫定律（Zipf，1965）。以齐普夫函数进行拟合的结果，对数化以后回归

① 之所以提取前 100，是在对文献主题词分布有了初步了解之后，运用帕累托分布（Pareto distribution）原理进行的选择。

② 参见附录二对幂律分布的解释和说明。

的相关系数高达 0.90。图 2 显示以双对数形式展现的多学科主题词出现次数衰减状态，幂次为−0.775 9，图 2 还显示了拟合线和拟合方程。

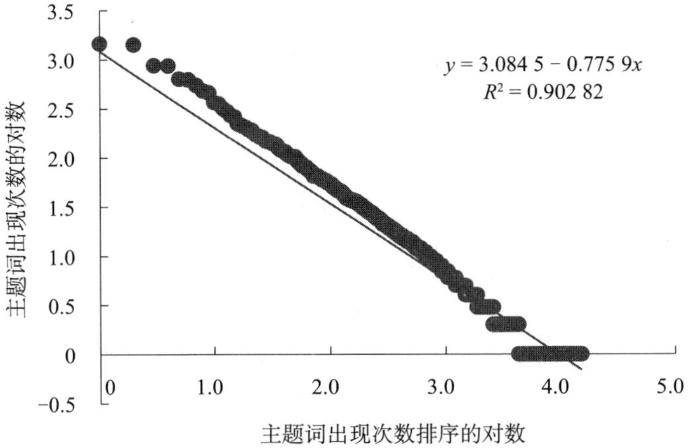

图 2　多学科主题词的齐普夫分布

为进一步呈现在“技术与组织”研究中的细分主题，在剔除技术、组织以及技术与组织三个主题词后再一次进行了分析。结果显示，剔除后的主题词排序结构没有改变，只是紧随在原 25 个主题词之后的两个词挪了上来（见表 3 第三、四列）。用这个数据生成的主题词词云图（见图 3）清晰地呈现了细分主题出现的相对状态。

图 3　多学科主题词出现次数的词云图

鉴于主题词出现次数为幂律分布，为检验多学科数据的结果，我们截取了被引次数最高的前 100 篇文献。按照上述方法再次进行分析，由高到低降序排列的前 25 个主题词如表 3 第五、六列。

表 3　多学科文献中出现次数最多的前 25 个主题词

多学科				前 100			
合并后①		剔除后②		合并后①		剔除后②	
主题词	次数	主题词	次数	主题词	次数	主题词	次数
组织（organization）	1 453	创新（innovation）	872	技术（technology）	48	创新（innovation）	40
技术（technology）	1 419	绩效（performance）	865	创新（innovation）	40	厂商（firm）	22
创新（innovation）	872	管理（management）	637	组织（organization）	36	绩效（performance）	17
绩效（performance）	865	信息技术（information technology）	624	厂商（firm）	22	模式（model）	17
管理（management）	637	厂商（firm）	549	绩效（performance）	17	管理（management）	13
信息技术（information technology）	624	知识（knowledge）	481	模式（model）	17	知识（knowledge）	13
厂商（firm）	549	模式（model）	460	管理（management）	13	竞争优势（competitive advantage）	11
知识（knowledge）	481	视角（perspective）	367	知识（knowledge）	13	设计（design）	9
模式（model）	460	系统（systems）	354	竞争优势（competitive advantage）	11	系统（systems）	9
视角（perspective）	367	战略（strategy）	318	设计（design）	9	产业（industry）	8
系统（systems）	354	产业（industry）	296	系统（systems）	9	沟通（communication）	8
战略（strategy）	318	竞争优势（competitive advantage）	271	产业（industry）	8	能力（capabilities）	8
产业（industry）	296	工作（work）	262	沟通（communication）	8	市场（market）	8
竞争优势（competitive advantage）	271	影响（impact）	224	能力（capabilities）	8	信息技术（informationtechnology）	8
工作（work）	262	网络（networks）	216	市场（market）	8	决策（decision-making）	7
影响（impact）	224	信息（information）	209	信息技术（informationtechnology）	8	视角（perspective）	7
网络（networks）	216	能力（capabilities）	203	决策（decision-making）	7	态度（attitudes）	7
信息（information）	209	沟通（communication）	194	视角（perspective）	7	信息（information）	7
能力（capabilities）	203	设计（design）	192	态度（attitudes）	7	战略（strategy）	7
沟通（communication）	194	产品开发（product development）	179	信息（information）	7	资源视角（resource-based view）	7
设计（design）	192	实施（implementation）	171	战略（strategy）	7	组织知识（organizational knowledge）	7
产品开发（product development）	179	研发（research-and-development）	167	资源视角（resource-based view）	7	信任（trust）	6
实施（implementation）	171	知识管理（knowledge management）	162	组织知识（organizational knowledge）	7	企业家精神（entrepreneurship）	5
研发（research-and-development）	167	采/应用（adoption）	162	信任（trust）	6	合作（cooperation）	5
知识管理（knowledge management）	162	互联网（internet）	153	企业家精神（entrepreneurship）	5	竞争（competition）	5

注：①合并了 organization 的单复数，firm 的单复数，technology 的单复数，information technology 和 information-technology。

②剔除了 technology，organizations，以及 technology and organizations。

比较表 3 两份合并后的主题词可以看出，除排序结构有变化以外，在多学科中排在前 10 的信息技术与视角没有出现在前 100 的前 10 之中。对这种排序的变化，我们认为，第一，越早出现的文献被引用的概率越高。第二，文献讨论更多体现“当时”的议题，与整体格局有差异。[①] 如，信息技术在组织中的应用虽然早在 1950 年代便已出现（Thompson and Bates，1957；Lee，1964），可其快速扩散却是 1990 年代以后的现象。第三，对研究视角的重视也反映出多学科竞争的面貌。因此，这两个主题词没有出现在前 100 中也就可以理解了。

从细分主题获得的观察与第二部分对文献来源分析的结果相互印证，让我们看到了管理学在技术与组织研究领域的主导性。在表 3 运用的两份数据中，在剔除技术与组织主题词后的细分主题中，出现次数最多的主题词都是管理学的经典主题。与表 2 比较可以看出，期刊文献与图书文献的主题分布基本一致，创新、绩效是这个领域受到最多关注的细分主题，接下来的管理、厂商、模式等，都是管理学的主题，尽管信息技术是一个多学科的主题。当然，我们也可以认为创新和绩效是社会学的主题。

在科学研究领域，某个主题出现多少次是一回事，被引用多少次（受关注程度）则是另一回事。前者呈现的是细分主题的分布；后者是细分主题的影响力，它既影响着研究的方向，也影响着人们的生产和生活实践，尤其影响着组织的管理实践。那么，影响力维度呈现的结果与出现次数的结果是否有差异呢？

由于在主题词出现次数的讨论中我们截取的是至少有 1 次被引用的主题词，故主题词总数依然为 15 239 个，以被引次数作为权数计算后的被引权次[②]则达到 1 883 616 次，每个主题词的平均被引为 123.6 权次，方差 1 398 541，中位数为 12 权次，25%分位数为 4 权次，75%分位数为 41 权次。其中，出现 100 权次以下的主题词 12 432 个，占主题词总数的 81.6%。与未加权数的数据比较，被引权次的分布更加集中在少数主题词（如技术、组织、创新、绩效、知识等）上。[③]

对计算结果的检验显示，加入了权数之后的主题词分布同样满足齐普夫定律，且更接近于幂次为 2 的无标度网络分布（巴拉巴西，2013），拟合方程为 y

---

① 因篇幅的原因，对这两点假设性解释将不做检验。事实上，表 3 的数据已经对此进行了部分检验。

② “被引权次”系本文自创的一个概念，用以测量主题词在学术圈的影响力，计算方法参见附录二。

③ 为节省篇幅计，将不再呈现主题词的权次分布图、Zipf 分布图以及词云图。

$=7.4828-1.6921x$，相关系数 $R^2=0.9129$，主题词按权次由高到低排列的权次衰减幂次为−1.69。

为了比较运用被引次数作为权数计算前后的细分主题变化，用与表 3 一致的思路构造了表 4。用这份表做两类比较：第一，比较加权前后在四种情形下的主题词排序的变化，以判断细分主题的影响力与出现次数之间的异同；第二，比较加权后多学科和前 100 主题词排序的变化，用以观察细分主题的变化。用这两类结果进一步判断多学科对技术与组织研究细分主题的格局。

从多学科（表 4 与表 3 第一、二列）比较中可以看到，技术受到更多关注，厂商、知识、竞争优势也受到更多的关注，信息技术、模式、视角、战略的排序反而下降了。对此，我们的解释是，直接影响或表达组织绩效的细分主题受到了更多的关注。从前 100（表 4 与表 3 第五、六列）比较中看到，竞争优势受到更多的关注，资源视角、产业也受到更多的关注。我们认为，在信息技术普遍应用之前，组织的实力、资源、产业等管理学主题词更受关注，其中，对创新的重视程度甚至胜过对组织的重视程度。

在剔除了技术、组织、技术与组织等主题词之后发现，与表 3 比较（表 4 和表 3 第三、四列），表 4 在多学科细分主题中新出现了战略管理和模仿，在前 100（表 4 和表 3 第七、八列）则出现了系统和信任等主题。与表 3 一致的是创新被给予了最多的关注。与表 3 不同的是知识（表 4 第七、八列）上升为第三位受关注的细分主题，管理则从第五位降到了第十位，或意味着以管理为名的主题让位于具体管理内容的主题，如知识传递和分享等。

进一步比较表 4 的多学科与前 100 排序发现，在合并后的数据（表 4 第一、二列与第五、六列）中，多学科更多地关注了信息技术与管理，前 100 则更多地关注了资源优势和产业；在剔除主题词（表 4 第三、四列和第七、八列）之后，与表 3 一样在结构上产生了主题词的向上平移，多学科更多地关注了信息技术，前 100 则更多地关注了资源优势。对此，我们也可以假设性地认为，人们曾经更多地关注过由资源差异产生的资源优势。

在细分主题的学科分布上，与未加权数的细分主题分析一致，也与第二部分对文献来源的分析结果一致，管理学的主题依然是最丰富的。那么，社会学到底在关注什么呢?

表 4　　多学科文献出现权次最高的前 25 个主题词

多学科				前 100			
合并后①		剔除后②		合并后①		剔除后②	
主题词	权次③	主题词	权次③	主题词	权次③	主题词	权次③
技术（technology）	70 707	创新（innovation）	52 333	技术（technology）	28 878	创新（innovation）	27 905
组织（organization）	65 379	绩效（performance）	38 460	创新（innovation）	27 905	厂商（firm）	16 953
创新（innovation）	52 333	厂商（firm）	35 809	组织（organization）	24 728	知识（knowledge）	13 236
绩效（performance）	38 460	知识（knowledge）	26 792	厂商（firm）	16 953	绩效（performance）	12 281
厂商（firm）	35 809	管理（management）	22 425	知识（knowledge）	13 236	竞争优势（competitive advantage）	11 027
知识（knowledge）	26 792	信息技术（information technology）	21 273	绩效（performance）	12 281	资源视角（resource-based view）	9 913
管理（management）	22 425	模式（model）	21 194	竞争优势（competitive advantage）	11 027	模式（model）	8 850
信息技术（information technology）	21 273	竞争优势（competitive advantage）	19 776	资源视角（resource-based view）	9 913	产业（industry）	8 471
模式（model）	21 194	产业（industry）	17 015	模式（model）	8 850	能力（capabilities）	8 377
竞争优势（competitive advantage）	19 776	能力（capabilities）	15 468	产业（industry）	8 471	管理（management）	7 787
产业（industry）	17 015	系统（systems）	14 878	能力（capabilities）	8 377	组织知识（organizational knowledge）	6 988
能力（capabilities）	15 468	战略（resource-based view）	14 594	管理（management）	7 787	设计（design）	6 605
系统（systems）	14 878	资源视角（design）	12 964	组织知识（organizational knowledge）	6 988	信息技术（information technology）	6 487
战略（strategy）	14 594	设计（perspective）	12 197	设计（design）	6 605	动态能力（dynamic capabilities）	5 762
资源视角（resource-based view）	12 964	视角（information）	11 871	信息技术（information technology）	6 487	资源（resources）	5 725
设计（design）	12 197	信息（dynamic capabilities）	10 771	动态能力（dynamic capabilities）	5 762	战略管理（strategic management）	5 662
视角（perspective）	11 871	动态能力（communication）	8 924	资源（resources）	5 725	信息（information）	5 464
信息（information）	10 771	沟通（product development）	8 727	战略管理（strategic management）	5 662	态度（attitudes）	5 420
动态能力（dynamic capabilities）	8 924	产品研发（work）	8 105	信息（information）	5 464	模仿（imitation）	5 376
沟通（communication）	8 727	工作（trust）	7 660	态度（attitudes）	5 420	任务（task）	4 730
产品研发（product development）	8 105	信任（networks）	7 550	模仿（imitation）	5 376	市场（market）	4 638
工作（work）	7 660	网络（resource-based view）	7 289	任务（task）	4 730	系统（systems）	4 601
信任（trust）	7 550	组织知识（organizational knowledge）	7 180	市场（market）	4 638	信任（trust）	4 541
网络（networks）	7 289	战略管理（strategic management）	7 174	系统（systems）	4 601	学习（learning）	4 272
组织知识（organizational knowledge）	7 180	模仿（imitation）	6 736	信任（trust）	4 541	强化（strength）	4 218

注：①合并了 organization 的单复数，firm 的单复数，technology 的单复数，information technology 和 information-technology。
②剔除了 technology，organizations，以及 technology and organizations。
③把每个主题词与其被引次数相乘，获得主题词被引权次，把相同主题词的被引权次相加，则得到没有重复的主题词被引权次。

（三）社会学探索的细分主题

采用检索迭代方法①，我们从 WoS 中获得了第三、四份数据。第三份数据将学科收敛为社会学、社会科学跨学科、人类学等三个学科（以下简称“三学科”），获得 409 个记录；第四份数据将学科收敛至社会学，获得 201 个记录。在这一部分的讨论中，我们将采用与第一、二份数据同样的分析策略，探索三学科和社会学关注的细分主题。

第三份数据获得记录 409 个，有效记录 367 个，空记录 42 个。同样，也有部分文献没有记录主题词。主题词总数 1 864 个，出现次数总计 2 968 次，其中，仅出现 1 次的主题词达到 1 508 个，占主题词总数的 80.9%。与多学科的（71.7%）相应数据比较，离散性更大。主题词出现次数由高到低降序排列的前 25 个词，请参见表 5 的第一列。②

在下面的讨论中，我们先用三学科与多学科比较（表 5 和表 3 的第一至四列），观察在细分主题上三学科与多学科的异同。接着用社会学与多学科（表 5 第五至八列和表 3 第一至四列）、三学科（表 5 第一至四列）比较，观察在细分主题上社会学与多学科、三学科的异同，据此厘清社会学细分主题的关注点和特征。

将表 5 与表 3 的第一、二列比较，在前 10 个主题词中，相同的有技术、组织、创新、绩效、知识 5 个主题词；不同的是，出现在三学科中的有工作、科学、政治、网络、系统，出现在多学科中的有厂商、模式、管理、信息技术、视角。由此，我们观察到三学科更加关注与组织参与者相关的细分主题，多学科则直接关注与组织绩效相关的细分主题。

进一步与多学科相应统计量比较，三学科主题词出现次数的均值更小，为 1.59 次；方差也更小，为 11.37；中位数、25%分位数、75%分位数均为 1 次；前 10 个主题词的累计频次占比为 18%。方差的比较说明主题词出现次数的差异更小（少有频次特别高或特别低的数据组），中位数和 25%分位数相等说明主题词的分布更加分散。

对三学科主题词分布的探讨发现，其在总体上也为幂律分布，满足齐普夫定律。以齐普夫函数进行拟合，对数化以后的回归相关系数高达 0.823 2，回归方程为 $y=1.409\ 1-0.464\ 5x$，即三学科数据主题词出现的衰减幂次为 $-0.464\ 5$，

① 具体检索方法，参见附录二有关检索迭代的说明。

② 为节省篇幅，将不再呈现主题词出现频次的总体格局图和词云图。

既不如多学科衰减得快，更不如多学科运用权数之后衰减得快。

在剔除技术、组织以及技术与组织等主题词后再次分析三学科数据的结果显示，与多学科的情况一样，将表5第三、四列与第一、二列比较，除少了原排在第一、二位的组织和技术以外，剩下的排序结构完全一致。特别需要注意的是，在剔除后的主题词中，多学科（表3第三、四列）前10中的信息技术、厂商、模式、视角、战略在三学科的前10中消失了（表5第三、四列）。

与多学科偏重管理学细分主题的格局比较，三学科呈现的主题词结构和分布的变化说明：第一，三学科对管理学的主题如厂商、管理、模式等没有关注。第二，三学科对技术与组织相关主题的探讨更分散，几乎没有结构性的主题，有的是如工作、创新、绩效、知识等孤岛式的主题。第三，正是这几个主题词的变化，让我们看到了其与多学科呈现的本质差异，那就是，有更多的研究关注了与组织人群相关的细分主题。

既如此，社会学的文献是不是更加关注与组织人群相关的细分主题呢？如果是，又关注哪些主题呢？在检索收敛到只剩下社会学的第四份数据中，获得的记录为201个，有效记录176个，空记录数25个（与其他三份数据一样，部分文献没有记录主题词）。

主题词总数873个，出现次数总计1 415次，其中，仅出现1次的主题词达到691个，占主题词总数的79.2%，离散性远高于多学科。主题词出现次数由高到低降序排列的前25个词请参见表5的第三列。

与表3第一、二列比较，在多学科的前10个主题词中，除了组织、技术、创新、绩效、知识这5个相同以外，另外5个完全不同。在另外5个中，多学科主题词更多与管理有关，社会学的则非常典型地与组织人群相关，如工作、科学、嵌入性、社会学、网络等。与三学科比较（表5第一、二，五、六列），两者前三个主题词的排序完全一样。接着，在前10个主题词中还有创新、绩效、科学、网络、知识是相同的。不同的是，在三学科中有系统和政治，在社会学中则有嵌入性和社会学。由此可以认为三学科与社会学的细分主题具有同构性，在排序上，社会学更加关注知识，与组织参与者的关系更加密切；三学科则更加关注创新，与组织的关系更加密切。还需要注意的是，“社会学”作为主题词出现，似乎意味着社会学更多地以学科标签而不是以细分主题宣示与其他学科的不同。

计算社会学数据的基本统计量，与多学科和三学科的相应指标比较，主题词出现次数的均值为1.62次，方差为7.94次，中位数、25%分位数、75%分位数都为1次，前10个主题词的累计频次占比为14.6%，说明社会学对技术与组织研究的细分主题呈现出进一步分散的格局。

表 5　社会科学三学科和社会学文献出现次数最多的前 25 个主题词

三学科				社会学			
合并后①		剔除后②		合并后①		剔除后②	
主题词	次数	主题词	次数	主题词	次数	主题词	次数
组织（organization）	93	工作（work）	31	组织（organization）	53	工作（work）	25
技术（technology）	84	创新（innovation）	24	技术（technology）	45	知识（knowledge）	15
工作（work）	31	绩效（performance）	22	工作（work）	25	创新（innovation）	15
创新（innovation）	24	知识（knowledge）	21	知识（knowledge）	15	社会学（sociology）	11
绩效（performance）	22	科学（science）	17	创新（innovation）	15	绩效（performance）	11
知识（knowledge）	21	政治（politics）	15	社会学（sociology）	11	网络（networks）	11
科学（science）	17	网络（networks）	15	绩效（performance）	11	嵌入性（embeddedness）	11
政治（politics）	15	系统（systems）	14	网络（networks）	11	科学（science）	10
网络（networks）	15	社会学（sociology）	14	嵌入性（embeddedness）	11	政治（politics）	10
系统（systems）	14	管理（management）	13	科学（science）	10	产业（industry）	10
社会学（sociology）	14	信息技术（information technology）	13	政治（politics）	10	权力（power）	9
管理（management）	13	文化（culture）	12	产业（industry）	10	扩散（diffusion）	9
信息技术（information technology）	13	产业（industry）	11	权力（power）	9	文化（culture）	9
文化（culture）	12	嵌入性（embeddedness）	11	扩散（diffusion）	9	厂商（firm）	9
产业（industry）	11	互联网（internet）	10	文化（culture）	9	互联网（internet）	7
嵌入性（embeddedness）	11	权力（power）	10	厂商（firm）	9	全球化（globalization）	7
互联网（internet）	10	全球化（globalization）	10	互联网（internet）	7	美国（United-States）	6
权力（power）	10	信息（information）	10	全球化（globalization）	7	社会运动（social movement）	6
全球化（globalization）	10	性别（sex）	10	美国（United-States）	6	参与（participation）	6
信息（information）	10	参与（participation）	10	社会运动（social movement）	6	市场（market）	6
性别（gender）	10	扩散（diffusion）	10	参与（participation）	6	统治（governance）	6
参与（participation）	10	厂商（firm）	10	市场（market）	6	性别（gender）	6
扩散（diffusion）	10	沟通（communication）	9	统治（governance）	6	社会（society）	5
厂商（firm）	10	流动（mobility）	9	性别（gender）	6	技能（lithic technology）	5
沟通（communication）	9	统治（governance）	9	社会（society）	5	管理（management）	5

注：①合并了 organization 的单复数，firm 的单复数，technology 的单复数，information technology 和 information-technology。
②剔除了 technology，organizations，以及 technology and organizations。

对社会学主题词分布的分析也发现其在总体上呈现为幂律分布，满足齐普夫定律。以齐普夫函数拟合，回归相关系数高达 0.839 6；回归方程为 $y=1.3219-0.4873x$，主题词出现次数由高到低衰减的幂次等于−0.487 3，与三学科相比衰减略快，却远远慢于多学科（−0.775 9）。

在剔除技术、组织，以及技术与组织等主题词后（表 5 第七、八列）发现，与多学科和三学科呈现的结果一致，第七、八列的结果与第五、六列同构，这更凸显了社会学的学科细分特点，前 25 个主题词均为社会学常见的主题词。

与对多学科的分析策略一致，为探索三学科和社会学细分主题受关注程度的差异，我们运用三学科和社会学主题词的被引次数作为权数进行进一步分析。在下面的分析中，我们先讨论三学科，再讨论社会学。

由于三学科数据存在被引次数为 0 的记录，关键总数从 1 864 个降为 1 326 个，以被引次数作为权数获得的被引权次为 50 816 权次，每个主题词平均为 38.32 权次，方差为 20 608.85，中位数为 8 权次，25%分位数为 2 权次，75%分位数为 26 权次。其中，出现 50 权次以下的 1 137 个，占主题词总数的 85.7%，与未加权数的数据（71.7%）比较，细分主题更加分散。

对计入被引次数的主题词分布的分析表明，其也呈现为幂律分布，满足齐普夫定律。与多学科一样，在计入被引次数后，主题词分布更加接近无标度网络分布，拟合方程为 $y = 5.0101 -1.517x$，相关系数 $R^2 = 0.8859$，主题词按权次由高到低排列的权次衰减幂次为 −1.52。

运用与多学科分析一致的策略，我们构造了表 6。用这个表做两类比较：第一，与多学科加权后的数据比较，以确认从未加权数据比较中获得的结果；第二，比较加权前和加权后三学科和社会学在主题词排序上的变化，确认三学科和社会学未经加权比较的结果。通过两个比较，观察社会学细分主题的受关注格局与特点。

比较表 6 和表 4 的第一、二列可以发现，在前 10 个主题词中，两者都有的主题词有技术、组织、创新，且都排在前四位，此外还有厂商、绩效、知识。比较不同的主题词后发现，在多学科中有的如管理、竞争优势、模式、信息技术，是非常明确的管理学细分主题；在三学科中有的如创新性、弱关系、网络结构、小世界，是非常纯粹的社会学细分主题。据此我们可以认为，在三学科中，社会学的细分主题是受到关注的。值得特别注意的是，信息技术是一个在许多学科都引起了关注的主题，但在表 6 第一、二列竟然缺失。

表 6　社会科学三学科和社会学文献出现权次最高的前 25 个主题词

三学科				社会学			
合并后①		剔除后②		合并后①		剔除后②	
主题词	权次③	主题词	权次③	主题词	权次③	主题词	权次③
技术（technology）	2 356	绩效（performance）	1 568	技术（technology）	1 814	绩效（performance）	1 415
组织（organization）	1 810	创新（innovation）	1 333	组织（organization）	1 457	知识（knowledge）	1 311
绩效（performance）	1 568	知识（knowledge）	1 319	绩效（performance）	1 415	创新（innovation）	1 264
创新（innovation）	1 333	厂商（firm）	1 178	知识（knowledge）	1 311	厂商（firm）	1 150
知识（knowledge）	1 319	弱关系（weak ties）	1 131	创新（innovation）	1 264	弱关系（weak ties）	1 121
厂商（firm）	1 178	网络结构（network structure）	1 110	厂商（firm）	1 150	网络结构（network structure）	1 110
弱关系（weak ties）	1 131	小世界（small world problem）	1 106	弱关系（weak ties）	1 121	小世界（small world problem）	1 106
网络结构（network structure）	1 110	创新性（creativity）	1 106	网络结构（network structure）	1 110	创新性（creativity）	1 106
小世界（small world problem）	1 106	联盟形式（alliance formation）	1 106	小世界（small world problem）	1 106	联盟形式（alliance formation）	1 106
创新性（creativity）	1 106	市场（market）	767	创新性（creativity）	1 106	市场（market）	767
联盟形式（alliance formation）	1 106	收入（income）	707	联盟形式（alliance formation）	1 106	收入（income）	707
市场（market）	767	关系（ties）	702	市场（market）	767	关系（ties）	702
收入（income）	707	强化（strength）	702	收入（income）	707	强化（strength）	702
关系（ties）	702	角色冲突（role-conflict）	701	关系（ties）	702	种族（race）	694
强化（strength）	702	种族（race）	694	强化（strength）	702	成就（attainment）	693
角色冲突（role-conflict）	701	成就（attainment）	693	种族（race）	694	角色冲突（role-conflict）	693
种族（race）	694	工作（work）	678	成就（attainment）	693	工作（work）	644
成就（attainment）	693	政治（politics）	444	角色冲突（role-conflict）	693	政治（politics）	401
工作（work）	678	社会理论（social theory）	301	工作（work）	644	社会理论（social theory）	301
政治（politics）	444	社会形态（social morphology）	297	政治（politics）	401	社会形态（social morphology）	297
社会理论（social theory）	301	社会结构（social structure）	297	社会理论（social theory）	301	社会结构（social structure）	297
社会形态（social morphology）	297	信息时代（information age）	297	社会形态（social morphology）	297	信息时代（information age）	297
社会结构（social structure）	297	信息网络（information networks）	297	社会结构（social structure）	297	信息网络（information networks）	297
信息时代（information age）	297	美国（United-States）	282	信息时代（information age）	297	美国（United-States）	272
信息网络（information networks）	297	转换（transformation）	271	信息网络（information networks）	297	转换（transformation）	271

注：①合并了 organization 的单复数，firm 的单复数，technology 的单复数，information technology 和 information-technology

②剔除了 technology，organizations，以及 technology and organizations。

③把每一个主题词与其被引次数相乘，获得每一个主题词的被引权次，把相同主题词的被引权次相加，则得到了没有重复主题词的主题词被引权次。

比较表 6 和表 4 的第三、四列，即剔除了技术、组织、技术和组织等主题词后，可以发现创新、绩效、厂商、知识均排在前四，在多学科中，创新获得的关注要远远高于绩效，而在三学科中绩效获得的关注略高。余下的主题词则均不相同，在多学科中有管理、信息技术、模式、竞争优势、产业、能力等管理学偏好的主题；在三学科中则有弱关系、网络结构、小世界、创新性、联盟形式、市场等社会学分析常见的主题。据此，我们再一次看到了三学科与多学科在细分主题上的分野，多学科更加关注与组织绩效相关的管理学细分主题，而社会学则更加关注与组织人群相关的细分主题。

到此，令我们更好奇的是，在计入被引次数后，社会学的细分主题会依然与三学科的同构吗？我们先看三学科与社会学的比较，如果社会学细分主题的社会学学科特征更加明显，则无须再与多学科进行比较了。比较表 6 第三、四列和第七、八列发现，两者的前 10 个主题词完全相同，除前三个主题词中有两个排序略有差异外，其他主题词的排序都完全相同。据此我们观察到了三学科与社会学在计入被引次数后在细分主题上的同构性，其都更多地呈现了社会学的细分主题。

综合表 3 到表 6 呈现的数据，我们观察到社会学与多学科对技术与组织研究细分主题的相同与差异。两者都关注组织的创新、绩效、厂商（形态）、知识。进一步的分析发现多学科更多地关注组织因素，将其纳入“技术与组织……”的省略号填充之中；社会学则更多地关注组织人群因素，将其纳入省略号的填充之中，如技术与组织中的工作、技术与组织中的知识传播、技术与组织中的社会网络、技术与组织文化、技术与组织中的性别，等等。由此看来，社会学更关注基础议题，如：知识是其他议题的基础，工作感受、创新、创新性、文化都是以知识为基础的；创新性是人类社会发展的源泉，是创新的源头；弱连接是人类社会关系体系的基本特征，对人类社会的多个维度都有重要影响；网络结构是人群特征的基本参数，刻画着组织人群的关系特征，在人的因素上直接影响着组织绩效。

有两点非常值得注意：第一，信息技术作为 20 世纪后期影响组织的极其重要的因素，在技术与组织主题之下，多学科对其给予了积极的关注，社会学的相关探讨却非常有限。第二，技术与组织的传统主题“组织结构”不仅在多学科中所见不多，在社会学中更是消失了。这就让我们不得不追问，对社会学而言，是信息技术和组织结构不重要，还是另有因素影响？这有待且值得进一步探讨。

对组织结构议题的淡去，斯维尔和菲利普曾解释为 1990 年代的范式转换：从组织层次的研究转向了个体层次的研究（Sewell and Phillips，2010）。前面的分析已经证明，对个体层次的关注其实早在 20 世纪中期便已出现。那么，为什么组织结构主题消失了呢？为此，我们将尝试着通过探讨技术与组织研究在过去60年里的理论取向变化来回答这个疑问。

四、技术与组织细分主题间关系与理论取向脉络

如果希望获得技术与组织研究的整体印象，至少需要回答三个问题：第一，学术界关注哪些细分主题？第二，被关注最多的细分主题之间有怎样的关系？第三，为什么是这样的关系而不是其他关系？

在第二、三部分的讨论中，众多数据和分析试图回答的都是第一个问题。在这一部分，我们试图简洁地回答第二、三个问题。首先分析多学科和社会学各自细分主题之间的关系，然后归纳研究的变化和理论取向的脉络。

（一）技术与组织细分主题间的关系

为呈现在技术与组织研究主题之下细分主题之间的关系，我们以主题词之间的邻接矩阵（巴派特，2014）为基础数据，综合运用了多种网络分析方法（本文称之为“主题网络分析法”[①]）。有之前的主题词分析做铺垫，在主题词网络关系分析中我们将只分析多学科数据和社会学的数据。

运用多学科数据，我们获得了有连接关系的主题词（节点）15 220 个，形成了 204 355 对关系（边）。用这个邻接矩阵数据，可以获得诸多统计参数以观察和讨论主题词之间的关系结构。为简洁起见，我们只使用容易理解的两个参数：节点度数和边的次数。

不过，一条边的次数显示的只是两个主题词之间关系的强弱，不能展现多个主题词之间关系的强弱。为探索多个主题词之间关系的强弱，进而获得细分主题之间的关系结构，我们需要进行主题词之间的网络关系分析，为此我们运用网络分析工具戈菲（Gephi）来计算主题词之间关系的强弱，并直观地呈现出现次数排前或标次排前的边。

运用多学科邻接矩阵数据且未运用被引次数加权的前 25 个节点度数和标准化后的边权数（简称“标次”）计算后得到的结果，参见表 7 第一至五列。运用同样的策略，且运用主题词被引次数加权且标准化后的边权数（简称“权标次”）计算后得到的结果，参见表 7 第六至八列。前者用于测量边的实际强弱，后者用于测量考虑了影响大小之后的边的强弱。由于无须运用被引次数对节点加权，故

---

① 参见附录二对主题网络分析法的数据构造与计算的说明。

节点度数是一致的。

为直观呈现多学科主题词之间关系的格局且便于用图形显示，我们用最高权标次的 1/4 过滤后，获得了图 4。[①] 在图 4 的左右两图中，节点大小表示与之有连接节点的多少。连接的节点越多，说明其与其他主题词的关系越多，自然，主题词的直径便越大。节点直径的数值为表 7 的节点度数（第二列）。两个节点之间边的粗细表示两者关系的强弱，说明两者出现在同一篇文献中的次数多少。在图 4 左图中，边表示一对主题词（如“绩效-创新”，简称“主题词对”）的出现次数经标准化后的标次（表 7 第五列），如“绩效-创新”的标次为 110.83；标次数越大，边越粗，说明两者同时出现在同一篇文献中的次数越多。在图 4 右图中，边表示加权（用出现主题词对文献的被引次数作为权数加权累加）且标准化之后主题词对的权标次（表 7 第八列），权标次数越大，边越粗，说明主题词对的影响也越大，如“创新-厂商”的权数为 81.19。需要注意的是，边的粗细仅意味着主题词对出现次数的多少或被关注程度的高低，不意味着两个主题词出现同样的次数或有同样的被关注程度。不过，如果边粗，其中至少有一个主题词出现次数多或受关注程度高。

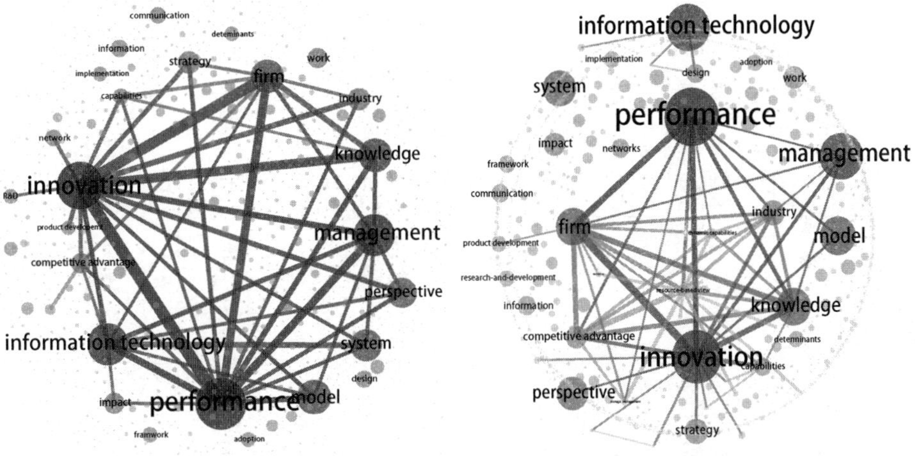

图 4　多学科主题词关系加权前后的结构比较

对图 4 左右两图可以有很多的解读，与本文主题密切关联的有三点。先看左图。蛛网一样的连线说明在多学科中人们探讨了诸多细分主题之间的关系，每一个闭合关系都涉及若干主题词对，如“绩效-创新-管理”“绩效-创新-厂商”“绩效-信息技术-管理”等等。在多学科文献中，表 7 第二列的节点度数说明出现次

① 为了直观地呈现细分主题之间的关系结构与关系强弱，我们进行了一些技术处理，技术处理的细节请参见附录二对主题网络分析法的说明。

表 7　多学科前 25 个节点度数和标准化前后的前 25 条边

主题词	度	边（未加权）		标次	边（加权）		权标次
绩效（performance）	3 476	创新（innovation）	绩效（performance）	110.83	创新（innovation）	厂商（firm）	81.19
创新（Innovation）	3 155	创新（innovation）	厂商（firm）	101.36	厂商（firm）	绩效（performance）	66.71
信息技术（information technology）	2 785	知识（knowledge）	创新（innovation）	85.73	知识（knowledge）	创新（innovation）	61.68
管理（management）	2 772	知识（knowledge）	绩效（performance）	74.84	资源视角（resource-based view）	竞争优势（competitive advantage）	61.26
模式（model）	2 290	绩效（performance）	管理（management）	72.94	知识（knowledge）	厂商（firm）	59.89
知识（knowledge）	2 233	信息技术（information technology）	绩效（performance）	65.36	创新（innovation）	绩效（performance）	55.68
厂商（firm）	2 215	创新（innovation）	管理（management）	58.26	竞争优势（competitive advantage）	厂商（firm）	54.73
系统（systems）	2 120	知识（knowledge）	绩效（performance）	53.52	竞争优势（competitive advantage）	知识（knowledge）	51.07
视角（perspective）	1 988	信息技术（information technology）	系统（systems）	53.05	创新（innovation）	能力（capabilities）	47.86
战略（strategy）	1 487	知识（knowledge）	厂商（firm）	52.10	资源视角（resource-based view）	厂商（firm）	47.57
产业（industry）	1 476	创新（innovation）	产业（industry）	52.10	资源视角（resource-based view）	战略管理（strategic management）	44.91
影响（impact）	1 375	绩效（performance）	模式（model）	51.15	知识（knowledge）	绩效（performance）	42.51
竞争优势（competitive advantage）	1 338	创新（innovation）	视角（perspective）	49.26	资源视角（resource-based view）	知识（knowledge）	41.64
工作（work）	1 332	信息技术（information technology）	管理（management）	47.37	竞争优势（competitive advantage）	创新（innovation）	41.52
信息（information）	1 148	信息技术（information technology）	创新（innovation）	44.52	创新（innovation）	产业（industry）	40.76
网络（networks）	1 111	战略（strategy）	创新（innovation）	44.05	资源视角（resource-based view）	产业（industry）	37.16
设计（design）	1 111	绩效（performance）	战略（strategy）	41.68	资源视角（resource-based view）	绩效（performance）	36.47
沟通（communication）	1 080	视角（perspective）	绩效（performance）	41.68	竞争优势（competitive advantage）	产业（industry）	36.32
能力（capabilities）	1 059	产品开发（productdevelopment）	创新（innovation）	40.26	资源视角（resource-based view）	动态能力（dynamic capabilities）	35.50
框架（framework）	1 015	创新（innovation）	模式（model）	38.84	创新（innovation）	管理（management）	35.40
执行（implementation）	979	知识（knowledge）	管理（management）	38.37	厂商（firm）	产业（industry）	35.30
采/应用（adoption）	962	创新（innovation）	能力（capabilities）	38.37	知识（knowledge）	产业（industry）	35.19
研发（Research-and-development）	960	竞争优势（competitive advantage）	创新（innovation）	37.42	竞争优势（competitive advantage）	动态能力（dynamic capabilities）	34.66
决定因素（determinants）	953	视角（perspective）	管理（management）	37.42	动态能力（dynamic capabilities）	厂商（firm）	34.02
产品开发（productdevelopment）	935	知识（knowledge）	管理（management）	36.94	动态能力（dynamic capabilities）	知识（knowledge）	32.99

数最多的是组织绩效；第五列的标次数则显示出现次数最多的主题词对为“创新-绩效”，是被探讨最多的一对关系。不仅如此，在左图的可视范围还有众多的细分主题与绩效关联在一起，如能力、竞争优势、战略、产业、系统等等，总计有 3 476 个主题词与之相连，占网络主题词总数的 22.8%，证明绩效是最受关注的细分主题。

接着看右图。当然，最受关注的细分主题还是组织绩效，不过，凸显出来的关系结构却有变化。结合表 7 的数据可知，“创新-厂商-绩效”构成了一个显而易见的结构，可以解读为，运用厂商机制进行创新，提高组织绩效。值得注意的是，资源视角的度数为 693，只有绩效的 19.9%，可是“资源视角-竞争优势”边的权标次却与“知识-创新”的相当，且大于“知识-厂商”，或说明资源受到更多的关注。

比较图 4 左右两图可以看到明显的相同与不同。如果说左图代表了一篇文献一票的格局，那么，右图则意味着部分文献具有更大分量的格局。两图显示组织绩效是多学科共同的关注，且把创新与组织绩效紧紧相连。不同的是，左图显示，关联绩效的因素更多且更分散；右图显示，关联绩效的因素更少且更集中，譬如“知识-创新-厂商-绩效”模式显得更加清晰。

如果把多学科的细分主题结构做一个归纳，我们认为在多学科文献中组织绩效是最受关注的主题，与之关联在一起的细分主题也非常集中，如创新、厂商、管理、知识等。把这些主题词串起来，可以建构一个假设性命题：运用厂商机制时，创新是组织绩效的动力和源泉，知识是让创新获得绩效的条件，管理则是让创新产生绩效的保障。

那么，社会学的细分主题之间又有怎样的结构和强弱关系呢？我们用与多学科同样的策略进行了探讨，获得节点数 860 个，未加权的边数 5 538 条，加权以后的边数 4 147 条①。表 8 的格式与表 7 的一样，列出了社会学中度数最大的前 25 个主题词（第一、二列）、未用文献被引次数加权但标准化过的标次数（第三、四、五列）和用文献被引次数加权且标准化过的权标次数（第六、七、八列）。

由对社会学主题词邻接矩阵数据的可视化分析获得了图 5。② 图 5 左图是没有加权的主题词网络结构，右图是加权后的主题词网络结构。

---

① 由于在社会学文献中存在被引次数为 0 的文献主题词，在使用被引次数作为权数进行加权时需要剔除这些边，故边数减少了。

② 社会学主题词网络中有 11 个连通分量。由于社会学主题词（节点）和主题词关系（边）的数量不大，故在可视化中没有像在多学科中那样过滤，也没有对边的显示粗细进行处理。对多学科可视化的技术处理请参见附录二对主题网络分析法的说明。

表 8　　社会学前 25 个节点度数和标准化后前 25 条边

主题词	度	边（未加权）		标次	边（加权）		权标次
工作（work）	143	知识（knowledge）	创新（innovation）	23.90	知识（knowledge）	创新（innovation）	9.92
知识（knowledge）	139	科学（science）	知识（knowledge）	17.07	创新（innovation）	绩效（performance）	9.90
网络（networks）	93	技能（skill）	工作（work）	17.07	厂商（firm）	绩效（performance）	9.75
嵌入性（embeddedness）	93	性别（gender）	女性（women）	13.66	网络结构（network structure）	绩效（performance）	9.58
创新（innovation）	91	社会学（sociology）	工作（work）	13.66	创新（innovation）	厂商（firm）	9.58
绩效（performance）	88	科学（science）	工作（work）	13.66	小世界（small-world problem）	联盟形式（alliance formation）	9.55
社会学（sociology）	88	特征（nature）	文化（culture）	13.66	小世界（small-world problem）	网络结构（network structure）	9.55
产业（industry）	79	互联网（internet）	政治（politics）	13.66	小世界（small-world problem）	弱关系（weak ties）	9.55
美国（United-States）	75	创新（innovation）	公共采购（public procurement）	13.66	小世界（small-world problem）	知识（knowledge）	9.55
权利（rights）	71	创新（innovation）	绩效（performance）	10.24	小世界（small-world problem）	创新（innovation）	9.55
政治（politics）	70	厂商（firm）	绩效（performance）	10.24	小世界（small-world problem）	厂商（firm）	9.55
文化（culture）	68	工作（work）	转型（transformation）	10.24	小世界（small-world problem）	绩效（performance）	9.55
厂商（firm）	65	转型（transformation）	技能（skill）	10.24	小世界（small-world problem）	创新性（creativity）	9.55
全球化（globalization）	64	弹性（flexibility）	绩效（performance）	10.24	联盟形式（alliance formation）	网络结构（network structure）	9.55
科学（science）	64	社会（society）	参与（participation）	10.24	联盟形式（alliance formation）	弱关系（weak ties）	9.55
治理（governance）	63	绩效（performance）	岗位（job）	10.24	联盟形式（alliance formation）	知识（knowledge）	9.55
扩散（diffusion）	56	工作（work）	互动（interaction）	10.24	联盟形式（alliance formation）	创新（innovation）	9.55
性别（gender）	55	社会学（sociology）	科学（science）	10.24	联盟形式（alliance formation）	厂商（firm）	9.55
社会（society）	52	人权（human rights）	公民身份（citizenship）	10.24	联盟形式（alliance formation）	绩效（performance）	9.55
岗位（job）	51	美国（United-States）	大学（university）	10.24	联盟形式（alliance formation）	创新性（creativity）	9.55
参与（participation）	50	互联网（internet）	民主（democracy）	10.24	网络结构（network structure）	弱关系（weak ties）	9.55
互联网（internet）	48	扩散（diffusion）	产业（industry）	10.24	网络结构（network structure）	知识（knowledge）	9.55
不平等（inequality）	48	网络分析（networkanalysis）	嵌入性（embeddedness）	10.24	网络结构（network structure）	创新（innovation）	9.55
社会运用（socialmovement）	48	嵌入性（embeddedness）	友谊（friendship）	10.24	网络结构（network structure）	厂商（firm）	9.55
市场（market）	47	工作（work）	知识（knowledge）	10.24	网络结构（network structure）	创新性（creativity）	9.55

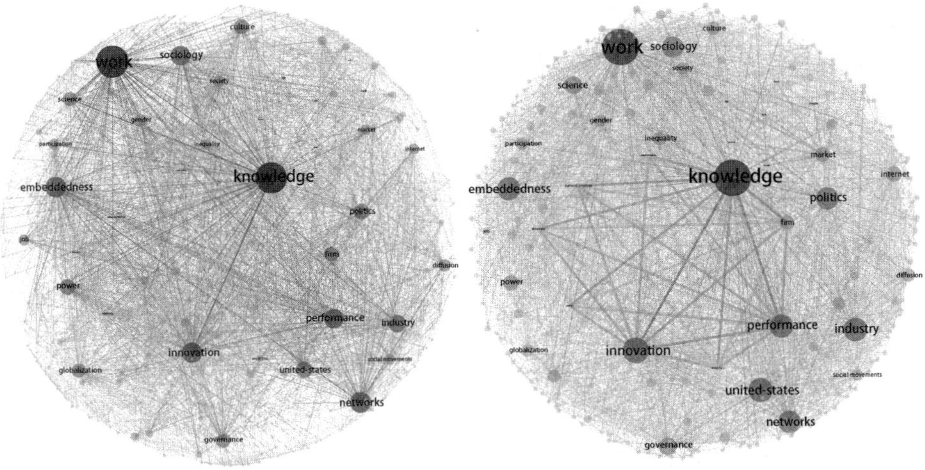

图 5　社会学主题词关系加权前后的结构比较

先看左图。结合表 8 第一、二列的数据可知，工作和知识有着非常接近的连接度数，即与之相连的主题词数量非常接近，似乎可以推测两者之间有一条标次数较大的边，可表 8 第三、四、五列的数据显示，“工作-知识”（表 8 最后一行）关系的标次数只有最大标次数的 42.8%，不到一半。倒是在“知识-创新”之间有着最大的标次数，排在第二的为“科学-知识”，而科学却是一个度数不大的节点。尽管我们采用各种方法试图在社会学的主题词中找到细分主题之间的关系结构，建构类似于多学科那样的关系假设，但非常遗憾的是，没有成功。在社会学的细分主题之间，除了部分主题词对以外，找不到凸显的三个及三个以上有逻辑的细分主题关系结构。

再看右图。与左图不同，结合表 8 第六、七、八列的数据，加权后的主题词之间倒是呈现出两个相对清晰的子网络（连通分量）。第一个是围绕知识的子网络，其中可以看到“知识-绩效-创新”之间的强关系。结合表 8 也观察到与知识之间关系很强却度数较小的细分主题，如网络结构、联盟形式、小世界、创新性、弱关系等，这似乎意味着在用社会学概念解释知识。第二个是围绕市场的子网络。其中可以看到市场与角色冲突、收入、关系、种族、成就、强度等细分主题之间的关系，这似乎意味着在用社会学概念解释市场带来的影响。

比较图 5 的左右两图则可以看到，左右两图都显示出对工作很关注，却没有与之有强关系的另一个主题。一个武断的判断是，有众多文献在讨论组织中的工作，却没有明确显示为什么要讨论工作，至少没有达成共识的与工作连接的细分主题。同样的判断逻辑也应该适用于嵌入性、网络、政治、产业等。如之前预判的，社会学作为主题词没有任何实质内涵，似仅意味着一个学科标签而已。

归纳起来我们认为，如果说绩效是技术与组织研究中多学科的核心主题，则知识和工作可以被认为是社会学的重要主题。事实表明，社会学对知识的讨论已进入核心（绩效）主题，对工作的讨论则还游离在核心之外，没有形成主题关系网络。对创新的讨论倒是模棱两可，一方面，管理学认为创新是自己的主题；另一方面，社会学也认为创新是自己的主题，甚至有人认为伍德沃德对创新的讨论长期被忽视（Sewell and Phillips，2010：16），需要重拾。

我们倒是认为，在现代学科的分野中已经没有任何一个主题是某个学科的专有主题，学科之间竞争的是观察主题的穿透力和阐释主题的解释力。虽然社会学的探讨没有像多学科那样形成鲜明的主题关系网络，可在对组织绩效的认识上却更加基础。从社会特征出发的细分主题抓住了多学科细分主题的社会基础和前置条件，如果能形成明确的主题关系结构，即在人群因素与绩效的社会最优之间建立直接联系，那么对技术与组织现象的刻画和解释将更有穿透力。社会学未来在这一领域有巨大的发展空间。

（二）技术与组织研究的变化与理论取向的脉络

在多学科中我们观察到了“知识-创新-厂商-绩效”逻辑，还有与之关联的管理、模式、竞争优势等细分主题。在社会学中也观察到了“知识-绩效-创新”逻辑以及与之关联的网络结构、联盟形式、小世界、创新性、弱关系等细分主题。问题是：为什么会呈现这样的格局？细分主题的主要结构及其关联又说明了什么？

对这些问题的讨论，一个可能的策略是将其放到技术与组织发展的历史演进中。第二次世界大战之后，英美等国的工业获得了飞速发展，技术是重要驱动力量之一。[①] 如何通过技术创新提高生产效率进而提高组织绩效呢？这是当时主要发达国家面对的重要问题。

如前所述，技术和组织曾经是两个独立的主题，对组织绩效各自都有独立的效应。在实地调查研究中，伍德沃德发现技术与组织交互对组织绩效同样有着重要的影响，她的证据过硬、结论简洁，在关注组织绩效的同时，让技术与组织成为一个与技术、组织同等重要的研究领域。

回顾这个领域，我们认为有两个根本性议题。第一，技术从哪里来？第二，技术与组织如何影响组织绩效？

对第一个问题的探索让创新成了与绩效同等重要的主题（见图 4 和表 7）。在组织研究中，创新甚至是一个更加重要的主题，人们对伯恩斯和斯托克著作（Burns and Stalker，1961）的关注要远远高于对伍德沃德著作的关注[②]，创新主

---

① 我们认为，另一个重要的驱动力量是金融，因不在本题之内，故不论述。

② 在谷歌学术中，Burns 和 Stalker 著作的被引次数为 15 000 多次，伍德沃德著作的被引次数只有 5 000 多次。

题文献的数量也远远多于技术与组织的。的确，技术来自创新，技术发展的历史已经充分证明了这一点。

问题是：对一个具体组织来说，技术创新来自组织内部还是外部？在 1950 年代，这或许是一个不言而喻的议题，因为那个年代的技术创新主要来自组织内部，譬如成套生产设备和技术的发展创新大多是在企业内部实现的。在组织之外，技术的可选池不大。因此，对组织而言，技术外源性并不凸显。这就意味着，只要组织在技术上有突破，就有机会提高组织绩效。

由于技术复制的低成本特征（Kogut and Zander，1992），同一套技术被应用的范围越大，提高组织绩效的机会就越多。由此，技术应用范围便成了重要议题。跨国公司正是在技术应用范围扩张的驱动下出现和发展的（Wilkins，1974；Dunning，1992）。这就是为什么在技术与组织的早期研究中关注组织结构而不讨论技术来源，因为技术与组织结构的关系是组织扩张的基础。

由此我们也可以理解为什么 1950 年代至 1990 年代讨论技术与组织的文献并不多，且在技术一侧更多地围绕着创新，在组织一侧则更多地围绕着组织结构。偶尔有研究讨论技术应用的组织情境（Perrow，1967；Harvey，1968）。

其实，从社会学视角切入可以很容易发现创新来自哪里的议题被忽略了，或被默认为不言而喻。社会学在后来的介入展现了自己的洞见，即知识是创新的来源，也是让创新发生效用的条件，进而把知识带入技术与组织研究领域。

为了检验这个判断，我们运用谷歌学术检索“技术与组织”，按照相关性由高到低排序，截取前 1 000 篇/部文献。在逐篇/部阅读摘要、书评、原文或原书后进行筛选，最终留存 203 篇/部，进一步获取其被引用数据。然后，对文献的理论取向进行编码，从要素中获得了过去 60 年技术与组织研究理论发展的分析框架，将其区分为技术中心论、社会中心论和情境中心论三类。[①]（见图 6）。

在此基础上，用被引次数作为权数乘以相应的理论取向，获得理论取向的被关注度，按照时间序列进行整理获得了图 7。

在技术与组织研究的早期，技术受到了更多的关注。从图 7 可以看出，技术中心论[②]（见图 6 第 1 象限）曾经是占据主导地位的理论取向，在后来的发展中，尽管不再是唯一的理论取向，却也始终存在。

创新作为技术发展的动力（阿瑟，2014），在 1990 年代把信息技术的创新和应用推上了前台，至少在四个方面改变了技术与组织研究的大背景。

---

① 对区分依据、理论取向的编码说明以及计算方法，请参见附录二对理论取向的说明。

② 张燕和邱泽奇（2009）将其称为技术决定论，Olikowski（2007）称为技术中心论（techno-centric）。或许，决定论有那么点言过其实，故这里采用技术中心论。

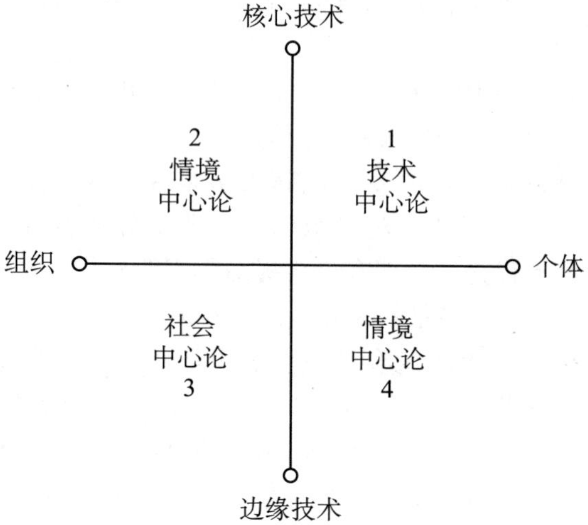

图 6　技术与组织研究理论分析框架

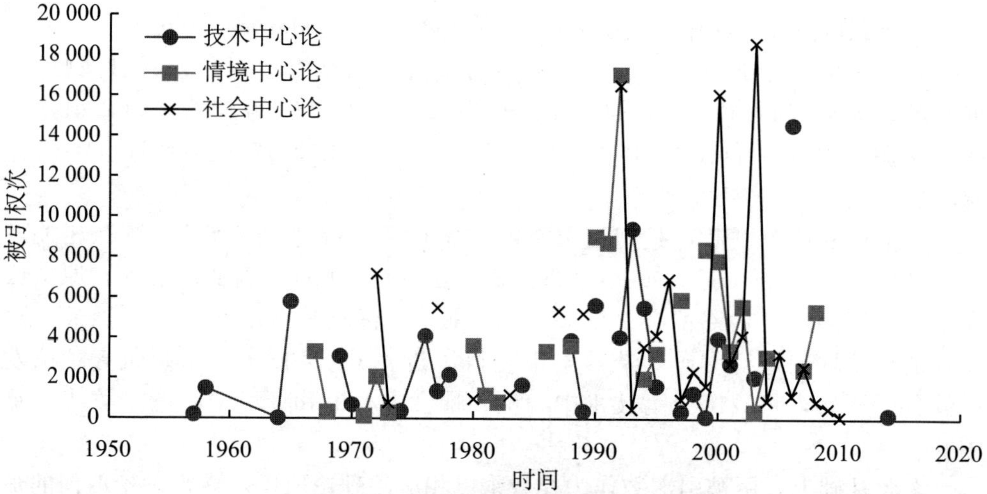

图 7　技术与组织研究理论取向脉络

第一，技术外源性议题凸显。如果说组织内部的技术创新曾经是组织譬如制造企业的重要特征，那么，信息技术发展和创新呈现的赢家通吃局面让信息技术变成了绝大多数组织的外部技术，譬如操作系统、芯片、主要应用。在这样的背景下，对信息技术的应用将不可能再像早前的生产技术那样依靠组织的内部创新，而只能依靠技术引进。在组织层次，信息技术的引进和应用意味着技术的外源性，也意味着技术应用不再只是组织内部的协调，还增加了与技术供给组织之间的协调，形成了技术与组织研究必须面对的新现象。随着信息技术应用重要性的上升和逐渐渗透，技术创新与技术应用开始逐步分离，信息技术外源性的重要性也迅速凸显。

第二，与组织绩效关联的各类技术并不具有同等重要性。与组织绩效关系越密切的技术越具有核心性，与组织绩效关系越疏远的技术越具有边缘性（邱泽奇，2005）。在信息技术普遍应用之前，组织的核心技术通常来自组织自身。这也是早期的研究把技术与组织结构相提并论的根本理由。

当信息技术应用（Galliers and Baets，1998；Morton，1991）渗透到组织各过程和环节，让组织活动（organizing，firm，management）成为与绩效关系同样密切的因素时，发挥生产技术的效率便越来越不能脱离组织活动。无论生产技术是什么，其实都已经与信息技术整合，其重要性也开始下降，不再成为影响组织绩效的绝对主导因素，传统的技术与组织边界开始产生动态变化。

在伍德沃德的技术与组织关系中，技术对组织如果不是绝对地也是更多地具有约束性且构成了技术与组织之间清晰边界的话，那么，信息技术应用渗透得越深入和越普遍，生产技术与组织活动的边界也就变得越模糊，ERP 的应用（Hong and Kim，2002；Mabert，Soni and Venkataramanan，2003；Amoako-Gyampah and Salam，2004；Pan and Jang，2008 等）就是最典型的例子。

第三，当组织的核心技术也具有外源性时，传统生产技术的刚性更难再现，也因此让其对组织绩效的主导性丧失殆尽，成为必须与信息技术整合才能发挥效率的技术（谢铮，2007；刘伟华，2007）。不仅如此，在英国传统的研究中曾经把生产技术区分为离散性与连续性两种。在与信息技术的整合中，组织生产的离散性在迅速变大，甚至很难看到传统的连续生产组织。在这样的情境下，讨论技术与组织结构便失去了意义，讨论管理创新（Birkinshaw，Hamel and Mol，2008）、知识创新（Asimakou，2014；Hakansson and Waluszewski，2007）、知识传播与分享（Karim and Kaul，2015；Bailey，Leonardi and Chong，2010；刘建设，2010；Kogut and Zander，1992）、组织模式（Ahuja，Lampert and Tandon，2014；Pisano，1990）、竞争优势（Murmann，2003；Powell and DentMicallef，1997；Sorenson，2004）等与组织活动关系密切的主题才可能对组织绩效有贡献。

在这样的背景下，情境中心论凸显出来。其实，情境中心论并非信息技术普遍应用后才出现的理论取向，早在 1967 年，佩罗的讨论就具有明确的情境中心论取向（Perrow，1967）。在理论建构的努力中，佩罗把技术区分为日常技术和非日常技术。他认为，在运用中有少量例外和可检索性的技术是日常技术，有大量例外和不可检索性的技术便是非日常技术。对组织绩效而言，前者与相对稳定的组织结构相对应，后者则与具体的组织情境相对应。

在信息技术与生产技术边界逐渐模糊的组织中，情境性地运用技术才能充分发挥技术的效率，提高组织的绩效。加上信息技术的外源性，使得情境性变成了一个从组织间关系（信息技术的提供与采用，Levina and Ross，2003；Lind and Zmud，1991）、组织传统与现实间关系（信息技术与组织传统、文化、生产技术的协调与整合，Henderson and Venkatraman，1999；Karahanna，Straub and Chervany，1999；Bouwman et al.，2005；Heintze and Bretschneider，2000；Hoon Yang，Lee and Lee，2007；Sahay，1997；Leidner and Kayworth，2006；Lapointe and Rivard，2005）、组织内部部门间关系（信息技术与生产技术的沟通、协调与整合，Taylor，2010；Hitt and Brynjolfsson，1997），到个体使用者与技术界面（信息技术与个体使用者知识与技能的协调与整合，Chau and Hu，2001；Venkatesh et al.，2003；Jasperson，Carter and Zmud，2005）的“情境域”。在这个情境域中有着众多的细分理论取向，限于篇幅的原因，我们统称为情境中心论（context-centric）。

在个体应用情境中，奥利科夫斯基的研究具有广泛的影响，从早期的技术二重性（Orlikowski，1992），到中期的技术结构化理论（Orlikowski and Gash，1994；Orlikowski，2000），再到后期的社会物质性理论（Orlikowski，2007；Orlikowski，2008；Orlikowski and Scott，2008），她一直在致力于把“技术-人-组织”整合到一个框架之中，关注个体的静默知识（tacit knowledge）的影响，关注个体的主观能动性，是非常值得关注的研究积累。

我们认为，她最大的贡献不在于其从组织层次的分析转向了个体层次，而在于其关注到社会因素的层次性和技术应用的情境性。社会物质性分析框架非常准确地把握了社会因素与技术因素关系的方向，即不同层次的行动者和不同层次的技术之间没有一个模式化的关系结构，在这个意义上，她的理论取向也是情境中心论的，追随她理论取向的研究也落在情境中心论（见图 6 第 4 象限）这个域中。

在技术引进、初期应用、组织和部门等中程情境中，邱泽奇团队的研究也具有明确的影响，从互构理论（邱泽奇，2005），到对部门岗位的研究（刘振业，2004；刘小涛，2004）、组织内部部门间关系的研究（张燕，2009），再到组织/社会传统与现实的关系研究（王旭辉，2009；谢铮，2007；刘伟华，2007；张茂元，2008；周彦汐，2013）、技术应用与组织文化的研究（任敏，2009），都试图在中程情境下（见图 6 第 2 象限）用互构来统合技术与组织整合机制，也是非常值得关注的研究积累。

在组织与环境层次，库恩和卓在探讨小企业决定是否采用电子数据交换（EDI）技术的影响因素时提出了“技术-组织-环境”分析框架（Kuan and Chau，2001）。这是从创新扩散研究领域受到启发而构造的一个框架。在创新扩散研究领域，罗杰斯关注到影响一项新技术被采用的因素，如应用环境、组织的需要，以及技术的适用性等（罗杰斯，2002），后来被托纳斯基等人归纳为三个因素：技术、组织、环境（Tornatzky et al.，1983；Tornatzky，Fleischer and Chakrabarti，1990）。在此基础上，库恩和卓综合其他研究积累，将其归纳为“技术-组织-环境”框架。

在情境中心论的意义上，“技术-组织-环境”理论关注了环境与组织对技术采用决策的影响（Pan and Jang，2008；Lee et al.，2009；Baker，2012）。尽管其研究议题的覆盖面相对狭窄，却是技术与组织研究曾经忽略的范围，即组织与环境。

在情境中纳入了多层次行动者如技术供应者、技术使用者，技术的多层次性，以及组织和组织间关系等诸多因素，不同因素的组合构成了不同类型的情境中心论，在总体上可以归纳为技术中心的情境论（Perrow，1967；Blau et al.，1976；Drucker，1988；DeLone and McLean，1992）、技术和组织中心的情境论（Orlikowski and Baroudi，1991；邱泽奇，2005；Orlikowski，2008），以及社会中心的情境论（Morgan，1980；Barley，1986）。

从图 7 可以看到，情境中心论自 1960 年代出现以来，其发展也时断时续，在 1990 年代初期甚至还有一个小小的高潮（Huber，1990；Milgrom and Roberts，1990；Orlikowski and Baroudi，1991；Orlikowski and Robey，1991），不过，未能像早期的技术中心论那样成为主导性的理论取向。我们认为，主要原因在于其未能处理好技术与组织多维度与多层次之间“关系组合”的社会机制。

第四，对社会因素的重视再次凸显。蔡尔德从对情境模型的检讨入手，在讨论组织结构、环境与绩效时，认为既有的模型忽视了作为组织战略选择的重要政治过程。他还进一步指出，在这个选择中不仅有组织结构形式，还有对环境特征的操纵以及对绩效标准的选择（Child，1972）。由此，把社会因素的影响带到对技术与组织的讨论之中。15 年之后，拜卡等在对技术应用史的探讨中干脆提出了“社会建构”的观点（Bijker，Hughes and Pinch，1987）。在技术与组织研究中，知识是让技术转化为效率的另一个重要因素，一如当年的组织结构，而知识的掌握者是与技术相关的人类行动者。当知识变成重要细分主题（Smith，Collins and Clark，2005）时，社会中心论（human-centered）自然而然地凸显了出来（见图 6 第 3 象限）。

奥利科夫斯基曾经认为，社会中心论试图将技术的影响最小化，并尽最大的努力关注人的能动性，让技术特征消逝在社会因素之中。其实，事情远没有这么简单。文卡塔斯和戴维斯在讨论技术接受模式（TAM）时运用 156 个组织在技术采用前和采用后 1 个月和 3 个月的追踪调查数据分析后指出，主观规则、意愿、想象等社会因素和岗位相关性、产出质量、结果示范性、易用性等认知因素都直接影响组织对技术的接受（Venkatesh and Davis，2000）。在后来的研究中，他们再次强调了社会因素的重要性（Venkatesh et al.，2003；Boudreau and

Robey，2005）。

如果把一些对制度（Liang et al.，2007；芳汀，2004；黄晓春，2008）、文化（Coombs，Knights and Willmott，1992；Leidner and Kayworth，2006）、反身性（Mutch，2010）等因素的研究也包括在内，则社会中心论的内容更加丰富。

从图 7 可以看到，社会中心论取向始于 1970 年代，直到信息技术应用逐渐普遍的 1990 年代中期也在时断时续地发展，并延续至今。其中，重要的、有影响力的研究都与信息技术有关。

综上所述，我们看到了技术与组织研究如何因社会学的介入从一个以组织绩效为核心的领域逐步在理论中把社会因素纳入（初期伍德沃德便强调了要重视人类关系），进而发展为一个多学科共同努力、多元理论共存、社会学洞见展示极大潜力的研究范畴。

五、从工厂到平台：技术与组织研究的未来

技术与组织是一个在组织管理实践中出现的主题，也在回应实践的疑问中发展和成长，未来也将在实践中发展。其中技术发展是重要的驱动力量，过去如此，现在如此，将来也不会改变。

从荀子讨论人类与牲畜之间因组织而产生区别开始，人类对组织的探讨从来没有停止过；同样，因对更好生活的向往人类更是从来没有停止过对技术发展的追求。譬如，动力机械的出现从根本上改变了人类生产的组织模式，把人类从分散的乡村和牧场，集中到了一个狭小的空间——工厂。

工厂不仅是人类生产活动的一种组织形式，更是改变这种形式的场所和力量。从伍德沃德时代的大批量生产、小批量生产、连续生产（Woodward，1958），到后来的柔/弹性生产、定制化生产，人类生产活动的组织形式（form）越来越多样化。

技术与组织议题正是在人类的技术实践和组织实践中出现的。纵观过去 60 年的发展，对技术与组织的研究始终是多个学科的兴趣所在，社会学就是其中之一。在多学科的关注中，组织绩效是最凸显的细分主题，与其紧紧关联的细分主题还有创新、管理、厂商（形式）、知识，其中创新是最重要的细分主题，也是社会学关注的主题。在社会学研究中，最关注的细分主题其实是知识与工作，即技术与组织中的人群因素。必须指出的是，社会学没有形成与其紧密关联的主题结构。

如今，人类社会正在进入智能时代，这意味着伍德沃德问题的组织背景在发生革命性的变化。以制造业为例，在车间从事生产的将不再主要是人类，而是机器人（布劳克曼，2015）；提供生产依据的，也将不再主要是人类，而是在生产和消费中积累的大数据（李杰，2015）及依据大数据产生的人工智能。

在组织形式改变的背后，适用/匹配的技术是不可或缺的支持。技术变迁甚至是组织变迁的直接驱动力量，或许这就是为什么创新始终是技术与组织研究中最为重要的细分主题。伯恩斯和斯托克的著作（Burns and Stalker，1961）曾经是、现在是、未来也将是这个领域的经典文献。无论创新研究走向何方，人们都会在想象中重回机械工业时代，从那里获得灵感和启发（Tidd and Bessant，2009）。

如果仅仅把创新局限在技术与组织的主题之中，那就太狭隘了。创新不仅发生在组织中，发生在技术领域中，也发生在日常生活之中。没有创新就没有技术发展，没有创新就没有组织的发展，没有创新甚至人类的存在就没有价值。一个国家对创新的强调是汇集人类静默知识的共识的过程（Nelson，1993），也是汇聚人类智慧的过程。恰恰在这个过程中，人类的组织形态发生了革命性的改变，从组织所属的技术攻关和技术研发中新生出众包和众筹等多种方式和形态（Chesbrough，Vanhaverbeke and West 2017）。正因为如此，创新将会继续成为技术与组织研究中的重要细分主题。

如果说机器技术的发展催生了工厂组织，那么信息/技术的发展正在把平台组织形态推上人类组织历史的前台。其实，我们对平台并不陌生，传统乡村的集市是交易空间平台，大型制造业的成套设备是生产平台。不过，传统的平台在某种意义上与组织是重叠的，如今的平台因为信息技术的支撑和其他因素如物流、交通、人际网络等因素的大规模引入与智能匹配的机制而有了其独有的特征。

有人在构架的意义上认为，如果一个系统被分为核心和周边两个部分，其中核心部分的变异性小，周边部分的变异性大，那么核心的部分就是平台（Baldwin and Woodard，2011）。在组织的意义上，我们更愿意从组织间关系和组织与社会关系的角度把平台理解为给其他组织和社会成员提供基本支撑的组织。这就意味着平台作为一种组织（organizing）其他组织或社会成员生产与生活的空间与支持体系，其丝毫的变化都会对其他方面产生影响，真可谓牵一发而动全身。也正因为如此，平台从诞生的时刻起就具有了公共性和公共空间的特征。

在这样的组织发展背景下，技术与组织研究需要扩展传统边界。伍德沃德传统关注的技术与组织是“生产”意义上的，“绩效-创新-知识-厂商-管理”还是可以追寻的细分主题。在计算机技术进入人类的生产与生活之后，在给定的组织情境下，奥利科夫斯基观察到“人机界面”对技术应用效率进而对组织绩效的作用较之以往任何时候都更依赖于人或群体的因素，从而强调“技术-人-组织”之间的整合性和整体性，关注技术与组织，尤其在个体层次上是“社会”意义的，让社会物质性在局部的、微观的层次上依然是可以继续研究的主题。

如果说从伍德沃德到奥利科夫斯基，研究主题的变化依然在以管理学为主的议题范围内，那么在平台组织因其公共性对人类社会的生产与生活影响越来越大的时候，一些曾经不那么突出的议题却凸显出来。譬如：谁的绩效？在工厂组织时代人类面临社会公平与组织效率两难，推崇帕累托最优或社会最优。计算机进入生产与生活未曾改变人类工厂组织的形态，技术与组织的关注依然是帕累托最优。可互联网络和人工智能的渗透，改变了人类生产与生活的组织形态，让平台与其承载的组织和/或社会成员之间在绩效上存在着多重复杂关系及巨大的张力。在这样的情境下又如何界定技术与组织因素带来的效率和公平呢？同样的议题还有：谁的创新？创新又如何带来谁的绩效？谁的知识？知识又如何促进或抑制谁的绩效？对这些问题的探讨需要在更加宽广的意义上来理解如今的“生产”，需要社会学把社会因素带入其中。

当然，对传统边界的扩展并非意味着传统议题消逝了：工厂组织还在，不会马上消失；传统技术还在，也不会马上消失；国家和政府还在，更不会马上消失。而是意味着，在传统组织形态依然存在的环境下，平台组织的重要性和影响力在快速上升，且与传统组织之间有着多种组合和交互模式（Dijck，2013），给技术与组织研究带来了新的挑战和机会。

在形式上，组织的规模将更加两极化。一方面，我们会看到平台组织的规模会远远超过传统组织的规模，甚至演化为类政府组织；另一方面，我们已经观察到生产组织和服务组织的小型化趋势。与 1950 年代比较，排除平台组织以后，组织的平均规模始终在缩小。组织的形态将更加多样化，个人、组织、小群体正逐步成为组织的内核，构建着多种多样的组织形态。

在理论上，因讨论的情境不同、技术不同、应用的阶段不同，技术中心论、情境中心论和社会中心论将会出现并行发展的格局，不可能有任何一种理论取向主导如此复杂的技术与组织格局。在人类社会迈向个体化和个性化的时代，单项技术效率的时代正逐步成为过去，或许情境的重要性将会远远超过其他，服务于人类个性化的需求或将成为未来的主流。

对社会学而言，平台组织实践的前沿在中国，平台技术的实践也在中国，既有的研究大多关注平台组织带来的实践议题如平台生态（Tiwana，2014）、平台治理（中国信息通信研究院互联网法律研究中心、腾讯研究院法律研究中心，2016），前沿的研究则开始关注平台组织规则的演化（唐远雄，2014）、平台赋权（Leong et al.，2016）。不过，对平台组织下的技术与组织的探讨尚为一块处女地，期待着社会学学术探讨的展开。

附录一　系统查阅过的数据库和期刊名录

研究素材的主要期刊论文和学位论文来源

数据类型	语种	检索起始点	纳入分析数
中国知网数据库	中文	1949	143
其中文献类别：学位论文			74
期刊论文			69
其中来源期刊：中国社会科学		1980	2
社会学研究		1986	8
社会		1981	2
经济研究		1955	3
经济管理		1979	3
财经科学		1957	
科学学研究		1983	4
科学学与科学技术管理		1980	5
中国软科学		1986	3
情报科学		1981	3
西文数据库中的来源期刊	英文	1915	878
其中：*Administrative Science Quarterly*		1956	52
The Academy of Management Annals		2007	23
Management Science		1954	10
Organization Science		1990	89
Organization Studies		1980	19
Work and Occupations		1974	14
Annual Review of Sociology		1975	38
American Sociological Review		1936	29
American Journal of Sociology		1895	29
British Journal of Sociology		1950	9
Sociology		1967	10
Economy and Society		1972	8
The American Economic Review		1911	5
Information Communication & Society		1998	44
Information Systems Research		1990	13
MIS Quarterly		1977	21

附录二　方法说明

幂律分布

与正态分布不同，幂律分布刻画的是一类以指数形态衰减的分布。在本文中指主题词出现次数以指数形态衰减的分布。某个主题词有着极高的出现次数，随后主题词的出现次数以指数量级衰减，以至于绝大部分主题词只有极低的频次。图 1 呈现的现象也被称为长尾现象（安德森，2012）。

在幂律分布中，齐普夫函数 $\log c = \log k - d\log x$ 是最经典的表达形态。

幂律分布的基本特征表现为：（1）与标度无关（scale free），即隐含着自相似（self-similarity）；（2）平均特征不反映典型特征。

被引权次

一个主题词在文献中出现，表明其实际存在。出现的次数越多，实际讨论也越多。如果一个主题词不仅实际出现，还被其他文献引用，便说明主题词不仅得到了实际讨论，也对其他主题词的讨论发生了影响或受到了关注。

为了测量一个主题词对其他主题词讨论发生影响的程度或受到关注的程度，我们建构了主题词“权次”概念，其测量方法为对同一个主题词在不同文献的被引次数求和：权次＝求和。

如此，不同的主题词，就有了不同的被引次数的和，即“权次”。

检索迭代

在 WoS 的检索中，通过逐步剔除非目标学科的文献，让其逐步收敛为目标学科的文献。例如：

选择核心合集，采用基础方式检索“technology and organization”，获得的文献包括上百个学科。此时，先选择“文章”，即排除书评和消息等非文章类的文献，再选择“分析检索结果”，进一步选择“Web of Science”（类别），运行“分析”后，呈现出 WoS 的学科分类，选择明显的非目标学科如生物学、地理学等学科后，运行“排除记录”。如此一步一步地迭代，直至收敛到目标学科。

在本文中，我们迭代至社会科学、社会学三学科（社会学、社会科学跨学科、人类学）、社会学。

主题网络分析法

我们知道每一篇文献通常会有两个或以上的主题词，它们映射的是文献讨论的细分主题。无论那个主题词是自变量还是因变量，都意味着把列出来的主题词整合在一起进行讨论，也意味着一篇文献中的主题词相互之间是有关系的。

把一篇文献列出的主题词构建为两两之间的关系，便意味着在主题词之间画出了一条边。举例来说，如果文献有 3 个主题词——技术、组织、创新，就意味着“技术-组织”“技术-创新”“组织-技术”“组织-创新”“创新-技术”“创新-组织”之间都有关系。由于在关系中没有区分从哪个到哪个（向量）的关系，删除边的两端相同的主题词，便只剩下了“技术-组织”“技术-创新”“组织-创新”3 对关系，这就是邻接关系。

把文献主题词的邻接关系整理为两列主题词数据表就得到邻接矩阵。

运用邻接矩阵数据可以探讨主题词之间的关系结构和关系强弱。需要说明的是每一篇文献的被引次数可能并不相同，也就意味着文献主题词的受关注程度也不相同。因此，在主题词关系结构中同样存在主题词关系出现次数与主题词关系被关注程度的差异。

在主题网络分析中，一个主题词的节点度数指该主题词与其他主题词有边的数量，也意味着该主题词与其他主题词一起被讨论的次数，是用以测量主题词重要性的一个维度。

边的次数是指一对关系出现的次数。由于每条边出现的次数并不相同，且数值差异巨大，为便于比较，在计算中进行了标准化（用一条边出现的次数除以所有边出现次数的标准差），获得了可比较的边“标次”，用以呈现主题词关系之间的强弱。再考虑主题词被引次数的差异，用主题词出现次数乘以被引次数，再进行标准化，便获得了边的“权标次”。

可视化是呈现细分主题之间关系结构和强弱的直观形式。可以想象的是，把 15 220 个节点和 204 355 条边集中在方寸之间会怎样。在计算中，只能看到如高支纱密织一样的色块，根本看不清其中的结构。

为显现主题词关系网络的基本结构，在戈菲中用权标次最高值的 1/4 数值作为过滤值，这意味着对图中所有边减去过滤值。过滤之后，一方面权标次为 0 的边将不再显现，另一方面，有些边依然极粗。对此，我们在预览中将边的显示比例进一步调整为实际边粗细的 30%。

在表 7 中，未用被引次数作为权数对边加权的网络中，最高标次数值为 110.83，过滤值为 27.732 8。在过滤之前，有 58 个连通分量（指有 58 个互不相连的子网络），这意味着绝大部分的节点之间是连通的；在过滤之后，连通分量的数量增加至 15 203 个，这说明过滤发生了影响，让受到关注不多的边被过滤了，形成了新的连通分量，进而凸显了受到关注最多的主题词关系结构，如图 4 左图的格局。

在使用被引用次数作为权数对边进行加权的网络中，最高权标次为 81.19，过滤值为 24.36。在过滤之前，也只有 58 个连通分量，这意味着绝大部分的节点之间是连通的；在过滤之后，连通分量的数量增加至 15 189 个，这也说明过滤发生了影响，让受到关注不多的边被过滤了，形成了新的连通分量，进而凸显了受到关注最多的主题词关系结构，如图 4 右图的格局。

理论取向

每一篇/部文献都有自己的理论偏向。在技术与组织主题下，或偏好用技术因素作为主要自变量（determinants），或选择用社会因素作为主要自变量，或选择情境因素作为主要自变量。这并非意味着作者不兼顾其他因素的影响，而只是偏好某一类主要因素。

首先浏览文献，观察文献的理论取向，然后进行编码。在编码的基础上，用每一篇文献的被引次数作为权数，乘以文献的理论取向，获得理论取向的以年为标轴的被关注度。在同一年内，把相同的理论取向的被关注度合并，获得了某年某个理论取向的唯一数值。

依照时间顺序，整理每一年某理论取向的被关注度，便获得了某理论取向的历时脉络。

参考文献

巴拉巴西，2013. 链接：商业、科学与生活的新思维 . 沈华伟，译 . 杭州：浙江人民出版社 .

罗杰斯，2002. 创新的扩散：第四版 . 辛欣，译 . 北京：中央编译出版社 .

布劳克曼，2015. 智能制造：未来工业模式和业态的颠覆与重构 . 张潇，郁汲，译 . 北京：机械工业出版社 .

阿瑟，2014. 技术的本质：技术是什么，它是如何进化的 . 曹东溟，王健，译 . 杭州：浙江人民出版社 .

曾楚宏，王斌，2011. 信息技术与组织结构：观点比较与研究展望 . 财经科学，(3)：83-91.

辛格，霍姆亚德，霍尔，2004. 技术史：第 1 卷　远古至古代帝国衰落 . 王前，孙希忠，译 . 上海：上海科技教育出版社 .

——，2004. 技术史：第 2 卷　地中海文明与中世纪 . 潜伟，译 . 上海：上海科技教育出版社 .

——，2004. 技术史：第 3 卷　文艺复兴至工业革命 . 高亮华，戴五三，译 . 上海：上海科技教育出版社．
——，2004. 技术史：第 4 卷　工业革命．辛元欧，译．上海：上海科技教育出版社．
——，2004. 技术史：第 5 卷　19 世纪下半叶．远德玉，丁云龙，译．上海：上海科技教育出版社．
——，2004. 技术史：第 6 卷　20 世纪．姜振寰，赵毓琴，译．上海：上海科技教育出版社．
——，2004. 技术史：第 7 卷　20 世纪．刘则渊，孙希忠，译．上海：上海科技教育出版社．
陈文波，黄丽华，2006. 组织信息技术采纳的影响因素研究述评．软科学，(3)：1-4.
黄晓春，2008. 碰撞与融合：信息技术嵌入政府部门运作的机制研究．博士学位论文．上海：上海大学．
芳汀，2004. 构建虚拟政府：信息技术与制度创新．邵国松，译．北京：中国人民大学出版社．
安德森，2012. 长尾理论．乔江涛，石晓燕，译．北京：中信出版社．
李伯重，2017. 火枪与账簿：早期经济全球化时代的中国与东亚世界．北京：生活·读书·新知，三联书店．
达夫特，2014. 组织理论与设计：第 11 版．王凤彬，张秀萍，石云鸣，刘松博，等，译。北京：清华大学出版社．
李杰，2015. 工业大数据：工业 4.0 时代的工业转型与价值创造．邱伯华，译．北京：机械工业出版社．
李小卯，2006. 信息技术经济研究现状与展望．中国软科学，(6)：40-45.
李治堂，吴贵生，2008. 信息技术对组织的影响研究综述．科学学研究，(2)：272-79.
刘建设，2010. 组织知识共享行为及其激励机制研究．博士学位论文．北京：北京邮电大学．
刘伟华，2007. 技术结构刚性的限度——以 ERP 在马钢的应用实践为例．硕士学位论文．北京：北京大学．
刘小涛，2004. 双重代理与信息技术在传统企业中的推广．硕士学位论文．北京：北京大学．
刘振业，2004. 组织化的信息技术系统与组织结构的互动机制——来自青岛啤酒公司的案例．硕士学位论文．北京：北京大学．
齐晓云，毕婷，周志永，2012. 信息技术对组织绩效影响研究述评．情报科学，(3)：476-80.
邱泽奇，1999. 在工厂化和网络化的背后——组织理论的发展与困境．社会学研究，(4)：3-27.
——，2005. 技术与组织的互构——以信息技术在制造企业的应用为例．社会学研究，(2)：32-54，243.
巴派特，2014. 图与矩阵．吴少川，译．哈尔滨：哈尔滨工业大学出版社．
任敏，2009. 信息技术的应用与组织文化变迁——以大型国企 C 公司的 ERP 应用为例．博士学位论文．北京：北京大学．
唐远雄，2014. 淘宝平台规则的共生演化．博士学位论文．北京：北京大学．
斯科特，戴维斯，2011. 组织理论——理性、自然与开放系统的视角．高俊山，译．北京：中国人民大学．
王旭辉，2009. 技术匹配结构与“一汽轿车”的部门间关系变迁．博士学位论文．北京：北京大学．

谢铮，2007. 信息技术的特征与组织结构变迁——以马钢公司引进 ERP 技术系统为例．博士学位论文．北京：北京大学．

杨梦园，2015. 信息技术与组织结构关系研究的文献综述．经济论坛，(1)：131-33.

张茂元，2008. 近代中国机器缫丝技术应用与社会结构变迁．博士学位论文．北京：北京大学．

张燕，2009. 技术能力与关系冗余——以一汽轿车 erp 应用为例．博士学位论文．北京：北京大学．

张燕，邱泽奇，2009. 技术与组织关系的三个视角．社会学研究，(2)：200-15，46.

中国信息通信研究院互联网法律研究中心，腾讯研究院法律研究中心，2016. 网络空间法治化的全球视野与中国实践．北京：法律出版社．

周彦汐，2013. 历时性视角下的信息技术应用与组织结构变迁——以株辆 ERP 项目为例．博士学位论文．北京：北京大学．

Afuah, Allan. 2003. "Redefining Firm Boundaries in the Face of the Internet: Are Firms Really Shrinking?". *The Academy of Management Review*, 28: 34-53.

Ahuja, Gautam, Curba Morris Lampert and Vivek Tandon. 2014. "Paradigm-Changing Vs. Paradigm-Deepening Innovation: How Firm Scope Influences Firm Technological Response to Shocks." *Organization Science*, 253: 653-69.

Aldrich, Howard E. 1972. "Technology and Organizational Structure: A Reexamination of the Findings of the Aston Group." *Administrative Science Quarterly*, 17: 26-43.

Allen, D. 2014. "Lost in Translation? 'Evidence' and the Articulation of Institutional Logics in Integrated Care Pathways: From Positive to Negative Boundary Object?". *Sociology of Health & Illness*, 366: 807-22.

Amoako-Gyampah, K. and A. F. Salam. 2004. "An Extension of the Technology Acceptance Model in an Erp Implementation Environment." *Information & Management*, 416: 731-45.

Aral, Sinan and Peter Weill. 2007. "It Assets, Organizational Capabilities, and Firm Performance: How Resource Allocations and Organizational Differences Explain Performance Variation." *Organization Science*, 185: 763-80.

Asimakou, Theodora. 2014. *Innovation, Knowledge and Power in Organizations*: Routledge.

Bailey, Diane, Paul Leonardi and Jan Chong. 2010. "Minding the Gaps: Understanding Technology Interdependence and Coordination in Knowledge Work." *Organization Science*, 213: 713-30.

Baker, Jeff. 2012. "The Technology-Organization-Environment Framework." pp. 231-45 in *Information Systems Theory Explaining and Predicting Our Digital Society. Vol.* 1, edited by Y. K. Dwivedi, M. R. Wade and S. L. Schneberger. New York, NY: Springer.

Baldwin, Carliss Y. and C. Jason Woodard. 2011. "The Architecture of Platforms: A Unified View." pp. 19-44 in *Platforms, Markets and Innovation*, edited by A. Gawer. Cheltenham, UK: Edward Elgar.

Barley, Stephen R. 1986. "Technology as an Occasion for Structuring: Evidence from Observations of Ct Scanners and the Social Order of Radiology Departments." *Administrative Science Quarterly*, 311: 78-108.

Barley, Stephen R. 1990. "The Alignment of Technology and Structure through Roles and Networks." *Administrative Science Quarterly*, 351: 61-103.

Barnett, William P. 1990. "The Organizational Ecology of a Technological System." *Administrative Science Quarterly*, 351: 31-60.

Bijker, Wiebe E., Thomas Parke Hughes and Trevor Pinch. 1987. *The Social Construction of Technological Systems: New Directions in the Sociology and History of Technology*. Cambridge, Mass.: MIT Press.

Birkinshaw, J., G. Hamel and M. J. Mol. 2008. "Management Innovation." *Academy of Management Review*, 334: 825-45.

Black, Laura J., Paul R. Carlile and P. Repenning Nelson. 2004. "A Dynamic Theory of Expertise and Occupational Boundaries in New Technology Implementation: Building on Barley's Study of Ct Scanning." *Administrative Science Quarterly*, 494: 572-607.

Blau, Peter M., Cecilia McHugh Falbe, William McKinley and Phelps K. Tracy. 1976. "Technology and Organization in Manufacturing." *Administrative Science Quarterly*, 211: 20-40.

Boudreau, Marie-Claude and Daniel Robey. 2005. "Enacting Integrated Information Technology: A Human Agency Perspective." *Organization Science*, 161: 3-18.

Bouwman, Harry, Bart van den Hooff, Lidwien van de Wijngaert and Jan A. G. M. van Dijk. 2005. *Information and Communication Technology in Organizations: Adoption, Implementation, Use and Effects*. Thousand Oaks, CA: SAGE Publications Ltd.

Brynjolfsson, Erik and Shinkyu Yang. 1996. "Information Technology and Productivity: A Review of the Literature." *Advances in computers*, 43: 179-214.

Burkhardt, Marlene E. and Daniel J. Brass. 1990. "Changing Patterns or Patterns of Change: The Effects of a Change in Technology on Social Network Structure and Power." *Administrative Science Quarterly*, 351: 104-27.

Burns, Tom and G. M. Stalker. 1961. *The Management of Innovation*. London: Tavistock Publications.

Chau, Patrick Y. K. and Paul Jen-Hwa Hu. 2001. "Information Technology Acceptance by Individual Professionals: A Model Comparison Approach." *Decision Sciences*, 32: 699-719.

Chesbrough, Henry, Wim Vanhaverbeke and Joel West. 2017. *New Frontiers in Open Innovation*. New York: Oxford University Press, USA.

Child, John. 1972. "Organizational Structure, Environment and Performance: The Role of Strategic Choice." *Sociology*, 6: 1-22.

Cohen, Wesley M. and Daniel A. Levinthal. 1990. "Absorptive Capacity: A New Perspective on Learning and Innovation." *Administrative Science Quarterly*, 351: 128-52.

Coombs, Rod, David Knights and Hugh C. Willmott. 1992. "Culture, Control and Competition; Towards a Conceptual Framework for the Study of Information Technology in Organizations." *Organization Studies*, 13: 051-72.

Daft, R. L. and A. Y. Lewin. 1990. "Can Organization Studies Begin to Break out of the Normal Science Straitjacket? An Editorial Essay." *Organization Science*, 11: 1-9.

Dedrick, Jason, Vijay Gurbaxani and Kenneth L. Kraemer. 2003. "Information Technology and Economic Performance: A Critical Review of the Empirical Evidence." *ACM Computing Surveys*, 35: 1-28.

DeLone, William H. and Ephraim R. McLean. 1992. "Information Systems Success: The Quest for the Dependent Variable." *Information Systems Research*, 3: 60-95.

Dijck, José van. 2013. *The Culture of Connectivity: A Critical History of Social Media*. Oxford ; New York: Oxford University Press.

Drucker, P. F. 1988. "The Coming of the New Organization." *Harvard Business Review*, 661: 45-53.

Dunning, John H. 1992. *Multinational Enterprises and the Global Economy*. Wokingham, England ; Reading, Mass. : Addison-Wesley.

Evan, William M. 1965. "Superior-Subordinate Conflict in Research Organizations." *Administrative Science Quarterly*, 101: 52-64.

Freidson, Eliot and Buford Rhea. 1965. "Knowledge and Judgment in Professional Evaluations." *Administrative Science Quarterly*, 101: 107-24.

Galliers, Robert D. and Walter RJ Baets. 1998. *Information Technology and Organizational Transformation: Innovation for the 21st Century Organization*. John Wiley & Sons, Inc.

Gawer, Annabelle. 2010. "The Organization of Technological Platforms." pp. 287-96 in *Technology and Organization: Essays in Honour of Joan Woodward*, edited by N. Phillips, D. Griffiths and G. Sewell. Bingley BD16 1WA, UK: Emerald Group Publishing Limited.

Glaser, Barney G. 1965. " 'Differential Association' and the Institutional Motivation of Scientists." *Administrative Science Quarterly*, 101: 82-97.

Goodman, Paul S. and Lee S. Sproull. 1990. *Technology and Organizations*: Jossey-Bass.

Hakansson, Hakan and Alexandra Waluszewski. 2007. *Knowledge and Innovation in Business and Industry: The Importance of Using Others*. Routledge.

Harvey, Edward. 1968. "Technology and the Structure of Organizations." *American Sociological Review*, 33: 247-59.

Heintze, Theresa and Stuart Bretschneider. 2000. "Information Technology and Restructuring in Public Organizations: Does Adoption of Information Technology Affect Organizational Structures, Communications, and Decision Making?" . *Journal of Public Administration Research and Theory: J-PART*, 104: 801-30.

Henderson, John C. and H. Venkatraman. 1999. "Strategic Alignment: Leveraging Information Technology for Transforming Organizations." *IBM Systems Journal*, 38: 472.

Henderson, Rebecca M. and Kim B. Clark. 1990. "Architectural Innovation: The Reconfiguration of Existing Product Technologies and the Failure of Established Firms." *Administrative Science Quarterly*, 351: 9-30.

Hickson, D. J., Susan J. Miller and David C. Wilson. 1996. *Successful Decision Making in Organisations: University of Bradford, Management Centre.*

Hickson, David, Flemming Agersnap, Franco Ferraresi, Geert Hofstede, Alfred Kieser, Cornelis Lammers and Jean-Claude Thoenig. 1980. "Editorial." *Organization Studies*, 1: 1-2.

Hitt, Lorin M. and Erik Brynjolfsson. 1997. "Information Technology and Internal Firm Organization: An Exploratory Analysis." *Journal of Management Information Systems*, 14: 81-101.

Hong, K. K. and Y. G. Kim. 2002. "The Critical Success Factors for Erp Implementation: An Organizational Fit Perspective." *Information & Management*, 401: 25-40.

Hoon Yang, Kyung, Sang M. Lee and Sang-Gun Lee. 2007. "Adoption of Information and Communication Technology: Impact of Technology Types, Organization Resources and Management Style." *Industrial Management and Data Systems*, 107: 1257-75.

Huber, George P. 1990. "A Theory of the Effects of Advanced Information Technologies on Organizational Design, Intelligence, and Decision Making." *The Academy of Management Review*, 15: 47-71.

Hunt, Raymond G. 1970. "Technology and Organization." *The Academy of Management Journal*, 133: 235-52.

Jasperson, Jon Sean, Pamela E. Carter and Robert W. Zmud. 2005. "A Comprehensive Conceptualization of Post-Adoptive Behaviors Associated with Information Technology Enabled Work Systems." *MIS Quarterly*, 29: 525-57.

Kane, Gerald C. and Maryam Alavi. 2007. "Information Technology and Organizational Learning : An Investigation of Exploration and Exploitation Processes." *Organization Science*, 185: 796-812.

Karahanna, Elena, Detmar W. Straub and Norman L. Chervany. 1999. "Information Technology Adoption across Time: A Cross-Sectional Comparison of Pre-Adoption and Post-Adoption Beliefs." *MIS Quarterly*, 183-213.

Karim, Samina and Aseem Kaul. 2015. "Structural Recombination and Innovation: Unlocking Intraorganizational Knowledge Synergy through Structural Change." *Organization Science*, 262: 439-55.

Kogut, Bruce and Udo Zander. 1992. "Knowledge of the Firm, Combinative Capabilities, and the Replication of Technology." *Organization Science*, 33: 383-97.

Kuan, K. K. Y. and P. Y. K. Chau. 2001. "A Perception-Based Model for Edi Adoption in Small Businesses Using a Technology-Organization-Environment Framework." *Information & Management*, 388: 507-21.

La Porte, Todd R. 1965. "Conditions of Strain and Accommodation in Industrial Research Organizations." *Administrative Science Quarterly*, 101: 21-38.

Lapointe, Liette and Suzanne Rivard. 2005. "A Multilevel Model of Resistance to Information Technology Implementation." *MIS Quarterly*, 461-91.

Lawless，Michael and Linda Price. 1992. "An Agency Perspective on New Technology Champions." *Organization Science*，33：342-55.

Leavitt，Harold J. 1965. "Applied Organizational Change in Industry：Structural，Technological and Humanistic Approaches." pp. 1144-70 in*Handbook of Organizations*，edited by J. G. March. Chicago：Rand McNally College Publishing Company.

Lee，Hak Chong. 1964. "On Information Technology and Organization Structure." *The Academy of Management Journal*，73：204-10.

Lee，O. K.，M. Wang，K. H. Lim and Z. Peng. 2009. "Knowledge Management Systems Diffusion in Chinese Enterprises：A Multistage Approach Using the Technology-Organization-Environment Framework." *Journal of Global Information Management*，171：70-84.

Leidner，Dorothy E. and Timothy Kayworth. 2006. "Review：A Review of Culture in Information Systems Research：Toward a Theory of Information Technology Culture Conflict." *MIS Quarterly*，30：357-99.

Leonardi，Paul M. 2007. "Activating the Informational Capabilities of Information Technology for Organizational Change." *Organization Science*，185：813-31.

Leong，C.，S. L. Pan，S. Newell and L. L. Cui. 2016. "The Emergence of Self-Organizing E-Commerce Ecosystems in Remote Villages of China：A Tale of Digital Empowerment for Rural Development." *MIS Quarterly*，402：475-+.

Levina，Natalia and Jeanne W. Ross. 2003. "From the Vendor's Perspective：Exploring the Value Proposition in Information Technology Outsourcing." *MIS Quarterly*，331-64.

Liang，H. G.，N. Saraf，Q. Hu and Y. J. Xue. 2007. "Assimilation of Enterprise Systems：The Effect of Institutional Pressures and the Mediating Role of Top Management." *MIS Quarterly*，311：59-87.

Lind，Mary R. and Robert W. Zmud. 1991. "The Influence of a Convergence in Understanding between Technology Providers and Users on Information Technology Innovativeness." *Organization Science*，2：195-217.

Mabert，V. A.，A. Soni and M. A. Venkataramanan. 2003. "The Impact of Organization Size on Enterprise Resource Planning Erp Implementations in the Us Manufacturing Sector." *Omega-International Journal of Management Science*，313：235-46.

March，James G. 1965. *Handbook of Organizations*. Chicago：Rand McNally College Publishing Company.

Mike，Gibson and Marta Linda Mats. 1994. "Why Organization? Why Now?" . *Organization*，1：5-17.

Milgrom，P. and J. Roberts. 1990. "The Economics of Modern Manufacturing：Technology，Strategy，and Organization." *American Economic Review*，803：511-28.

Morgan，Gareth. 1980. "Paradigms，Metaphors，and Puzzle Solving in Organization Theory." *Administrative Science Quarterly*，605-22.

Morton，Michael S. Scott. 1991. *The Corporation of the 1990s：Information Technology and Organizational Transformation*. Oxford University Press on Demand.

Murmann, Johann Peter. 2003. *Knowledge and competitive advantage: the Coevolution of Firms, Technology, and National Institutions*. Cambridge ; New York: Cambridge University Press.

Mutch, Alistair. 2010. "Technology, Organization, and Structure-a Morphogenetic Approach." *Organization Science*, 212: 507-20.

Nelson, Richard R. 1993. *National Innovation Systems: A Comparative Analysis*. New York: Oxford University Press.

Orlikowski, Wanda J. and Jack J. Baroudi. 1991. "Studying Information Technology in Organizations: Research Approaches and Assumptions." *Information Systems Research*, 2: 1-28.

Orlikowski, Wanda J. and Daniel Robey. 1991. "Information Technology and the Structuring of Organizations." *Information Systems Research*, 2: 143-69.

Orlikowski, Wanda J. 1992. "The Duality of Technology: Rethinking the Concept of Technology in Organizations." *Organization Science*, 33: 398-427.

Orlikowski, Wanda J. and Debra C. Gash. 1994. "Technological Frames: Making Sense of Information Technology in Organizations." *ACM Transactions on Information Systems*, 12: 174-207.

Orlikowski, Wanda J. 2000. "Using Technology and Constituting Structures: APractice Lens for Studying Technology in Organizations." *Organization Science*, 114: 404-28.

Orlikowski, Wanda J. 2007. "Sociomaterial Practices: Exploring Technology at Work." *Organization Studies*, 28: 1435-48.

Orlikowski, Wanda J. 2008. "Using Technology and Constituting Structures: A Practice Lens for Studying Technology in Organizations." pp. 255-305 in *Resources, Co-Evolution and Artifacts*. Springer.

Orlikowski, Wanda J. and Susan V. Scott. 2008. "Sociomateriality: Challenging the Separation of Technology, Work and Organization." *The academy of Management Annals*, 2: 433-74.

Pan, Ming-Ju and Woan-Yuh Jang. 2008. "Determinants of the Adoption of Enterprise Resource Planning within the Technology-Organization-Environment Framework: Taiwan's Communications Industry." *Journal of Computer Information Systems*, 48: 94-102.

Pennings, Johannes and Farid Harianto. 1992. "Technological Networking and Innovation Implementation." *Organization Science*, 33: 356-82.

Pentland, Brian T. and Martha S. Feldman. 2007. "Narrative Networks: Patterns of Technology and Organization." *Organization Science*, 185: 781-95.

Perrow, Charles. 1967. "A Framework for the Comparative Analysis of Organizations." *American Sociological Review*, 32: 194-208.

Phillips, Nelson, Dorothy Griffiths and Graham Sewell. 2010. *Technology and Organization: Essays in Honour of Joan Woodward*. Bingley BD16 1WA, UK: Emerald Group Publishing Limited.

Pisano, Gary P. 1990. "The R&D Boundaries of the Firm: An Empirical Analysis." *Administrative Science Quarterly*, 351: 153-76.

Powell, T. C. and A. DentMicallef. 1997. "Information Technology as Competitive Advantage: The Role of Human, Business, and Technology Resources." *Strategic Management Journal* 185: 375-405.

Pugh, Derek S. 1996. "A Taste for Innovation." *Bedeian, AG Ed.*, *Management laureates: A collection of Autobiographical Essays*, 4: 235-76.

Sahay, Sundeep. 1997. "Implementation of Information Technology: A Time-Space Perspective." *Organization Studies*, 182: 229-60.

Sahaym, Arvin, H. Kevin Steensma and Melissa A. Schilling. 2007. "The Influence of Information Technology on the Use of Loosely Coupled Organizational Forms: An Industry-Level Analysis." *Organization Science*, 185: 865-80.

Santos, Filipe M. and Kathleen M. Eisenhardt. 2005. "Organizational Boundaries and Theories of Organization." *Organization Science*, 165: 491-508.

Scarbrough, Harry and J. Martin Corbett. 1992. *Technology and Organization: Power, Meaning and Deisgn*. New York: Routledge.

Scott, W. Richard. 1965. "Reactions to Supervision in a Heteronomous Professional Organization." *Administrative Science Quarterly*, 101: 65-81.

Sewell, Graham and Nelson Phillips. 2010. "Introduction : Joan Woodward and the Study of Organizations." pp. 3-20 in*Technology and Organization: Essays in Honour of Joan Woodward*, edited by N. Phillips, D. Griffiths and G. Sewell. Bingley BD16 1WA, UK: Emerald Group Publishing Limited.

Smith, K. G., C. J. Collins and K. D. Clark. 2005. "Existing Knowledge, Knowledge Creation Capability, and the Rate of New Product Introduction in High-Technology Firms." *Academy of Management Journal*, 482: 346-57.

Sorenson, Olav. 2004. "Knowledge and Competitive Advantage: The Coevolution of Firms, Technology and National Institutions." *Administrative Science Quarterly*, 494: 666-68.

Taylor, Alva. 2010. "The Next Generation: Technology Adoption and Integration through Internal Competition in New Product Development." *Organization Science*, 211: 23-41.

Thompson, James D. and Frederick L. Bates. 1957. "Technology, Organization, and Administration." *Administrative Science Quarterly*, 23: 325-43.

Thompson, Victor A. 1965. "Bureaucracy and Innovation." *Administrative Science Quarterly*, 101: 1-20.

Tidd, Joseph and J. R. Bessant. 2009. *Managing Innovation : Integrating Technological, Market and Organizational Change*. Chichester, England ; Hoboken, NJ: Wiley.

Tiwana, Amrit. 2014. *Platform Ecosystems Aligning Architecture, Governance, and Strategy*. New York: Morgan Kaufmann.

Tornatzky, Louis G., J. D. Eveland, Myles G. Boylan, William A. Hetzner, Elmima C. Johnson, David Roitman and Janet Schneider. 1983. "The Process of Technological Innovation:

Reviewing the Literature." Washington: National Science Foundation.

Tornatzky, Louis G., Mitchell Fleischer and Alok K. Chakrabarti. 1990. *The Processes of Technological Innovation*. Lexington: Lexington Books.

Tyre, Marcie J. and Oscar Hauptman. 1992. "Effectiveness of Organizational Responses to Technological Change in the Production Process." *Organization Science*, 33: 301-20.

Venkatesh, V. and F. D. Davis. 2000. "A Theoretical Extension of the Technology Acceptance Model: Four Longitudinal Field Studies." *Management Science*, 462: 186-204.

Venkatesh, Viswanath, Michael G. Morris, Gordon B. Davis and Fred D. Davis. 2003. "User Acceptance of Information Technology: Toward a Unified View." *MIS Quarterly*, 425-78.

Volkoff, Olga, Diane M. Strong and Michael B. Elmes. 2007. "Technological Embeddedness and Organizational Change." *Organization Science*, 185: 832-48.

Wade, Michael and John Hulland. 2004. "Review: The Resource-Based View and Information Systems Research: Review, Extension, and Suggestions for Future Research." *MIS Quarterly*, 28: 107-42.

Wilkins, Mira. 1974. *The Maturing of Multinational Enterprise: American Business Abroad from* 1914 *to* 1970. Cambridge, Mass.: Harvard University Press.

Woodward, Joan. 1958. *Management and Technology*. London: Her Majesty's Stationery Office.

Woodward, Joan. 1965. *Industrial Organization: Theory and Practice*. London: Oxford University Press.

Zammuto, Raymond F., Terri L. Griffith, Ann Majchrzak, Deborah J. Dougherty and Samer Faraj. 2007. "Information Technology and the Changing Fabric of Organization." *Organization Science*, 185: 749-62.

Zipf, George Kingsley. 1965. *The Psycho-Biology of Language: An Introduction to Dynamic Philology*. Cambridge, Mass.: M. I. T. Press.

琼·伍德沃德与组织理论的发展*

桑德拉·道森　多罗西·韦德伯恩
马宇民　译
薛品　初校、审校
王旭辉　终校

本书的主要论题关涉一个历经反复讨论的观点——那些设计出正式组织结构以适应所使用的生产技术类型的产业（工业）机构，将会获得商业上的成功。正如琼·伍德沃德在《产业组织：理论与实践》一书前言中所提到的："在商业上获得成功的公司看起来是功能和形式互补的。"

然而，要真正了解其主要论题，阅读著作本身就是不可取代的。正如书名《产业组织：理论与实践》所涵盖的那样，未来的组织研究者以及实际上牵涉进产业的所有人，如管理者或雇主，都会对本书产生兴趣。为充分体会这本书的重要意义，有必要从两方面去理解它的历史地位：一方面，为什么是伍德沃德最先从事构成本书基础的这一经典研究；另一方面，本书对其后组织理论的发展所做出的贡献。这篇导论性的文章有三个目的：首先，概述伍德沃德研究的发展，包括本书及其后续著述中所呈现的典型观点；其次，归纳并细查针对伍德沃德著作的主要批评；最后，就后伍德沃德时代组织理论如何发展做一简短阐述。

* DAWSON S，WEDDERBURN D. Introduction //WOODWARD J. Industrial organization：theory and practice. 2nd edition. Oxford，New York：Oxford University Press，1980.

一、琼·伍德沃德的研究

琼·伍德沃德之所以从事这项研究，并深化关于这一主题的相关讨论，是因为1950代前期她在一所后来被称为“东南埃塞克斯理工学院”的大学教授管理学课程。那时，管理学教育中的主导性观点认为存在“一种最佳组织方法”，尽管同时还承认也存在着“最佳组织方法”所赖以建立的至少两种相互竞争的传统：一方面，研究者和管理者被告知如何应用科学管理的原则来设计正式结构，这一原则起源于法约尔（Fayol）、厄威克（Urwick）、福列特（Follett）和泰勒（Taylor）等人［参见梅西（Massie）1965年的归纳］的研究；另一方面，大量研究强调要获得最佳管理类型，就需要与梅奥（Mayo）和他的同事关于人际关系理论的研究传统相一致。伍德沃德对于这种没有经过实证检验并被人们不加疑问地接纳的管理原则的扩散感到不安。随着实证研究的深入以及她与当地工业机构接触的加深，她发现许多公司面临一个普遍而复杂的问题——直线参谋关系问题。基于此，她决定检验当前主流管理原则背后的不同组织理论，并细致分析“直线执行职能和参谋职能之间的二元分立，不同层级直线监管权之间的组合关系，以及工业组织中引进的、数量上日益增加的各种技术专家和行政专家之间的关系”（Woodward，1965：5）。

接下来，她将自己的疑问汇总为如下问题：不同工业组织结构之间有何差别，为什么会有差别？为什么某些结构能给组织带来更大的成功而其他的结构则不能？直至目前，这些问题仍然是工业领域工作者脑海中浮现次数最多的问题，而本书对此提供了重要观点，尽管它并不准备提供任何现成的解决方案。而且，所提的解决方案的局限性还刺激了更大范围、更深入研究的展开，深化了我们对影响复杂组织的组织结构和功能的过程的理解。因而，对组织理论的学习者和研究者而言，自1960年代中期以来，伍德沃德的这一著作无疑是了解和讨论该领域大多数其他贡献的重要起点。因为琼·伍德沃德是如此投入地推进对管理任务的理解，并热心帮助管理者、工会会员、工人等工业组织中的各类工作者去体会并重视那些表面上看似偶然、实则与组织行为密切相关的潜在的规则及互动模式，所以，本书提供给我们的分析框架仍然具有客观的实际价值。

在决定研究组织结构问题，特别是直线职能和职员关系问题之后，伍德沃德选择了一个分为两阶段的研究策略。第一阶段，研究者们对英国东南部埃塞克斯郡工业领域的所有工厂进行普查，而之所以选择这一地区，一定程度上也是为了便于研究者们以东南埃塞克斯理工学院为基地，展开各项调查。在排除该地区雇员人数在 100 人以下的公司之后，其余 110 家符合人员规模要求的公司最终有 91%（即 100 家）同意配合这项调查。第一阶段的调查主要把握当地企业的总体状况，而接下来的第二阶段研究则通过对一些公司的深度个案分析，充分探讨有关研究问题。总体而言，第一阶段对该地区所有样本企业的调查主要搜集了以下信息：

（1）企业的发展历史、背景和目标；

（2）对企业生产过程和生产方法的描述；

（3）企业得以组织和正常运转所需的结构形式和惯例；

（4）评估该企业商业成就的主要事实依据和数据。（Woodward，1965：11）

本书第一部分主要交代了研究数据的搜集和分析方法。它生动地展现了研究者自己激动人心的发现之路，并记载了在寻找单一的普遍组织模式并一无所获之后，他们如何转向了对技术变量的分析。正当他们理不出头绪时，偶然发现了技术与组织特征之间的关系，这成为他们弄清楚手头调查资料的关键。于是，各个被选中的样本公司被置于伍德沃德设计的生产系统 11 分量表中（Woodward，1965：39），而这一量表实际上是对生产工程师常用分工体系的细化，主要从生产过程内在可控和可预测的角度来测量技术的复杂性。相应地，根据技术复杂性这一量表，生产系统可以被划分为多种类型：从适应顾客个体性需求的传统小批量单位生产方式，到以生产大量标准化商品为目标的大批量生产方式，再到技术上最复杂的、以多部件共线生产为特征的连续流水生产方式。

本书随后的分析将组织变量与该量表联系起来，展现了三个明确的关系倾向：首先，一个企业的技术复杂性与其组织架构（例如指挥链长度，董事长的管理和控制幅度）以及各类人员比率（例如管理者数量与企业总人数之比）之间存在线性关系（Woodward，1965：51）。其次，一个企业的技术复杂性与其在“社会结构统一体”中所处位置之间存在曲线关系，而“社会结构统一体”概念最先由伯恩斯（Burns，1958）提出，并经历了从有机的、非正式的、可调节性强的管理系统到机械的、正式的管理系统的转变（Woodward，1965：69ff）。最后，当企业偏向而不是背离“技术组群”（technology group）所要求的一般组织形式时，往往会取得财务意义上的更大成功。伍德沃德通过她的这一研究指出，古典管理理论那套强调明确界定正式职责的原则似乎只对使用大批量生产技术的企业适用，而对单件生产和流程生产企业不适用甚至有害。

1965 年，本书出版时所完整记录下来的这些发现，其实最早在英国皇家科学与工业研究部（DSIR）1958 年的一本小册子中已有简短归纳。当时，其有关研究发现即使是以简略形式呈现的，也对实业人员以及理论研究者产生了深远的影响。终于，实业人员有了可供参考的、明确描述的组织设计和管理标准，而不再仅仅考虑从何处着手来做出关于组织设计的决策。实际上，通过展示系统比较实证研究在管理学研究的重要性，并将之作为管理思维的重要基础，伍德沃德在大量前人的研究中已经纷纷涉足的组织研究领域开辟了一块新的领地。

> 对技术、组织以及组织绩效之间的联系做出论证，对工业管理者有很现实的意义。它不仅有助于我们在评估组织结构的基础上，促进有价值技术的发展，而且也使组织和技术同时变化的计划成为可能。（Woodward，1965：72）

然而，伍德沃德非但不认为她找到了完全解决组织设计难题的最佳方案，反而还非常明智地意识到她不过刚刚开启了理解组织复杂性的大门。于是，她从第一阶段的普查转入第二阶段研究——对特定公司的个案研究，这部分内容集中在本书第二、第三部分。个案研究以丰富的细节对当时很重要且广为讨论的议题，例如部门之间的关系以及管理层级之间的关系，进行了深入分析，并为如何成功管理组织变迁提出了指导方针。这些都证明了伍德沃德所谓的“情境需求分析”能够带来以下益处：

> ……不仅可以在有效评估组织结构的基础上，有意识地推进更先进的技术的开发与应用，而且能够增进我们对不同工业环境所需员工品质和技能的理解，同时，还可以改善对相关人员的培训方法，从而帮助他们更好地理解他们有可能扮演的职业角色所附带的张力和压力。（Woodward，1965：80）

例如，她解释了为什么具备简短指挥链的单件生产企业更容易获得成功。因为单件生产企业严重依赖于担负不同职能的管理者之间的直接人际沟通，过长的科层等级链条会增加不必要的沟通体系复杂性。另一方面，她发现在大批量生产企业中：

> 职能独立意味着最终产出并不依赖于分别负责研发、生产和销售的人员之间的直接沟通，这种封闭运转关系的建立倾向于助长局部利益和强化部门忠诚。（Woodward，1965：137）

伍德沃德认为，这种差异在生产部门和研发部门之间尤为明显，因此建议这两类职能部门之间既要尽量保持独立，同时又要确保它们之间的沟通通畅。与此相应，在新产品的投产期，她认为生产和研发部门之间的隔离不利于实现预期的组织目标，并建议组建产品研发组。在此之后，其他学者也提出过类似观点，并更为广泛地讨论了产品型组织结构、职能型组织结构和矩阵型组织结构与不同水平、不同类型的技术之间的适应性（例如 Lorsch and Lawrence，1970；Kingdom，1973；Galbraith，1973）。

在伍德沃德论证技术与组织结构之间关系的同时，英国和美国的其他一些理论家，特别是伯恩斯和斯托克（Burns and Stalker，1961）、汤普森（Thompson，1967）、劳伦斯和洛奇（Lawrence and Lorsch，1967）以及佩罗（Perrow，1967），也在致力于探讨技术、组织环境特征和组织结构特征三者之间的对应关系。连同琼·伍德沃德，他们被认为是权变组织理论学派的奠基者。支撑该理论流派的共同命题是：如果一个组织想要保持良好的绩效，其组织结构设计就必须满足特定的情境需求，这些情境主要包括组织所使用的技术、组织的市场地位、产品多样性和产品变动率以及组织规模。他们共同的关注点是这些条件要素——技术、市场地位、产品多样性、组织规模——所产生的不同程度的组织不确定性和复杂性，这是发展相应组织结构和促进管理层和工人行为及态度的调试的必要前提。

伍德沃德虽然也以此范式为基础推进她的研究工作，然而，她从未把组织当作静止的、完全确定好的系统。相反，她的研究更关注组织设计所关涉的各种社会和经济因素，这在本书所记录的深度个案分析中得到了充分体现。埃塞克斯的调查证实了伍德沃德的假设，即技术和组织之间的关系并不像她第一阶段研究中假定的那样直接明了，两者之间的关系仍然是一个谜团，吸引着伍德沃德及她的研究伙伴终生探索（伍德沃德于 1971 年英年早逝）。这一谜团源自伍德沃德对大批量生产技术和组织关系的细致分析，她发现，处在技术测量量表中间取值区间内的组织，其技术、组织结构和绩效之间的匹配性比不上处在技术测量量表中其他位置上的组织。引用琼·伍德沃德的话，即：

> 物理工作流程并未强加这种刚性约束，因此与其说技术决定组织，不如说技术规定了组织设计和组织发展的某些限定条件。生产监管与生产操作的分离、生产过程的理性化和尝试抵制生产方式物理性限制的努力，导致了部分依赖物理工作流程、部分依赖高层管理政策的控制系统的出现。（Woodward，1965：185）

这里，我们发现了一个最重要的启示：存在一种可以被称为“管理选择”的要素。

伍德沃德将这一结论作为她推进下一步研究计划的基础。1962 年，她成为英国帝国理工学院的高级讲师。随后，她于 1969 年成为产业社会学方向的教授。她的研究小组通过集中关注两组变量的界定、测量和操作化——一组与技术变量相关，另一组则涉及管理控制体系，后者现在被认为是组织设计的重要特征——提出并进一步推进批量生产企业中的技术与组织关系研究。就技术变量来说，该研究小组致力于从不确定性和复杂性角度提供一种描述生产体系的手段。相应地，他们在测量技术变量方面取得了一定进展，例如通过生产过程中产品的多样性和变动性、部件标准化的程度以及生产制造过程中独立组装线或转化阶段的数量（Rackham and Woodward，1970）来测量技术。

但是，第二组关于“控制系统”的变量的讨论，被证明无论是在理论上还是在实践上都更激动人心。这一方面的研究发现在里维斯（Reeves，1967）、伍德沃德（Woodward，1970a）、里维斯和特纳（Reeves and Turner，1972）、韦德伯恩和克伦普敦（Wedderburn and Crompton，1972）的论著中有详细分析。在对控制体系的界定和比较分析中，伍德沃德研究小组受到艾伦（Eilon，1962）的影响——任何建立在劳动分工基础之上的生产系统，为了完成组织任务，都需要对其进展进行计划、协调、监测以及反馈的响应组织体系。对控制系统的详细调查在本书的个案研究中已有相应的叙述，它推动了基于两个参数的类型学的发展：一个参数是直接个人控制或者间接控制的程度，另一个参数则是控制系统整合或者分裂的程度。

(i) 个人控制的程度。在量表的一端，研究者认定了彻底的个人层级控制，正像“一个业主或者雇主决定想做什么并保证达到目的时”所运用的那种控制方式（Woodward，1970a：44）。伍德沃德在她的教授就职演讲中做出过如下陈述：

> 从既定传统和已有历史来看，组织目标的成功实现依赖于个人运用的凌驾于他人之上的影响力和权威。然而，随着组织规模和技术复杂性的增长，个人等级控制的运用变得越来越困难，个人领导能力与组织绩效的直接相关日益弱化。自上而下的直接管理者不再对生产任务中各种专业的、复杂的固有过程有充分了解和把握，组织中开始建立非个人化的控制体系，以影响和调节受雇者的工作行为。(Woodward，1970b：119)

这些非个人化的控制也许是管理上的，例如对生产计划和成本控制进行复杂的规划，从而通过正式的、标准化的操作程序来有效控制组织行为。但是非个人化的控制也可能植入生产过程中，并通过机械或电子设备来实现，例如“机械工具或者流水线生产设备的自动控制”(Woodward，1970a：45)。

(ii) 控制系统整合或分裂的程度。在表示整合的量表一端，企业投入了巨大的精力将各个部门的标准（由不同职能的专家以及与他们相关的执行、调整机制设定）关联到一个统一的管理控制系统中去（Woodward，1970a：50)。

在量表的另一端，企业“或因不同部门制造不同产品以适应不同的市场需求，或因与诸如成本、质量和时间相关的部门标准是独立设定且互不相关的，结果导致了控制系统的分裂”(Woodward，1970a：50)。

通过把这两个测量维度整合到一起，里维斯和伍德沃德划分了四种控制系统类别，并指出产业和技术进步的正常过程会使一家企业朝着图 1（Reeves and Woodward，1970a：53）中箭头所示的方向转变。

在东南埃塞克斯研究中搜集并呈现于本书（Woodward，1965）中的数据被

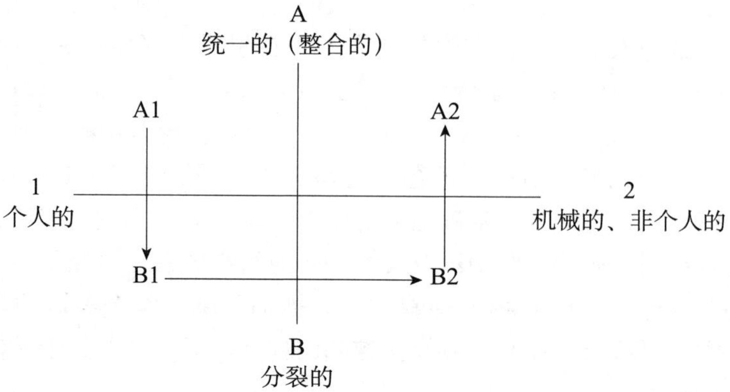

图 1　控制系统的分类

重新整理、分析，以便将被调查的 100 个公司分成四种控制类型。于是，控制系统与技术类型之间出现了如表 1 所示（Woodward，1970a：54）的明显关联。这一关系在《产业组织：行为和控制》（Woodward，1970a）中有充分讨论。

表 1　　东南埃塞克斯调查中技术类型和控制系统之间的关系

技术类型	控制系统（分类如图 1）			
	A1	B1	B2	A2
	%	%	%	%
单件和小批量生产技术	75	25	—	—
大批量生产技术	15	35	40	10
流程生产技术	—	—	5	95
公司总数	28	21	18	33

首先，从上表可以看出，本书已经指出使用单件生产技术和流程生产技术的公司在结构上具有相似性，并认为可以对这种现象做出如下解释：两组技术类型的公司都倾向于以整合的控制系统来维持组织运转，尽管其中一组是由个人管理来达成整合，而另一组则是依靠计算机综合数据处理系统或者建立在生产系统硬件设施基础上的机械化控制机制来实现。其次，

> 在东南埃塞克斯研究中，与大批量生产相关的结构和组织行为的多样性，可能与它们遍及整个控制过程有关。（Woodward，1970a：55）

研究发现，由个人控制主宰的大批量生产公司与单件生产公司有着组织特征上的相似之处，而机械控制主导的大批量生产公司看起来更像流程型生产组织。因而，可以将管理控制系统看作连接技术、组织结构和组织行为的中间变量，特别是因为“它们（控制变量和技术变量）一起决定了组织不得不苦于应对的不确定性的程度”（Woodward，1970a：237）。在这一意义上，正是存在于技术与控制变量之下的不确定性和复杂性，如此显著地影响了组织结构和组织行为。这一

认识激励伍德沃德和她在帝国理工学院的同僚

> 将发展出来的这一概念框架和方法应用于制造业之外的组织。准政府组织，例如以不可重复性资料为基础撰写报告的 NBPI（National Board of Prices and Incomes，国家价格与收入委员会），就有很多行为特征与制造一次性商品的制造业公司一致。NEDO（National Economic Development Office，国家经济发展办公室）工业部的不确定性则源于这样一个事实——EDCs（Economic Development Councils，经济发展委员会）的工作是自发的（self-generated）······（Woodward，1970b）

正如本书中的个案研究材料阐明和深化了我们对伍德沃德早期理论地位的理解，她第二本关于产业组织的专著则以充分的案例材料丰富了她关于控制系统的论述，并且表明她开始关注控制系统设计中的管理选范问题。这又进一步引出对以下议题的关注：组织内部强势个体、群体的利益和信仰冲突。基于这一点，伍德沃德认识到在关于组织结构与控制的管理决策中，社会、心理、经济和技术因素的重要性。她未发表的两份关于 NBPI 和 NEDO 的研究成果尤其能说明这一点，这是在她生命最后阶段发起的关于医院（Davies and Francis，1976）和监狱组织（Dawson，1975）的两项研究。

因而，当琼·伍德沃德去世时，这一思想已经在帝国理工学院的研究组中根深蒂固。他们力图将关注点从制造业组织扩展到服务业组织，分析组织内部的政治过程，并在研究中贯彻这样一种思路：确定组织结构和行为在多大程度上是物质限制的结果，又在多大程度上可以被视为心理、社会和经济因素影响下的产物。戴维斯等人（Davies et al.，1973）在其著作中对这一过渡阶段有过简短描述，而阿贝尔（Abell，1975）编纂的文集则更加完整地记录了这一阶段的研究成果，并在该书中详细论述了他自己建构的、作为受技术条件约制的谈判和影响系统的组织（OCBIS）模型。后来，阿贝尔还声称“OCBIS 模型能在系统论框架内，解释‘约束’和‘选择’因素在决定组织绩效上的相对重要性”（Abell，1978）。

二、对伍德沃德及权变理论的评价

现在我们从介绍伍德沃德的研究成果转向评价其在整个组织理论发展中的重要性。首先，我们有必要区分两种不同的批评：其一，基本上接受权变理论框架的有效性，但不同意其分配给各种权变因素的相应权重；其二，不仅批评伍德沃德的某些观点，也不认同整个权变理论框架，并极力确保权力和意识形态概念在复杂组织分析中的核心地位。

关于第一组批评，问题在于，虽然很多人在直观层次上认为生产系统（技术）的物理属性是组织结构设计中的一种重要影响因素，必须予以足够的重视，然而，尽管有若干顶尖研究者都试图通过自己的研究来（至少部分地）重复伍德沃德的研究［特别是黑格和艾肯（Hage and Aitken，1969），希克森、皮尤和菲赛（Hickson，Pugh and Pheysey，1969），莫尔（Mohr，1971），蔡尔德和曼斯菲尔德（Child and Mansfield，1972），布劳、麦金利和崔西（Blau，McKinley and Tracey，1976）等人的研究］，但除了兹沃曼（Zwerman，1970）之外，并没有人声称成功复证了伍德沃德的研究发现。于是，正如阿尔德里奇（Aldrich，1972）、莫尔（Mohr，1971）和唐纳森（Donaldson，1976）在文献回顾中所指出的，人们不能接受关于技术、结构和绩效的简化观点，也不能把技术当作一个简单的操作化概念。例如，莫尔基于系统的文献回顾和一项在美国 13 个地方卫生部门的 144 个工作小组中开展的研究，就得出这样一个结论——“技术也许与结构相关，但不能被当作一个魔法包，它既不是一个一维的也不是一个相对同质的概念”（第 454 页）。他和其他学者都强调组织规模、市场因素、政府政策和工会等因素对组织绩效和/或结构的重要影响，同时还指出，所有这些“外部因素”都必须被人们识别并使用，当然与此相对应，人们在从事这些活动时也往往以自己的理解和权力诉求为基础。

人们试图调和各种关于技术和结构关系的研究，当然，这一过程也伴随着一些混乱，伍德沃德对于这一点有着清晰的认识。其实，跟某些学者对她研究观点的几种评述相反，伍德沃德从来没说过技术决定组织。即使在她最早的研究著作出版后，提出新研究发现的兴奋也没有让她冲昏头脑，她依然非常谨慎地提出以下主张：

> 因而，本研究项目所获得的主要结论是：技术与社会结构之间的联系是存在的，这一最初由凡勃伦（Thorstein Veblen，1904）提出的假定能够被经验性地证明。然而，这并不表示本研究能够证明技术是决定组织结构的唯一重要变量，或者说诸如公司的历史和背景、公司创建者和管理者的个人素质等因素就不重要了。（Woodward，1965：50）

此外，正如我们已经在前文介绍的那样，伍德沃德随后的研究表明，她完全认识到有必要探索其他影响组织结构的因素，并开发界定和测量技术变量的新思路、新技巧，但即便如此，这一问题仍然在很大程度上使她和其他从事类似工作的研究者相当困惑。实际上，寻找界定和测量技术变量的大部分努力都包含了一个常见的主题：技术和结构都是复杂的多维概念，这注定了它们之间不是以一种简单的方式相关联，并且需要一种更清晰的概念界定。这其中，就出现了一个非常典型的分歧：虽然大多数研究者从操作的可预测性的程度这一角度来测量技术变量，但另一些研究者（如 Hickson et. al.，1969）则追随伍德沃德的研究思路，考虑包括由机器完成的工作在内的整个体系的可预测性。另外，还有其他一些人，如佩罗（Perrow，1967）、黑格和艾肯（Hage and Aiken，1969）则集中关注生产系统内部实际上由人完成的工作的可预测性。

希克森等人（Hickson et. al.，1969）与大部分伍德沃德的批评者相比，在对差异性发现进行解释方面更进一步。他们认为有相当充分的证据来支持以下观点：技术对车间现场组织水平的结构特征有特别重要的影响，例如对执行检查和维修职能的人员数量有影响，但对于领导层组织与管理的类型而言，技术就远没那么重要了。显然，技术是生产运转的主要影响因素这一观点，与塔维斯托克人际关系研究所（Tavistock Institute of Human Relations）长期主张的社会技术分析传统相一致（Woodward，1965：36）。因而，一些经验发现上的差异和不兼容性可以解释为与组织规模相关，特别是以今天的标准而言，伍德沃德当时所调查的公司简直是规模太小了，于是，她所调查的组织的各部分都离技术核心"更近"。在其人生末期，琼·伍德沃德认识到她的技术量表必须加以增补，于是开始研究在大产业集团总部层面的战略决策问题，但与此同时，她仍然集中关注不确定性和复杂性的重要意义，并尝试使用诸如互相依赖程度之类的概念来展开研究，而这些概念则源自汤普森（Thompson，1967）和艾伦（Allen，1970）等人的相关研究。

1960 年代末 1970 年代初，一方面，关于技术和组织结构之间因果关系以及不同权变因素（特别是技术和规模）的相对权重的争论仍然如火如荼；另一方面，大量出版物（Silverman，1968，1971；Child，1972）开始提出以下质疑，即什么是权变理论家的本质性机械论假设。他们不约而同地强调一种承认时间过程（process over time）的组织分析路径，并明确在组织内部群体和个体之间意见一致的假定被认为是不适当的情况下，有目的的人类行动所发挥的重要角色作用。

实际上，各个权变理论家都通过不同方式、在不同程度上承认组织内部权力、选择和价值观的重要性，然而从总体上看，研究者们倾向于把这些组织生活特征视作有趣的但却可有可无的要素。当然也有一些例外，伯恩斯就是其中一个杰出的典型。一方面，他埋首于权变理论研究；另一方面，他还发展出了组织内多元社会系统思想（Burns，1966），并强调组织变迁过程中微观政治活动的重要性（Burns，1961）。在这一问题上，伍德沃德从没像伯恩斯走得那样远，但是在本书（Woodward，1965）中，她的确认识到了利益在组织内不同部门间分配问题的重要性，并初步探讨了这一点对组织结构的意义。我们也能在伍德沃德随后的著作中看到，她承认管理选择可以被信仰和价值观所影响。但是，伍德沃德把组织内不同部门和群体的利益视为主要源自生产系统所赋予的需求性质差异，而且，她认为组织的总体目标和任务本质上无疑是能被大家所认可的。与此相应，在伍德沃德看来，组织是集体行动系统，该系统生发出一种功能性的结构和形式，以使它们能较好地应对外部约束和不确定性，进而达成组织目标。伍德沃德认为，组织控制本质上与政治无关，并独立于她想要解释的其他社会要素。摆在组织面前的首要问题，是如何"为了组织的利益"来控制技术。矛盾的是，正是她强烈且有价值的关注以及她宣称某些事物实际上是有用且相关的，妨碍了她进一步挖掘其某些研究发现所具有的更广泛含义。对她来说，正是为了所有当事人——不同层级的管理者、车间工人和工会成员等——的利益，产业组织才应该有效地运转。因此，伍德沃德集中关注她的理论分析框架中的上述要素，这些要素看起来既与管理控制密切相关，也并不与普遍流行的管理观强烈冲突。

对权变理论整体性评论的归纳（Dawson，1979）指出，有四个主要议题值得认真关注。其中三个与概念化相关，接下来将会做详细讨论。现在，我们首先讨论第四个议题——强调组织权变模型固有的机械性质，并关注它未能充分强调"预定"变革会带来非预期后果的问题。有关这一领域的讨论由来已久，且成绩卓著（例如 Selznick，1949；Gouldner，1954；Merton，1957），其最近的一个例子是关于 BBC 十年变迁的精彩讨论（Burns，1977）：

> 我相信，1963—1973 年 BBC 的最大变化，不是最高管理层的改组、严格的财务预算和监督制度的制定、常务董事和更高级别控制者权力的扩大、小组和部门负责人"宏大"权力的悬空，也不是组织规模的扩大、工会好斗性的增强或组织"激进背景"的显露。造成巨大反差的是引导不同节目制作人员之间社会互动的一般制度的崩溃——也就是说，这些变化所导致的非预期后果比管理主导下的有计划变迁更多地改变了组织的内部活动方式。(Burns，1977：272)

这些非预期后果是，传统上的有竞争关系的小组之间的裂痕不断扩大，以至于最终严重破坏了全体雇员对共享目标的承诺，并加剧了组织成员的不安全感和焦虑感。基于伍德沃德在她的个案研究中极富洞察力的描述，人们不难看出她应该对上述分析抱有极大的赞同。

接下来，转到权变理论批评者所指出的概念问题。第一个问题的出现与组织绩效有关——琼·伍德沃德及其他权变理论家架构中的因变量。为满足技术、环境、规模等因素内在的约束而调节组织过程的方方面面，这一观点中不言自明的是，促使各部分之间的"拟合"是为了使组织绩效最大化。然而在组织中，不同利益方在追逐着多种多样的目标，自然会引申出另外一个问题："绩效"是针对谁而言的？此外，即便是就某一群体的目标而言，组织绩效在效率和有效性方面也包含多重事实、多重指标。举例来说，许多经济学家如莫里斯（Marris，1964）就争论过组织目标到底是利润最大化还是增长。因而，虽然有可能得到一个效用函数，将之作为各种组织特征之间“拟合”优度的参考标准，但随之出现的问题是：为什么是这个效用函数而不是另一个？这又将研究者的分析带回到对利益概念质疑的层面，或者说促使研究者探讨不同利益的共同基础以及权力和影响力分布影响不同利益方追寻各自目标的方式。韦伯是研究这类问题的奠基人之一，他对权力以及有目的社会行动下的各种理性进行了卓越的分析。与琼·伍德沃德同时代的某些组织理论家，例如马奇和西蒙（March and Simon，1958）、汤普森（Thompson，1967）、赛特和马奇（Cyert and March，1963），都曾强调理性概念在组织行为分析中的局限性和多义性，因为人们在组织中展开行动时，总是无法掌握各种行为选择及其相应后果的完整信息。如果能认识到组织是由不同利益人群构成的集合体，并可被划分为大量的但并不一定内在一致的职能部门、管理层级和职业参照群体，对于个体和群体理性界限的理解就变得更为重要了。那么，研究这些不同群体被整合在一起并追逐各自利益的机制，对于理解组织过程和结果就显得尤为重要。因而，分析不同利益群体获得一系列权力来源（如信息、技能、专门知识、提供回报和认可的能力）的路径，在诸如埃默森（Emerson，1962）、弗伦奇和雷文（French and Raven，1959）、梅凯尼克（Mechanic，1962）、克罗齐埃（Crozier，1964）、希克森等人（Hickson et al.，1971）的著述中成为重要的研究目标。这类研究致力于探讨组织内和组织间的权力、选择、行动和变迁，丰富地描绘了复杂组织中参与者的生活图景（例如，参见 Pettigrew，1973；Burns，1977；Warmington，1977）。

第二个概念问题关系到大部分权变理论都暗含的一种因果模式，其中，绩效被当作自变量，而结构则被视为中间变量。当然，一些因素相对独立于结构要素，也很有可能会影响组织绩效。例如，作为对伍德沃德关于 OMEGA 的研究交流意见的一部分，塞尔斯在一封信中写道：“无论结构如何，不称职就是不称职，这是致命的。”（Sayles，1978：110）除了管理层和工人的个人特征以外，劳动力和产品市场的变化对组织绩效的影响也几乎是“致命的”，而这仅仅依靠组织变革是无法应对的。此外，所有组织变量之间的多向关系也是有可能的。因而可以认为，当前的绩效水平促成了其他组织特征的变化。例如蔡尔德（Child，1972）就曾引用过关于组织在利润水平及增加率方面的糟糕成绩与从紧的成本控制（例如人力预算）之间关系的研究，显示出是糟糕的组织绩效导致控制收紧，跟反过来的关系似乎一样合情合理。

第三个概念问题则是假定技术、市场属性、产品多样性和组织规模等“权变”自变量是“给定的”，并且超出组织成员的控制。针对这一假定，许多研究者都曾提出过异议。例如加尔布雷思（Galbraith，1967）和佩罗（Perrow，

1972）提出，大型公司事实上可以对他们所处环境的各个领域都施加相当大的控制或影响。例如，广告也许能对操纵消费者和影响市场规模或市场稳定性发挥作用，而压力集团政治则能影响政府的立法计划。同样，生产技术也不被视作必然是“给定的”。在斯堪的纳维亚汽车装配厂的实验表明，生产某种既定产品所使用的技术类型也有选择的可能性（Aguven et al.，1976）。另一篇研究文章还指出，国家培训和教育系统对国内主流的组织结构形式也有深远影响［参见布罗萨德和莫里斯（Brossard and Maurice，1976）、佐尔格和沃纳（Sorge and Warner，1978）的相关文章］。

此外，埃尔加（Elgar，1975）还曾就以下观点做出过评论：需要把组织的行政管理结构看作不同组织参与者之间协商的结果。在说明这一点时，他强调了许多批评权变理论的学者重复过的观点：组织分析应当在方法上更加注重过程分析，而不是像组织权变理论那样过分依赖静止的分析框架：

> 过程化的观点表示“组织结构”作为社会关系和社会约束的一种模式，应当被看作由组织成员推进的社会过程不断带动的产物，而不是某种对组织成员的行动路线提供自动约束的“给定”形式……（这一）观点……强调社会制度的人为创造和维系特征，关注由工业企业中的典型社会关系所诱发的利益冲突问题，并探讨缓和、遮掩、抑制、组织和加剧这些冲突的社会进程。（Elgar，1975：91）

总之，权变理论因为以下观点而遭受应有的批评：对组织变迁本质的决定论假设，对战略选择、信仰、权力所扮演角色的不充分判断，对组织绩效和效率的简单化假设，以及对其他有价值的方面的忽视，例如，它对非预期后果和组织是各种利益集合体这一事实的疏忽。

但是，这些批评可以要求我们完全抛弃“环境、技术和其他因素影响了组织结果”这一观点吗？如果我们阅读了琼·伍德沃德十五年后对这一分析的贡献，我们可以强有力地回答：不。因为，首先，它取决于与该分析相关的时间尺度。例如，在短期内，生产技术肯定是给定的。其次，它取决于该分析的具体视角。琼·伍德沃德一直自认为对“中层”理论做出贡献并且跨越实际管理者与管理学研究者之间的鸿沟：

> 一方面，学者必须承认，在当前的有限知识状态下，管理者需要信仰体系，而且这一信仰体系的传播是管理教育的合理成分；另一方面，管理者也必须认识到，随着实际知识的增长和扩展，某些信仰体系会变得不再必要，一旦出现证据表明不能再坚守原有的假想，管理者就必须准备好修改或放弃它。（Woodward，1965：257）

通过了解伍德沃德对我们关于组织的知识究竟向哪些方向扩展的观点，我们会发现实证和理论研究之间某种程度的割裂，但是并不能就此而抹杀伍德沃德的贡献。实际情况也许是，组织研究对技术的关注业已在某种程度上被对宽泛环境的考虑所遮盖。例如，佩罗（Perrow，1979）在回顾组织理论的发展历程时，曾这样记录权变理论在1960年代末1970年代初的发展：

> 激发了一波理论思考和研究的浪潮，并且被迅速地吸收进相关知识体系之中。正如人际关系学派那样，权变理论留下了它的历史印记，但它也因为空洞的预言而暴露出了诸多不足。任务或者技术，被证明是重要的变量，但并不是我们之前主张的那样高于一切。能推动新一波研究浪潮的重要变量似乎是环境。（Perrow，1979：200）

对“组织间关系”关注的增长和最近出版的大量讨论环境的“教科书”式研究［例如阿尔德里奇（Aldrich，1978）、菲弗和萨兰奇克（Pfeffer and Salancik，1978）的研究］推动和强化了这方面组织研究的进展。然而有趣的是，组织分析中关于对“环境”变量的定义、测量和理论地位所提出的议题，与曾经讨论过的关于作为解释变量的“技术”的使用的议题竟是如此相似。

三、换一种视角

无论针对权变理论的批评多么千差万别，无论目前如何强调组织内和组织间政治过程研究的重要性，权变理论的基本框架依然保持最初的多元主义取向，因为它假设组织内甚至社会内的利益冲突最终能被调和。《产业组织：理论与实践》的这篇导论并不试图全面回顾当下所有组织理论的发展过程。尽管如此，作为总结，同时也是为组织研究的未来发展提供可能的路标，本文将对组织研究中一个非常不同的分析路径展开简要讨论。这一分析路径认为，既然我们主张组织是它们运转于其中的更广泛的社会结构的反映，那么，就不能认为多元主义范式是无关紧要的。

这里，我们可以看看组织研究的两方面发展。第一，组织理论中权力概念的复兴，当前政治学家和哲学家有较多研究探讨组织中权力的性质问题。第二，组织研究中所谓的“激进”分析框架的发展，这一类研究主张在资本主义世界里，组织是最重要的阶级冲突场所，也是最重要的阶级冲突、阶级斗争工具。

第一方面的发展极大地得益于巴克拉克和巴拉茨（Bachrach and Baratz，1970）对美国贫困项目的深入研究，他们指出权势群体操控政治辩论的巨大能量可以使部分议题从不被提及。通过这一研究，他们将注意力引向作为政治进程一部分的“非决策”（non decision-making）和“偏差动员”（mobilization of bias，又被称为偏见动员）因素的重要性。这个故事对组织研究者的寓意非常清晰——迄今为止，他们过分强调权力的公开（制度化）表现，以至于疏于对虽不太明显但影响可能更深远的利益差异做集中分析。从社区和组织中的权力研究中提取出来的相似点，造成了组织理论家的不安，而卢克斯（Lukes，1974）对权力性质的哲学分析则加剧了这种不安。卢克斯提出了所谓的权力三维度框架。第一个维度——决策观点——关注当存在显著的（主观）利益冲突时，就相关议题展开的决策行为，例如表达政策偏好（Lukes，1974：15）。

这种关注能在多个组织研究中被发现。例如，海勒（Heller，1971）致力于有关领导风格的管理决策研究。另外，帝国理工学院琼·伍德沃德所创立的学系的研究者，也以组织决策分析为工具进行了细致的权力研究——可参见爱德华兹和哈珀（Edwards and Harper，1975）、阿贝尔（Abell，1978）的相关研究成果。

卢克斯将其第二个维度描述为包含：

> 对行为焦点的有资格的评论……和……当存在显著的（主观）利益冲突时，防止就相关潜在问题做出决策的意见，表现为表达政策偏好和附加政治怨恨。（Lukes，1974：20）

不过，这种研究方法很少被应用到组织研究中，而是被用于具有更宽泛社会背景的一些研究，例如巴克拉克和巴拉茨（Bachrach and Baratz，1975）自己的研究和克伦森（Crenson，1971）对两个美国城市空气污染的比较研究。在一篇理论文章中，阿贝尔（Abell，1977）提出与权力和影响这两个概念相比，正在发展中的“操控”和“自治”概念应该为组织中的非决策现象研究提供分析基础。

卢克斯的第三个权力维度将对行为主义研究的批评带到了一个不同的层次。如果说前两个维度仍然是“太个人主义”的，那么，他的第三个维度涉及：

> 通过社会力量介入、制度实践或者个体决策等方式，将潜在问题排除在政治议题之外。而且，在缺乏能成功避免的实际的、可观察的冲突时，这种现象也可能发生。……这里可能存在的是潜在冲突。（Lukes，1974：24）

正如卢克斯所认识到的，由于方法上的突出问题，我们（可能历史学家例外）并不能经验性地揭示这一过程。

对上述各类理论和方法问题的关注，毫无疑问地影响了各种“激进的”或“批判的”组织理论流派的发展。总体上，这类研究流派抱持这样一个信念：社会中的权力关系是一个在研究中必须引入的、更宽泛的参照框架。这类理论的关注点集中于两个方面：首先是隐藏在表层组织现象下更深层次的和不显眼的权力结构、支配结构；其次是通过个体和群体相互作用而建构社会现实的现象学。因而，班森（Benson，1977a）呼吁组织研究中的辩证路径：组织“根本上符合进程的概念。社会世界是处于不断变化的连续状态……（而）……组织构成了发达工业社会中重要的支配手段”（Benson，1977a）。

然而，截至目前，这种风格的实证研究仍然十分少见。其中，克莱格对一个建筑工地的研究在一个特定的组织背景下，发展出了类似的权力、规则和控制概念（Clegg，1975）。而海德布兰德的一项研究则通过描述、分析公共服务机构中的组织矛盾，并特别针对美国法院系统进行具体分析，来展示马克思主义概念范畴和命题可以如何被用于解释组织进程和结果（Heydebrand，1977）。

后来，班森在另一本著作中进一步发展了他的论题，他主张必须推进相关理论发展，以应对分析“行动、权力、层级和过程”这类问题的需要。

> 完善的组织分析的框架必须能涵盖以下主题：(1)（行动）组织现实的社会生产，包括组织研究者对现实的建构活动；(2)（权力）组织现实的政治基础，包括理论家和权力结构的纽带；(3)（层级）组织与更大的社会结构安排之间的关联；(4)（过程）组织形式、组织行为模式不断演变的特征。（Benson，1977b：16）

尽管如此，通过搜集瞄准上述目标的相关文献，我们可以发现除了海德布兰德（Heydebrand，1977）之外，虽然理论家们已经很好地阐述了其面临的问题和障碍，但是针对所提出问题的答案却远不能让人满意，而获取答案的方法也相对不足。因此，这些研究者与其说是“激进的”理论家，还不如说是“批评的”理论家。

该讨论的语义学仍然是混乱的。因为在一定程度上，尽管大多数的当代理论家都关注班森的行动、权力、层级和过程这四个问题，但是他们中的许多人也只是准备在概念界定和研究假设方面采取一种更“修正主义的”方式。其实，我们所谓的常规理论和批判理论之间的差异关系到两个非常重要的特征：第一，理论家假定什么是行动的给定约束；第二，与第一点相关，他们试图解释什么。如果把物质条件看作行动的约束条件，而且在这一点上没有任何回旋余地，虽然可以有很多不同判定的理由，但我们都会惊奇地发现，比起那种强调选择和协商的研究者，伍德沃德与批判理论家有更多的相同点。伍德沃德在本书中发展出了一个模型——技术和环境因素的性质在很大程度上被视为给定的，并且是行动的约束条件。批判理论家也非常强调物质约束，但与伍德沃德截然不同的是，他们不把这些约束看作组织特征，而认为其是在组织中显露的社会特征。在批判理论家看来，社会-政治-经济系统的内在法则就是行动的主要原因，因此它与组织内行动的决定因素在很大程度上并不相关。

使用“不相关”这个词突出了常规理论和批判理论的第二个重要区别——各个理论家事实上想解释的是什么，两类理论家在这一方面存在广泛分歧。伍德沃德希望解释组织的正式结构模式和组织效率及绩效的结构基础。权变理论的批评者则强调选择，他们更关注战略决策和经营决策，以及组织如何保持必要资源的供给。最后，批判理论家致力于研究社会控制和社会变迁中组织所扮演的角色。因此，我们必须承认，尽管类似于“组织理论”“组织行为”或“组织分析”之类的概念似乎意味着大量共识的存在，但围绕“组织”这个词的共享概念其实仍相当遥远。但是这种多元性也意味着，像十五年前一样，伍德沃德的研究对我们今天的组织研究依然有价值。组织理论尚未成为这样一个学科，即后续研究成果一经发表，早期研究就被取代或者变得毫无价值。组织理论家们尽管都在致力于扩展对组织方方面面的理解，但他们仍然基于不同的模型、假设和目标来做研究，并以各自的分析框架来弄清楚不同的问题。

有人猜测，伍德沃德之所以对已经形成一定气候的批判理论议题并不感兴趣，部分原因是那样做会妨碍其研究成果在组织内的实际应用，而且正如她在就职演说中所言，（她研究）的最终目标是：“使关于产业组织的研究在任何层次上，都能精炼成模型，并帮助人们以更严密的方法处理他们所遭遇的组织结构和组织行为问题。”（Woodward，1970b：122）

在这本书中，伍德沃德呈现了英国权变理论流派的基本分析框架，这对我们理解产业组织现象做出了重要而且有持久力的贡献。对实际工作者而言，它仍然像刚刚出版时那样，能极富成效地指导我们今天的实践行动。对学生而言，如果想要理解关于现代社会中复杂组织的研究思想发展，它是必不可少的读物；而对经验研究者而言，把技术变量看作组织生活的重要影响因素，至少不会有什么坏处。伍德沃德希望有一种组织理论的单一演进路径，按照这种演进路径，“事实知识”会逐渐累积，进而为对各种管理假定的重估提供明确的知识基础。然而，正如我们所见，组织理论的随后发展，并没有依照这一路径。实际上，未经证实的假定仍然大量存在，特别是在学者中间，大家仍然基于不同的假定建构着差异明显的理论架构。琼·伍德沃德的观点和思路也许仍将继续被研究者们所否定、批评和细化，但不可否认的是，它们仍然是我们搭建组织研究知识体系的坚实基石。

参考文献

ABELL，P.（ed.），1975，*Organisations as Bargaining and Influence Systems*，Heinemann，

London.

ABELL, P., 1977, The Many Faces of Power and Liberty: revealed preference, autonomy and teleological explanation, *Sociology*, Vol. 11, No. 1.

ABELL, P., 1978, The Task and Power Determinants of Decentralisation Between Headquarters and U. K. Subsidiaries of International Corporations, in (ed.) Wilpert B. and Negandhi, A., *Work Organisation Research: European and American Perspectives*, Kent State University (1978).

AGUVEN, S., HANSSON, R., KARLSON, K. G., 1976, *The Volvo Kalmar Plant Rationalisation Council*, SAF-LO, Sweden.

ALDRICH, H., 1972, Technology and Organisational Structure: a Reexamination of the Findings of the Aston Group, *Administrative Science Quarterly*, Vol. 17, 1.

ALDRICH, H., 1978, *Organisations and Environments*, Prentice-Hall, New Jersey.

ALLEN, S. C., 1970, *Corporate-Divisional Relationships in Highly Diversified Firms*, in Lorsch, J. R., Lawrence, P. R. (ed.), 1970.

BACHRACH, P., BARATZ, M. S., 1970, *Power and Poverty*, Oxford University Press.

BENSON, J. K., 1977a, Organisations: a Dialectical View, *Administrative Science Quarterly*, Vol. 22, 1.

BLAU, P. M., FALBE, C. M., MCKINLEY, W., TRACEY, K., 1976, Technology and Organisation in Manufacturing, *Administrative Science Quarterly*, March, Vol. 21, 1, 20-41.

BROSSARD, M., MAURICE, M., 1976, Is there a Universal Model of Organisation Structure?, *International Studies of Management and Organisations*, No. 6: 11-45.

BURNS, T., 1958, *Management in the Electronics Industry—a study of eight English Companies*, Social Science Research Centre, University of Edinburgh, subsequently elaborated in T. Burns and G. Stalker, 1961.

BURNS, T., 1961, Micropolitics: Mechanisms of Institutional Change, *Administrative Science Quarterly*, Vol. 6.

BURNS, T., STALKER, G., 1961, *The Management of Innovation*, Tavistock, London.

BURNS, T., 1966, On the Plurality of Social Systems, in Lawrence, J. R. (ed.), *Operational Research and the Social Sciences*, Tavistock, London.

BURNS, T., 1977, *The BBC*, Macmillan, London.

CHILD, J., 1972, Organisational Structure, Environment and Performance: The Role of Strategic Choice, *Sociology*, 6.

CLEGG, S., 1975, *Power, Rule and Domination*, Routledge & Kegan Paul.

CRENSON, M. A., 1971, *The Un-politics of Air Pollution: A study of Non-decision Making in the Cities*, The Johns Hopkins Press, Baltimore.

CROZIER, H., 1964, *The Bureaucratic Phenomenon*, Tavistock, London.

CYERT, R. M., MARCH, J. G., 1963, *A Behavioral Theory of the Firm*, Prentice-Hall, New Jersey.

DAWSON, S., 1975, *Power and Influence in Prison Workshops*, in Abell, P. (ed.), 1975.

DAWSON, S., 1979, Organisational Analysis and the Study of Policy Formulation and Implementation, *Public Administration Bulletin*, No. 31, December.

DAVIES, C., DAWSON, S., FRANCIS, A., 1973, Technology and other variables, in (ed.) Warner, M., 1973, *Sociology of the Workplace*, Allen & Unwin.

DAVIES, C., FRANCIS, A., 1976, Perceptions of the Structure in NHS Hospitals, in (ed.) Stacey, M., 1976, *The Sociology of the NHS*, Sociological Review Monograph 22, University of Keele.

DONALDSON, L., 1976, Woodward, Technology, Organisational Structure and Performance—a Critique of the Universal Generalisation, *Journal of Management Studies*, October.

EDWARDS, C., HARPER, D. G., 1975, *Bargaining at the Trade Union-Management Interface*, in Abell, P. (ed.), 1975.

ELGER, H. J., 1975, Industrial Organisations, in McKinley, J. B. (ed.), *Processing People*, Holt, Rhinehart & Winston, New York, 91-149.

EILON, S., 1962, Problems in Studying Management Control, *International Journal of Production Research*, 1, 13-20.

EMERSON, R. M., 1962, Power-Dependence Relations, *American Sociological Review*, 2, 31-41.

FRENCH, J. R. P., RAVEN, B., 1959, The Basis of Social Power, in (ed.) Cartwright, D., *Studies in Social Power*, Michigan Ann Arbor Institute for Social Research.

GALBRAITH, J. K., 1967, *The New Industrial State*, Hamish Hamilton, London.

GALBRAITH, J., 1973, *Designing Complex Organisations*, Addison-Wesley.

GOULDNER, A. W., 1954, *Patterns of Industrial Bureaucracy*, Free Press, New York.

HAGE. J., AIKEN, M., 1969, Routine Technology, Social Structure and Organisation Goals, *Administrative Science Quarterly*, Vol. 14, 366-76.

HELLER, F. A., 1971, *Managerial Decision Making*, Tavistock, London.

HEYDEBRAND, W., 1977, Organizational Contradictions in Public Bureaucracies: Toward a Marxian Theory of Organizations, *Sociological Quarterly*, 18.

HICKSON, D., PUGH, H. D., PHEYSEY, D., 1969, Operations Technology and Organisational Structure: an Empirical Reappraisal, *Administrative Science Quarterly*, Vol. 14, 3.

HICKSON, D. J., HININGS, C. R., LEE, C. A., SCHNECK, R. E., PENNINGS, J. M., 1971, A Strategic Contingencies Theory of Intra-Organisational Power, *Administrative Science Quarterly*, Vol. 16, 2, 216-89.

KINGDOM, O. R., 1973, *Matrix Organisation*, Tavistock.

LAWRENCE, P. R., LORSCH, J. W., 1967, *Organisation and Environment*, Harvard Business School, Boston.

LORSCH, J. W., LAWRENCE, P. R. (ed.), 1970, *Studies in Organisational Design*, Irwin Dorsey.

LUKES, S., 1974, *Power, a Radical View*, Macmillan.

MARCH, J., SIMON, H., 1958, *Organisations*, Wiley, New York.

MARRIS, R., 1964, *The Economic Theory of Managerial Capitalism*, Macmillan, London.

MASSIE, J. L., 1965, Management Theory, in (ed.) March, J., *Handbook of Organisations*, 1965.

MECHANIC, D. C., 1962, Sources of Power of Lower Participants in Complex Organisations, *Administrative Science Quarterly*, Vol. 7, 3.

MERTON, R. K., 1957, *Social Theory and Social Structure*, Free Press, Glencoe, Illinois.

MOHR, L. B., 1971, Organisational Technology and Organisational Structure, *Administrative Science Quarterly*, Vol. 16, 4, 444-59.

PETTIGREW, A., 1973, *The Politics of Organisational Decision Making*, Tavistock, London.

PERROW, C., 1967, A Framework for the Comparative Analysis of Organisations, *American Sociological Review*, 32, (2).

PERROW, C., 1972, *Complex Organisations, A Critical Essay*, Scott, Foresman & Co., Illinois.

PERROW, C., 1979, *Complex Organisations, A Critical Essay*, 2nd Edition, Scott, Foresman & Co., Illinois.

PFEFFER, J., SALANCIK, G. R., 1978, *The External Control of Organisations*, Harper & Row, New York.

RACKHAM, J., WOODWARD, J., 1970, *The Measurement of Technical Variables*, in Woodward, J. (ed.), 1970a.

REEVES, K. T., 1967, Constrained and Facilitated Behaviour: A Typology of Behaviour in Economic Organisations. *British Journal of Industrial Relations*, 5 (2).

REEVES, K. T., TURNER, B. A., 1972, A Theory of Organisation and Behaviour in Batch Production Factories, *Administrative Science Quarterly*, March.

REEVES, K. T., WOODWARD, J., 1970, *The Study of Managerial Control*, in Woodward, J. (ed.), 1970a.

SELZNICK, P., 1949, *TVA and the Grass Roots*, Harper, New York.

SILVERMAN, D., 1968, Formal Organisations or Industrial Sociology: Towards a Social Action Analysis of Organisations, *Sociology* 2 (2), 221-38.

SILVERMAN, D., 1971, *The Theory of Organisations*, Heinemann, London.

SORGE, A., WARNER, M., 1978, Manufacturing Organisations and Work Roles in Great Britain and West Germany, *Discussion Paper*, *International Institute of Management*, December.

TIMPSON, J. D., 1967, *Organisations in Action*, McGraw Hill, New York.

VEBLEN, T., 1904, *The Theory of Business Enterprise*, Scribner.

WARMINGTON, A., LUPTON, T. GRIBBIN, C., 1977, *Organisational Behaviour and Performance*, Macmillan.

WEDDERBURN, D., CROMPTON, R., 1972, *Workers Attitudes and Technology*, Cambridge University Press.

WOODWARD, J., 1965, *Industrial Organization: Theory and Practice*, Oxford University Press.

WOODWARD, J. (ed.), 1970a, *Industrial Organization: Behaviour and Control*, Oxford University Press.

WOODWARD, J., 1970b, *Behaviour in Organisations*, Inaugural Lecture, Imperial College of Science and Technology, 3 March.

ZWERMAN, W. L., 1970, *New Perspectives in Organisation Theory*, Greenwood Pub. Co., Westport, Conn.

操作技术和组织结构:基于经验研究的重估*

大卫·J. 希克森　德瑞克·S. 皮尤　戴安娜·C. 佩赛
郭琦　译
白小瑜、薛品、王旭辉　校

关于技术，本文提出了一系列区分性概念：操作技术、材料技术以及知识技术。同时，我们在组织层面进行概念化，即建立操作技术的测定量表，从而可以通过线性或非线性相关分析，检验如下假设——操作技术和组织结构是紧密相关的。我们在英国中部不同类型的组织中采用分层抽样方法抽取了一个样本，并在其中抽取了制造业的子样本，结果发现这个“技术律令”的假设在连续的检验中并没有得到广泛证实。但是，操作技术曾一度和一些变量相联系，这些变量比较相似，它们都是工作人员人数，代表了某组织特定部门不同类型雇员的比重。这个结果与伍德沃德在埃塞克斯东南部地区的发现一起，使得我们需要重新审视技术的作用。研究表明，操作技术只会影响那些被工作流程直接作用的结构变量。因此，组织规模越小，其结构受到技术直接影响的程度越彻底；组织规模越

* HICKSON D J，PUGH D S，PHEYSEY D C. Operations technology and organization structure：an empirical reappraisal. Administrative science quarterly，14（3），1969：378-397. 大卫·J. 希克森（David J. Hickson）和戴安娜·C. 佩赛（Diana C. Pheysey）是英国伯明翰阿斯顿大学工业管理研究所成员，德瑞克·S. 皮尤（Derek S. Pugh）是这里的名誉研究员。希克森现在是加拿大阿尔伯塔大学组织行为研究所的访问学者，皮尤则是英国伦敦商学院组织行为方面的研究主任。

大，其技术影响就越限定于一些特定变量，比如与特定工作流程相关的某类型雇佣人员的比重；而技术与更外围的行政管理及等级结构不再相关。这种解释提供了综合分析的思路，并有助于解决长期存在于组织理论中的一个分歧，即古典管理学家认为管理原理和技术无关，而行为科学家们则认为管理原理和技术有关。

技术会在多大程度上决定组织结构的具体形式？

大量群体和个体层面的研究已经表明，组织所采用的技术、操作者（蓝领和白领）在引入技术后所执行的任务、人际互动、社会规范、满意度及态度之间都存在着密切联系。继特里斯特和班福思（Trist and Bamforth，1951）、沃克和格斯特（Walker and Guest，1952）的奠基性研究之后，布劳纳（Blauner，1964）、赫布斯特（Herbst，1962）、洛达尔（Lodahl，1964）、曼和霍夫曼（Mann and Hoffman，1960）以及塞尔斯（Sayles，1958）随后进行了大量的研究。而布赖特（Bright，1958）、特纳和劳伦斯（Turner and Lawrence，1965）则对于操作化和技术特性的测量做出了杰出贡献。

但在群体和个体层面的研究，其分析单位并不是组织，并且就像社会或宏观经济层次的分析一样，组织的正式结构特征只是附带的研究对象。这种研究思路可以回溯到马克思（Marx，1956）关于资本和劳动力因技术而分离的讨论和涂尔干（Durkheim，1947）关于劳动分工论的论述。后来，吉布斯和白朗宁（Gibbs and Browning，1966）、弗洛伦斯（Florence，1961）等人开始进行跨国家和跨行业的比较，布朗（Brown，1966）和莱夫（Lave，1966）等人也开始尝试在计量方程式中纳入产出、资本投入等因素来反映技术变迁。

组织层面的技术

综观已有研究，很少有人将组织层面的技术作为研究的焦点。汤普森和贝茨（Thompson and Bates，1957）比较了医院、大学、工厂和煤矿这几类组织的技术，然后提出“可采用的技术类型……限定了组织可采用的结构类型”这一结论。随后，汤普森（Thompson，1967）对这个假设做了进一步的补充和完善。然而对这方面的研究却仍然是非常欠缺经验分析的，这一点可以在沃克（Walker，1962）对技术方面的资料的收集结果中得到印证。在众多的文献中，仅有一项研究涉及组织层次上的变量，就是斯科特等人（Scott et al.，1956）关于一家钢铁厂流程变化的个案研究。该研究指出，随着工厂技术机械化程度的提升，专业服务部门数量会相应增加，且需要更为正规化的沟通方式。布拉克和卡塞尔

（Burack and Cassell，1967）关于一家钢铁厂的个案研究显示，组织发展、技术水平与许多结构性特征相关，如监管控制和流程支持（维护）。而在另一项关于两家纺织厂机械化升级的案例研究中，芬沙姆和霍珀（Fensham and Hooper，1964）则注意到了等级制层次的增加和经理数量的增加相关。不过，伯恩斯和斯托克（Burns and Stalker，1961）的研究显然更有价值，他们的讨论建立在至少20个组织样本之上，比较了有机的和机械的管理系统之间的差异，并分别讨论了二者与或高或低的技术及市场变化率之间的对应关系。

在这一过程中，有两项研究脱颖而出，它们系统地探究了相对大规模样本的组织和技术的关系，分别是尤迪（Udy，1959）关于非工业化社会中的工作单元和伍德沃德（Woodward，1958）关于英国东南部一系列企业这两项有争议的研究。前者被批评为比较了不可比较的生产单位（Burns，1967），后者则被批评为概念界定不当和分析资料不充分（Hopkins，1966），但是这些争议都并不否认甚至是强调了这两篇论文的奠基性研究地位。即便是后来布拉克（Burack，1967）和哈维（Harvey，1968）的研究，在样本数量和资料丰富程度方面也不如上述两项研究。

技术的重要性

目前，技术对组织结构的重要性仍旧是一个开放性问题。古典管理理论的倡导者，如法约尔（Fayol，1949）、厄威克（Urwick，1947）、布雷希（Brech，1957）和德鲁克（Drucker，1955），都曾提出组织所使用的管理原理与任务和技术无关。布朗（Brown，1960）关于正式组织结构的案例分析也仅仅基于一个产业状况的经验推广。另一方面，在行为科学家中，杜宾（Dubin，1958）把关注点放在技术对工作本身的影响上，佩罗（Perrow，1967）提倡的把组织作为技术系统的观点为理解和比较各种组织提供了一个更好的基础，而沃克（Walker，1962）则认为从直线（line）组织到直线-参谋（*line and staff*）组织的演变历程应归因于技术复杂性的增长。伍德沃德（Woodward，1958，1965）也支持这一观点，她指出只有技术差异而非其他变量（如规模或历史背景）的差异与组织结构的差异性相关。尤迪（Udy，1959）的结论也支持类似的观点，尽管他的资料很粗糙，而且与工业化社会仅有很微弱的关联。

本项研究的目标

本项研究的目标是在组织层面检验"技术律令"假设。[①] 它利用对组织结构

---

① 这项研究是在位于英国伯明翰的阿斯顿大学的工业管理研究所开展的。这项研究得到了该大学和社会科学研究委员会的共同支持。

关联因素（包括规模、所有权、依赖性、操作技术等）的广泛研究（Pugh et al. ,1969a，1969b）成果，来检验技术和组织结构紧密相关的假设。

本文首先确定了技术概念的分类，以及本项研究对这一概念的操作化。而后，我们还进行了三项假设检验，第一项针对 46 个不同类型的组织，第二项针对这个大样本中的 31 个制造业组织，第三项虽然仍针对 31 个制造业组织，但是却利用了一套专为制造业组织设计的技术测量方法。研究发现，只有 7 个结构变量与技术相关。最后，在将此分析结果与貌似相悖的伍德沃德（Woodward，1958，1965）的研究结果相调和的基础上，本文发展出一个新的假设。

技术概念：一个分类方法

长期以来，大家对组织技术的概念化都没有达成共识，因为“技术”一词有很多不同的含义。就目前所发展出的意义来看，这个概念主要包括三个方面：操作技术、材料技术和知识技术。

皮尤等人使用了操作技术的概念，他们把组织技术界定为“应用在工作流程活动中的工艺技术”（Pugh，1963：310）。对于汤普森和贝茨来说，它是“可以生产出所需要的物品和服务的人机活动的组合”（Thompson and Bates，1957：325），这个观点随后出现在汤普森（Thompson，1967）“永久关联技术”中关于“连续的相互依存的行动”的讨论中。尤迪（Udy，1959）、伍德沃德（Woodward，1958，1965）和布拉克（Burack，1966，1967）的操作化都以此定义为基础。操作技术可以被界定为工作流程中的设备配置和活动次序安排（equipping and sequencing of activities in the workflow）。工作流程的概念源自巴克（Bakke，1959），指产品的生产和分配。在更广泛的意义上，它不仅适用于存在工作流程的工厂，也适用于公共事业和服务组织。交通企业拥有设备（公共汽车）和操作序列（公共汽车路线）；保险公司拥有纸笔和计算用的机器，在政策的发布、保险费的获得、客户要求的满足等方面还拥有一系列操作程序。

材料技术是佩罗建构（Perrow，1967）理论框架的要素之一。他扩展了技术的概念，使其大大超越了原有边界。对佩罗来说，技术是“个体施加于物体并使之产生改变的行动”（Perrow，1967：195）。这包括物体的特性本身（佩罗称它为“原材料”）。佩罗又根据其可感知的统一性和稳定性进行分类，而拉欣（Rushing，1968）则根据物体或者说原材料的坚硬程度进行分类。汤普森（Thompson，1967）把那些被物体或材料状态本身决定的技术称为“集约技术”（intensive technology），所以技术概念涉及工作流程中所应用材料的特征。

知识技术这一概念在该领域首先被佩罗（Perrow，1967）提出。赛特和马奇

(Cyert and March，1963）的分析思路可以概括为这样一种普遍化的观点——组织就是在不确定的状况下运行的系统。这种观念被佩罗应用到工作流程分析中，他将其视为“工作中遇到的异常情况的数量”（the number of exceptional cases encountered in the work）（Perrow，1967：195）和“逻辑分析所能达到的程度”(the degree of logical analysis achieved)。尽管他把能够“理解”原材料的能力视为材料的一个特点，但更恰当的应是把其理解为知识的一个方面。汤普森(Thompson，1967：86）也持相同的观点。因此，知识技术应该是工作流程中所运用的知识的特点。

技术概念和组织章程、宗旨、目标及职能等术语之间意指的重叠引发了一个问题。皮尤等人（Pugh et al.，1963）分别定义这些概念和术语并将其操作化，从而使得一个组织的产品种类和它对不同顾客多种需求的满足被视为组织章程或宗旨的具体方面（Pugh et al.，1969a)。也就是说，产品是什么，以及产品是否变化被视为组织章程和宗旨的构成要素，而不是技术的要素，技术与产品是如何被生产出来的问题更为相关。鉴于此，哈维（Harvey，1968）对机械工具替换、材料变化、设计变化这些“重大产品变动”概念的操作化与章程而不是技术的概念化更为接近。汤普森（Thompson，1967）把一个组织的“基本职能”称为“调解技术”(mediating technology)。

操作技术的次级概念

本文只使用操作技术这一概念。从上文的定义可以看出，它还包含许多次级概念。

首先，机械设备的一个突出特点是它的自动化程度。正如安贝尔（Amber）所指出的：“随着人类的工作更多地被机器执行，对机器的自动化‘要求’会更高。在这里，自动化是指一个装置自我行动的能力。”（Amber，1962：2）这就建构出了应用中设备的一个次级概念，即设备自动化（automation of equipment)。

其次，被执行的操作序列可以或多或少是刚性的。根据汤普森和贝茨的理论，这取决于“适当的技工、知识、技能和原材料在多大程度上可以被用来生产其他产品”(Thompson and Bates，1957：329)，同时也取决于一系列的操作在多大程度上彼此相关。因此操作序列又包含着一个次级概念，即工作流程刚性(workflow rigidity)。

再次，无论是依照精确标准还是仅依靠人为意见，所有的工作组织都有评估操作执行效果的方法。这就产生了第三个概念，即操作评估的特异性（specificity of evaluation of operations)。

以上这三个操作技术的次级概念可以应用于所有类型的工作组织，不论是制造业的还是服务业的。

最后，操作技术的第四个次级概念是产量单元（units of throughput）（进行中的工作）的连续性，在通常的工程学术语中，它是指单件散工生产、批次生产、大量生产或者连续不断的流程型生产。实际上，它在伍德沃德（Woodward，1958）对制造业技术的研究中是一个核心概念。

另外，布拉克（Burack，1966：5）也采用相似的方法来确定操作技术的次级概念。

其他可能在后续讨论中被用到，但最终因为概念化、操作化、资料收集或有效辨别等方面存在困难而没有被本研究采用的次级变量包括：

（1）生产复杂性（例如，装配或组合的件数，所需的技术知识）；

（2）生产周期（生产单位产品所需时间）；

（3）生产率（单位时间内的产量）；

（4）所执行的操作（例如，提取、装配、分解、加工、制作、搬运等）；

（5）操作的连续性（例如，只有工作日进行操作或者 24 小时连续操作）；

（6）生产序列的多样化（产品线组合）；

（7）设备的一致性（所用设备的类型及相似性）。

样本和资料收集

本研究数据资料来源于英国伯明翰地区的 52 个工作组织，它们的雇员最少都在 250 名以上［样本和资料收集在皮尤等人（Pugh et al.，1968，1969a）之前的论文中有过交代］。所选样本涉及各种各样的工厂、商业企业、公共事业组织、运输企业、零售商店等，既包括公有的企业，也包括私营企业，同时，既包括独立组织，也包括大型集团下辖的子公司。

在这些组织中，46 个组织是从在本地区注册的官方列表中随机分层抽取的，分层标准是产品类型或用途以及组织规模。样本涵盖了从拥有 241 名雇员的保险公司（在选定样本后，该组织的雇员数略微下降）到拥有 25 052 名雇员的汽车制造企业。

同时，在这 46 个组织中，31 个是制造业组织，15 个是服务业组织。本文将“制造”界定为新的具有物理形态（无论是固态、液态还是气态）的产品的生产，因此制造业组织既包括食品加工厂和酿酒厂，也包括工程企业等等，但不包括零售业企业、公共汽车公司、教育组织和自来水厂。31 个制造业组织的规模分布与 46 个不同类型组织的规模分布类似（见表 1）。

表 1 **样本分布**

随机样本的规模范围（组织的雇员数量）	不同类型组织样本的分层（N＝46）	制造业组织子样本（排除 15 家服务业组织）（N＝31）
251～500	16	10
501～2 000	16	13
2 001＋	14	8
规模范围	241* ～25 052	284～25 052
平均数	3 370	3 411
标准差	5 313	5 644

* 在选定样本后，其中一个组织的雇员数降低到了原最低限 251 以下。

注：伯明翰地区超过 250 名雇员数的“雇佣单位”共有 293 家，表中资料是从其中 52 个组织中获取的。

我们利用从 52 个组织收集的资料建立了标度，并检验测量的内在一致性。通过在 46 个组织样本中分析变量间的关系，形成对这个地区相应状况的分层呈现。同时，也在 31 个制造业组织子样本中展开相同的分析。

依据信息需求的标准计划表，通过对组织的主管人（董事长、工厂经理、地区主管人等）和尽可能多的部门领导的访谈，实现技术变量和结构变量资料的收集。访谈由我及几位同事完成，我们经常到各个组织所在地进行实地考察（如果一个组织分布于几个不同的地点，则选择一处有代表性的地点），以获得直观的个人印象，用于辅助对技术变量的评分。①

操作技术的测量

到目前为止，学界还没有合适的测量方法为操作技术评分。好的测量必须确保一种相对精确的资料表述，这样才能既实现各种可能的研究分析，又明确研究的不足之处。在这个领域中，布赖特（Bright，1958：45）的“机械化剖面”（mechanization profile）和伍德沃德（Woodward，1958：11；1965：39）的“生产系统分类”最接近于此，尽管上述方法的考虑也并非周全或者没有呈现为一个整体变量。因此，研究者都努力尝试设计出一系列与操作技术概念相称的变量测量方法，尽管这些方法如此初级并且不完善。此类研究的简要回顾可见皮尤等人（Pugh et al.，1969a）和因科森等人（Inkson et al.，1967）的相应文章。

---

① 资料收集者包括：D. S. 皮尤、D. J. 希克森（D. J. Hickson）、C. R. 希宁斯（C. R. Hinings）、C. 特纳、K. M. 麦克唐纳（K. M. Macdonald）、W. A. T. 尼科尔斯（W. A. T. Nichols）以及 J. N. 费尔黑德（J. N. Fairhead）。

安贝尔（Amber，1962：2）根据能量和信息在多大程度上是由机器而不是由人力提供的这一标准对自动化进行了分类，这可以作为评估设备自动化的一种测量方法。样本中的组织被依照表2中的5个等级评分。然而，可利用的资料并不是很充分，因此只能通过如下两方面的评分来实现对自动化的测量：自动化模式（大批流水作业设备的自动化层次，该项由研究小组估计得出）和自动化等级（所使用的自动化程度最高的设备的得分，每个组织自动化的最低评分为0，即使用手工工具）。

表2　　自动化等级量表

等级项目	评分
手工工具和人工机器	0
动力机器和工具	1
单循环机器和自动供给式机器	2
自动机械：重复循环	3
自我测定和调节：反馈	4

资料来源：安贝尔（Amber，1962：图表1-1），该文同时给出了其操作定义。

为了测定工作流程的刚性，表3汇总了8个项目，并汇总了在每个刚性项目上评分为正的组织数。刚性是指适应性不强、使用范围有限、次序不可变动的技术。

表3　　工作流程刚性量表（$N=52^{*}$）

等级项目	赋分为正的组织数**	项目分析的系数†
中断会使所有工作流程立即停止	6	0.97
（工序之间）不可能有等候时间	8	0.82
不可能有缓冲库存和延迟	8	0.71
单一来源的投入	12	0.67
单一目的的设备	13	0.78
不可能变更工序	15	0.80
中断会使部分工作流程立即停止	35	0.95
存在生产或服务线	42	1.00

* 所有可得到的组织的资料都被使用，以检验内在一致性和可测量性。

** 量表评分是通过对每个组织中存在的每个“刚性”项目赋分为1而累计得到的，对每个组织来说，得分区间是从0到8。

† 平均数=0.84。

第一个项目表明突遇中断时发生的情况。比如在一些化工厂和食品加工厂，是否所有的工作流程都停止了。在第七个项目中也用到这一问题。突遇中断的问题可以看成一个二分变量，赋予不同的值以便最大限度地区分并尽可能大地影响总分。第二个关于等候时间的项目是用来反映设备流程是否必然不间断。原料的缓冲库存或者工作进程可能允许在工作流程的某些阶段有延迟，但对先前的和随后的阶段没有影响。第四项测量则与工作流程的模式有关：材料是在一个时点一次性地被投入并在整个工作流程进程中被加工，还是在不同时点被一系列地投入来支持整个工作流程?

我们用是否具有单一用途和目的来判断设备的多功能性。某些机器工具也许能够对不同性质或形状的物体进行操作，但是一个酿酒厂的管子和大桶则很难适用于对油类的操作。与此类似，工序变更即操作顺序的重新安排也许可行，也许不可行。例如，在最后一个测量项目中，术语“线”是指通常不变的产品序列。

这里的一个问题是组织在上述八个项目上是否能够都得分，也就是说，这些项目的测量结果是否能够被表示为一个关于工作流程刚性的整体性变量。这个问题可用基于格特曼量表（Guttman，1950）（或累积等级量表）技术的假设方法进行检验，就像其被应用在二分变量中那样。这些项目在多大程度上可以被一起使用并不由“可再造系数”或者说“复制系数”（coefficient of reproducibility）决定，而是依据由布罗格登（Brogden，1949）设计的一个双列相关系数（biserial correlation）来取舍。这个方法通过假定组织在每个项目上呈现完美模型，以达到更精细也更有说服力的评估，利维和皮尤（Levy and Pugh，1969）曾详细阐述过该方法的优势。就本研究而言，上述所有项目系数的平均数是 0.84（见表 3），这表明利用这些项目构建一个统一的标度（整体性变量）是适当的。

第二个可以测量工作流程刚性或弹性的指标则是工作流程环节的相互依存性。这一指标所要测量的是，在工作序列中，整个工作流程（或生产线）中不同层级和环节在多大程度上是相互依赖的。表 4 展示了这个简单的分类量表。这一量表可以应用于对各种程度依赖性的工作流程分析中，从相互独立的鞋业连锁店或一个市政室内游泳馆，到具有较大独立性但附属于生产部门的生产食品和饮料的工厂，再到汽车装配厂的程序一体化。在汽车装配厂中，一个部门的产出变成另一个部门的投入。

表 4　　工作流程环节相互依赖性量表

测量项目	得分
在不同地点复制的不同环节，都有同样的最终产出	1
不同环节有不同的最终产出，但是它们并不是其他环节的投入	2
不同环节的产出是其他环节的投入	3

表 5 通过一个经典的三分分类呈现了操作质量评估特异性的概念。它对比了人为判断（例如，上级评判）评估与根据蓝本（blueprint）标准评估的方法。前者是在零售商店可实施的唯一评估方法，后者则在大多数工厂的一些生产阶段中使用。

表 5　　　　操作评估特异性量表

测量项目	得分
只有人为评估	1
局部测定（产出的一些方面）	2
对全部产出依照精确的规范（蓝本或者类似的标准）进行测定	3

表 6 则整合了上述几个量表。在 52 个被选定的组织中，它们都具有很高的相关性，这表明一个潜在的共有的要素可能为主成分分析所揭示。通过主成分分析，我们找到了一个影响最大的因素，它可以解释变异的 58%。其中，自动化模式的负载系数是 0.87，自动化等级的负载系数是 0.80，工作流程刚性的负载系数是 0.68，工作流程环节相互依赖性的负载系数是 0.61，而操作评估特异性的负载系数则为 0.83。总体上，以上 5 个量表由 20 个测量项目组成。使用在前述工作流程刚性测量中使用过的方法对这 20 个项目进行单一维度检验，结果得到了一个很高的项目系数平均数 0.79。

表 6　　　　主要变量和主要假定关系

操作技术		结构
建构的定义	操作化的变量（6 项测量）	测量维度和主要变量（10 项测量）‡
设备自动化	工作流程一体化： 包括： 自动化模式 自动化等级	活动维度的结构化： 包括： 总体角色专业化 职能专业化 总体程序标准化 总体正规化（文件）
工作流程适应性	工作流程刚性 工作流程环节相互依赖性	权力维度的集中化： 包括： 总体决策集权化 组织的自治 选举和晋升程序的标准化等
操作评估	操作评估特异性	工作流程维度的直线控制（相对非个人控制）： 包括： 下属和管理者的比例（负面） 角色表现记录的正规化（负面）
产量单位	生产连续性†	工作流程高级管理者的百分比

†伍德沃德生产系统类别被重新界定。只适用于制造业组织。

‡在 64 项结构测量之中被作为一个整体在本研究中使用。

新的总体变量被概念化为工作流程一体化（见表 6），涵盖了技术体系中各项操作的自动化程度、连续性以及操作序列的固定性等几个层面。它可以用组织在以上量表上得分的加总来测定。表 7 介绍了本研究样本组织的测量结果分布，其中还区分了服务业和制造业组织。很明显，尽管这两类组织在测量结果上似乎朝向两个相反方向，但是这种趋势还没有显著到让我们得出二分对立性结果的程度。两类组织在测量结果上有一定的交叉性，并且，服务业和制造业各自内部的不同组织之间也存在明显差异。

在表 7 中，我们按照是否有共同生产目的的标准，将所有组织划分为数个子群体。显而易见，汽车制造业在中部地区产业中的地位是十分突出的，大量的机械加工厂都在其生产链条内，为其提供各种各样的汽车零部件。这个地区一家规模最大的、机械化和一体化程度最高的汽车装配厂在所有被调查组织中获得了最高分。但是同时，这一测量也暴露了它本身的某些缺陷，尤其是对一些测量项目的界定仍不够明确，容易导致有争议的判断。无疑，这些量表仍然过于简单，或许，区分度更高的量表会使服务业和制造业之间的相反倾向不那么明显。不过，即使存在以上问题，适用于各种类型组织的技术工作流程一体化测量仍被证明是可行的。

由于工作流程高度一体化意味着高度机械化和资本密集型的操作，工作流程一体化与劳动力的使用之间可能呈负相关关系。在本研究中，工作流程一体化与劳动力成本占总成本百分比的相关性支持了上述假设［$N=46$ 时，$r=-0.51$；$N=31$（制造业组织）时，$r=-0.33$］，并在一定程度上也验证了工作流程一体化量表的外在效度（需要注意的是，劳动力成本的准确数据很难得到，因为在所使用的估计数据中，总的工资成本和直接劳动力成本这两类数据是混淆的）。

表 7　46 个不同类型组织样本在操作技术工作流程一体化量表中的分布

得分	组织	组织数量（$N=46$）	得分	组织	组织数量（$N=46$）
17	汽车制造厂	1	—	机械操作卡车制造厂	—
16	酿酒厂	—	—	工程工具制造厂	9
—	食品加工厂	2	10	汽车金属部件制造厂	—
15	两家食品加工厂	—	—	客车制造厂	—
—	包装厂	3	—	地方当局的自来水厂*	3
14	地方当局的洗浴场所*	—	9	部件制造厂	—
—	金属部件制造厂	—	—	不含铁的金属加工厂	2
—	金属商品制造厂	3	8	玩具制造厂	1
13	金属商品制造厂	—	7	地方当局的公共机械加工部门*	1
—	金属部件制造厂	—	6	保险公司*	—
—	汽车轮胎厂	—	—	公共汽车公司*	—
—	汽车电动部件制造厂	—	—	地方当局的运输部门*	—
—	玻璃部件制造厂	—	—	政府修理厂	4
—	汽车金属部件制造厂	—	5	研究院*	1

续前表

得分	组织	组织数量（N=46）	得分	组织	组织数量（N=46）
—	商业汽车制造厂	7	4	公共机械加工厂*	—
12	金属部件制造厂	1	—	储蓄银行*	2
11	两家金属部件制造厂	—	3	连锁零售商店*	—
—	印刷厂	—	—	鞋业修理连锁店*	2
—	部件制造厂	—	2	地方当局的教育部门*	—
—	金属商品制造厂	—	—	部门商店*	2
—	磨具加工厂	—	1	政府检验部门*	—
—	家用电器制造厂	—	—	连锁零售商店*	2

*服务组织（N=15）。

结构变量

表 6 把工作流程一体化和工作组织的结构维度联系起来。这些维度的分割关系在已有的一篇论文中有所论述（Pugh et al.，1968）。它们的意义被分别由各构成要素变量（constituent variables）揭示，每个维度的评分都基于这些变量。总的来说，组织活动的结构化是指预期雇员活动受到正式规则约束的程度（一种科层制维度）；权力集中化则是指决策权威在多大程度上依靠组织外部的控制单元，以及决策权威在组织内部的较高科层层级的集中程度。另外，与人事部门通过记录资料和规定程序来实施的非个人化控制相反，工作流程的直线控制是指被直线管理部门直接执行的生产操作控制。

现在，操作技术和组织结构之间的关系，可以通过基于这些维度以及显著的要素变量的多变量相关分析技术进行检验。它们涵盖了广泛的正式组织结构特征，并且构成了最为全面的检验路径。使用多变量相关分析技术处理本研究中所使用量表的方法论启示，曾被利维和皮尤（Levy and Pugh，1969）详细论述。

表 8 显示了工作流程一体化（列 1）、规模（列 2）和结构维度以及所选择的结构变量之间的相关关系。这些结构变量从 64 个备选变量中被选出，或者是最能够代表结构特征的，或者是相互之间相关程度最小因而最容易区别的，又或者是和技术最为相关的（Pugh et al.，1968，1969a）。从表 8 可知，这一研究设计包含对 8 项专业活动（从设计、开发到维护）中各自雇员所占百分比的测量，它们从所有 16 类专业活动中被选出，是职能专业化水平的主要测量指标（也在表 8

表 8　　　　操作技术测量与规模以及所选结构维度测量之间的相关关系*

	46 个不同类型组织		31 个制造业组织			
	工作流程一体化	规模（雇员数量取对数）	工作流程一体化	规模（雇员数量取对数）	生产连续性	生产连续性（排除规模影响）
	（1）	（2）	（3）	（4）	（5）	（6）
结构维度						
活动结构化	0.34†	0.69‡	0.17	0.78‡	0.41†	0.07
权力的集中化	−0.30†	−0.10	0.00	−0.20	0.11	0.24
工作流程的直线控制	−0.46‡	0.15	−0.05	0.13	−0.17	—
结构变量						
总体角色专业化	0.38‡	0.75‡	0.25	0.83‡	0.52‡	0.26
运行的专业化	0.44‡	0.67‡	0.19	0.75‡	0.34	−0.02
总体程序标准化	0.46‡	0.56‡	0.19	0.65‡	0.35	0.07
选举和晋升程序的标准化等	−0.38‡	0.31‡	0.24	0.42†	0.43†	0.29
总体正规化（文件）	0.17	0.55‡	0.04	0.67‡	0.27	−0.07
角色表现记录的正规化	0.41‡	0.42‡	0.00	0.45†	−0.03	−0.30
总体决策集中化	−0.16	−0.39‡	−0.05	−0.47‡	0.00	0.28
组织的自治性	0.22	0.09	0.02	0.23	−0.07	−0.19
结构变量的构造						
最高管理层的控制幅度	0.06	0.32†	−0.09	0.29	0.08	−0.07
下属和监管者的比例	0.35†	0.05	0.02	0.04	−0.09 （0.36）	—
垂直幅度	0.09	0.67‡	0.15	0.77‡	0.51‡	0.26
占全部雇员数量的百分比						
一线生产工人	−0.18	−0.26	−0.17	−0.46‡	−0.14	0.10
工作流程中的高级管理者	−0.53‡	−0.13	0.02	−0.31	0.13	0.33
非工作流程员工	0.34‡	0.36†	0.22	0.53‡	0.22	−0.04
设计和开发	0.45‡	−0.02	−0.08	−0.04	−0.18	—
方法	0.38‡	0.11	0.07	0.15	−0.03	—
检验	0.39‡	0.02	0.07	−0.08	−0.15 （0.62）	—

续前表

	46 个不同类型组织		31 个制造业组织			
	工作流程一体化	规模（雇员数量取对数）	工作流程一体化	规模（雇员数量取对数）	生产连续性	生产连续性（排除规模影响）
	(1)	(2)	(3)	(4)	(5)	(6)
雇佣	−0.03	0.05	−0.45†	−0.03	0.04	—
采购和库存	−0.05	−0.04	−0.42†	−0.12	−0.10	—
工作流程控制	0.27	−0.19	−0.17	−0.35	0.44†	−0.33
运输和调度	0.19	0.06	0.32	−0.18†	−0.45†	—
维护	−0.01	0.38‡	0.05	0.13	0.20 (0.46)	—
规模（雇员数量取对数）	0.08	—	0.30	—	0.47†	—

* 线性相关中的积差（矩）相关系数以及非线性相关中的相关比率系数（η）均显示在表中生产连续性一列（列 5）。

† 超过 95%的置信度。

‡ 超过 99%的置信度。

中)，用来判定特定功能的组织活动在多大程度上有对应的专业化职位。这些结构性测量不仅表明了组织的专业化程度，还给出了每一个职能部门的员工在全部雇员中所占的比例。这些测量尺度的常用名称已经在表格中列出，但需要指出的是，它们在制造业以外的组织中有时可能并不适用。表中所用各测量尺度的含义如下。

(1) 最高管理层的控制幅度：最高管理层直接接受其下属的报告，而没有其他层级插入（私人秘书不包括在内），不管这些下属的工作性质是什么以及在组织中的地位如何。

(2) 下属和监管者的比例：每个一线监管者（即在最低层级中工作的非直接生产人员）在其所工作流程（“生产”）范围内拥有的下属数量。

(3) 垂直幅度：在最长的“直线关系”意义上，一线生产工人和组织中最高行政长官之间工作层级的数量（不包括代表、助手和秘书）。

(4) 一线生产工人：所有直接提供服务或进行产品生产的员工。

(5) 工作流程中的高级管理者：对工作流程负责的管理者或经理（不包括任何直接参与生产工作的员工）。

(6) 非工作流程员工：不直接参与生产或者不对生产负监管责任的任何层级的雇员。

（7）设计和开发：设计新产品、设备和方法。

（8）方法：评估和引导产品生产的方式。

（9）检验：控制材料、设备和产品质量。

（10）雇佣：获取和分配人力资源。

（11）采购和库存：获得、控制材料和设备。

（12）工作流程控制：控制工作流程（“生产控制”）。

（13）运输和调度：在不同的地点之间运送产品和资源。

（14）维护：维护和建立厂房和设备。

另外，未列出的 8 个专业部门的员工人数比例与技术大体上不相关。

操作技术和结构的关系

对 46 个不同类型组织的检验

表 8（列 1）给出了 46 个不同类型组织的技术和结构之间的温和（中度）相关关系。工作流程一体化看起来似乎与表中首先列出的三个结构维度有关系。技术一体化程度越高，越多的组织活动倾向于通过专业部门和正式程序以结构化的方式实现。当技术一体化程度最低时（如在一些项目中显示出的负向相关），权力则易于集中在董事会或者最高管理层，工作流程活动倾向于被生产一线的管理人员直接控制，而不是被人事部门或者常规程序控制。正如皮尤等人（Pugh et al.，1969a）曾经提到过的，这种模式在服务业组织中是典型的，特别是那些国有服务业组织。工作流程一体化和构成三个结构维度的结构变量（在表 6 中有总结）之间的相关性也在表 8 中有所反应。

上面这一结论可以进一步推广：技术和结构之间是相关的，但是多变量研究设计的长处在于它能避免轻率地下不成熟的结论。皮尤等人（Pugh et al.，1969a：表 8）已经证明，尽管技术确实和组织的结构特征有关，但是与其他变量相比，结构的作用总是处于第二位的。这在表 8（列 2）中的规模与活动结构化（以及专业化、标准化和正规化）的关系中就有所呈现。结构和技术的关系被结构和规模的关系压倒。在多元回归分析中，皮尤等人发现组织规模和活动结构化之间的相关系数是 0.69，而加入工作流程一体化变量后，多元相关系数仅仅提高到了 0.75。他们还发现，权力中心化和依赖性有很强的正相关，工作流程的直线控制和操作的可变性是负相关，但加入的工作流程一体化的技术变量实际上对多元相关分析结果并没有明显影响。[依赖性是对组织与任何有所有权的企业、供应商和顾客等主体间关系的测量；操作可变性则是对组织规章制度的一种测量，其概念为“从制造非标准化的商品到为顾客提供标准化的服务”(Pugh et al.，1969a)]。

简而言之，这里界定的操作技术仅仅解释了结构特征总体变异的一小部分，其他的变量则解释得更多。对于本研究所选定的样本来说，认为操作技术是影响组织结构的最重要因素的宽泛“技术律令”假设并没有得到支持。然而，小部分特定的结构变量被证明与工作流程一体化显著相关，而与组织规模或其他情景变量并不相关。这些结构变量分别是下属和监管者的比例、工作流程中高级管理者占所有员工人数的百分比以及从事设计、方法或检验的雇员的百分比。所有这些测量尺度都是简单的工作人数变量，与更宽泛的管理结构或层级制结构无关。

尽管如此，这些变量与技术之间的关系也不能被夸大。它们与用工作流程一体化来测定的技术之间的关系并不那么密切，但服务业和制造业组织之间也是有区别的，这一点从服务业和制造业组织在这个测量尺度上的相反倾向就可以看出。下属和监管者的比例（0.38)、工作流程中高级管理者的百分比（−0.55)，从事设计（0.58)、方法（0.43)、检验（0.43）的雇员百分比尽管在制造业和服务业组织中都有超过 99%的置信度，但两者在具体数值上有很大差别。工厂中工人与管理者的比例比商店、地方当局的服务组织和商业企业更高，相应地，工厂中有更少的高级管理者（经理和监管者)，但却有更多的设计者、工程师和检验者。

因此，必须认识到的一点是，服务业和制造业组织之间的差别在对其他变量关系的分析中也会体现出来。在制造业组织内部，这可能会导致技术和组织结构之间的模糊关系，使得“技术律令”假设似乎更适用于这类产业。因此该假设需要在制造业组织中进行单独检验，尽管去掉服务业组织会使可供分析的组织数量减少 1/3。

对 31 个制造业组织的检验

在 31 个制造业组织中，工作流程一体化和组织结构的所有三个维度（见表 8 列 3）之间缺乏显著联系。就像在对所有组织样本分析中所得到的结果那样，技术和组织结构之间的关系被组织规模（见表 8 列 4）和结构之间的关系明显压倒了。当控制组织规模的影响后，技术和组织结构之间的非相关性更加明显。在制造业组织子样本中，组织结构与规模（取对数）及工作流程一体化的相关系数是 0.30。而在控制组织规模变量影响的前提下，工作流程一体化和组织结构的偏相关系数仅仅是 0.10。相反，如果工作流程一体化的影响被控制，组织规模和结构的相关系数则几乎保持不变，为 0.76。

同时，权力集中化再一次被验证与依赖性（$r=0.63$）而不是操作技术紧密关联。而且，技术与直线控制也无关。

结构维度的得分，加上在几项相关测量指标上的得分，可能会使技术和这些测量变量之间的复杂关系更加难以厘清，但是相关系数实际上并没有表现出这种状况。工作流程一体化和任何一个表中列出的主要结构维度变量都不显著相关，而且即使呈现出正向相关关系，也都被技术与规模之间的相关关系压倒。同样，如果检验作为测量工作流程一体化子维度的五个次级技术指标，那么结果也非常相似。分析结果再一次表明，只有技术和工作人员构成变量之间存在显著关联。而在制造业组织中，这些人员构成变量表现为从事招聘、购买、库存控制和仓库看管工作的雇员比例。技术的一体化程度越高，上述变量的数值就越小，这表明从事人力和物质资源获取及保持工作的雇员比例都在下降。

但是，推广单一案例的研究结果是存在风险的。斯科特等人（Scott et al.，1956）对一家机械化程度更高的钢铁厂进行过研究，其分析结果揭示了（表 8 所列出的）该组织具有更高的运行专业化和总体正规化程度。而芬沙姆和霍珀（Fensham and Hooper，1964）描述了纺织厂工作流程中所存在的更大的纵向管理跨度和更高的高级管理者（经理）比例。然而，表 8 所展示的相关关系也暗示了一点——对许多组织来讲，技术变动的上述影响可能并不总是真实存在的。事实上，它们还指出了功能专业化、总体正规化和垂直幅度与组织规模之间有着更强的正向关系。这种涉及多个组织的多变量分析方法表明，在这些案例研究中，主要被归因于技术变量影响的某些后果很有可能是由同时发生的组织规模扩大所引发的。尽管布拉克（Burack，1967）的分析区分了“操作（技术）影响测量”与“技术变迁”，但也指出了二者的同等重要性。现有的研究资料表明，与组织规模因素相比，操作技术只产生有限的、特定的影响。

但是，工作流程一体化测量方案最初是基于多类型的组织样本设计的，而并不单单针对制造业组织。与包含 46 个组织的完整样本相比，在 31 个制造业组织子样本中，工作流程一体化变量的各个次级测量维度之间的内在相关性偏低。相应地，对制造业组织子样本的项目分析得出的平均项目系数是 0.68（根据需要由制造业组织鉴别的 15 个双列项目计算得出），而包含 46 个不同类型组织的完整样本相应值则为 0.79。

尽管体现在工作流程一体化测量各个子维度中的技术概念很适用于制造业组织，并且在不同组织之间能实现很好的区分度，但是依据这个并非专为制造业组织设计的标准而得出的研究结论可能会遭到质疑。相比之下，表 6 集中展现了伍德沃德（Woodward，1958）的研究设计，其分类专门针对制造业生产系统。使用该分类方法可以对技术和组织结构的相关假设进行进一步检验，尤其是伍德沃德（Woodward，1958，1965）本人对埃塞克斯东南部地区不同工厂的系统研究，更是直接为其提供了重要的证据支持。

基于伍德沃德分类的检验

表 9 中 10 个类别的分类是伍德沃德（Woodward，1958：11，图 1）提出的。对伍德沃德（Woodward，1958：12）来说，这是“一种对技术复杂性的测量，复杂性一词在此是指生产过程的可控性及其结果的可预见程度”。显然，表中各类别之间的排列是存在一定顺序的，这意味着它们可以被当作不同等级的类属来看待，在相关性分析中具有潜在的可用性。但是，各类别并不以可控性和可预见程度来命名，而是被表达为产量单位：单件、批量和流水作业。相应地，各个类别之间的分级排列是对工作流程中产量单位连续性程度的表达，从一个接一个的单件生产到连续不断的流水作业生产。斯塔巴克（Starbuck，1965）认为：“把技术变量称作‘复杂性’是不准确的，因为这种复杂性似乎和生产的流畅性（smoothness）有关，但是这仅是伍德沃德的概念界定。”

表 9 所展示的正是对生产连续性这一变量的进一步操作化。我们采用了伍德沃德（Woodward，1958）最初的 10 个类别分类方法，而没有采用她后来的改良版本。在改良版本中，单件和小批量生产、大批量和规模生产、流程生产这三类生产系统内部及它们之间的各类属的互斥性没有得到很好的保证（也就是说，她“混合”了类别Ⅴ和Ⅷ）。这样做或者破坏了已有的等级序列，或者简化了测量过程，因此，本研究所采用的分类范畴更为适宜。在我们看来，进一步界定伍德沃德分类范畴的主要问题与“批次”（batch）概念有关，尤其是针对这一问题：“多小的量可以被定义为一个批次？”伍德沃德在其分类中使用的是日常用语，而并没有给出特定的学术性界定。因此，时间概念在本研究中被引入，在特定的样本组织中，“批次”表示的量可以用所选择的时间单位来进行区分。时间间隔具有能明确界定的优势，而且可以随着样本的变化而有所调整。本文以每周的“设备重置”（resetting of equipment）作为小批量生产和大批量生产的区别标准是合理的，但是在后续的研究中，我们也会根据需要进行具体调整。

最后，在伍德沃德的分类方法中被提到，但与连续性概念无关的标准被弃用，比如，“生产是否依据消费者的订单”或者“产品由液体、气体还是固体物质构成”。

表 9　生产连续性：对伍德沃德生产系统分类的进一步操作化

伍德沃德的分类 单件和小批量生产：Ⅰ到Ⅳ 大批量和规模生产：Ⅴ到Ⅷ 流程生产：Ⅷ到Ⅹ	生产连续性的测量等级†	制造业组织（$N=31$）
Ⅰ. 顾客订货的简单单件生产	简单单件：生产单位是件而非装配，一件接一件生产	0
Ⅱ. 技术复杂的单件生产	复杂单件：装配，一件接一件生产	0
Ⅲ. 大型设备现场装配	装配：一件接一件生产；工人被分配到生产单位前（很少发生移动）而不是生产单位被移动到不同的工人前	2
Ⅳ. 小批量生产	小批量：设备每周重置或更频繁地重置，产出用件数来测定	11
Ⅴ. 大批量的零部件生产，然后是多种多样的装配	大批量：设备重置的时间间隔长于一周，产出用件数来测定；但是产出品是用不同方式装配的（例如，不同的装配序列，包括单件和/或小批量装配方法）	3
Ⅵ. 大批量生产，装配线	大批量：类似于类别Ⅴ，但是用大批量方法装配	5
Ⅶ. 大规模生产	大规模：用制成品来测定，但批量的规模不确定[例如，批量的变化需要依据（a）设计修正和（b）装备更新决策，这些决策是超越一线生产管理部门和生产计划部门的常规权力而随着生产项目变化的]	4
Ⅷ. 与利用大批量或大规模生产方法产出的待售产品准备工作结合的流程型生产	流程：总产量用重量或体积测量，但是产品根据完成阶段被区分成不同项目	0
Ⅸ. 化学品的批量流程生产	流程：产品成分（比如处方）周期性变化	3
Ⅹ. 液体、气体和固体形态物质的流程生产	流程：成分恒定（比如处方，是不受制于一线生产管理部门和生产计划部门的常规权力而随着生产项目变化的）	3

†一个组织的优势技术通过赋予它最高级别的“连续性”的特殊的权重来评估。

生产连续性得分（在表 9 中有组织存在的 7 个类别）和组织结构维度及相应变量的相关系数呈现在表 8（列 5）中。乍一看，技术和组织活动的结构化之间似乎存在一定关系，不过两者的关联程度不是很强。技术与反映组织结构化特征的专业化、标准化和正规化变量之间也存在关联，同时，技术和垂直幅度（层级数量）的相关系数为 0.51。然而，组织规模变量的影响仍然不容忽视。在制造业组织样本中，规模和技术测量变量（生产连续性）的相关系数是 0.47，和组织活动结构化的相关系数是 0.78，和垂直幅度的相关系数是 0.77。同样，使用偏相关分析技术，当组织规模（取对数）保持恒定时，组织活动的结构化和生产连续性之间的相关系数竟降低到 0.07，而垂直幅度（纵向范围）和生产连续性之间的相关系数则降到 0.26。生产连续性和控制了组织规模影响的组织结构变量（系数大于±0.2）之间的相关性在表 8（列 6）中已经分别给出。从表中的相应分析数据可知，技术和组织结构之间看似存在的相关关系经过进一步检验后，竟然不显著了。

即使这样，表示组织结构特征的工作人数变量和技术变量之间的一些相关关系也再次被验证，从事工作流程控制（见表 8 列 6）和运输工作（列 5）的员工比重分别与生产连续性存在负向和正向关系，而且，其相关系数大于它们和组织规模之间的对应数值。

但总的来说，即便使用这种专门为制造业组织设计的分类标准和测量方式，我们还是没有揭示出技术和组织结构之间广泛存在的一些重要联系。尽管工作流程一体化变量和生产连续性有相似之处，两者的相关系数高达 0.46，但是它们并不完全一致。在伍德沃德本人的研究中，技术被认为是随着组织结构特征一起变化的唯一变量，该结论和本文的研究发现是一致的吗？

与伍德沃德研究的比较

这两项研究很难直接比较。首先，本研究对生产连续性等级的操作化分类方法与伍德沃德使用的分类稍有不同，尽管其对组织排序的影响可以忽略。其次，两者的资料分析也存在差异，本文主要是通过相关分析，直接针对属于不同等级的具体类别。而伍德沃德则并没有基于她提出的 9 分或 10 分的分类框架来呈现她的研究结果，而是仅仅利用图表形式，比较了不同工厂在三个生产系统大类上的分布。

最关键的一点是样本的差异。两个地区产业构成的差异可以从各自的组织分布中体现出来。在伍德沃德关注的 1954—1955 年埃塞克斯东南部地区，工厂分布在各个生产类别中，特别是化工厂和其他类似的工厂分布在生产类型等级分类体系的最低层。但是，在 1962—1964 年伯明翰的样本中，有三个类别是空缺的（见表 9），而且因为机器制造业在这个地区处于主导地位，分布在生产类型等级分类体系中段的批量生产组织比例很高。同时，两者在样本规模方面也有不同：伯明翰地区的研究样本始终是 31 个，而在埃塞克斯东南部地区的研究中，样本规模在 45、75、78 和 80 之间变动（用来比较的共有 80 家工厂）。最后，两者在组织规模方面也有很大的不同。在伯明翰研究所涉及的样本组织中，雇员数目从 284 到 25 052（见表 1）不等；而在埃塞克斯东南部地区，伍德沃德（Woodward，1965：41）提到在全部 92 家被调查工厂中，35 家企业的雇员人数在 100 到 250 之间，只有 17 家企业雇员人数超过 1 000 人。

表 10 总结了与结构形式（configuration）等价的变量之间的比较。伍德沃德只是在结构形式变量方面呈现了研究资料，而并不像本研究这样提供了有关组织

结构的其他方面的资料，例如，组织活动结构化的具体维度和权力集中化程度。

表 10 表明，在埃塞克斯东南部地区研究中发现的组织形式和技术之间的单变量线性关系在伯明翰组织研究中并不存在。伍德沃德（Woodward，1965：40）仅仅发现了与“技术复杂性”有关的那些关系。对她来说，在埃塞克斯东南部地区的组织中，组织结构和规模之间“似乎没有显著的关联”。

伍德沃德在其具体分析（没有在表 10 中显示）中讨论的几个与技术有关的曲线关系也没有在伯明翰的组织中发现。在伯明翰地区的研究中，专家数量、对职责和责任的界定（Woodward，1965：64）和文书工作量（Woodward，1965：67）都与组织规模（见表 8 列 4）强相关。

另一方面，（预期的）技术与一线管理人员控制幅度（比如，下属和监管者的比例，见表 8）呈倒 U 形（凹的曲线）的关系在伯明翰研究结果中是可能的。这个变量和生产连续性不存在线性相关，表 8（列 4）也表明它是少数几个与组织规模不相关的变量中的一个。通过与伍德沃德已经发表的资料进行详细比较可以发现，如果只是使用单件、批量和流程生产这三大类的分类范畴，那么就能得到表 11 中所显示的确证模式。下属数目在技术等级的中段也就是大批量规模生产组织中达到最大值，这既在伍德沃德 1958 年的研究的中位数数据中有所反映，也在她 1965 年研究所计算的平均数上有所显示（1965 年的数据分析是以她调整后的 9 个类别的生产系统分类为基础的）。

表 10　　与伍德沃德发现的比较（1958，1965）

埃塞克斯东南部地区研究的结果		伯明翰研究的结果（N=31）	
结构变量	关系*	结构变量	关系†
“指挥链的长度”（N=80）	正向线性	垂直幅度	0.26‡∮
“主要管理者的控制幅度”（N=80）	正向线性	主要管理者的控制幅度	0.08
“一线生产工人与非一线生产工人的比例”（N=75）	正向线性	不可利用（不能区分以小时付薪的非一线生产工人的总数与非工作流程员工的总数）	—
“管理者与所有员工数目的比例”（N=45）	正向线性	工作流程中高级管理者占全体雇员的百分比	0.13
“办事员和行政管理人员与手工操作工人的比例”（N=75）	正向线性	非工作流程员工占全体雇员的百分比	0.04‡
“生产车间中一线监管人员的控制幅度”（N=78）	倒 U 形曲线性	下属和管理者的比例	−0.09 (0.36#)

* 与“技术复杂性”的关系，体现在所有三个生产类型（单件、批量、流程）中。

† 其与生产连续性测量变量之间的积矩相关（线性）关系。

‡ 在控制规模（取对数）变量的条件下，所求得的偏相关系数；其与组织规模变量的关系则显示在表 8 中。

∮ 统计关系不显著。

非线性相关的相关比例系数（η）。

为精确地表达这种关系，伯明翰地区研究采用非线性相关性质的相关比例系数，相关比例系数 η 为 0.36（见表 8 列 5）。而且，如果不是因为伯明翰的样本构成范围有限，此相关系数有可能会更大，在伯明翰研究所涉及的组织中，单件生产技术和流程型生产技术这两极的样本不如埃塞克斯东南部地区研究的相应样本充分。相应地，图 1 恰恰显示了各被调查组织在生产连续性意义上的曲线分布，显然，它在最高值附近的样本分布极少，曲线表现出中断趋势。

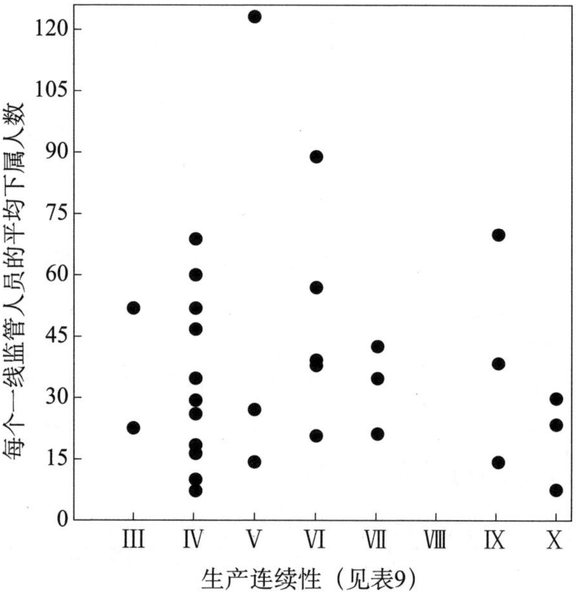

图 1　31 个制造业组织中的生产连续性和每个一线监管人员的平均下属人数（见表 11）

操作技术只与特定结构特点有关

操作技术与下属和监管者的比例之间的关系同布拉克（Burack，1966）的模型假设是一致的，斯塔巴克（Starbuck，1965：509）的全面回顾揭示：包括伍德沃德研究在内的其他六项研究，也都一致符合倒 U 形曲线假设——这个假设认为操作技术与每个工长下面的工人数量这一变量之间呈倒 U 形函数关系。另外，本研究还表明，呈非线性相关的技术变量与其他组织结构变量之间也可能是曲线关系。当然，这些变量被发现仅限于结构形式方面，实际上也就是各种类型工作人员所占的比例。表 8 的列 5 在圆括号中给出了技术与两个变量的非线性相关系数，它们和生产连续性存在曲线关系。这两个变量分别是从事检验和维护工作的员工所占百分比。正如下属和监管者的比例的变化趋势所显示的，这些职能部门中的雇员比例在大批量生产中达到最高值。不过，类似关系并没有在其他形式的变量中被发现，而与工作流程一体化变量有关的关系分析中同样也没有发现类似结果。

表 11　　制造业组织中每个一线监管人员的下属数量

	工厂/组织数	每个一线监管人员的下属数量（人）*		
		单件和小批量	大批量及规模	流程
每个生产类别的中位数†：				
埃塞克斯东南部地区	80	21～30	41～50	11～20
伯明翰	28‡	30	40	27
每个生产类别的平均数∮：				
埃塞克斯东南部地区	78‖	22	46	14
伯明翰	28‡	35	42	31

*一线监管人员被伍德沃德（Woodward，1965：267）定义为"最低层次的管理者，会花费他一半以上的工作时间来监管生产操作，但他并不直接从事生产。'生产操作人员'则包括所有生产部门的员工，包括工人和其他一些不一定直接参与生产工作的员工"。在伯明翰研究中，该项被定义为每个一线监管人员（即在规定的直接生产工作类型外的等级体系中，最低层级的管理工作）在工作流程（生产）中的平均下属数。

‡在其 10 个类别的分类中，伍德沃德删除了"复合体系"类别Ⅴ和Ⅷ中的工厂。为了便于比较，就需要去除伯明翰研究中的三个相应组织，因为它们属于伍德沃德调整过的 9 个类别中要被删除的类别。

‖伍德沃德 1965 年计算"平均数"的工厂比她 1958 年计算"中位数"的工厂少两家。

†伯明翰数据是从 10 个类别分类中计算出来的（Woodward，1958：图 1），埃塞克斯东南部地区的数据则直接来自伍德沃德（Woodward，1958：图 3）。

∮伯明翰的数据是从调整过的 9 个类别分类中计算出来的（Woodward，1965：图 11），而埃塞克斯东南部地区的数据则直接来自伍德沃德（Woodward，1965：图 19，图 20）。

因此，尽管宽泛的"技术律令"假设没有得到证实，但在对制造业组织的相关检验中，仍然有七个结构变量被确证与技术有相关关系（见表 12）。

表 12　　与技术有相关关系的七个结构变量

结构变量	相关关系	
	生产连续性	工作流程一体化
下属和监管者的比例	倒 U 形、曲线的	—
检验雇员的比例	倒 U 形、曲线的	—
维护工作雇员的比例	倒 U 形、曲线的	—
工作流程（生产）控制雇员的比例	负向的、线性的	—
运输和调度雇员的比例	正向的、线性的	正向的、线性的
人力资源（人事）部门雇员的比例	—	负向的、线性的
采购和库存部门雇员的比例	—	负向的、线性的

那么，这些变量和其他与技术不相关的诸多变量的区别何在？下属和监管者的比例是组织在操作者及其直接上级这一层级的一个测量标量，显然，一个监管者对一组车床的人员数目要求不同于对连续的、更一体化的自动传送装置的人员

数目要求。因此，下属和监管者的比例是一个结构性变量，它直接反映了与操作技术本身相关的活动。对下面四个变量来说也是如此。从事检验和维护工作的雇员的相对数量与设备和操作的多样化程度有关，在批量生产中达到峰值。而负责工作流程（生产）控制的雇员所占比例在生产类型等级中的批量阶段之后则倾向于成比例下降，因为它们之间呈现出一种负向的线性关系，但是，当引入组织规模变量的影响后，两者的相关关系就变得复杂了。运输和调度工作在很大程度上反映了与工作流程体系相关的内部运输活动。因此，上述四项专业活动显然是与生产有关的活动。相比较来说，诸如会计核算或者市场研究这样的活动和生产的相关性比较弱，从事这些活动的雇员比例和技术变量就不相关。因此可以推测，工作流程一体化等级和从事人事、采购、库存工作的雇员比例之间并不明朗的关系，可能正是由这些活动与生产任务的中等程度关联性所导致的。例如，它们和生产过程的关系比财会工作密切，但是又不如检验工作那么紧密。

从这些分析结果中，我们提出一个包括两个命题的假说：只有那些以工作流程为中心的结构变量才会与操作技术有一定联系；这些变量很可能是与生产挂钩的各类工作的雇员人数，而不是宽泛的经营管理和等级结构特征。

与伍德沃德发现的一致性

上述假设能和伍德沃德（Woodward，1958，1965）的发现相一致吗？伍德沃德发现了一系列结构变量与技术变化之间的显著关系（见表 10），但是它们并不像本文上述假设一样，鲜明地以车间现场活动为中心。除了下属和监管者比例这一变量外，埃塞克斯东南部地区和伯明翰的研究在结果上似乎是不一致的，但是它们也未必就是矛盾的。相反，它们之间的差异可能有助于我们澄清技术在组织中的地位，尽管这种澄清可能也有其局限性。

这两项研究的不一致性促使我们再次审视它们的差异，特别是在样本方面的不同。埃塞克斯东南部地区的组织规模范围低至 100 名雇员，而伯明翰样本中的最小组织规模则为 250 人。相应地，埃塞克斯研究中有数千人规模的组织数量也比伯明翰研究少。

对更大型组织的研究表明，只有有限的一组组织结构变量和技术有关（组织结构的大部分方面主要与组织规模及依赖性等变量相关）。而对规模相对较小的组织的研究则表明，组织结构和技术普遍相关。在一个只有 100 人左右的小型组织中，所有组织活动和反映这些活动的结构特征确实更直接地以生产操作工作及其技术为中心［这一点被组织规模（雇员数量取对数）和一线生产工人百分比（见表 8 列 4）之间的相关系数－0.46 所证实］。例如，在一个相对小的组织中，生产操作在全部组织活动中占有相对较高的比例，主管人的控制幅度可能由操作技术所需要的工长或主管的数量决定。但在一个相对大型的组织中，人事部门主管和同等地位的部门经理的数量则可能是此控制幅度的结果。类似地，与组织规模呈现负相关（见表8）的生产一线经理的相对数量（工作流程中高级管理者的百分比）和命令链的长度（垂直幅度）受技术的影响要比受整体组织活动规模因素的影响小。

因此，如果在考虑到组织规模因素影响的基础上构建假设，那么这两项研究结果并不是不可调和的：

> 只有以工作流程为中心的组织规模变量会和操作技术相关。组织规模越小，技术的影响将会涉及越多的组织结构维度；组织规模越大，技术的影响越限于诸如与工作流程本身相关的各类活动的工作人数等变量上；而对联系不那么直接的经营管理和等级结构变量则没有影响。

结论

仅从已发表的有限研究成果中得出结论还过于仓促。尽管伯明翰的研究使用了一个代表不同层次组织的样本（内部有分层），伍德沃德的研究包括该地区大约四分之三的工厂，但仍需要在其他地区和国家采集更多的样本。[①] 实际上，以组织为分析单位，构建出反映总体操作技术特征的有效框架并没有实现。把某一个工厂的总体技术特征描述为“成批”的做法显得过于简单，尤其是当它只概括了某些部门的特点，而其他部门仍从事小批量或者流程操作时更是如此。优势技术可能存在普遍深入的影响，但是这种影响还没有展示出来。而且尽管工作流程一体化测量具有很高的内在一致性，但它和研究中所用的其他变量之间的关系的外部有效性还不是很充分。也许，我们应该尝试从一台台机器出发，详细考察设备的每个部分，来发现组织的技术特点，并使用由布赖特（Bright，1958）、安贝尔和安贝尔（Amber and Amber，1962）、特纳和劳伦斯（Turner and Lawrence，1965）设计的分类类别和具体测量项目进行分析。

然而，假定不考虑这些限制条件，伯明翰研究的结果表明，设计出工作流程一体化的测量方案，并且将其和伍德沃德的生产连续性变量一起应用在对多变量相关关系的分析中，是可行的。不过，通过对利用这些变量之间关系的分析，组织层面的“技术律令”假设并没有在技术和结构的关系意义层面得到证实。更宽

---

① 与工业管理研究所的J. H. K. 因科森合作，对40个不同类型组织的部分重复调查的基础性资料分析似乎证实了这个解释。俄亥俄州肯特州立大学的J. 斯维特（J. Schwitter）进行的一项类似的部分重复调查可以揭示它在美国组织中的一些变异。

泛地说，操作技术和组织结构不相关，或者其相关性排在其他变量之后。这一点在连续进行的对不同类型组织样本和制造业组织子样本的检验中被证实。从这些分析结果中可以得出，一项宽泛的“技术决定结构”的假设只有在如下条件下才成为可能：技术特征能够反映在组织规模上，为了操作既定的技术变量，必须考虑和限定组织规模。其隐含之意就是，规模是技术概念的一个组成成分。这个观点和本文所采用的方法不一致，与伍德沃德（Woodward，1965：图 12）的每一个规模等级上都存在所有不同类型生产系统的研究发现也不一致。

但是更进一步的资料检验和非线性相关系数的使用则揭示了制造业组织中的技术等级和人们先前较少感兴趣的变量之间的关系，这些变量分别是：下属和监管者的比例，从事检验、维护、工作流程（生产）控制、运输及调度工作的雇员的比例。所有这些变量都是直接和工作流程（生产）本身相关的不同类型组织活动的工作人数变量。

同与伍德沃德貌似相反的研究发现相比较，本研究把技术与更多样化的组织结构特征相联系，并得出了最终假设，简要地说，即操作技术变量只和那些以工作流程为中心的结构变量相关。组织越小，技术的结构影响越广泛；组织越大，技术的影响就越多地被限制在一些特定的变量上；而组织规模、依赖性和其他类似因素则在总体上产生更大的影响。在相对较小的组织中，每个人和“车间现场”更接近，（比如）规模问题的结构性反应还没有显现。而在相对较大的组织中，通过由组织规模扩展导致的专业化部门、标准化程序和正规化文书工作，经营者和管理人员从技术本身分离了出去。

尽管这个假设是以制造业的研究结果为基础的，但是通过引入“工作流程”（“生产”一词是限定在制造业中的）这一变量，它可以被进一步扩展，而且还可以被应用在服务业中，尽管可能不同类型的组织并不完全使用相同的测量变量。

这一解释打破了本文开篇提到的古典管理学家和行为科学家之间的僵局。一方面，古典管理学家在这一点上可能是对的：在相对较大的制造业组织中——较著名的管理学家更多地关注这种组织——基本的管理活动和它们的组织结构框架可能并不为组织所采用的特定操作技术所影响。另一方面，行为科学家在另一点上则可能同样是对的：在相对较小的组织中，技术导致的所有组织结构差异表现在“车间现场”层次，这种差异在更加小型的组织中更为普遍，因为在这样的组织中，没有什么工作能远离工作流程本身。

参考文献

Amber, G. S., and P. S., Amber, 1962, *Anatomy of Automation*, Englewood Cliffs: Prentice-Hall.

Bakke, E. W., 1959, Concept of the Social Organization, In M. Haire (ed.), *Modern Organization Theory*, New York: Wiley.

Blauner, R., 1964, *Alienation and Freedom*, Chicago: University of Chicago Press.

Bottomore, T. B., and M. Rubel (eds.), 1956, *Karl Marx: Selected Writings in Sociology and Social Philosophy*. London: Watts.

Brech, E. F. L., 1957, *Organization: The Framework of Management*, London: Longmans Green.

Bright, J. R., 1958, *Automation and Management*, Boston: Harvard Business School.

Brogden, H. E., 1949, A New Coefficient: Applications to Biserial Correlation and to Estimation of Selective Efficiency, *Psychometrika*, 14: 169-182.

Brown, M., 1966, *On the Theory and Measurement of Technological Change*, Cambridge, England: University Press.

Brown, W., 1960, *Exploration in Management*, London: Heinemann.

Burack, E. H., 1966, Technology and Some Aspects of Industrial Supervision: A Model Building Approach, *Journal of Academy of Management*, 9: 43-66.

——1967, Industrial Management in Advanced Production Systems: Some Theoretical Concepts and Preliminary Findings, *Administrative Science Quarterly*, 12: 479-500.

Burack, E. H. and F. H. Cassell, 1967, Technological Change and Manpower Developments in Advanced Production Systems, *Academy of Management Journal*: 293-308.

Burns, T., 1967, The Comparative Study of Organizations, In V. H. Vroom (ed.), *Methods of Organizational Research*, Pittsburgh: Pittsburgh University Press.

Burns, T. and G. M. Stalker, 1961, *The Management of Innovation*, London: Tavistock.

Cyert, R. M. and J. G., March, 1963, *A Behavioral Theory of the Firm*, Englewood Cliffs: Prentice-Hall.

Drucker, P. F., 1955, *The Practice of Management*, London: Heinemann.

Dubin, R., 1958, *The World of Work*, Englewood Cliffs: Prentice-Hall.

Durkheim, E., 1947, *The Division of Labor in Society*, George Simpson trans, Glencoe: Free Press.

Fayol, H., 1949, *General and Industrial Management*, C. Storrs trans., London: Pitman.

Fensham, P. J., and D. Hooper, 1964, *The Dynamics of a Changing Technology*, London: Tavistock.

Florence, P. S., 1961, *Ownership, Control and Success of Large Companies*, London: Sweet and Maxwell.

Gibbs, J. P., and H. L. Browning, 1966, The Division of Labor, Technology, and the Organization of Production in Twelve Countries, *American Sociological Review*, 31: 81-92.

Guttman, L., 1950, Chapters 1-4 in S. A., Stouffer, et al., *Measurement and Prediction*, (Vol. IV. Studies in Social Psychology in World War II series), New Jersey: Princeton University Press.

Harvey, Edward, 1968, Technology and the Structure of Organizations, *American Sociological Review* 33: 247-259.

Herbst, P. G., 1962, *Autonomous Group Functioning*, London: Tavistock.

Hopkins, T. K., 1966, Review of Industrial Organization by Joan Woodward, *Administrative Science Quarterly* 11: 284-289.

Inkson, J. H. K., R. L. Payne and D. S. Pugh, 1967, Extending the Occupational Environment: the Measurement of Organizations, *Occupational Psychology*, 41: 33-47.

Lave, L. B., 1966, *Technological Change: Its Conception and Measurement*, Englewood Cliffs: Prentice-Hall.

Levy, P. and D. S. Pugh, 1969, Scaling and Multivariate Analyses in the Study of Organizational Variables, *Sociology*, 3, 2: 193-213.

Lodahl, T. M., 1964, Patterns of Job Attitudes in Two Assembly Technologies, *Administrative Science Quarterly*, 8: 483-519.

Mann, F. C. and L. R. Hoffman, 1960, *Automation and the Worker*, New York: Holt, Rinehart and Winston.

Perrow, C. 1967, A Framework for the Comparative Analysis of Organizations, *American Sociological Review*, 32: 194-208.

Pugh, D. S., D. J., Hickson, C. R. Hinings, K. M. Macdonald, C. Turner and T. Lupton, 1963, A Conceptual Scheme for Organizational Analysis, *Administrative Science Quarterly*, 8, 3: 289-315.

Pugh, D. S., D. J. Hickson, C. R. Hinings and C. Turner, 1968, Dimensions of Organization Structure, *Administrative Science Quarterly*, 13, 1: 65-105.

——1969a, The Context of Organization Structures, *Administrative Science Quarterly*, 14, 1: 91.

Pugh, D. S., D. J. Hickson and C. R. Hinings, 1969b, An Empirical Taxonomy of Structures of Work Organizations, *Administrative Science Quarterly* 14, 1: 115.

Rushing, W. A., 1968, Hardness of Material as Related to Division of Labor in Manufacturing Industries, *Administrative Science Quarterly*, 13: 229-245.

Sayles, L. R. 1958, *Behavior of Industrial Work Groups*, New York: Wiley.

Scott, W. H., J. Banks, A. H. Halsey and T. Lupton, 1956, *Technical Change and Industrial Relations*, Liverpool: Liverpool University Press.

Starbuck, W. H., 1965, Organizational Growth and Development, In J. G. March (ed.), *Handbook of Organizations*, Chicago: Rand, McNally.

Thompson, J. D., 1967, *Organizations in Action*, New York: McGraw-Hill.

Thompson, J. D. and F. L. Bates, 1957, Technology, Organization, and Administration, *Administrative Science Quarterly*, 2: 325-343.

Trist, E. L. and K. W. Bamforth, 1951, Some Social and Psychological Consequences of the Longwall Method of Coal-getting, *Human Relations*, 4: 3-38.

Turner, A. N. and P. R. Lawrence, 1965, *Industrical Jobs and the Worker*, Cambridge,

Mass：Harvard University Press.

Udy. S. H. , Jr. , 1959, *Organization of Work*, New Haven：Human Relations Area Files Press.

——1961. Technical and Institutional Factors in Production Organization, *American Journal of Sociology*, LXVII：247-260.

Urwick, L. F. , 1947, *The Elements of Administration*, London：Pitman.

Walker, C. R. (ed.), 1962, *Modern Technology and Civilization*, New York：McGraw-Hill.

Walker, C. R. and R. H. Guest, 1952, *The Man on the Assembly Line*, Cambridge, Mass：Harvard University Press.

Woodward, J. 1958, *Management and Technology*, *Problems of Progress in Industry Series No*. 3. London：Her Majesty's Stationery Office.

——1965, *Industrial Organization*, Oxford：University Press.

技术作为结构化的诱因：观察 CT 扫描仪与放射科社会秩序获取的证据*

斯蒂芬·R. 巴利
张燕 译
王水雄、王旭辉 校

诸如CT扫描仪这样的新型医学成像设备，已经对放射专家和放射技师之间的传统角色关系提出了挑战。在某些条件之下，这些技术会切实地改变放射科的组织结构和职业结构。然而，当前关于技术和组织形式的理论却对角色变化中所隐含的一些潜在结构变化没有做出及时反应。本文拓展了最近有关制度与行动关系的社会学思想，展现了这样一种理论框架，即技术如何通过改变制度性的角色关系和互动模式引发不同的组织结构。在这样的理论建构中，技术被视为社会性对象而非物理性客体，而结构被概念化为一个过程而非实体。该理论的意涵是通过这样一个

---

* BARLEY S R. Technology as an occasion for structuring: evidence from observations of CT scanners and the Social Order of Radiology Departments. Administrative Science Quarterly, 31 (1), 1986: 78-108. 本文的早期版本曾被提交给1983年8月在犹他州阿尔塔召开的第二届关于组织的解释性研究研讨会以及1984年8月在马萨诸塞州波士顿召开的第44届管理学会议。而本文的不断成熟和完善也得益于同事们所给予的细致且具洞见的评论，他们分别是：托弗·汉南（Tove Hammer），戴夫·克拉克哈特（Dave Krackhardt），吉迪恩·孔达（Gideon Kunda），芭芭拉·劳伦斯（Barbara Lawrence），彼得·曼宁（Peter Manning），爱德·沙因（Ed Schein），西蒙·斯金（Sim Sitkin），鲍勃·斯特恩（Bob Stern），帕姆·托尔伯特（Pam Tolbert），约翰·范梅南（John Van Maanen）。另外，该研究还获得了美国国家卫生服务研究中心博士论文研究基金的部分资助，在此，一并表示感谢。

实例来说明的：同样的CT扫描仪在两个放射科如何引发相似的结构化过程，却导致了不同的组织形式。这一研究资料表明，为了了解技术如何改变组织结构，研究者需要将社会行动的研究和社会形式的研究结合起来。

从社会科学的观点来看，组织理论家几乎找不出比“技术形塑组织结构”更似是而非的命题了。人类学家、社会学家、历史学家和经济学家已经再三表明技术通过改变习俗和生产关系来改变社会。由于工业社会中的大多数生产过程发生在正式组织中，所以，当现代技术改变生产关系时，可想而知，也就改变了组织形式（Blau et al.，1976）。然而，正如大多数研究者所声称的，在经历了25年的研究之后，那些关于技术影响组织结构的经验证据仍然是含混且相互矛盾的（Hickson，Pugh and Pheysey，1969；Mohr，1971；Blau et al.，1976；Gerwin，1981；Fry，1982）。

为了拯救技术形塑组织（结构）这一研究主题，理论家们已经提出了不计其数的策略，以厘清经验研究中的混乱。举例来说，阿斯顿研究小组（Aston group）告诫研究者要控制组织规模变量的影响（Hickson，Pugh and Pheysey，1969），蔡尔德（Child，1972）建议将管理者的决策视为中介变量，而康姆斯托克和斯科特（Comstock and Scott，1977）则反对“指标的创造性运用”、“模态技术”（modal technologies）假设以及混淆分析层次的倾向。看到不同研究者同时赋予技术和结构以相似的特征时，斯坦菲尔德（Stanfield，1976）甚至强烈呼吁研究者对其分类予以更慎重的考虑。然而，尽管这一主题被长期关注和研究，但是仍然没有一个定论（Gerwin，1981；Fry，1982）。

与其继续细化研究却无法摆脱方法和概念上的瑕疵，还不如包容这些相互矛盾的经验证据，以作重新发现，这种简单的策略也许会更富有成效。只有把现有研究结论的不一致作为既成事实接受下来，我们才能去探索解释技术和组织结构之间关系的其他理论框架。本文正是要吸收当前社会学关于制度和行动之间关系研究的相关思想，以勾勒出这样一种理论视角。

技术和结构的结构化

许多研究技术与组织的学者用结构这个术语来指示在社会环境中用来控制日常行动的抽象的正式关系。当结构被视为一种自为的、正式的约束时，其他三个相应假设随之而来：技术是一种物质性的诱因，技术和结构之间的关系是有规律的，而且，这些关系与情境条件无关。此外，由于这些关系通常被认为能超越不同的情境而普遍存在，研究者倾向于在组织这个分析层次研究技术对结构的影响。这种结构概念及在有关技术的组织研究中不断强化这一概念的相关推论，不但在众多的代表性研究设计中被具体化，而且得到了某些决定论观点的支持，包含这些观点的文献中充斥着诸如“技术强制”（technological imperative）之类的措辞（e. g. ，Khandwalla，1974；Fry，1982）。

与这一主导性的结构概念不同的是，西尔弗曼（Silverman，1971）、韦克（Weick，1979）、范·马南（Van Maanen，1977，1979）以及曼宁（Manning，1977）等组织理论家提倡另外一种观点，即将结构视为模式化的行动、互动、行为以及认知。与前一个阶段将结构视为外在于且先于人类行为的看法不同，在第二个阶段，结构被看作在正在发生的行动中呈现出来的特质。这一对比反映了两种社会学传统之间的本质差异，即把结构视为行动的模板和把结构视为人类行为的形构（contour）这样两种传统（参见 Burrell and Morgan，1979；Salaman and Thompson，1980）。尽管后一种结构概念合理地增加了多样化产出的可能性，但是还没有真正进入有关技术的研究领域。

然而，如果偏执于一方，上述两种概念在反映技术如何影响工作场所结构的问题上都是不够的。正如戈夫曼（Goffman，1983）那引人注目的观察所示，在日常生活中，行动者既是社会秩序的体现者，也是社会秩序的创造者。所以，我们很难看到社会结构能在人们的行动之外呈现出来，同时，人们的行动无疑也是由他们所无法控制且外在于他们当前处境的因素所形塑的。因此，对于结构变动的全面解释看来需要一个综合性观点——将结构视为既是人类行动的产物又是人类行动的约束条件。

协商秩序（negotiated-order）理论和结构化理论（structuration theory）代表了当前两种试图达成这种综合观点的取向。正如施特劳斯（Strauss，1978，1982）所述，协商秩序理论起源于符号互动理论，并以日常生活事件为其讨论基点。与之不同，结构化理论则试图突破功能主义和现象学派在社会理论层面关于社会秩序的概念（Giddens，1976，1979）。尽管这两种取向在研究领域和具体细节方面有实质性差异，但是，它们都预设了这样一个前提，即一种恰当的理论必须将结构既视为过程又视为形式。

正是注意到了行动是被社会组织“所构建的”（constituted by）和行动“构成了”（constitutive of）社会组织这两个层面，吉登斯才建议把结构理解为一种二重性（duality）：“通过结构二重性这个概念，我想表达的意思是社会系统的结构特质在于它既是构成这个社会系统的实践活动的中介，又是其产物。”（Giddens，1979：69）类似地，施特劳斯（Strauss，1978）认为，即使社会秩序是互动过程中的个体为了界定情境而进行协商的产物，所有协商无疑仍受制于先前已经开始的制度性互动模式。这两种观点都把社会秩序比作语言。结构由一系列用来说明可接受的行为的规则所组成，但是结构也被它们所指导的这些行为改变，正如语言随着时间的推移会被日常言说改变一样。

因此，两种理论都企图在决定论的、客观的、静态的结构观和唯意志论的、主观的、动态的结构观之间架起桥梁。其做法，一是假定存在两种社会秩序领域（类似于语法和言说），二是把注意力转移到过程上，将两者串联起来。因此，结构可以既被看作持续的行动流，又被视为一套制度性的传统或反映并约束行动的形式、规则。然而，比上述任何一个领域更重要的是随着时间的推移发生在两者之间的相互影响。通过这种被称为"结构化"（structuring）过程的相互影响，制度性的实践形塑了人类行动，而人类行动反过来也强化或者改变了制度结构。基于此，关于结构化的研究需要调查、分析制度领域和行动领域是如何相互建构的。

协商秩序理论和结构化理论都认同结构化是由以下因素所驱动的：行动者对于事件的解释、差异化的资源获取途径以及使得某种社会秩序合法化的道德框架。作为稳定和变迁的驱动力量，除了前面所述的那些方面之外，还应该加上决策以及外在压力有意无意地带来的结果，比如技术创新和经济变迁，虽然它们是外在的，但是却激起、触发了反应（Ranson，Hinings and Greenwood，1980；Archer，1982）。我们可以将社会场景的结构化理解为这样一个过程，即随着行动者利用制度性模式的意义、支配以及合法化去建构角色以及解释其场景中的人、事、物而渐渐展开的一个过程（Giddens，1979：82）。

如果行动者的行为和解释使得这些抽象物活生生地体现在现实中，制度性的结构也就被重新创建起来了。但是，沟通、权力压制、道德制裁等行为常常使互动变得难以预测，所以，制度性模板和日常生活的紧急事件之间会有某些偏差（slippage）。当一个社会系统遭遇诸如新成员或者新技术进入之类的外界冲击时，这种偏差的可能性就增加了。当偏差是暂时的、随意的或者当它们可以被包容于之前的行动、互动和解释框架中时，它们对于制度性结构是无关紧要的（Meyer，1982）。然而，如果偏差持续发生，久而久之，就会变成重复的模式，这一模式的形式会偏离原有实践，即使这种偏离是微乎其微的。最终，调整之后的行动模式通过进入"事情是……样的"日常生活知识库而重构了制度结构（Berger and Luckmann，1967：56-61）。

从前述这样一种高度出发来处理技术与结构的关系问题，使得研究者从三种业已对技术研究造成困扰的矛盾做法中解放出来。首先，由于结构暗含着过程，其时间特性使得研究者在截面研究之外还可以采纳历时研究的视角以研究技术变迁。其次，由于行动的社会情境及其阐释很重要，所以将组织与极端不同的制度性历史以及生态环境纠缠在一起的做法是不合适的。最后，由于技术在行动领域是作为客体存在的，所以如果对于技术如何渗透到组织成员的日常生活中这一过程不加研究的话，就很难理解技术对于结构化的含义。

总的说来，这些认识论和方法论的原则对技术导致（cause）组织结构这一假定提出了挑战。更确切地说，从结构化理论的观点看，更为合理的是将技术视为触发社会变迁动力（social dynamics）的诱因，这种社会变迁反过来改变或者维系了原来的组织架构（contour）。由于这些变迁可能具有多面性，会随着时间变化，而且反映了情境条件的约制，所以很可能在相似的环境中使用同一种技术会有序地引发不同的结构。相应地，在无序中把握有序需要一种对结构化得以展开的情境动力比较敏感的研究策略。

描绘结构化的演变过程

多种组织理论近来都注意到了结构化理论对于研究组织现象的价值（Ranson，Hinings，and Greenwood，1980；Willmott，1981；Sitkin and Boehm，1984）。但是除了曼宁（Manning，1982）对于警察如何形成警务工作中职业结构的细致分析，以及赖利（Riley，1983）关于一个大公司的两个子公司的研究之外，几乎没有人对组织世界中的结构化过程做出实质性的调查研究。曼宁解释了警察和市民之间日常互动的逻辑，由此证明了制度性的结构如何形塑了互动的细节以及如何为互动的细节所形塑。与曼宁强调行动的展开不同，赖利对访谈资料进行编码，运用吉登斯关于意义（signification）、支配（domination）以及合法化（legitimation）的分类法说明可以用巩固组织传统的动力机制来解释组织间的差异。因此，赖利的研究显示组织间的差异事实上可以通过结构化过程来理解，而曼宁的分析则表明结构化是如何为情境性的行动所生产和再生产的。

曼宁和赖利的两项研究都说明了吉登斯的前提假设，即结构二重性在所有行动中都是显而易见的，只是他们都未阐明制度和行动之间清晰的互动演化方式。但是正如兰森、希宁斯和格林伍德（Ranson，Hinings，and Greenwood，1980：13）所强调的那样，解释变迁和解释稳定性一样，都需要建立一个有关结构化过程的时间模型。演化的视角对于研究技术变迁尤为重要，因为技术给调整创造了条件，这种调整的意义可能一时还不会显现，但是随着行动者对其处境的重新界定，情况就会有缓慢的改变。因此，本研究通过建立连续性（sequentially）结构化的社会变迁模型而非共时性结构化的社会变迁模型，扩展、深化了之前的研究。

图 1 显示了用来指导分析的结构化的连续模型。社会组织的两个领域——行动和制度——用平行的横向箭头来描述，这意味着它们随着时间不断地演变。制

度领域代表的是背景的社会逻辑：从之前的行动和互动中得出的关系的抽象框架，行动者据此开展他们的日常生活。相反，行动领域指的是在这一背景历史的时间流中的人、事、物的实际安排。由于制度领域是对从过去做法中总结出的理想模式的编码，也许可以将其等同于兰森、希宁斯和格林伍德所谓的“现实结构”（realized structure）。[①] 而行动领域则与戈夫曼（Goffman，1983）的“互动秩序”（interaction order）类似。

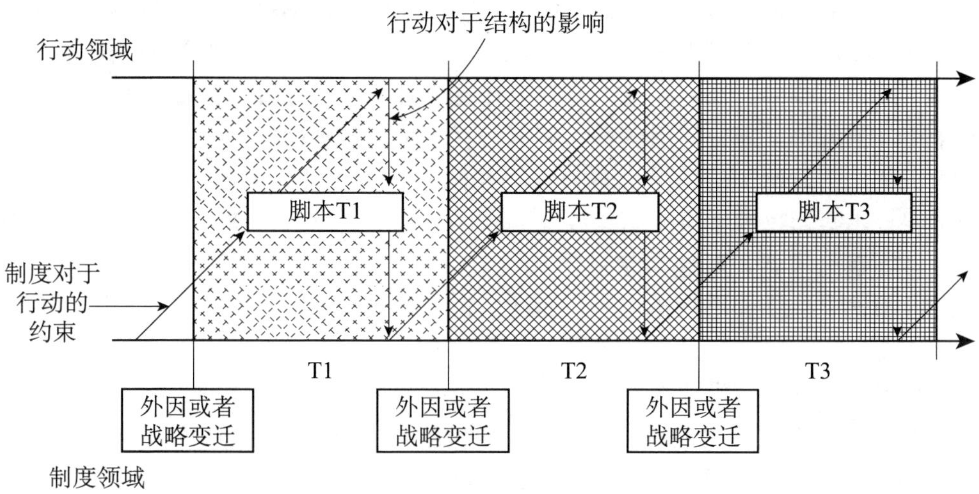

图 1　结构化过程的连续模型

注：逐渐密集的背景图案表示结构化过程的累积效果。

正如图 1 所示，本研究的分析是将结构化过程中连续不断的时间流解析为几个时间段（T1、T2、T3 等），这样才能更好地说明不同结构领域间的交互作用，从而凸显出逐渐累积的变化。为了避免对时间段的武断划分，用那些在组织成员看来是整体情境中比较显著的变化以及那些外在事件带来的变化或者组织的战略变迁标示每个阶段的开始。用来连接两个领域的斜线箭头和竖线箭头显示了结构化过程的二重性：斜线箭头表示制度对于行动的约束，而竖线箭头则表示行动对于制度的形塑。斜线箭头和竖线箭头与各阶段的时间界限的对应关系体现了结构化过程的连续特性。制度性模式在每一个阶段的启动期提供了行动纲领和意义框架，而行动则在每一个阶段的随后过程中改变着制度。因此，社会行动既建构着制度，同时也受到制度的历史性制约。图 1 中逐渐密集的背景图案就直观地展示了结构化的累积效果。

---

① 尽管我赞同兰森、希宁斯和格林伍德（Ranson，Hinings，and Greenwood，1980）的观点，即在分析过程中区分“规定结构”（prescribed structure，组织的正式规定）和“现实结构”（realized structure，实际运作的模式），但我认为只有那些内嵌于现实结构中的规定结构才能影响社会环境中的生活过程。

结构化的连续模型为我们指出了一种更为开阔的经验研究思路，以研究技术所引发的社会变迁过程。由于大多数技术进入的都是既定情境，而其中的制度会影响随后的事件，所以研究者必须记录技术进入之前的传统行为模式、互动方式以及意义阐释。这一评估是很重要的，不仅因为制度性模式会影响有关技术引进的行动，而且因为这种模式为判断结构的稳定及变迁设置了特定的情境底线。一旦技术被引入以后，研究者的注意力就应该从制度背景转向涉及技术使用的社会活动中去，从而记录行为和认知，即从互动秩序中呈现出来的原始材料。若要准确描述行动和解释的新兴模式（emergent pattern），则要求至少部分地依靠参与观察，以记录哪些行动者在什么时间以什么方式互动，并且要问清楚行动者当时对于事件的解释。通过回溯调查和档案资料不足以达到这些目标，因为人们一般很少去关注每时每刻的行为状态和解释如何在结构化过程中保持行为的稳定性，而组织也不会做这些记录。当一种互动秩序稳定下来以后，研究者的分析焦点就应该转回制度领域，对这一领域中形成互动秩序的那些社会活动的架构进行界定，并与之前的模式进行比较，从而评估技术在多大程度上引发了对之前结构的复制或者改变。

尽管连续性的假设要求研究者在一个领域与另一个领域之间来回往复，但是并没有在这两个领域之间提供分析性的或者经验性的支点。然而，我们可以在“脚本”这个概念中找到连接制度领域和行动领域的机制（参见 Goffman，1959，1967）。脚本是对周期性重复的互动模式的总括，它从可观察和可行为的意义上界定了行动者角色的核心内容（Schank and Abelson，1977）。正如在行动流中所显现的那样，脚本看上去就是各类典型遭遇的标准化情节，这种情节的重复出现就形成了某种场景中的互动秩序。我们可以通过对在调查期间的社会背景中出现的那些互动片段进行抽样来明确脚本。从实际的行为和言说的细节中，分析者将每个片段的逻辑抽象为能概括片段之展开的回合（turns）、角色以及行动类型。更确切地讲，就是用行动者所处的位置来替代其身份，将其行动和言说简化为某类形式和内容，而且行动的展开被描绘为一系列由典型行动要素所组成的回合。一旦每个片段都被简化成基本情节，情节频次就能计量了。重复出现的情节表明某互动形式在某场景中的普遍性，而且将脚本与互动秩序密切联系起来。这一脚本定位方法与结构人类学家用以揭示神话和地方叙事语法结构的方法技术类似（参见 Propp，1958；Lévi-Strauss，1963）。作为类比，脚本可以被看作指导某个场景中日常行动的行为语法。

正如脚本可以被看作建构行动和互动方式的行为语法，传统上我们所谓的正式组织也可以被看作一系列脚本的语法结构。从这一高度来看，诸如集中化、形式化和专业化之类的总体组织原则，代表的是刻画某个场景行为的脚本的核心特质。行动和正式结构之间的联系可以被看作一连串编码构成的链条，这一连串的编码先从行动和互动的实例抽象出脚本的特征，然后再从脚本的特征抽象出正式组织。图1还为我们展示了结构化过程中脚本所扮演的角色。尽管行动如竖线箭头所示改变了制度模式，而制度模式则沿着斜线箭头制约着行动，但脚本在两者的双向作用中都起了中介的作用。

因此，要触发组织的结构化过程，技术必须首先扰乱或者肯定根深蒂固的行动模式以再造或者认可原来的脚本，这种脚本反过来又会界定组织的制度性结构。然而，技术仅仅是社会背景中影响行为模式的诸多因素之一，即使同一种技术也可能触发导致不同脚本的过程，进而导致不同场景中的不同组织结构。这种现象就发生在这一年我所参与观察的两家社区医院的放射科，每个科室都是第一次使用由电脑控制的X射线断层（CT）全身扫描仪。

选点和方法

本文所研究的一家市区医院和一家郊区医院是马萨诸塞州四家社区医院中的两家，其放射科1982年就引入了相同的CT扫描仪——Technicare 2060。为此，两个放射科分别聘用了6个放射专家和大概50个其他工作人员，并形成了一套标准的放射科程序。实际上，市区医院从1977年就开始使用第一代EMI头部扫描仪，而郊区医院则是借CT全身扫描仪的引入首次使用扫描仪技术。然而，由于Technicare 2060扫描仪和市区医院的EMI扫描仪在技术上差异很大，而且能看懂头部扫描仪的数据，并不代表也能解释身体扫描仪的数据，所以事实证明，市区医院的头部扫描仪的使用经验对身体扫描仪的操作不是很重要。

本研究最初关注的是记录传统的放射检查操作以建立一个比较的基础，通过比较来判断在多大程度上扫描仪会强化或者改变这两个科室的制度性模式。该专业的技术性和社会性组织的历史资料是通过公开发表的文章以及对这两个大医疗中心的资深放射专家的访谈获得的。然而，由于一个特定医院中的实际情况可能和职业规范及制度有所背离，对每一个研究地点传统操作实践的研究也是很重要的。因此，我从1982年6月，也就是扫描仪开始使用前四个月，就开始对市区医院和郊区医院进行观察。

由于X光照片和X光透视是传统放射科的技术核心，因此我从6月到9月的观察集中在市区医院和郊区医院的X光领域放射专家和技师在从事X光透视操作程序时的行动和互动。在整个研究过程中，我通过参与个体检查的整个过程来获得数据。事件的发生及其时间都被按照每个检查过程的时间顺序来记载，并且被记录在活页本上，以便创建所观察到的每个程序的行为记录。我对参与者之间的对话也进行了录音或者速记式的笔录，用以记录特定情境下的行话。除此之外，对于行为记录，在事件发生时或者稍后我也询问并记录了参与者对事件的解释。

当 9 月底扫描仪到位以后，我的观察开始从 X 光领域转到两个新建立的 CT 领域，而对于行为细节方面的观察和记录方法照旧。在整个研究过程中，我所观察到的大概有 400 次完整的放射检查，其中包括 96 次 CT 检查。除了圣诞假期的 6 个星期的空档之外，在这一年期间的工作日中，我轮换着在两个研究地点收集资料。观察两个 CT 扫描仪期间收集的详细田野笔记和录音资料为我的分析提供了一手资料。

研究分析开始于明确的分界线，以便对每个研究地点的结构化阶段进行界定。在形成脚本之前进行结构化阶段的描绘，可以避免基于脚本自身的知识来划分时间段。如果用既有的脚本分布来标定结构化的阶段，则可能会冒这样的风险：理论上虽然便利了，但会通过夸大阶段间脚本的异质性和阶段内脚本的同质性而带来人为的割裂，甚至会造成历史性的欺骗。正如前面关于结构化连续模型中的讨论所指出的那样，结构化的阶段应该开始于显著的外在事件或者组织战略的转变，且这种转变是就组织内部的人所做出的判断而言的。除了扫描仪本身的引入之外，对于扫描人员安排的改变也一样被两个科室的人视为其组织发展过程中的重要分水岭。因此，这些转变被用来标记各研究点结构化阶段的时间界线。根据这种标准，田野笔记向我们展示的是郊区医院经历了两个结构化阶段，市区医院则经历了四个结构化阶段。

分析的第二步是对放射专家和技师之间的互动进行详细的回溯性分析，从而使得每一个领域中能够表征互动秩序的脚本离析出来。所有被记录下来的放射专家和技师之间的互动都选自田野笔记并且根据时间地点进行编排。运用前面所述的方法，每一个片段都被精简为一个核心情节。通过对片段之间的比较提炼出对各类情节的表述，而且每一类情节的再现频次也都在每个研究点的结构化阶段进行列表统计。随着时间的推移，通过计算各医院这些情节的频次，就能识别每一个 CT 领域在其结构化过程各阶段表征其互动特征的脚本。脚本的内容和形式为我们提供了将两个 CT 领域与之前的 X 光领域进行角色比较的基础，而脚本的时间分布则描绘了放射科人员卷入的互动秩序。

第三步也就是最后一个分析步骤是将两种互动秩序的脚本化参数与每个 CT 领域的正式结构特征联系起来。从现实情况和经验来看，集中化被认为与之尤其相关。正如下面所给出的更充分的解释，判断力和权威的规章性分配是科室传统劳动分工的核心。更重要的是，有资料可供对集中化进行测量，该测量独立于脚本以及产生脚本的互动。所以，通过对“集中化”的关注，我们就可以运用独立于脚本的资料来检验两种互动秩序和放射科某种基础制度之间的联系。

对“集中化”的测量是通过对田野笔记中常规决策事项进行编码建构的。如果不考虑两个医院之间的差别，所有 CT 扫描过程都可以分为 9 个操作决策步骤：（1）什么时候开始检查一个新的病人；（2）从什么地方开始扫描；（3）扫描到什么程度为止；（4）使用哪些技术；（5）是否需要病人调整位置；（6）是否需要注入对比度（inject contrast）；（7）使用什么视窗和以什么为中心；（8）放射专家是否需要观察扫描过程；（9）什么时候结束检查。由于每个决策都随着扫描而做出明显的行动，所以，作为观察系统的一部分，我通常记录下决策者的身份。我的田野笔记中记录了 91 次扫描过程，它们都非常详细，以便确认是名义上负责的放射专家还是技师在做每一个决策。从而，放射专家在检查过程中所做的决策的比例形成了衡量集中化程度的指标，它们按照时间顺序分布的散点图就是一个科室集中化的轮廓图。

如果 CT 领域的制度和行动事实上通过结构化过程联系起来，那么每个科室的集中化轮廓图应该与我们通过脚本的时序分析所得出的趋势图是平行的。这一假设的验证是通过对每个科室的集中化得分与扫描操作日期的回归分析完成的，并且还可以对回归值进行平方，用以检验脚本分析中所显示的线性和曲线性趋势。操作日期是间距变量，测量的是每个科室从开始使用扫描仪到记录当天的时间段。集中化得分也用于检验我们为每个科室的结构化界定的阶段是否恰当。如果对这些阶段的界定是恰当的，那么每个科室的集中化指标的散点图应该出现相似的周期性。为了检验这种阶段划分的恰当性，将每个科室的集中化得分与一系列虚拟变量进行回归，这些虚拟变量分别界定了郊区医院的两阶段模型和市区医院的四阶段模型。每一次扫描检查都根据其执行的日期被归类到其中一个阶段。如果对阶段的界定是恰当的，那么用两阶段模型和四阶段模型分别预测郊区医院和市区医院的数据，要比用融合各阶段所建模型预测数据更好。

因此，我们的数据分析是顺着结构化过程连续模型的分析逻辑进行的。为了贯彻这种分析思路，接下来关于市区医院和郊区医院的经验讨论始于对两个医院 X 光领域这一传统放射科工作模式的简要介绍，即结构化开始的背景。

放射科的制度环境和传统

放射医学在科学协会中的声望是在 1895 年发现 X 射线之后迅速崛起的，随着“专业垄断”（professional monopoly）（Larson，1977）的兴起以及“专业主导”（professional dominance）（Friedson，1970）系统的制度化，放射医学获得了目前作为一个医疗专业的地位。正如拉金（Larkin，1978）和布朗（Brown，

1973）所述，到1950年代为止，通过将物理学家和工程师排挤出医疗放射成像领域，阻止其他医生从事放射影像的解释以及控制放射技师的教育和注册，放射专家已经确保了他们在医学成像领域的排他性地位。因此，专业主导地位是建立在并维系于立足于放射操作工作和影像解释专业分工的专业意见之上的。

在郊区医院和市区医院的X光领域，放射技师，也就是那些处于助理级别的人，负责在检查过程中管理病人并且为放射专家制作X光图像。然后，放射专家从影像中获取诊断信息并为医生提供他们的解释。尽管“技师”受过设备操作和解剖识别的训练，但是他们并没有受过对影像进行解释的训练。这样，即使有多年的经验，大多数X光技师也几乎无法从一系列的X光图像中做出病理判断（Barley，1984）。相反，放射专家受过训练，既会解释影像又会操作设备，而且，即使他们很少钻研技师的技巧，也会例行性地操作设备，尤其是在用荧光检查仪检查的时候。这种专家模式制造了一种科层权威，即专家了解技师掌握的知识，但是反过来技师却并不了解专家掌握的知识。

在市区医院和郊区医院的技师和专家从事其日常工作的时候，放射专家的主导性就会例行呈现。也许因为放射成像和荧光检查技术比较容易掌握，同时因为该职业有良好的传统规定，所以两个科室的传统实践是相似的。两个群体之间的大多数互动也就是放射专家对技师下指令，然后技师开始执行。举例来说，在荧光检查中，专家和技师之间的互动几乎都是专家对技师下指令。专家几乎不用对技师说明其指令和偏好的理由（Barley，1984），也很少征询X光技师的意见，即使是有关操作技术方面的事务。而技师总是习惯性地等待专家的指令，即使他们知道该怎么做。类似地，专家从来不向技师寻求关于病人的病理信息，他们只会偶尔主动说一说相关信息。这些互动模式向我们展示了放射专家的制度性主导地位以及X光技师相应的从属地位。不仅X光技师不被允许做大量的常规决策，而且在大多数互动中，信息都是单向地从专家流向技师。如此一来，即使是在日常工作中，权威也是集中化的。

尽管射线专家的解释权垄断地位和X光技师的从属地位来自制度性和社会生成性权力，但重要的是要认识到放射科的传统结构是和其技术史联系在一起的。直到1960年代末期，放射领域的大多数技术变迁都是对既有机器设备的逐步改进（Dewing，1962）。相应地，专家的诊断知识也同样是逐步增加的。因此，在近20年前，放射科的工作完全由存在了几十年的技术执行程序所组成。在这一逐步累进的技术变迁时期，放射专家要保持在设备使用过程以及影像解释过程中的专业地位还是相对容易的。

然而，在过去15年，诸如超声波、CT扫描仪以及核磁共振等由计算机主导的技术，对机器设备透视人体内部的能力产生了革命性的影响。每一种创新技术不仅在操作原理上与传统设备有着明显区别，而且创造出了一种完全不同于放射专家已有知识体系的新的诊断符号体系，放射专家必须应对这一问题。正如在市区医院和郊区医院所看到的，如果放射专家在自己必须使用新机器之前不关注有关这种新技术的专业文献，那么当科室引进新技术的时候，大多数人将对这种设备及其图像一窍不通。[①] 这一情况在本研究所选择的两个观察点也同样存在，关于 Technicare 扫描仪标准的为期四天的导引性课程就是放射专家和技师们在上岗之前所能接受的唯一正式培训。培训注重的是扫描仪的常规操作，完全不涉及解剖学或病理学图示的解释，也几乎没有关于扫描仪工作原理以及故障排除方面的讨论。

由于放射科的专业主导来自传统的专业分工优势，科室成员对于新技术及其图示系统的相对无知意味着之前的结构可能更难维系下去，而且结构化的机会也倾向于由此启动。当扫描仪被引入市区医院和郊区医院时，这种情况就出现了。

郊区医院 CT 操作过程中的结构化

第一阶段：决断力的协商

由于郊区医院没有一个人有使用 CT 扫描仪的经验或者可以解释扫描仪的图像，放射科面对需要扫描的病人，因为没有专业知识的支撑而前途渺茫。为了避免这一问题，郊区医院聘用了第六个放射专家，让他负责协调 CT 扫描仪项目的启动，这个人刚刚完成了计算机 X 光断层摄影术的大学研修。除此之外，放射科还招聘了两个曾受聘于当地第一家采用身体扫描仪的医院的技师，并且把他们自己的两个技师从 X 光领域转到 CT 领域。这样，两个有经验的技师、两个没经验的技师以及一个新的放射专家使得 CT 扫描仪可以开始工作。

这些人事决策以及扫描仪的开始运转意味着郊区医院第一个结构化阶段的开始。由于 CT 扫描仪操作此前没有标准程序，没有一个人操作过这种机器，而且放射专家和技师之前也没有合作过，所以第一个星期的互动焦点是使角色明晰，尤其是澄清谁有什么能力承担相应的角色职责以及每一个角色应该承担哪些责任。这一阶段的田野笔记记录了与随后阶段有实质性差别的互动形式。

不经意的确认（unsought validation）　当 CT 技师最初开始做扫描的时候，

---

① 对医院中那些资深放射专家的访谈显示，等到新技术引入以后才开始学习这种技术的现象很普遍。但是，大家可能期望放射专家在得知要引入一种新的成像技术的时候，马上就去寻求相关的图像解释的培训。然而，在市区医院和郊区医院，专家们却并没有提前着手这一行动。相反，两个科室都聘用受过 CT 培训的年轻放射专家作为其他那些边干边学的专家的影子顾问。

他们常常并不询问有经验的放射专家是否认为他们的行为是合格的。通常，放射专家要么没能力评价技师们的行为，要么选择对其不予置评。然而，在某些场合，放射专家也确实对技师的决定提出质疑。通常，专家将他的质疑放在对信息的要求或一个基本原理之中。技师们的反应是用事实为其行为做辩护。于是，放射专家通常会对其行为是否合适进行评判，而且常常是同意而不是反对其决定，并为正确的选择做些补充。这些可以被称为"不经意的确认"的互动。脚本证实了以下结构：(1) 技师采取行动；(2) 专家质疑其行动；(3) 技师提出合法性理由；(4) 专家确认其行动是恰当的。

一个关于"不经意的确认"的实例将为我们阐明脚本与角色塑造（role-making）之间的关联，并展示脚本如何概括互动事实。在郊区医院开始扫描仪操作的几天之后，有经验的放射专家被叫去控制室看一个病人的扫描录像。他并不知道技师们自己决定用512像素来成像而不是用一直以来惯用的256像素。① 结果，图像就比一般的扫描图像更清晰。当扫描图像呈现在监视器上时，放射专家和一个没经验的技师之间就展开了如下交谈：

> 专家：（怀疑地）这些是256像素的？
> 技师：（平铺直叙地）不，这是512像素的。
> 专家：（惊讶地）它们是512像素的？
> 技师：是的，我们把它调整到了512像素了。
> 专家：哦！很好！我在过来的路上还在想你们是否可以调整到512像素并且还能做快速浏览②。嗯，这很好！这很重要！

显而易见，互动随着脚本情节阐明的顺序展开。除了主题事件是关于CT扫描这个事实之外，谈话的细节和脚本的演变无关。这个例子也告诉我们，"不经意的确认"如何为技师和专家的知识协商提供了未经安排的机会。通过肯定技师行动的明智性，放射专家公开承认了技师在扫描过程中做某种决定的能力。同时，专家的质疑以及之后的确认也表明了他自己对CT工作的理解，因为他提出了一个可能被新手忽视的问题。尽管脚本通过引证放射专家质疑技师的权利，巧妙地维护了专业主导地位，但是总体来看还是在不侵犯对方的前提下同时肯定了双方的专业技能。

预设答案的提问（anticipatory questioning） 与"不经意的确认"不一样，

---

① 泛泛地来说，像素是具有独特资料价值的视频图像中的一种很小的正方形单位。CT图像的成像是通过对像素矩阵中的每个像素赋值，然后使这些数值相互联系从而形成从白到黑逐渐变化的渐变灰色。由于512的像素矩阵是256的像素矩阵的四倍，所以能形成更精确的图像。

② "快速浏览"是以256矩阵的一半像素来成像。每次扫描完成之后都会显示快速浏览选项，这被用来定位病人身体的当前位置，并被用于病理结构的最初判断。

“预设答案的提问”是在郊区医院CT扫描过程早期经常出现的脚本，发生在技师采取行动前与专家进行协商的情况下。和所有的脚本一样，“预设答案的提问”顺着这样一种包含了诸多互动情节的结构发展：(1) 技师向专家提出一个直接的请示；(2) 专家给技师一个直接的回答；(3) 技师讲述了他或她的下一步行动；(4) 专家确认技师的计划是可行的。尽管最开始的提问常常看似真诚，但是从当时的情境以及技师之后的陈述中能看出，这个请示通常只是客套话。“预设答案的提问”通常由那些有经验的技师提出，并且已从他们自己专业的角度设定了相应答案，所以，他们处于更有利的地位，以表明其所具有的扫描方面的独有知识。举例来说，在一次早期的扫描中，一个有经验的技师向专家征询是否应该进行她认为应该立即进行的注射：

技师：医生，要为这个病人注射吗？
专家：是的。
技师：那我开始抽取注射液了，是100毫升吗？
专家：是的。

尽管这段对话看似一次简单的意见征询，但事实上，它包含着更多的信息。在问这个问题之前，技师要从CT图像或者病人的通知单中推断可能要进行注射，因为专家并没有表明他的注射意图。等到专家差不多看完扫描仪结果时，技师暗示了她知道何时该注射。因此，她的问题包含了这样的信息：“从其他事情的迹象看来可能要进行注射，而且如果要注射的话就得马上注射。”而且，在告知专家她将抽取100毫升注射液的时候，这位技师明示了她在这个程序中这一时点上的角色，并表示她很高兴在没有被明确告知任务的时候履行她的义务。如此看来，这个“预设答案的提问”确实有些冒昧，不过专家的肯定确认了这个有经验的技师的专业技能。通过发起“预设答案的提问”，技师们也维持了不同于X光领域代表性互动模式的自主决断地位。在这个案例中，“医生”这个术语的使用强调了放射专家的特殊性。由于“预设答案的提问”在保持放射专家地位的同时，也确认了技师的专业技能，所以，这种形式的互动在早期的扫描操作中普遍出现也就不足为怪了。

偏好声明（preference stating）　如果不考虑特定技术经验，技师们会认为放射专家关于疾病、解剖和诊断的知识远远超过他们自己。而且，只要专家是合理的，他们一贯愿意接受专家的技术偏好。由于放射专家在X光领域常常就技术问题发表看法，所以郊区医院有经验的专家能自由地告知技师他在扫描中的偏好。然而，在CT技术应用过程中，相互磋商却渗入了脚本中：偏好陈述已经超出了在X光科室普遍存在的那种单纯的指导，在此，(1) 有经验的放射专家不仅公示他的偏好，(2) 他还得为他的偏好提供理由。

放射专家通常通过解释他的建议如何能使操作更省力或者能得出更多的诊断证据，使得他的偏好和选择合理化。而后一种解释经常需要专家就扫描中的病理图示进行讨论。这种磋商通常包括在X光领域不常见的、针对疾病以及疾病的病理所进行的长时间交谈。[①] 此外，通过强调其偏好的理由，放射专家确立了自己的可信度和能力，同时这也显得他很重视给技师一个合理的解释。由于放射专家提供了合理的理由，技师也就相应地对他们充满信心。

在脚本中被称为“不经意的确认”“预设答案的提问”和“偏好声明”的互动形成了郊区医院CT领域早期的角色关系模式。最初的互动秩序尽管重申了放射专家这种更具传统性的角色的权威和专业性，但是也认可了技师基于特定职业知识的决断力（discretion）。当技师展示出他们的责任和能力时，放射专家也开始给他们下放一些决断权。第三周之后，一种尝试共同解决问题的氛围开始形成，这种氛围更像是各有专长的音乐家在一个音乐厅中共同演奏。放射专家开始越来越少地参与到常规决策之中，而有经验的技师开始掌管注射工作，这是一个标志性的事件，因为郊区医院的其他技师不被允许注射。然而，与下一个结构化阶段所发生的一夜之间崛起的自主权相比，技师此时在决断力方面的收获是微不足道的。

第二阶段：篡夺自主权

尽管在前三个星期那些在CT方面没有经验的放射专家偶尔也参加扫描，但是那个最近被聘用的放射专家总是出席并且明确显示他在负责此事。事实上，田野笔记显示出除了社会性的日常对话之外，那些没经验的放射专家和技师之间几乎没什么互动。相反，他们有什么问题就向有经验的那位放射专家请教。然而，在第四个星期，专家们决定每人每周轮流负责CT扫描。有经验的放射专家实际上照搬了放射科室其他领域的基本做法，并且和他的同事一样根据日程安排去CT室值班。共同承担CT扫描职责的这一决定标志着郊区医院第二个结构化阶段的开始。刚开始的时候，技师们企图按照第一个阶段中发展出来的脚本行事，但是之前的互动模式很快随着专家和技师之间的角色变动而迅速改变了。

暗中教导（clandestine teaching）　根据科室其他领域的既有权威结构，那些没经验的专家们在和技师们交往的过程中也倾向于强调自己的偏好并会提出有点像那种可能引致不经意确认的问题。然而，由于之前的这些互动默认了专家具

---

① 在我所观察的郊区医院X光领域的74个程序中，只有14%的情况是专家会告知技师一系列影像中的诊断图示。与之相比，我在郊区医院观察到的CT扫描中，在40%的情况下有这样的讨论（Barley，1984）。

有扫描的基本知识，但这些知识恰恰是那些没经验的专家们所缺乏的，所以，他们的偏好和质疑并不能维持已有的互动模式。相反，他们的质疑和偏好强调常常导致两者地位的互换，技师们对专家的质疑和建议常常不予理睬，并反过来试图说服对方。

“暗中教导”的典型例子开始于一个放射专家提出那些熟悉 CT 工作的人不可能提出的质疑和偏好陈述时。由于技师公开地纠正一个专家的错误问题和偏好可能会有冒犯且明显改变制度性地位系统的风险，因此，技师们对专家进行质疑和偏好陈述时通常以一个能够交流专业知识的伙伴身份，在不经意间向专家传授那些用以修正其陈述所必需的知识。循着技师所给出的提示，专家随之调整了自己的主张或行动，使其更符合标准方案。被称为“暗中教导”的脚本互动结构是这样的：（1）专家提出一个不相关的问题或者一个错误的建议；（2）技师给出正确的信息；（3）专家调整自己的主张。

“暗中教导”威胁到了专家和技师之间的制度性角色关系。在放射科的传统体系中，是放射专家教导技师，技师教导专家的相反情况比较罕见甚至是禁忌。实际上，专家先前的自信态度和技师的顺从这两者在磋商过程中从语义学和语用学两个方面都能得以体现，这样才能使“暗中教导”不致变成公然的“角色颠倒”。然而，第四周以后，随着扫描工作的深入，公然的“角色颠倒”确实以一定的频率发生了。

角色颠倒（role reversals）“角色颠倒”最典型的例子是放射专家直接问技师某个扫描是否确诊了某种病理。在 X 光领域，专家和技师之间关于病理的讨论只发生在专家主动向技师讲解的时候。这样，诊断知识总是从专家传向技师，以保持专家在制度性劳动分工中的主导地位。但是，这种专业知识的传统分布在 CT 领域很难维系下去，因为没经验的专家比有经验的技师所知道的 CT 图像的基础知识更少。尽管专家们企图避免与技师一起分析图像，但是日常紧急事件有时还是需要必要的会诊，尤其是当专家必须及时给医生提供资料的时候。这些事件颠覆了典型的图像解释讨论脚本，因为（1）现在是专家咨询技师有关病理的事情，并且（2）技师给专家提供一种解释。在下面的对话中，专家就明确地向技师咨询脊椎扫描是否显示了病理：

专家：（坐在控制台旁边）你已经给他们拍照了？

技师：是的，我正在重新做。

专家：（指着说）那个是骨折吗？

技师：不是，那很可能是个骨头上的孔（脊椎骨的一部分）。

专家：你有没有看到这里有个圆盘状的东西？（这个圆盘状的东西是破裂的还是凸起的？）

技师：我只看到一点点。它小得几乎就看不到。

尽管“暗中教导”的例子暴露了专家的无知，但是这个脚本还是维持了他们传统的专业主导氛围。如果需要的话，当事人也会说这没什么不寻常的，因为人们认为技师是懂得如何操作扫描仪以及识别某些解剖学图示的。然而，“角色颠倒”因其委托技师扮演解释图像的角色，从而显得带有更多冒犯常规的色彩。由于专家和技师都感觉到了这种常规秩序的改变，“角色颠倒”引起了焦虑。在上述那个事例发生以后，放射专家红着脸尴尬地走出了扫描室，而技师则紧张地向我们倾诉：“我不喜欢医生问我图像的含义，告诉他们如何做他们的工作，这可不是我的工作。”

责难技师（blaming the technologist）　在第二个结构化阶段发生的互动模式中，没有什么比专家把设备问题误认为是技师的无能这个倾向更能说明互动秩序的改变了。在这种场合，专家（1）提出或者质疑他所看到的问题，（2）暗示或者直接说这个问题是技师的错误，（3）否认技师提出的辩解，不认为这个问题是技术本身的问题。以下对话显示了这种脚本：

> 专家：（唐突地）这可真是糟糕。最后一个病人的图像非常暗，你能处理一下吗？
>
> 技师：我不知道。
>
> 专家：你说不知道是什么意思？
>
> 技师：这个是机器或者是相机的问题，我不知道该怎么调整。×医生知道怎么调整相机，也许我们可以请他过来调整一下相机，然后我再重做一次。
>
> 专家：（指着头部扫描中的大脑图像的诊断基线）这就是所有的结果？
>
> 技师：是的，但是我也无能为力。
>
> 专家：为什么不行？你是说你也无能为力？
>
> 技师：我认为这是骨伪影（bone artifact）。（在颅底扫描中，骨伪影是所有 Technicare 2060 都比较常见的一个问题。）

由于“角色颠倒”“暗中教导”以及“责难技师”的例子逐渐界定了一种新的互动秩序，放射专家的道德权威逐渐黯淡下去，而且技师开始瞧不起没有经验的专家。为了解释这种新的互动模式，技师所形成的看法是，专家所知道的知识比他们应该知道的要少得多，而且他们的无知导致了不必要的额外工作，甚至使 CT 扫描工作没法顺利开展。与此同时，专家也对这种情形感到不舒服，因为不适应这种被别人认为自己专业知识不足、担心自己会犯一系列错误，以及因计算机技术而困惑的状况，专家开始对技师产生敌意。

随着焦虑、敌意以及蔑视的增长，技师和专家都尽量减少上述类似事情的发生。技师开始承担起常规决策的责任，而在过去，他们需要在决策前先咨询放射专家的意见。起初，技师们在这样做的时候还有些犹豫，但是当这些自主行动没有像之前那样引起否定或反对时，技师认为自己在之后的检查中也可以承担类似的责任。同时，放射专家开始从每时每刻的扫描检查中撤退出来，以保全自己的面子。当轮到去 CT 室值班的时候，大多数放射专家都待在自己的办公室中，更有甚者，还关上自己办公室的门、关上自己和秘书的桌子间的窗子。还有一个放射专家，当轮到他去 CT 室值班时，他就留在 X 光科室，他去 CT 室只是为了取相片。这样，作为第二个结构化阶段兴起的互动模式的结果，郊区医院的 CT 技师在其日常工作中获得了很大程度的自主权（autonomy）。

市区医院 CT 操作过程中的结构化

第一阶段：协商互赖

尽管市区医院也面临在操作全身扫描仪过程中缺乏有经验人员的问题，但它通过完全依赖有学识的放射专家的方式来尽力解决这一问题。在扫描仪运到之前的两个月，市区医院就雇佣了一个在其毕业实习阶段专攻 CT 扫描的年轻放射专家。还有一个负责组织 CT 扫描工作的放射专家是科室老成员，曾负责市区医院的头部扫描仪，而且虽然他在全身扫描方面没有实际操作经验，但也对这一领域的文献有着长期关注。为了完善扫描科室的人事组织，市区医院安排了一个由八个技师组成的小组：四人来自头部扫描部门，另外四人则来自其他部门。正如在郊区医院一样，这些人事决策以及扫描仪的来临一起标志着第一个结构化阶段的启动，但是市区医院随后所发展出的互动秩序却与郊区医院有着实质性差别。

下达指导（direction giving）　由于市区医院的所有技师都是全身扫描方面的新手，他们最初的问题不是展示技术能力，而是找出技术能力应该包含些什么。而且，由于扫描仪供应商所提供的四天培训少得可怜，不过是个引导而已，所以培训的责任主要落在放射专家的身上。但是，因为从来没有开设过类似的培训课程，他们自己也对 Technicare 扫描仪不熟悉，而且扫描病人这种工作业已引起无数紧急事件，使得结构化教学不可能进行，所以放射专家把“下达指导”作为对技师的基本培训手段。这种互动方式之下的脚本是简单且直接的：（1）专家告诉技师做什么；（2）技师执行专家的命令，通常不要求理由或者明晰化指导。在某些情况下，放射专家的说话方式是命令性的，而且说的多是扫描过程的细节。

“下达指导”这种形式的“命令-行动”序列很快变成早期扫描阶段专家和技

师之间互动的基本方式。“下达指导”通常是扫描过程中专家和技师之间口头交流的唯一形式。下面这个始于放射专家发现一个技师没有把病人放入扫描仪的例子说明了“下达指导”如何串起来，形成了足够长的互动链：

专家：（不安地）你还没有把她放进去？

技师：还没有。

专家：（专家指着设备上的提示告诉技师应该放把她进去）默认……默认……默认……默认……Oral IV contrast。

技师：（敲了三次返回键然后开始输入专家所述的标记。）

专家：O……R……A……L……I……V……C……O……N……T……R……A……S……T，现在，我们接下来应该用哪项技术？

技师：我看看。这是一个腹部扫描，所以我们手动选择“A”。那么，是按“A”吗？（指向扫描仪控制台上的两个操作键。）

专家：对。好的，设定 40。（技师遵照指示按了这个键。）按“暂停扫描”。（技师遵照指示按了这个键。）现在，你不用做快速浏览了，512 像素就好了。

“下达指导”不同于偏好强调，因为有经验的专家不用提供有关其建议的合法性理由。因此这个脚本作为培训策略如果成功，则有碍于技师的习惯形成以及将行动规则抽象化的能力。上述摘录在扫描仪开始工作的一个月内的频繁发生以及 CT 扫描常规层面的缺失，让我们怀疑该脚本的有效性。“下达指导”作为培训策略是失败的，因为它预测的是一种单向的沟通方式，在这种沟通方式中，专家认定自己作为行动策划者的角色以及技师作为行动执行者的角色。因此，这种互动模式不但没法完成培训，而且专家通过将权威延伸到诸如何时按哪个按钮这样琐碎的事情，再一次强化了自己的专业主导地位。即使在 X 光领域，专家的指导也没有这样细致。

收回成命（countermands） 技师无法从专家的指导中总结规律这种现象部分地可以由第二种常见的互动模式来解释，这种互动模式的脚本也是由“命令-行动”序列组成的，但是其情境却不同于“下达指导”。简单的“下达指导”假设专家会在技师行动之前给出自己的偏好，但是专家并不总会给出指令。在许多时候，专家也会自我反思，认识到另一种行动方式更加合人心意。当他们产生这种意识时，通常会对检查过程进行重新指导，而不管其是否有悖于之前的指导。这使得之前指导失效的新的“命令-行动”序列形成了“收回成命”的脚本。

“收回成命”的情况是多种多样的。当专家在看病人的 CT 图像并注意到不曾料到的病理图示时，他们会出于诊断的考虑取消自己的指导。更常见的情况是，“收回成命”是因为专家自己的个人偏好和内在矛盾。不同于郊区医院的专家，市区医院有经验的专家对扫描仪的技术能力颇感兴趣，而且乐于通过对扫描仪能做什么这些现场的假设来检验扫描仪的局限性。更重要的是，两个专家经常就扫描仪应该怎么操作发生分歧。因此，作为双方辩论的结果，专家们要做出很多改变，而且经常收回给对方下达的指令。由于专家很少对指令的改变给出合法性理由，而且技师与此并无利害关系，没有必要站在专家间辩论的角度看问题，所以在技师看来，“收回成命”就是反复无常。不可预料的“命令-行动”序列随时随地可能在扫描过程中发生，由于“收回成命”并不给出行动的理由，这就切断了技师从所指导的行动中总结规律的可能性，技师只是盲目遵从专家的指令。这强调了专家们的权威，也强化了技师的从属地位。

僭越控制权（usurping the controls）　市区医院有经验的专家的干涉并不限于“下达指导”和“收回成命”。早在第一次扫描过程中，放射专家事实上就从技师手里拿走了控制台的控制权。这种方式变得如此广为接受，以至于在最初两个月的观察中，专家没有一天不越俎代庖。与此形成极大反差的是，郊区医院的专家除非要求重新观察扫描图像，否则几乎不会去操作扫描仪，而且即使去用扫描仪，也仅限于改变扫描录像的操作。不同于之前的互动模式，“僭越控制权”是纯行为性的，没有口头交流。其脚本组成是这样的：一个放射专家（1）走到控制台旁边，（2）通过按钮或者在键盘上输入命令，从而打断技师的工作。

市区医院的技师把专家的僭越视为对他们尊严的损伤，这种事件意味着对他们职业角色的不尊重以及对他们能力的轻视。起初，技师对专家僭越扫描仪控制权的权力提出了挑战，但是当技师无法阻止这种行为的事实日益明晰时，他们也逐渐将其视作惯例。当专家对控制台进行操作的时候，技师们可能叽叽喳喳地相互抱怨，但他们也只是被动地默许。

寻求指导（direction seeking）　除了“下达指导”之外，市区医院放射专家和技师之间在结构化第一阶段的互动常常被脚本化为“寻求指导”。“下达指导”和“寻求指导”是互补的。专家的指令形成了第一种方式的互动，而技师要求指导则形成了第二种，但是这两种形式的互动都使技师下一步应该执行的工作得以具体化。“寻求指导”的脚本和“下达指导”的脚本一样简单：（1）技师向专家咨询某种恰当的行为方式；（2）专家给予答复；（3）技师按照指导行事。和“下达指导”一样，“寻求指导”始于技师需要学习，但是即便技师已经获得经验，“寻求指导”现象仍然存在。这一互动模式的稳定性的关键在于其社会性目的的细微改变。

这三种脚本都确认了专家的主导地位，并且形成了技师认为很反复无常的一种工作环境。为了使得这种看上去反复无常的现实能说得过去，技师们形成了对自身工作的自有解释框架，即一种制度性的工作，一开始就是为了尊重、迎合专家们的特殊偏好。如果CT领域是由个人偏好所统治的话，那么行动没有办法明文规定这一事实也就有意义了。明显地，到了第三周，技师们不再询问该怎么做，而是开始相互问“他说他想要干什么”。因此，技师们继续向专家寻求指导不是因为他们不知道怎么做，而是因为他们希望确保专家能够耐心地说出他们的要求。随着时间的推移，“寻求指导”开始变成既是对专家权威的回应，又是技师们依赖性的一个佐证。然而，通过不断地寻求指导，技师们让专家感觉到了他们的意图并不在于学习，这激发了专家们实行更强的控制。如此一来，这种日益演进的互动秩序吸收了很多X光领域日常行动的制度性模式，从而使得技师们的传统依附地位以及专家们的传统主导地位得以复兴。这一切保留了下来，以推动下一步互动秩序的确立。

第二和第三阶段：不称职的建构和强化

由于技师的专业知识学习没有专家所希望的那样快，在第四周结束时，科室制定了一套新的责任体系——每个技师要两周一轮，而不是每日轮流去操作CT扫描仪。同时，专家们决定花更多时间待在办公室里，以切断技师们的依赖。讽刺的是，专家的撤退标志着事实上技师依赖性增强的第二个结构化阶段的开始。

始料不及的批评（unexpected criticisms）　虽然专家不在，但技师们没有因此信心倍增，也还是不能幸免于扫描方案的反复无常。然而，由于他们在空间上和专家分开了，所以不能不由自主地随时向专家寻求指导。技师之前所面临的隐蔽的两难处境公开化了：独立行动有可能做出错误的选择，而寻求指导则可能被视为无知。在技师们关于行动前是否要咨询专家意见的公开讨论中，可以看到这一两难处境的日益显现。考虑到可以感知的得失权衡，技师们往往选择继续向专家咨询。

由于专家不再待在控制室里，“寻求指导”就需要技师们走到专家的办公室。然而，当技师走到专家办公室时，专家总是在做别的事情。因此，技师的问题打断了专家的事情，从而使得“寻求指导”这件事情更加彰显。由于专家比以前对技师们在常规事务上的依赖性更加敏感，他们开始对此日益反感，并且以一种嘲笑的方式应对技师们的问题。

因此，“寻求指导”开始变成一种新的互动方式：“始料不及的批评”。其脚本呈现出以下扭曲状态：（1）技师向专家询问该如何操作；（2）专家以讽刺挖苦回应。由于技师的问题带来的不仅是扫描过程中的信息，而且也带来了愤怒，所以在扫描过程中，如果技师几次三番地过来，专家就会被激怒，常常走出办公室去看看控制室里发生了什么事情。一旦专家常常在扫描过程的后期逗留在控制室里，之后的互动就又返回到前几周的典型模式了。

非难性质疑（accusatory questions）　由于专家们对技师的持续依赖感到日益不安，他们开始说技师是不称职的，这也成为当技师寻求指导和犯错误时激起专家干涉倾向的理由。而且，由于专家有了这种认为技师不称职的偏见，他们就能经常找出这种不称职，即使事实上它并不存在。专家这种自我强化的感知确保并增强了其“非难性质疑”的底气，“非难性质疑”是在第二个结构化阶段中析出的第二种互动模式。“非难性质疑”的脚本如下：（1）专家指责技师不称职，如果此前（2）技师没有寻求指导就擅自采取行动。

有关“非难性质疑”的一个生动的例子涉及一个花了15分钟时间才好不容易解决计算机问题的技师。问题源于值班的专家要求这个技师运用扫描仪程序中并不能识别的参数。当技师终于解决了这个问题时，专家走进控制室并且质问他：“这么长时间你都在干什么?”和通常的对话一样，技师恭顺地做了回答。她告诉专家自己遇到了一个问题，但是并没有提到这个问题是源于专家之前的要求。这种对话很快压制了迈向主动的尝试性步伐，也加强了寻求指导的倾向。同时，由于技师未能就指责进行有效反驳，反而强化了专家对其不称职的怀疑，因为他们把技师顺从的原因归结为内疚。

由于专家们并没有意识到是他们自己的行为导致了这种局面，在第六周结束时，他们总结说技师实在是不称职，而且完成一个扫描所花费的时间太长。站在他们作为优势者的角度来看，赋予技师自主权的实验失败了。为了解决这些问题，在第40天的扫描操作中，专家们扯下了所有超然态度的假面具，重新采用了之前的习惯，也就是在病人扫描过程中仍然待在控制室。这个决定标志着第三个结构化阶段的开始。在第三个结构化阶段，第一阶段所发展的脚本深深内置于那种几乎是复制了X光领域技师和专家传统角色关系的互动秩序中。

第四阶段：走向独立

较长一段时间内，市区医院的互动秩序都是稳定的。直到第六周，那四个被专家视为不能胜任全身扫描仪操作的技师被调去做头部扫描工作。同时，有经验的专家重新采用了放射科室其他领域的责任制，这样一来，没经验的专家也能够在CT室轮班。通过对实际经验的相对权衡做了有利于留下来的技师的重新分配，这些变化诱发了结构化的第四个阶段，其间新互动模式的出现让人不禁想起了郊区医院所出现的互动模式。

技术咨询（technical consultation）　郊区医院没有经验的专家是在其自信的表象之下偷偷地进行技术培训，市区医院没有经验的专家却并没有自称对技术问题很了解，而是公开地向技师求助。这些咨询颠倒了市区医院在早期结构化过程中所建立的互动秩序。与之前完全相反，专家现在成了咨询者，而技师则成了指导的给予者。“技术咨询”的脚本类似于“寻求指导”的脚本，只是行动者的角色转换了：(1) 专家咨询某种恰当的行动方式；(2) 技师给予专家一个答复。

专家：(指着电脑中轮流反复出现的几张图片) 我怎么才能停止这个？

技师：(俯身于专家的肩膀之上，在键盘上打字) 你就打 L……R……O，就能使得“载入观察关闭”(Load Review Off)。

专家：好的，LRO。现在，我要怎样才能达到 512 像素？(他在电脑中打了一条命令。)

技师：等等!! 这不是你想要的。(她按了正确的操作键。)

专家：哦！我明白了！很好！谢谢你。

共同执行 (mutual execution)　尽管“技术咨询”颠倒了前几个月制度化了的脚本，但是这种倒置并没有威胁到专家的权威。和郊区医院专家向技师寻求解释的“角色颠倒”不一样，专家在技术咨询中仅仅只是向技师寻求技术信息。尽管有些不同寻常，但是由于放射领域的行业风气总是将技师吹捧为技术专家，所以这种对技师的依赖也并不忌讳。也许是因为这个原因，市区医院的专家作为新手，并没有像郊区医院的同行一样从扫描的日常操作中撤退出来。但是由于没经验的专家不能时时发送指导，而且因为他们也乐于承认技师在技术问题上的能力，所以这两个群体之间的互动形成了一种新的形式。

新的互动模式即“共同执行”，比之前所讨论的所有模式都要复杂。“共同执行”包含了技师和专家共有的寻求指导和给予指导的平衡展现。而且，技师开始提供有关如何操作的建议，而专家也开始称赞技师的才干：

专家：(看着监控器上的扫描过程) 你打算做到哪一步？

技师：我想看看胰腺的上部。

专家：只要十多毫米就可以了。

技师：扫描完这一小团组织 (bolus) 以后你还想试一下动态扫描 (dynamic scan) 吗？①

专家：哦！你能做吗？

技师：嗯，我昨天用纷腾 (phantom) 试了一下。②

专家：那么你现在应该已经能做了！太好了！你现在打算做什么呢？

技师：等着另外两个扫描的加工处理。

---

① “bolus”是一个指称碘酒快速注射的术语。“dynamic scan”是一个能允许一系列扫描以相对快速的方式相继进行的软件。在本研究中，市区医院几乎没有用过这个软件。

② 纷腾 (phantom)，一种医用扫描仪品牌型号。

专家：哦，好！把台子往后拉十毫米，我们现在就开始对她扫描。现在，灯光应该怎么设置？她的呼吸节奏应该怎么调整？

技师：灯光（架子里面的）应该闪三次红色然后停住。

在这种对话中，主导者的身份随着双方专业知识的碰撞在双方之间转换。由于“寻求指导”和“下达指导”的例子在他们的身份转换过程中随处可见，这种互动模式维持了专家的权威性。但是领导地位的转变也允许技师展示他们的专业技能，这种专业技能在专家接受其建议的过程中得到了肯定。因此，“共同执行”中的地位转换状态形成了一种比之前结构化阶段中所有模式都更为平和的互动模式。随着“技术咨询”和“共同执行”变得日益频繁，技师开始制定更多的决策，而专家们则放松了对日常操作的控制。这样，角色关系就开始变得不是那么紧张，市区医院的互动秩序朝着这样一种角色结构发展——专家和技师按照似乎每一方都拥有有价值且互补的技能的方式行事。

不同组织形式的沉积作用

图2给出了本文前面所讨论的、出现在两家医院每一阶段结构化过程中的脚本的数目。竖列实线两边分别是郊区医院和市区医院的脚本，横行实线上下分别是每一个部门的结构化阶段。竖列虚线是对每个地点的脚本归入相应的主导阶段所做的聚类。通过表格中的每一行可以获知某个脚本在其中一个医院的某结构化阶段出现的次数。而每一列记录的则是某个特定的脚本在两家医院的所有阶段中所出现的频次。由实线所形成的主对角线之上的象限显示的是那些对所在医院演化中的互动秩序有着主要作用的脚本。对角线之外的象限代表的是在每家医院，根据另外一家医院的田野笔记中所收集的那些脚本所发生的脚本的频次。

图2左上角的频次模式证实了这一主张，即郊区医院经历了结构化的两个阶段，而且每个阶段的互动秩序都有质的不同。在结构化的第一个阶段，郊区没有出现“暗中教导”（CT）、“角色颠倒”（RR）、“责难技师”（BT）之类的例子。然而，当没有经验的专家开始在CT扫描室值班以后，这些脚本变得频繁起来了，而在第一个阶段常见的脚本的例子开始减少。事实上，在第二个阶段所观察到的那些“不经意的确认”（UV）、“预设答案的提问”（AQ）、“偏好声明”（PS）的少量例子也只是发生在刚刚开始转变的最开始几天，也就是当有经验的专家被叫去CT室帮助没经验的专家时。

市区医院的互动秩序在第四阶段的转变在图2右下角的象限中得到了证实，这一象限展示了市区医院四个结构化阶段中脚本发生的频次。在市区医院结构化前三个阶段的田野笔记中，没有“技术咨询”（TC）和“共同执行”（ME）的例子记录。相反，大多数专家和技师之间的对话呈现的是“下达指导”（DG）和“寻求指导”（DS）的模式，以及“收回成命”（CM）、“僭越控制权”（UC）或者“始料不及的批评”（UCrit）、“非难性质疑”（AcQ）的例子。但是，随着没有经验的专家的到来，这些早期脚本的例子开始急速减少，而“技术咨询”（TC）和“共同执行”（ME）开始变得和其他形式的互动一样常见。

		效区医院						市区医院							
		第一阶段			第二阶段			第一阶段				第二阶段		第四阶段	
医院里的阶段		UV	AQ	PS	CT	RR	BT	DG	CM	UC	DS	UCrit	AcQ	TC	ME
郊区医院	1	6	9	0	0	0	0	10	0	0	5	0	0	0	0
	2	2	3	2	13	14	7	11	0	0	5	0	1	9	7
市区医院	1	0	0	10	0	0	1	47	12	12	21	0	2	0	0
	2	0	0	1	0	0	2	14	1	7	13	11	6	0	0
	3	0	0	1	1	0	0	50	4	9	33	4	7	0	0
	4	0	0	0	0	1	0	13	0	3	11	1	0	11	10

图例说明：

UV=不经意的确认	CM=收回成命
AQ= 预设答案的提问	UC=僭越控制权
PS=偏好声明	DS=寻求指导
CT=暗中教导	UCrit=始料不及的批评
RR=角色颠倒	AcQ=非难性质疑
BT=责难技师	TC=技术咨询
DG= 下达指导	ME=共同执行

图 2　田野调查笔记中那些在市区医院和郊区医院各结构化阶段占主导的脚本发生的频次

两家医院的扫描仪都打乱了用来巩固传统劳动分工的专业性分布。同时，两者也都触发了角色关系的转化，导致 CT 技师比典型的 X 光领域的技师拥有更多的决断力。但是，两家医院的互动秩序也存在一定差异。正如图 2 主对角线之外的象限所示，在郊区医院占主导性的脚本在市区医院是不常见的，而那些在市区医院常见的脚本在郊区医院也比较少见。“偏好声明”是唯一一个出自郊区医院又在市区医院频繁出现的脚本。事实上，“偏好声明”在市区医院第一个结构化阶段的田野笔记中比在郊区医院初始阶段的笔记中出现得更多。为了理解为什么“偏好声明”仍在郊区医院更突出（figural），除了需要考虑两个脚本（指“偏好声明”和“下达指导”）在每家医院出现的相对频次之外，还必须考虑这两个脚本之间互动特征的差异。虽然两个脚本都是专家在下命令，但是只有在强调其偏好的时候，专家才需要对其命令做出合理化解释。因此“偏好声明”暗含了技师要求给出行动理由，而“下达指导”则仅仅设定技师应该按照指导行事。正如从图

2 的数据中可以计算出来的那样，在郊区医院的第一个结构化阶段，“偏好声明”和“下达指导”的比例是 1∶1.7，而这一比例在市区医院的初始阶段是 1∶4.7。因此，仅仅从频次来看，在市区医院，“下达指导”使得“偏好声明”相形见绌，从而极端强化了技师关于专家专业主导地位的认知。由于这两个脚本在郊区医院更趋平衡，“下达指导”中包含的对专业主导的大胆推进被“偏好声明”强调包含的协调意味缓冲。

根据图 2 所示，“技术咨询”和“共同执行”同样是更大范围模式的例外。这两种脚本在郊区医院没经验的专家开始在 CT 室值班以后的发生频次和在市区医院相应的结构化阶段中的发生频次几乎差不多。然而，在郊区医院，这两种脚本是散布在“暗中教导”“角色颠倒”以及“责难技师”的众多例子之中的。后面这几种脚本在郊区医院的人事关系中更为显著，而在市区医院几乎没有出现。因此，这两个研究点看来是沿着不同的互动秩序在发展，尽管这两个 CT 领域的脚本并没有形成相互排斥的状态。

然而，从结构化连续模型的观点来看，同样的技术只有在它们激发了互动秩序并以一种内在一致的方式变动时，才能导致不同的组织结构。一种新组织结构的催生，光靠不同脚本组成两种互动秩序是不够的。每一种互动秩序中的脚本都必须一贯地体现出区分两个系统的弧形特征。如果结构被看作是脚本的语法的话，那么当且仅当每个科室的脚本记录是不同的、内在连贯的行动蓝图时，才可以说这两家医院的扫描仪触发了不同的组织结构。

专家和技师之间制度性的互动模式可由具有合法性的放射专家的主导地位来事先确认。作为一种正式的互动模式特征，专业技术主导地位是通过信息流的方向来体现的。正如布劳（Blau，1964）以及埃默森（Emerson，1972）所述，至少在一次交往的期限内，拥有和发送信息的一方获得了相对于信息接收方的权力。在沟通交流（communicative exchange）这一定义基础上，“集中化”是主导地位在组织结构特征上的表征。在集中化的组织中，不仅决策是由处于科层等级上端的行动者制定的，而且从定义上可以看出，信息和决策也是随着科层地位自上而下流动的。

就信息流动的方向而言，组成两种互动秩序的脚本连贯且一致地展示了相当不同的正式模式。郊区医院的脚本显示了从以相互交流为特征的互动秩序向技师变成大部分信息的发送者而专家成为接收者的互动秩序发展的结构化过程。相反，市区医院的结构化是从专家拥有且发送信息的互动秩序向一个更加平衡的以共享信息为特征的互动秩序的演变。所以，从既有的脚本来看，扫描仪在郊区医院触发了更加去中心化的结构，而郊区医院的互动秩序也因此比市区医院的互动秩序更明显地偏离传统秩序。

关于郊区医院更加去中心化的独立证据可通过衡量专家独立做出决策的比例得到。图 3 将这些指标做成针对郊区医院和市区医院扫描操作日期的函数，进而形成散点图。图中用竖线隔开的区间指示了每一个研究点所假定的结构化阶段。这个图显示了郊区医院专家做决策的比例总体来说比市区医院低得多。在郊区医院的 49 次扫描中，专家做决策的比例不到一半的占了 78%；而在市区医院的 42 次扫描中，相应比例为 26%。

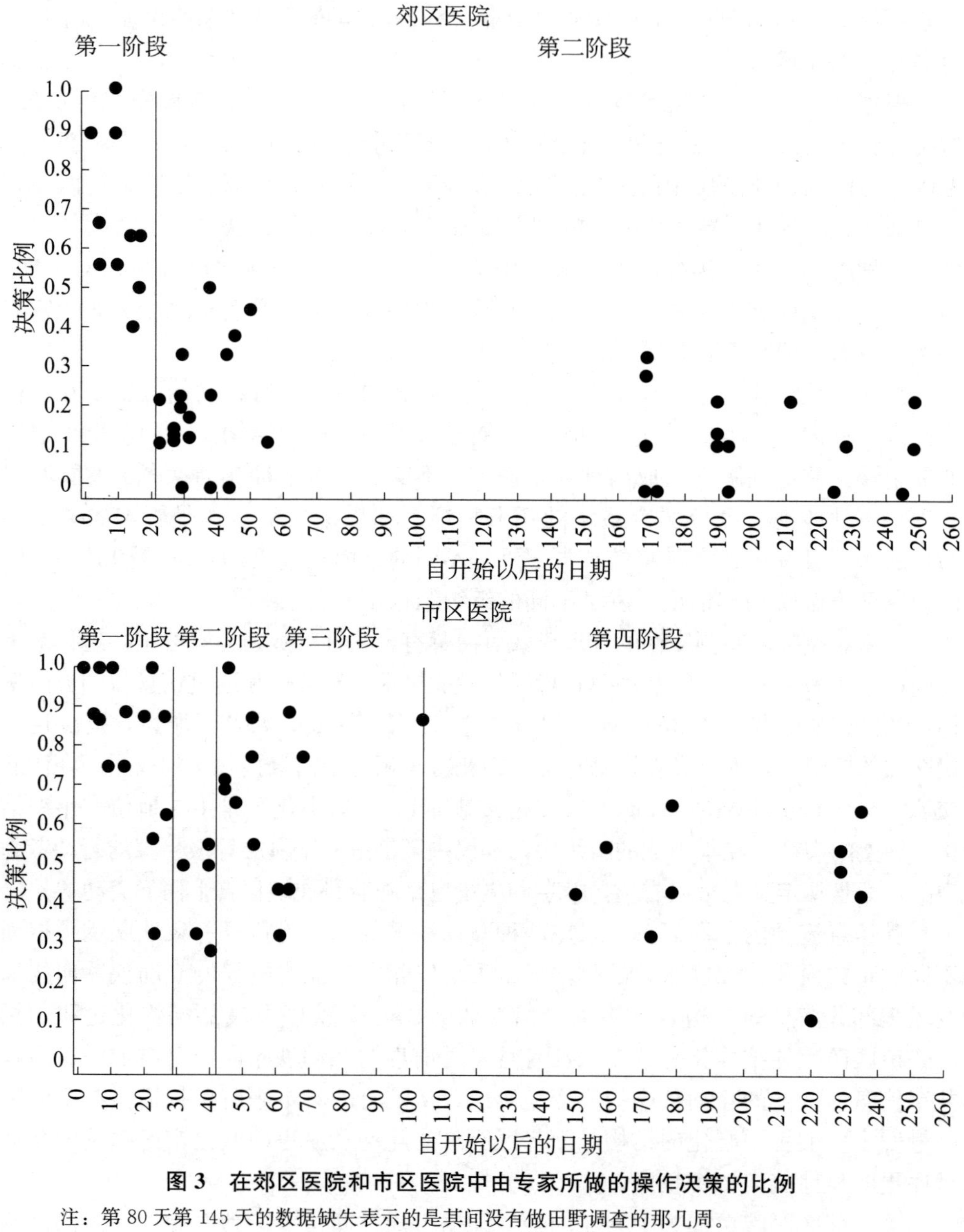

图 3　在郊区医院和市区医院中由专家所做的操作决策的比例

注：第 80 天第 145 天的数据缺失表示的是其间没有做田野调查的那几周。

而且，散点图也显示出每个科室都朝着更加去中心化的结构发展，其速度则如两地结构化分析中所明示的那样。尽管在每个 CT 科室，专家都做了大量的常规决策，但是在郊区医院，他们的介入看起来呈几何速度下降。而另一方面，市区医院专家的介入似乎是以直线的形式逐渐下降的。对专家决策的比例先以扫描操作的日期做一个线性回归，然后加入自变量的平方做一个二次模型（quadratic model）的回归，就能检验我们直观看到的这种差异在统计意义上是否显著。如果结构化进程确如散点图所示，那么用二次模型来预测郊区医院的数据就比用线性模型要好，而对于市区医院来说不需要对线性回归模型做改进。表 1 的回归分析正好为我们显示了这样一个结果：在线性模型的基础上增加二次项只对郊区医院的数据明显增加了方差的解释比例。

表 1　　专家介入决策的比例的线性趋势和二次模型

医院	模型	截距	日期	日期^2	R^2	Df	F
郊区医院	线性模型	0.40 (9.14)**	−0.001 (−4.20)**		0.27**		
郊区医院	二次模型	0.53 (8.94)**	−0.006 (−3.67)**	2.15(10^{-5}) (2.88)**	0.38**	(1.46)	8.36**
市区医院	线性模型	0.77 (17.29)**	−0.002 (−3.60)**		0.24**		
市区医院	二次模型	0.86 (13.38)**	−0.005 (−2.63)**	1.41(10^{-5}) (1.83)	0.30**	(1.39)	3.33

散点图还显示出我们为每一个科室所界定的结构化阶段的适切性。郊区医院的散点图表明，在郊区医院第二个阶段开始之后立即就出现了变异偏离的点。因此散点图似乎证实了郊区医院在没有经验的专家开始在 CT 室值班以后立即出现了技师的决断力迅速上升的情况。市区医院的数据也随着结构化阶段的顺序而变化。请注意，市区医院专家对常规决策的介入在有经验的专家暂时离开控制室的第二个结构化阶段下降并不多；而且，他们的介入在其放弃克制策略的第三个阶段又开始上升；最后，随着第四个阶段没有经验的专家的到来，市区医院专家介入决策的比例又开始下降。

为了确定集中化分数是否支持每个研究点所假定的阶段定位，我们对每个研究点的专家决策的比例先用一系列虚拟变量做回归，这些虚拟变量将每个扫描日期归入决策所发生的阶段中并编码。郊区医院被认为经历了两个阶段而市区医院经历了四个阶段，郊区医院的数据是对其第一个结构化阶段的一个虚拟变量做回归，而市区医院的数据是对其前三个阶段的三个虚拟变量做回归。然后，再利用每个研究点的数据将上述四个虚拟变量结合在一起进行回归分析。如果每个研究点的阶段划分是适切的，则结合模型对于专家介入的预测应该几乎等同于用于描述每个点自身结构化阶段的建构模型。表 2 给出了相应的回归分析，展现了这样一种结果：结合模型并不比任何一家医院自己的模型更能实质性地增加方差解释的比例。因此，研究数据与我们之前的主张是一致的，即郊区医院经历了两个结构化阶段，而市区医院经历了四个结构化阶段。

表 2　　每个科室自己的模型在用于预测专家介入决策的比例时的适切性

医院	模型	截距	郊区医院第一阶段	市区医院第二阶段	市区医院第三阶段	市区医院第四阶段	R^2	Df	F
郊区医院	郊区医院	0.17 (7.46)**	0.50 (9.96)**				0.67**		
	结合模型	0.13 (3.99)**	0.53 (6.91)**	0.01 (0.21)	0.07 (1.31)	0.14 (2.12)*	0.71**	(3.44)	1.43
市区医院	市区医院	0.47 (8.20)**		0.36 (4.77)**	−0.04 (0.39)	0.22 (2.90)**	0.45**		
	结合模型	0.47 (8.66)**	0.22 (2.34)*	0.21 (2.19)**	−0.04 (0.41)	0.22 (3.06)**	0.52**	(3.37)	1.54

结论

如果不考虑其他因素，那么之前的这些分析证明了通过把技术视为结构化的诱因，研究者会因为结构化的主要悖论而马上面临自相矛盾的结果，即同样的技术会触发类似的变迁动力，但却导致了不同的结构化结果。尽管两个结构化过程都与交互连接的连续模型是一致的，尽管每一个科室的角色关系都是朝着同一个方向发展的，但是其中一个科室变得更加去中心化，因为决定这两种互动秩序的脚本的正式特征出现了分化。有理由怀疑那些追求大样本规模而忽视嵌入性、情境性的传统交互影响研究，它们在给出扫描仪对于放射科组织结构没有影响这样的结论时是有风险的，因为正式结构的差异可能在相关分析中使得两者相互抵消。然而，将技术视为结构化的诱因不会否定之前关于技术与组织关系的有价值的研究工作，相反，它是对这些工作的改进和深化。

举例来说，一个唯物主义者可能会认为是 CT 扫描仪的物理特征通过嫁接到放射工作的组织方式触发了结构变迁。与之相关，在有关技术和结构的文献中，技术复杂性（technical complexity）与结构变迁的相关性通常都是这样来考虑的。唯物主义者倾向于强调扫描仪的技术复杂性以及诊断图示的复杂性，并据此认为，因为扫描仪将新的不确定性引入大家所充分理解的世界中，所以角色结构开始松动。我们目前的研究取向也同意这种观点。扫描仪的技术复杂性以及专家对诊断图示的不熟悉，在两家医院都对没有经验的专家的权威产生了威胁，而且迫使他们对技术产生更大的依赖性。然而，从结构化理论的视角来看，复杂性和不确定性是机器与社会系统相结合之后的产物，并非机器本身的特质。也就是说，扫描仪触发了变迁动力是因为它们成了其意义由使用情境所定义的社会性对象（social objects）。由于郊区医院雇佣了有经验的技师，而且没经验的专家在早期就开始负责 CT 扫描，所以郊区医院的扫描仪引起了更大的不确定性，而且对专业主导地位也提出了更大的挑战。而在市区医院，由于放射科室为扫描仪配置的是新手技师，且其对具备专业知识的专家有更大的依赖性，所以扫描仪对原有结构的威胁不大。

这些差异显然影响到了专业知识的相对分布，进而制约了结构化过程。不过这种制约只能部分解释市区医院更显著的集中化过程。如果每个研究点的行动者以不同的方式对其角色关系进行协商，比如说，郊区医院的专家采用市区医院的新手那种姿态的话，那么即使是在同样专业知识分布的情况下，结构化的演进也会不同。换一种说法，如果市区医院的专家意识到他们的行为的自我封闭性，那么他们所助长的互动秩序也可能会有所改变。更进一步，如果所有专家都在上任之前学习过 CT 扫描的相关知识和技能，那么扫描仪可能会触发其他互动秩序以及相应的其他正式结构。简而言之，结构化理论认为当同一技术被应用时，其不确定性和复杂性是随着情境的不同而变化的社会构造（social constructions）。尽管这种现象学观点在佩罗（Perrow，1967）关于技术与组织的经典论文中得到强调，但其多样化结果的含义却从来没有被充分认识。

诸如在蔡尔德（Child，1972）的研究中所发现的那种关于技术结果的唯意志理论可能会认为，本研究的资料表明的是，由于结构化是随着专家所做的人事决策展开的，所以决策制定者实际上决定了技术的含义。人事决策确实意味着结构化每一个阶段的开始，而且也确实影响了每个研究点结构化变迁动力的形成。但是若是因此就认为专家的决策是有意要达到某种结果的，这是有问题的。虽然专家是以某种顺序进行人事聘用以及人事安排的，但是研究资料并没有显示他们有意影响组织集中化的程度。郊区医院的专家聘用了有经验的技师以减少在病人面前的不称职以及玩忽职守事件的发生概率。甚至还有例子显示某些人事决策造成了与意图相反的结构化过程。举例来说，市区医院的专家在结构化的第二个阶段撤出控制室是为了消除技师对他们的依赖性，而不是鼓励其依赖性。因此，从结构化理论的视角来看，决策制定者虽然可能事实上影响了互动秩序的演变，但其决策的结构性结果却可能背离预期结果，难以被准确预测。

因此，结构化理论有别于之前关于技术的研究取向，这一理论假定技术是一种具有触发动力机制的社会性对象，而其推动力所导致的无意识的、非预期的结果可能并不符合情境逻辑。技术确实以一种规律性方式影响了组织结构，但其影响有赖于技术内嵌于其中的特殊历史过程。若要预测某种技术对于某一组织结构的影响结果，需要一套关于技术变迁动力的方法论和概念体系，这一体系接纳了植根于情境的、因人而异的理论建构。举例来说，若要构建一套关于技术如何改变放射工作的理论，我们不仅需要解释相关的专业知识分布，而且需要发展出一套有关脚本的分类系统，以解释专业知识分布如何能够以不同的方式渗透到日常互动中去。结构化理论遵循一种温和决定主义（soft determinism）的理论形式，通过观察时间流来考察特定的社会过程如何引发了多样性，进而从中发现某些普遍的规律性。这样一种独特的研究取向是站得住脚的，因为结构被视为由永不停息的互动所书写的社会历史的精华。没有人会诧异家庭受到历史和仪式化传统模式的制约，这些模式关涉一些不经意的创造者，并以一种系统化的方式延续下去。为什么更大的集体结构就应该不一样呢？

参考文献

Archer，Margaret S.，1982，"Morphogenesis versus structuration：On combining structure and action." British Journal of Sociology，33：455-483.

Barley，Stephen R.，1984，"The professional，the semiprofessional，and the machine：The social implications of computer based imaging in radiology." Unpublished Ph. D. dissertation，Massachusetts Institute of Technology.

Berger，Peter L.，and Thomas Luckmann，1967，The Social Construction of Reality. New York：Doubleday.

Blau，Peter，1964，Exchange and Power in Social Life. New York：Wiley.

Blau，Peter M.，Cecilia McHugh Falbe，William McKinley，and Phelps K. Tracey，1976，"Technology and organization in manufacturing." Administrative Science Quarterly，21：20-40.

Brown，Carol A.，1973，"The division of laborers：Allied health professions." International Journal of Health Services，3：434-444.

Burrell，Gibson，and Gareth Morgan，1979，Sociological Paradigms and Organizational Analysis. London：Heinemann.

Child，John，1972，"Organizational structure，environment，and performance：The role of strategic choice." Sociology，6：1-22.

Comstock，Donald E.，and W. Richard Scott，1977，"Technology and the structure of subunits：Distinguishing individual and workgroup effects." Administrative Science Quarterly，22：177-202.

Dewing，S. B.，1962，Modern Radiology in Historical Perspective. Springfield，IL：Charles C. Thomas.

Emerson, Richard M., 1972, "Exchange theory part 1: A social psychological basis for social change." In J. Berg et al. (eds.), Sociological Theories in Progress, 2: 38-93. Boston: Houghton Mifflin.

Friedson, Eliot, 1970, Professional Dominance: The Social Structure of Medical Care. New York: Atherton Press.

Fry, Louis W., 1982, "Technology-structure research: Three critical issues." Academy of Management Journal, 25: 532-552.

Gerwin, Donald, 1981, "Relationships between structure and technology." In Paul Nystrom and William Starbuck (eds.), Handbook of Organization Design, 2: 3-38. cambridge: Cambridge University Press.

Giddens, Anthony, 1976, New Rules of Sociological Method. London: Hutchinson.

——1979, Central Problems in Social Theory. Berkeley, CA: University of California Press.

Goffman, Erving, 1959, Presentation of Self in Everyday Life. New York: Anchor.

——1967, Interaction Ritual. New York: Anchor Books.

——1983, "The interaction order." American Sociological Review, 48: 1-17.

Hickson, David J., D. S. Pugh, and Diana C. Pheysey, 1969, "Operations technology and organization structure: An empirical reappraisal." Administrative Science Quarterly, 14: 378-397.

Khandwalla, Pradip N., 1974, "Mass output orientation of operations technology and organizational structure." Administrative Science Quarterly, 19: 74-97.

Larkin, Gerald, 1978, "Medical dominance and control: Radiographers in the division of labor." Sociological Review, 26: 843-858.

Larson, Margali S., 1977, The Rise of Professionalism. Berkeley, CA: University of California Press.

Lévi-Strauss, Claude, 1963, Structural Anthropology, vol. 1. New York: Basic Books.

Manning, Peter K., 1977, Police Work. Cambridge, MA: MIT Press.

——1982, "Organizational work: Structuration of environments." British Journal of Sociology, 16: 444-459.

Meyer, Alan, 1982, "Adapting to environmental jolts." Administrative Science Quarterly, 27: 515-537.

Mohr, Lawrence B., 1971, "Organizational technology and organizational structure." Administrative Science Quarterly, 16: 444-459.

Perrow, Charles, 1967, "A framework for the comparative analysis of organizations." American Sociological Review, 32: 194-208.

Propp, Vladimir, 1958, The Morphology of the Folktale. Austin, TX: University of Texas Press.

Ranson, Stewart, Bob Hinings, and Royston Greenwood, 1980, "The structuring of organizational structures." Administrative Science Quarterly, 25: 1-17.

Riley, Patricia, 1983, "A structurationist account of political cultures." Administrative Science Quarterly, 28: 414-437.

Salaman, Graham, and Kenneth Thompson, 1980, Control and Ideology in Organizations. Cambridge, MA: MIT Press.

Schank, R. C., and R. P. Abelson, 1977, Scripts, Plans, Goals and Understanding. Hillsdale, NJ: Erlbaum.

Silverman, David, 1971, The Theory of Organizations. New York: Basic Books.

Sitkin, Sim, and Michael Boehm, 1984, "Structural relations in organizations: On the relationship between behavior, beliefs, and formal structure." Paper presented at the 44th Annual Academy of Management Meeting, Boston.

Stanfield, Gary G., 1976, "Technology and organization structure as theoretical categories." Administrative Science Quarterly, 21: 489-493.

Strauss, Anselm, 1978, Negotiations. San Francisco: Jossey-Bass.

——1982, "Interorganizational negotiations." Urban Life, 11: 350-367.

Van Maanen, John, 1977, "Experiencing organizations: Notes on the meaning of careers and socialization." In J. Van Maanen (ed.), Organizational Careers: Some New Perspectives: 15-45. New York: Wiley.

——1979, "The self, the situation and rules of interpersonal relations." In W. Bennis et al. (eds.), Essays in Interpersonal Dynamics: 43-101. Homewood, IL: Dorsey.

Weick, Karl, 1979, The Social Psychology of Organizing, 2d ed. Reading, MA: Addison-Wesley.

Willmott, Hugh, 1981, "The structuring of organizational structure: A note." Administrative Science Quarterly, 26: 470-474.

技术的多义性:新技术的意义建构 *

卡尔·E. 威克
许庆红 译
李忠路 初校
薛品 审校
王旭辉 终校

新技术，比如应用计算机的复杂生产体系（Ettlie，1988；Majchrzak，1988；Susman and Chase，1986；Zuboff，1988)，给管理者和操作员的意义建构过程带来很多新问题。比如，人们目前面临的新难题是如何恢复由生产体系和电脑系统所产生的令人无法理解的故障。要解决这个难题，就必须承认管理者角色的失败。管理者们过分地依赖头脑中固有的思维模式来对所发生的事情做出判断。由于这种思维模式隐藏得极深，他们并不是很确定自己的判断是否正确。新技术所带来的故障不仅呈现了新形式，而且其自身也在不断地受到干预、修改和重新设计，这意味着新技术在实施过程中的变化从未停止过（Berniker and Wacker，1988：2)。

新技术带来的类似问题会以不同的方式影响组织结构，这还没有被之前的组织学者讨论过。为了理解新技术及其影响，

---

* KARL E W. Technology as equivoque：sensemaking in new technologies//GOODMAN P S，SPROULL L S. Technology and organization. San Francisco：Jossey-Bass，1990. 非常感谢乔治·赫博(George Huber)、丹·丹尼森（Dan Denison）和切特·米勒（Chet Miller）的有益评论，尤其是伊莱·伯尼克（Eli Berniker）对本文早期版本的评论。

我们需要对已有概念进行补充。因此，本文旨在描述新技术的特征，这些特征需要我们对理解新技术在组织活动中的地位的已有概念进行修订，并提出修订后的概念可能是什么。

本文的核心思想可概括为“技术的多义性”（technology as equivoque）。“多义性”是指，承认有几种可能的或貌似合理的理解，因此容易被误传或误解，充满不确定性、复杂性，且令人费解。新技术意涵丰富，因为它们同时是随机事件、连续事件和抽象事件的来源。由这三个层次的事件所组成的复杂系统构造出有限而丰富的意义：有限的意义是指这些意义既不常见又很短暂，而丰富的意义是指这三个层次的事件之间紧密互动，并能以各种方式组合起来。由于新技术有多义性，所以对其的管理需要一个持续的意义体验和建构过程。

如果研究者的关注点从结构转向结构化，从分析转向影响，从静态交互复杂性转向动态交互复杂性，从行为控制转向前提控制，那么技术的多义性特征对组织的影响将更容易被理解。

为了充实这一分析思路，我们将首先简略考察技术研究的主流理论。随后，我们将讨论新技术自身的特征，并对有助于我们理解这些特征的有关组织内涵的四个概念进行转换。最后，我们将对主要论点做出归纳。

技术的定义

以下三种对技术的定义为我们提供了一个理论背景，来阐明主流理论在理解技术变量上的优势和局限。

（1）“我们把技术定义为体力和智力（或知识）相结合的过程。通过这个过程，某种形式的原材料被转化为供其他组织或该组织内部子系统使用的产品。”（Hulin and Roznowski，1985：47）

（2）技术“是一套用于跟其他实体或人群进行联系和沟通的人工或非人工的方法。技术还是管理复杂工程的一种方法，目的是在不友好或不受关注的环境中，建构一个相对稳定的系统，一个具有突生性质的有关零碎事物的系统”（Law，1987：115）。

（3）“技术是一个有关我们改造世界的工具、方法和理论的知识体系。从本质上说，技术是有关人类行为的因果关系的知识……技术是能被学习、编排和教授给其他人的知识。”（Berniker，1987：10）

正如大多数研究技术的学者所述，技术是技能、设备和知识的结合。在这个意义上，第一种定义对技术的理解最具代表性。首先，与其他技术定义不同，它明确指出技术是原材料的加工和转化过程，而这样的表述在其他定义中往往很隐晦。其次，该定义的新颖之处在于提出了技术所生产的产品能在组织内部被投入使用。这一可能性的提出使得在组织内部讨论复杂多元的技术成为可能。最后，该定义值得关注的是，它强调过程而非静态的知识、技能和设备。通过将技术定义为一种过程，作者提醒我们关注时序变化的重要性。

第二种定义十分独特，它强调充满争议和不友好的复杂环境与技术设计和操作紧密相关［例如，参见佩罗（Perrow，1984）有关在争议下产生压力的讨论］。它比其他定义更好地抓住了一个重要事实，即无论是技术的设计还是操作，技术总是在由各种不同要素构成的相对稳定的关系网络中，局部要素发生偶然突变的结果。这一定义是对其他技术定义的一种平衡，因为其他定义将技术视为经过深思熟虑的、合理的、同质的、计划好的、系统化的且为有前瞻性的理性所控制的过程。尽管技术的设计和操作具备其中的某些特征，但当技术被引入科层组织时，这些特征并不能概括整个技术应用过程的特征。而且，劳（Law，1987）的定义允许我们用一种与组织特征更协调的方式去看待技术。

当作者增加了对技术体系的定义后，第三种定义显得尤为合理。技术体系是指“用以生产出有价值产品的机器、设备和方法的特定组合……每一个技术体系都包含一种技术，这一技术源于一个提供设计决策依据的庞大知识体系”（Berniker，1987：10）。

通过区分知识（“技术”）提供的机会和从一个更大的技术体系中选择一个组合，班尼克（Berniker）将技术的设计定义为一个更清晰、更开放的过程，这个过程无须交由工程师来完成。而其他的定义，如第一个定义把知识、设计和技术的某个特定表现放在一起讨论，使得技术成为一个常量，而不是一个变量。我们不久将看到，新技术的复杂性和难以理解的特点使我们需要重新考察有关人类行动的因果关系的知识，重新考察对机器、设备和手段的不同组合的选择，以生产出新技术能在其中发挥作用的产品。

然而，由于技术常常落后于而不是优先于技术体系，班尼克的观点同样存在问题。尤其对新技术来说，一个特定的技术体系常常被用于发现人类行动中某些原来并没有被注意到但可以用于今后的技术设计中的因果联系。因此，技术既是在某个特定技术体系实施过程中学到的经验产物，也是能够在特定技术体系中实现的一种事前的选择。

尽管在随后的讨论中，我们试图对作为知识的技术和作为特定领域知识子集的技术体系进行区分，但因为新技术与技术体系之间有很多重叠，这一区分通常很困难。由于新技术问世的时间不长而且器械新颖，对它们的理解不会比对任何一种技术体系的理解更容易。这绝不是说要减少应用了新技术的技术体系中可能存在的技术与技术体系组合的数量，而是说这些组合源于直觉而非已充分发展的知识。新技术包含大量的即兴性，它们的设计和操作也是以实验、尚未检验的试验和错误为重要核心的。新技术所采用的技术和几乎相等规模的技术体系都被视为是多义性的。

类似上述有关技术的各种定义已被转化为试图理解技能、设备和工艺变化的研究主题。斯科特（Scott，1987）和汉考克、梅西以及彼得森（Hancock，Macy and Peterson，1983）对这方面的探索性研究进行了很好的概括。

在众多有影响的理解技术变化的分析框架中，佩罗（Perrow，1967）以操作员遇到例外情况的数量以及这些例外情况可被分析的程度为基础，对各种技术进行了区分。林奇（Lynch，1974）和威西、达夫特以及库珀（Withey，Daft and Cooper，1983）发展了评估这两种维度的工具。佩罗（Perrow，1986：143）指出，技术的实质可通过非正式的访谈来把握，即“询问人们突然遇到那些既没有现成解决方案，身边也无人了解更多信息的难题的频率”。尽管这些问题可能会引出将技术作为不确定性、不可预测性和多变性的伴随物的回答，但也会掩盖技术具有多变性的某些重要细节。例如，这一模型假设人们知道他们何时会碰到问题。但是，对许多新技术，如核能发电技术而言，其显著特征之一就是操作员通常没有意识到尚需解决的问题。因此，仅仅询问意外和该意外的可分析性就会忽略新技术具有交互复杂性特征这一重要方面（Perrow，1984）。佩罗的模型同样忽视了在新技术环境下更加重要的另一些组织信息。当有人汇报他无法当场解决某问题时，这可能反映出技术原因；也可能是汇报人自身的原因，比如训练不够、欠缺其他的专业技术、经验不足、不自信、理解力差等；另外，还可能是组织层面的原因，例如，在组织失序的状态下，对问题的搜寻会引出源源不断的解决方案。如果有人汇报他无法当场解决某问题，可能是因为现有组织结构使汇报人并不知道有解决方案，或者他面对的是新问题。

所以，当人们汇报说不仅他们不知道解决方案，而且其他人也不知道时，这可能反映了技术问题；当然，也可能是由于人们相互之间缺乏沟通网络；或者，虽然有沟通网络，但却没有弱社会关系牵线搭桥；又或者，他们不愿意请别人帮忙；另外，还可能是他们情愿相信没有人能解决这一问题，特别是当他们没找到一个能解决问题的人时，更是如此。

随着技术变得越来越自动化、抽象、连续、灵活和复杂，对技术的分析也变得更加困难，而且会遇到更多的意外情况。可分析性和例外情况的变化应该被模式化，但问题是，我们的概念和工具是否已足够敏感地捕捉到这些模式，并且区分出其常规化的程度（Perrow，1986）和可分析性，这似乎仍不太可能。

新技术的特征

这部分旨在发现新技术的三个特征——随机事件、连续事件和抽象事件。这三个特征在旧技术中也存在，但在新技术中更为显著，并拥有独特的组织意涵。而且，在现有的技术测量指标中，这三个特征似乎还没有被反映出来，即它们还不是组织研究中的重要自变量。这三个特征都强调了为什么现在对技术微观层次的清晰描述和将其与宏观概念相联系比过去更为关键。

随机事件

戴维斯和泰勒（Davis and Taylor，1976）提出前工业时代是技术决定论，应该做什么、如何做和什么时候做之间有明确的因果关系。但新近的自动化技术不再为技术决定论所主宰。相反，“人们在许多‘重要事件’都随机发生并且不可预测的环境中操作技术”（Davis and Taylor，1976：388）。

例如，布坎南和贝赞特（Buchanan and Bessant，1985）描述了人们由于不能充分理解颜料的化学原理，在运用计算机化过程控制取代颜料的批量生产时所遇到的困难。他们既不知道颜料化学反应的速度，也不清楚副作用的性质，这意味着颜料制造比其他任何制造业都更像炼金术，炼金的过程就是充满随机事件的过程。班尼克（Berniker，1987）描述了建立在制造过程没有被很好地理解基础上的技术体系，并举例说明在从铝土岩提炼出铝，以及焊接飞机零部件的过程中，充满了持续的不确定性。内部紧密互动的技术体系（比如军事指挥和控制系统），从一开始就不断受到各种意外的干扰，需要操作员加以解释、说明、修正或留意意外的存在（Roberts，forthcoming；Metcalf，1986）。

技术往往由一些随机事件促成——如蒸汽锅炉爆炸（Burke，1972）。新技术不寻常的转变表明这种不确定性将长期存在而不是暂时的。所有的技术最初都让操作员感到惊奇，但随着操作员了解的深入，惊奇感会逐渐消退。然而，新技术正常发展的情况并不多见，原因是人们不太理解新技术的工序、原料和连续不断的修改设计过程，也不理解通常情况下技术的实施过程就是技术设计的手段这一事实。另外，随着对计算机依赖程度的加深，出现了两难的问题，即计算机经常不能对技术的实施过程进行完整准确的说明。而且，当计算机试图这样做时，“操作员的状态识别和控制活动逐渐变得与执行中会出错或发生意外的实际过程状态相脱离”（Woods，O’Brien and Hanes，1987：1741）。

组织研究的既有理论通常不能很好地分析随机事件产生的原因和造成的后

果，而是简单代之以投入和产出的变化，或是无法分析的意外情况（Perrow，1967），或模糊了需要决策判断的因果联系（Thompson and Tuden，1959）。问题不在于这些理论本身有错，而在于这些理论将新技术造成的不同影响的各种重要特征一概而论。例如，班尼克（在私下沟通时）提出，随机事件会以以下四种形式之一出现：被理解或不被理解，出现一次或重复多次。只发生一次而且能被理解的随机事件最为常见，但不会引起太多的关注。只发生一次却不能被理解的事件不仅脱离了组织经验，而且会给人带来更大压力。如果令人困惑的事件重复发生，人们就有可能去学习，但这仅限于实验模式下的组织活动。但对某些技术来说，这一实验模式下的推论可能是靠不住的（Weick，1988a）。尽管这四种形式的因果关系都不明确，但其中的适应、学习和构造的含义却各不相同。

如果新技术包含大量的随机性，就会引发一些疑问。既有概念需要更精确的修正，以区分随机事件所呈现的不同形式。坎贝尔（Campbell，1988）对各种形式的任务的复杂性的阐述是这个研究思路上的一种转向。多恩布施和斯科特（Dornbusch and Scott，1975）的动态任务概念包括了与理解随机事件有关的区分。他们提出，工作任务随多种因素发生变化：风险的可预测性（“我能预测即将碰到的问题吗?”）、抵御风险的能力（“我能解决所预测到的问题吗?”）和清晰的目标（“我清楚地执行我想要实现的目标了吗?”）（参见 Dornbusch and Scott，1975：106 所列出的测量维度）。这些维度的吸引力在于将风险诊断、行为反应与类似绩效压力这样的组织约束力分开。我们将会看到，由于新技术对操作员提出了大量的智力性要求，操作过程中也会发生很多意外，所以它们很难被诊断；同时，新技术具有交互复杂性，它们也很难被控制；而且，人们无法就实际业绩表现的构成达成一致，它们也就很难被测量。

随机环境对技能（skill）的要求很特殊。即使很少被用到，一个大的技能清单也必须存在。人们通常处于待命状态，尤其关注系统的启动及预料中可能导致停工的故障。技术操作和维修之间的区分变得模糊。对技术的监测和诊断能力日益重要。人们必须致力于他们认为必须做的事，并有自主权这样做，同时，人们现在还需要承担起“理解差异，处理和消除意外”的角色（Davis and Taylor，1976：388-389）。

如前所述，随机环境代表一个动态的学习目标，因为比起人们积累相关知识的速度，它们变化的速度要快得多。当难以理解的事件重复出现的次数非常少时，学习的机会也就很少了，这就是为什么随机事件已成为新技术的一个永久的特征。

前面的描述重点强调了意外情况经常会出现，它建议操作员和管理者在与技术打交道的多数时候，都应尽可能绷紧神经。本文会更强调这一建议，但在此我们只想简单指出，随机环境可能是一个唤起情感的环境（arousing environment）。而且，既然新技术代表着一种典型的劳动分工，即常规任务自动化，而非常规任务则交由工作者判断、执行，人们就面临着需要做出一系列艰难决定的复杂任务。有证据表明，执行复杂任务比执行简单任务更容易因为过度的情感唤起而中断。这些中断（例如，感知能力减弱，支配性反应占主导地位）往往会降低学习能力，并引发失误。

连续事件

对伍德沃德（Woodward，1965）连续生产技术理论的扩展为我们把握新技术的其他特征提供了一个蓝本。传统的连续型生产通过以下步骤得以阐明：化学产品的批量生产；气体、液体和固体的流水生产；产量不是通过对产品整体的计算来描述，而是通过对宽度、容量或体积的尺寸测量来描述的（Scott，1981）。比起机械化的大规模生产，连续型生产过程往往采用大规模的自动化（Mintzberg，1983）。这说明当我们强调生产的连续性而不是不可预测性时，仍可以把某些技术问题当作随机事件来进行讨论。尽管连续事件和随机事件会共同变化，但我们仍然尽可能对两者做出区分，因为它们代表着新技术中截然不同的问题。

连续型生产运行它们自身的命令——可靠性命令，这不同于随机事件。这一从效率到可靠性的转变可能构成了一个与新技术有关的非常重要的变化。连续型生产的首要要求是确保生产过程按预先设定的流程运作，所以可靠性非常重要。这意味着要有一笔额外支出来维持生产过程的连续性和完整性，即“确保操作连续性的责任比努力工作的责任更为重大”（Adler，1986：20）。

最近，可靠性一直被当作危险技术环境（如核电厂）下的安全问题来强调，但可靠性问题比安全问题更重要。许多与安全问题关联的技术只是一个更大的连续型生产技术体系中的一部分。在核反应堆这样的技术中，连续型生产所引发的问题更明显，后果也更为严重。但对技术系统的各个部分来说，这些问题又是固有的。因此，当前对可靠性问题的关注不仅是对危险性技术大量增加的一种回应，总的来说也是对一组更大的、与后工业技术关联的特殊问题的反应。如果说效率是工业时代技术的决定性特征，那么可靠性则是后工业时代随机、连续型技术的特征。

有许多例子表明连续型生产模式的增长趋势。目前，银行出纳员处理工作的自动化程度要明显高于化学炼油厂的生产流程（Adler，1986）。一旦银行交易单元完成，所有相关的银行账户便立即随之调整。由于数据库是连线登录和操作的，因此任何失误都意味着银行使用不准确的数据进行所有后续操作和计算。大型物流公司的空中交通管理需要连续不停地处理业务（Finkelman and Kirschner，1980）。通常，看似大规模生产的活动，如制作肥皂剧（Intintoli，1984），事实上却更类似于连续型生产。

总体而言，业务处理过程已变得更加连贯。常见的有自动取款机、计算机预订系统、按一天中的不同时段从一个应答地点切换到另一个应答地点的免费电话号码服务，以及支持在销售地点进行连续交易处理的销售点终端机。与以往受限于某地的连续生产工艺（如某个工厂或炼油厂）不同，新技术利用通信技术构建出不受地点限制的组织，并将分处两地的员工、业务和地点统合起来，构成一个连续型生产过程。

有关连续型生产的一个最有趣的例子是灵活的、自动化的制造业。这种技术最大的吸引力在于可以连续生产定制型产品。原来通常在一个加工车间内生产的标准化程度较低的小批量的特定产品，现可用类似连续型生产的过程生产出来（Adler，1988）。这一能力在一定意义上再次佐证了伍德沃德的研究发现。伍德沃德（Woodward，1965）观察单件产品生产系统（unit production systems）和连续型生产系统（process production systems）时发现：这两个系统都采用了比大规模生产时期更有机的组织结构。正如迈尔斯所说："这两种生产系统似乎都被编成了小型的生产群体或团队。在任务导向型的互动中，他们的角色责任较为笼统，拥有更大的非正式性和自主性。在高度理性化的单件产品生产系统中，严格的控制和惩罚是行不通的，也是没有必要的，原因是它们已经内嵌于生产系统本身。"（Miles，1980：59）

一项结合手工制造和连续型生产的技术（考虑到伍德沃德观察到的一些相似之处，这种结合是可行的）将提供一个理解新技术的核心图景。丹尼森（私下沟通时）已表明，可靠性保证成就了手工制造。随着连续型生产的管理者更加注重生产过程和产品而非员工，管理者可能会成为最熟练的工人，或者几乎就是参与单件产品生产的工人（Davis and Taylor，1976）。

比起处理零部件时出现的问题和产品效能问题，人们在处理生产的连续性和可靠性问题时，更需要一套独特的感受力和技能。例如，根据生产过程而不是产品来设想和思考就十分重要。布拉克（Burack）（引自 Davis and Taylor，1976）提出，在工作过程中注意力高度集中的能力、对危机快速反应的能力、在紧张环境中保持冷静的能力和及早发现故障的能力都非常重要。阿德勒（Adler，1986）认为，强调连续型生产过程的新技术，要求员工承担更多的工作责任，能轻松处理抽象程度较高的问题，并对工作中涉及的更高层次的相互依赖性有更深入的理解。

佩罗（Perrow，1984）认为，技术复杂性和强耦合性（tight coupling）的交叉引起了交互复杂性和一系列新的故障（被称作"正常事故"）。这是对以下情况的一个早期认识：一般而言，连续型生产会引发需要特定组织结构的独特问题。佩罗将连续型生产技术的经典案例，如"化工厂"，描述为"交互复杂性"（Perrow，1984：97），而把其他的生产技术，如药物和面包的生产，描述为"流水线式的、紧凑的”。正如我们即将讨论的，流水线式的、紧凑的生产系统很不稳定，因为如果员工没有很好地理解其中的因果关系，这种生产系统操作起来就更困难、更容易出错。以上学者在定义上都同意，连续型生产过程使那些由反复出现的随机事件和高智力要求的工作任务造成的问题恶化了。

随机事件和连续事件的共存引出了几个可分析的问题。例如，我们可以讨论随机事件——它已随着技术本身大量出现，在新技术的应用中，它并不比以往更常见，只是看起来好像如此，因为它在更多连续型生产的背景下变得更显眼了。贯穿本文的一个观点是：认知需求的增加、电子技术复杂性的增强及其与更大领域的紧密互赖，这三者的结合增加了以各种方式出现意外后果的可能性。这些意外后果不一定是失败的同义词，因为它们也可能是创新和学习的机遇。重点是，我们假设与新技术相关的随机事件会更多，但不是说相对于与旧技术有关的相同数量的随机事件，与新技术相关的随机事件会更重要。当然，我们也可能是错的。

抽象事件

越来越多的与新技术相关的工作已被机器消解，也就是说管理者和操作员的工作增加了对推理、想象、整合、解决问题和心理地图的认知需求，以监测和理解在视线之外发生的事情。布坎南和贝赞特（Buchanan and Bessant，1985：303）认为，运用新技术工作的员工，必须对以下四个方面有全面的理解：“第一，生产过程——它的布局、活动的排序及其互倚性（interdependencies）；第二，产品——它的主要特点、性能和各种不同的原材料；第三，设备——它们的作用、性能和局限性；第四，操纵装置——它们的作用、性能和局限性，及其在使用中控制行动的效果。”对这四方面的理解非常重要，因为技术只能部分自我控制，人们必须处理意外情况，并在自动控制系统出错时采取备用措施。相应地，工作人员需要对抽象事件有足够的理解力，才能随时对技术进行干预，加快生产过程或使系统恢复。

新技术赋予的独特的、更高的认知需求表明，操作员错误（error）是一个具有误导性的概念，应加以替换。部分原因是，应由设计者和生产系统负责的错误，往往是操作员受到指责（Perrow，1984）。班尼克（私下沟通时）生动地描述道：“操作员错误成了复杂系统的替罪羊。”因此，至少我们应该讨论操作错误，而不是操作员错误。

此外，新技术使操作员失误（mistakes），而不是犯错（errors），这一区别非常重要。当一个人因为粗心而走神，偏离工作指南或规定的工作步骤，这种犯错就应该受到责备。然而在误解或辨识不清时，操作员会失误。在新技术的应用中，操作员在生产流程中走神或错误执行工作意图时，的确会引发一些问题。但当人们一开始就先入为主地形成了他们的工作意图时，一个会更频繁发生、后果更为严重的问题就产生了。

操作员在工作意图形成中产生的失误有多种来源，其中最重要的是控制理念，即“一个测量-一个指标”（Woods，O'Brien and Hanes，1987：1728）。在实施过程中，这一理念意味着工厂控制室里的每个刻度盘和仪表都记录了每个元件的产出。提供给操作员的最低层次的信息意味着整合、模式识别和诊断都要依赖人为处理和依靠操作员带入监测任务中的模式和经验。对已显示信息的选取不足、对边缘信息的疏忽和描述问题时分心都会影响工作意图的形成。

工作时分心的问题很值得关注，因为它不易被发现，并有扩大的趋势，而且它是新技术和计算机控制紧密结合后所产生的问题的雏形。当数据是同时呈现而非连续呈现时，把单一指标整合进可识别的模式就会更容易。如果操作员很容易就看到一系列转盘，就能相对轻松地创建并执行新的搜索任务。他们能即时查看指示器变化的进度和转盘相对变化的进度，并快速检验原来的假设，也可能被不想看到的奇怪读数难住。当指标在各个视频展示终端上显示时，视觉搜索模式会发生急剧变化。当用新的序列存取指标时，操作员必须自觉地执行新的命令，这可能会分散他们的注意力。因此他们必须记得早先屏幕上的读数，并期望在随后的存取中这些读数并没有改变。让操作员基于某个反常读数的意外发现而偶然做出有价值的诊断似乎不太可能，要求他们能将连续的数据演示转换成同步演示也很难做到（这一转换类似于要求一个空中交通管理者在头脑中将一个二维的雷达演示屏幕转换成汇聚在不同海拔上的飞机的三维图像）。

在工作意图形成中出现的错误通常出人意料地难以纠正，如三里岛（Three Mile Island）事件（Perrow，1984）。在特内里费空难中，荷航 4805 次航班的飞行员坚持认为云层笼罩跑道对起飞没有影响。关于这次空难的研究（Weick，1988b），以及一些对操作员绩效的研究，都证明事实如此（Woods，O'Brien and Hanes，1987）。这些错误通常到“出现新观点时”才会得到纠正（Woods，O'Brien and Hanes，1987：1745）。

尽管我们可以举出许多证明新技术已变得更加抽象，并有较高智力要求的事例，可是我们更需要强调这种变化的意义。新技术基本上是双重意义而不是单向意义的。它们既包括独立的、实际不断演变的、看不见的物质过程，也包括同样独立的、在个人或团队思维中同样持续演变的、无形的想象过程。较少有人指出，心理表征（mental representation）可以被实际过程核对和修正。诚然，有数百个分离的传感器在追踪波动数据，但这些读数并不能传达数据间直接的关系图示，无论是因与果、目标与手段，还是物理关系。当被监测的对象是连续型生产过程时，所呈现的相关信息就是最重要的信息。

因此，与曾经被组织理论家当作预测指标的其他技术不同，新技术既存在于工厂车间，又存在于操作员的头脑中。这并不是说一种技术比另一种更重要，而是说关注技术的认知和微观层次的生产过程，对理解新技术对组织的影响十分关键。

操作员在运用某项生产技术时的具体表现，以及由此形成的工作意图和对控制活动的选择，会逐渐偏离实际操作过程。这使得操作员的控制干预能真正创建一个新的技术体系，这是一个操作员和最初设计的自我控制设备都很难理解的技术体系。人类建构是一个没有缺点、貌似正确的观点。这种偏离是一个逐渐的过程。除了转盘波动出错、个别传感器出现偏差或单个问题呈现多种症状之外，偏离的直接后果并不明显。因此，所谓的错误总是会存在，这一点毫不奇怪。

新技术包含了存在于头脑中和车间里的两种平行的技术。两种技术各成一体。每种技术都和另一种间断性地协调而非连续性地协调，一种技术并不连续地纠正另一种技术。然而，每种技术都对另一种产生很大影响，而且两种并行的技术都会产生一些让人一时难以理解的事物，这是由于每种技术所控制的生产过程都是不可见的。

新技术的概念化

在以往有关影响组织运行的确定的、机械的物理技术的讨论中，结构、分析、复杂性和行为控制这些概念已十分常见。然而，随着技术变得越来越随机、连续和抽象，这些概念不再像过去一样有解释力。因此，我们现在需要更多地谈论结构化、影响、动态交互复杂性和前提控制。下面的讨论将解释这么做的原因。

从结构到结构化

确定性的、稳定的技术适合于确定性的组织结构，但技术向随机的、自动化技术的转变要求我们更加重视结构化和结构演变的过程。结构化指的是“通过其成员在互动中对规则和资源的使用，社会系统的生产和再生产”（Poole，n. d.：6）。这一表述的要点是，系统是在互动和规则基础上建立的，作为行动的资源是人们用于设立组织的工具，而且，更重要的是，结构既是互动的媒介又是互动的结果。人们创建了结构，反过来又受到结构的制约（Turner，1987）。早期观念仅强调其中一方而忽略另一方，而结构化对结构演变过程的两个方面（限制和被限制）都给予了同样的重视。

结构约束行动这一观点（Khandwalla，1974）在早期对机械化技术的讨论中占据主导地位。但这种视角是有缺陷的，因为它把结构当作一个既定的因素，并低估了人类行动能够改变结构的程度。与此相反的观点强调结构是在不断行动中自发形成的（Weick，1969），这犯了相反的错误。它认为正在进行中的行动不会受到任何外力的干扰，这样就低估了制度化模式对结构得以产生的行动所施加的前提性约束作用。

戈夫曼关于“日常生活中的行动者既是社会秩序的表现者，又是社会秩序的制造者”的研究发现为结构化这一概念提供了佐证（引自 Barley，1986：79）。同一个人既是建构游戏的“骗子”，又是被卷入已经建构起来的游戏的受害者。通过前期互动所设置的行为框架，加害者却成了受害者。

巴利（Barley，1986）对两个采用 CT 扫描仪的放射部门的分析，清晰地阐明了技术是如何影响结构化的。一个部门的初级专业知识掌握在技师手中（郊区医院），另一个部门的专业知识则掌握在放射科医生手中（市区医院）。两个部门引进的新技术是完全相同的——Technicare 2060 全身电脑扫描仪。由于这项技术是随机的（例如，在基本的脑部图片中，有时骨伪影似乎不可预见，这使诊断变得困难）和连续的（例如，为突出身体某些部分而注入染料的时间长短会影响可能得出的诊断结论），而且该技术系统采用了新的诊断符号，因此脑力劳动工作量非常大。该技术被假定通过以下方式影响结构化。首先这项技术具有外生性。当新技术被引入一个技术系统时，该技术要么确认系统固有的互动模式，要么将其打乱并进行重组。互动模式是靠脚本（script）传输的——“标准化设计的各类情形的不断重复构成了互动秩序的基本背景”（Barley，1986：83）——创造了结构和行动之间的互惠链。因此，技术认同或更改了在原来结构中产生的脚本。当新的全身扫描技术同时被引入两个部门后，放射科医师和技师都凭借传统的，具有重要性、合法性并取得统治地位的制度化的模式（参见 Riley，1983）去建构规则来处理这一技术，并解释它生产的陌生产品。然而，技师遵从专业放射科医师这一传统模式被证明是不适当的，特别是在郊区医院。因为放射科医师没有完全了解这项技术。这项令人困惑的技术总在两种模式间摇摆：一种是建立在过去经验上的、占支配地位的、合法化的理想模式，另一种是试图发现新的诊断符号所代表的含义的棘手问题。鉴于这种变动，新的行动模式出现了，并被纳入脚本，这使得制度化的结构发生了持续性的变化。

为了理解放射科医师和技师的互动如何创造和改变结构，我们需要更仔细地观察从新技术参与的行动中产生的脚本。其中的一些脚本加强了传统的制度化形式，比如“下达指导”“收回成命”“僭越控制权”“寻求指导”和“始料不及的批评”。另一些脚本则修改了制度化的形式，比如“偏好声明”“暗中教导”“角色颠倒”和“共同执行”。每个脚本都建立在由技术引发的行动之上，但技术对于结构的影响通过认同脚本和修改脚本的比例来实现，而不是通过一些静态的渠道，如僵化的工作流程来实现。例如，“偏好声明”（修改脚本）与“下达指导”（认同脚本）的比例在郊区医院（1∶1.7）要低于市区医院（1∶4.7），这意味着相同的技术在郊区医院产生的结构性变化要比市区医院大，原因是相同的技术导致了不同的社会秩序结构。“下达指导”是现行体制下放射科医师的地位高于技师的直接体现，也是现存结构的纯粹表达。但随着纯粹的条例不断为强调协作的脚本所修改，传统的结构模式也发生了改变。当系统采纳和使用不同的技术时，诸如此类的脚本认同和脚本修改既是技术形塑结构的方式，也使得技术本身为结构所形塑。

结构化和技术之间的关系可以用偏差放大系统来表示，如图 1。从 C 到 D 的箭头表示行动对结构的约束，从 E 至 B 的箭头表示制度化对行动的约束。无论是认同脚本还是修改脚本，都可以在 B 或 C 这两个阶段产生。请注意，当我们用这种方式描述技术的结构影响时，一旦技术推动了这个过程，其后果就取决于它如何融入行动的过程。这种嵌入性是行动、脚本和制度形式的混合体，但技术本身的改变取决于这三个要素间的相互作用。这正是结构化假说的核心思想。而且，随着技术变得更加多变、更难以理解，技术对改变组织结构的影响就更不明显了，坚持这个观点非常重要。

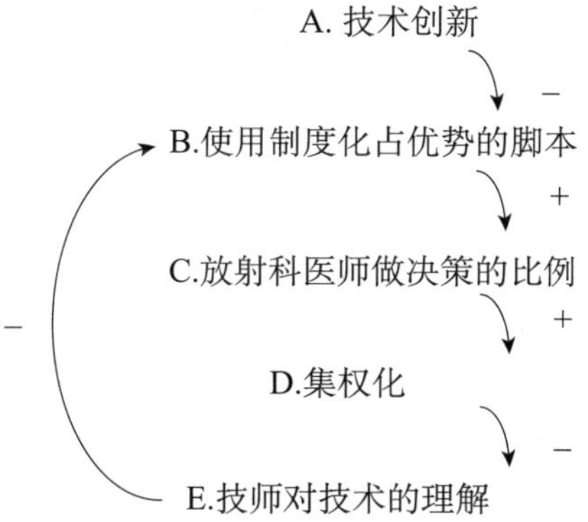

图 1　结构化和技术

有几种方法能扩展巴利（Barley，1986）的分析并引入新的技术维度。引入技术的地方正是组织结构最容易受到技术影响的地方（Winner，1986），巴利的分析解释了其原因。当在结构的背景下定义技术时，技术被视为需要人们适应的不言而喻的事物，而不是可与其互动的、可被修改的事物。结构化使观察者不断地重新定义结构、行动和技术。结构化的初始阶段十分重要，因为它们决定了学习哪些技术和学习的速度（例如，市区医院的技师对技术的掌握很少，而且掌握的速度很慢，尽管我们假定他们理解该项技术）。

巴利（Barley，1986）的描述可以从概念上而非结构上加以分析，部分原因是事件的不确定性如此显著并且在两个环境下不断变化。郊区医院比市区医院的不确定性要高，因为郊区医院除了和市区医院共享相同的新技术的不确定性以外，还附加了新的社会秩序的不确定性，即在郊区医院，技师比医生拥有更多的专业知识。

有关权力的权变理论（Hickson et al.，1971）与巴利的分析有关，因为市区医院的放射科医师和郊区医院的技师都处于解决重大不确定性的职位上。这个享有权力的职位符合市区医院的分工传统，却并不符合郊区医院的传统。虽然权力的差别很明显，但权变理论并没有对这些差别如何影响互动、技术的定义和结构变化机制做出详细阐述，所以结构化视角是一个有益的补充。

与 CT 扫描仪相连的不确定性可以看作发展比如相互调整、横向沟通和会议等新协调机制的一个刺激因素（Van de Ven，Delbecq and Koenig，1976）。比起市区医院，大多数协调机制将会在郊区医院得到发展。尽管这一隐含的过程不能充分地把握历史和制度的变动机制，以预测协调机制如何建立及其对于行动的意义，但这一预测与所研究的案例是一致的。

除结构化之外，尽管还有其他方式可以分析巴利的案例，但它们都无法如此简洁地指出，技术既是结构的原因，又是其后果。技术的这种双重作用的产生，缘于结构化是一个持续的过程。它通过脚本、互动和传统形塑了技术的含义，而且结构本身也为这些含义所形塑。从这种视角看待结构是一个重要的概念转换，因为我们需要用这种转换来理解新技术的影响。

从分析到影响

综观上述讨论，我们已经暗示，新技术能够激发使用者强烈的情感波动。这种感受对技术的操作过程具有实质性影响。因此，我们不仅需要了解操作员在他们的智力范围内如何解决问题，还需要了解他们在压力下是如何做的。在压力下解决问题意味着既要应付被打断的问题，又要避免过多的情感唤起（arousal）。我们将依次回顾这两个问题。

当一个连续性过程开始失灵时，对一个指标的过度测量偏差会由警报器标示出来。在此情况下，操作员将遭遇如“雪崩”般的警报（Woods，O'Brien and Hanes，1987：1 735）。在某个参数突然变化的最初几分钟内，两百个报警点可能都会响应。然而，由于报警器由电路控制，而不是由多变量控制，操作员从报警器自身得不到任何模式识别方面的帮助。而且，他们是在大量令人分心的情形下搜索模式的。

贝尔沙伊德（Berscheid，1983）和曼德勒（Mandler，1984）关于情绪的理论建构（the theorizing about emotion）表明，与警报报警类似的阻断，对情感唤起和情绪体验来说，是一个充分和可能的必要条件。由于连续性过程中的阻断是一个长期存在的威胁，并且随机事件经常导致阻断，因此，我们可以预期，强烈的情感卷入是与新技术共存的。

如果我们更仔细地考察情感唤起和操作过程中的阻断之间的关系，就能理解强烈的情绪体验和新技术的关联。情绪体验的一个必要条件就是情感唤起，或是自主神经系统的情感释放。情感唤起的生理学意义在于让人做好“要么对抗，要么逃跑”的准备。更重要的是，情感唤起也具有心理学意义。它警示人们必须注意某些刺激，以便采取适当行动。这个信号表明，个人利益可能会受到威胁。

情感唤起的一个重要特征是其发展的缓慢性，这点经常为研究压力的学者所忽视。情感唤起发生在刺激后的大约两至三秒。这种延迟为采取更合适的直接行动提供了时间。因此，自主神经系统是次要的、备用的支持系统。当直接行动未奏效时，该系统被高度激活。当高度唤起的情感被人体感知和估量时，当下情境和以往相关情境就会建立起联系，这种联系会赋予当下情境以意义。情感唤起使人们寻求问题的答案：“这是怎么回事?”个人的社会化程度不同，答案也就各不相同。

关于情感唤起和认知评价的变量可以在很多研究情绪的范式中发现，但曼德勒（Mandler，1984）和贝尔沙伊德（Berscheid，1983）研究的独特之处在于他们强调行动次序的中断将触发人们的情绪波动。在组织中，安排有序的工作进程是通过标准作业程序（standard operating procedures，SOPs）、连续型生产流程、脚本和工作角色来实现的。执行的次数越多，组织起来就越紧密。而标准作业程序或工作计划的中断是自主神经系统产生情感唤起的一个充分和可能的必要条件。

中断是表明环境发生重要变化的一个信号，因此，预期进程的中断对人们的情绪来说是一个重大事件。它具有重要的进化论意义，即有利于构建一个当环境发生变化时能够及时做出有效反应的有机体。

情绪出现在这两个时刻之间：一是组织中有序的工作进程被中断；二是中断刺激被消除，或找到使工作进程完整进行的替代性反应。在中断刺激被消除和找到替代性反应之前，自主的情感唤起越来越强烈。当工作进程第一次中断时，需要付出双倍的努力去使其恢复。这意味着双倍的努力和主观的情绪体验（emotional experience）可能会同时发生。被中断的工作进程被组织得越紧密，情感唤起就越明显。如果有许多方式可以使中断的工作进程得以完成，情感唤起就不容易发生。这表明能够随机应变的人们表现出较少的情绪性行为和较少的极端情绪。他们可以创造更多的替代性行为，所以他们的情感唤起水平要远低于那些很少有替代性行为的人。最后，更高层次、更普遍的工作计划被中断应当比低层次计划被中断更容易产生情感唤起。

如果我们将这些观点用于讨论新技术，我们首先会问：“技术中断是如何分布的？哪里最有可能发生中断？通过何种方式组织起来的工作进程和工作计划有可能被打断?”如果我们能说明这一点，那么我们就可以预测哪里最有可能发生情绪体验以及这些情绪体验的强度。例如在较新的、未组织好的反应进程系统，标准作业程序较少的环境，以及松散结合（loosely coupled）的技术环境下，中断的破坏性较小，且成熟的工作计划也不太可能发生中断，因此激起的情绪也较弱。

到目前为止，我们仅讨论了情绪发生的频率，还没有讨论情绪的类型。当一个组织有序的活动进程被意外中断，且人们认为该中断会带来危害时，负面情绪就会被激发出来。如果没有办法消除或规避这种中断，那么中断持续的时间越长，负面情绪就越强烈。

概括而言，“情绪本质上是一种无反应（non-response）的活动，它发生在人们意识到中断事件和面对事件采取有助于维持或促进个人利益的替代性行为之间”（Berscheid，Gangestad and Kulakowski，forthcoming：396）。当人们执行的某项组织有序的工作进程被中断时，他们会努力寻找原因和补救措施。他们寻找的时间越长，情感唤起的程度就越高，情绪也就越强烈。如果他们发现中断减慢了工作进程的完成速度，就很有可能会发怒；如果发现中断加速了工作进程的完成速度，则可能会感到高兴；如果发现中断可以设法克服，又会感到如释重负；但如果他们发现中断已阻碍了更高层次的工作计划，那么愤怒可能会变成暴怒；不过，如果他们发现中断只是阻碍了次要的活动进程，他们就很可能只是略感失望或略微生气。所有这些情绪体验都伴随着人们加倍努力地完成中断了的原始工作进程而产生。

除了加倍努力以完成中断的工作进程之外，我们还能预料到新技术条件下由情绪引发的其他行为后果吗？该问题的提出直指一个更有价值的问题，即情绪是扰乱还是促进了工作进程的有效运行。由于争议一直存在，我们必须假定这两种意见都是部分正确的，而且我们必须指出情绪何时破坏或促进了工作进程的有效运行。要做到这一点，我们先得接受一个有争议的假定，即情绪和业绩之间的关系符合与耶克斯-多德森定律（Yerkes-Dodson law）有关的倒 U 形曲线假说（Broadhurst，1957）。虽然尼斯（Neiss，1988）最近的评论提出了与整体情感唤起有关的重要问题，并提醒我们发动机的性能是由多因素决定的（overdetermined），但在本文中，我们仍然保留情感唤起这一概念，并把它看成对以下观点的简写形式：“重要事件的不确定性会以类似于耶克斯-多德森定律的方式影响业绩表现。”既然重要事件的不确定性看似对人们操作随机、连续和抽象的新技术时所遇到问题的恰当描述，那么我们认为有必要保留情感唤起概念和倒 U 形曲线假说，来作为考虑这些问题的的出发点。

这一出发点的基本思想是：从零点开始，随着情绪强度的增加，业绩表现也不断提高，直至某一点；当超过这一点时，业绩表现就开始下降并最终导致行为紊乱。“最佳点很快就会实现，也就是说，低强度的情绪对应的是不太良好的业绩表现。一般而言，情绪强度的增加，会导致更好的技能、更好的辨别力、复杂的推理任务和比执行常规活动更能够获得的技能。”（Frijda，1986：113）

因此，情绪是促进还是阻碍工作进程的有效运行，取决于倒 U 形曲线是上升（促进）还是下降（阻碍）。为了超越粗糙的倒 U 形曲线模型，对情绪和业绩间的关系做更深入的理解，我们必须询问另外几个问题：

（1）那些先天的、熟练的、支配性的反应是在与任务有关的情绪状况（情绪提高业绩表现），还是在与任务无关的（情绪降低业绩表现）情绪状况中变得突出的？

（2）情绪是适度地降低了注意力（Weltman，Smith and Egstrom，1971），使得人们忽略外围线索，但仍关注主要线索（即情绪提高业绩表现），还是大大降低了注意力，使外围线索和主要线索都被忽略了（即情绪降低业绩表现）？

（3）情绪是否会诱导人们回归到一种更为原始、简单和了然于胸的行为方式，并相应放弃新的、复杂的和不熟悉的反应方式（Eysenck，1982）？达尔文称之为功能性蜕变的情绪状态，意指较低层次的情绪推翻了较高层次的情绪。弗利达（Frijda，1986）指出，固执地坚持一种熟悉的行为方式可以被看作一种倒退的反应模式。回想一下，固执于简单诊断正是控制室诊断中一个长期存在的问题。

对技术来说，关键在于注意力范围会随情绪波动而变化（Weltman，Smith and Egstrom，1971；Berkun，1964；Wachtel，1967）。这种变化会影响到对任务的理解和执行。假设人们试图理解他们看到的东西，当他们的注意力范围变化时，他们对所做事情的描述也会随之改变。因此，当情感唤起变化时，除了任务执行，对任务的理解本身也会发生变化。由于操作员正在执行的任务不同于他所看到的任务，所以时好时坏的业绩表现可能会持续。问题在于操作员理解上的差异可能源自所承受压力的不同，而非权威和职位。

巴利（Barley，1986）的案例中有一个明显的例子可以证明这种可能性。市区医院的放射科医生不断地对技师们发号施令、紧急训话、不明不白地撤回指令，或加以讽刺和强行控制。这些行为都容易使技师们倍感威胁，情感唤起就更强烈。而这反过来可能会使他们的注意力范围变得狭窄，更难进行深入学习，还切实改变了他们对 CT 扫描仪给他们提出何种任务的认识。这些影响降低了技师们的学习能力，强化了放射科医师所施加的压力，从而使得技师们的深入学习变得更加困难。

高度情感唤起会阻碍学习的看法不太强调职位、权威和结构的差异，却比较注重情绪造成的破坏性后果，比如在高度情感唤起和复杂技术条件下出现的胁迫感和恐惧。由于不断的学习正是新技术的一部分，所以任何妨碍学习的因素如情感唤起，都具有相当的重要性。

由于新技术对抽象脑力劳动要求很高，我们既要注意到要求的提高，又要注意到这些要求是对脑力方面的要求。脑力劳动是一种会引发情感唤起的情绪体验，这意味着脑力劳动过程可为情感的影响所修改。新技术具有看似可以强化情感影响的特点。如果这种强化发生，这一影响就能形塑技术，因为它削弱了对技术的关注。随着注意力范围的变化，对技术、技术的影响、业绩表现稳定性的理解都会发生变化。要改变人们对待技术的方式，就要理解注意力的种种波动。正如我们提出的，这些波动是由不确定性导致的，这种不确定性以类似于整体情感唤起概念所假设的方式影响人们的注意力。

从静态到动态的交互复杂性

事实上，在高度情感唤起条件下，随机型和连续型生产的含义已超出了个体分析层次。这可通过对佩罗交互复杂性概念的扩展来阐述。图 2 说明了这一基本思想。由上至下，佩罗（Perrow，198）依据技术的复杂性（线性的、复杂的）和技术之间的连接状况（松散的、紧密的）对组织进行了分类。交互复杂性发生在象限 B，即飞机制造、核动力反应堆和化学加工厂所在的象限。图 2 的左下部是典型的绩效与情感唤起之间关系的倒 U 形曲线。沿着这条曲线隔开的各个数字，代表情感唤起的四个不同阶段（1＝最低，4＝最高），在图 2 右下部的四个小图中，那些数字也代表相同的含义。右下部的四个小图说明了当人们在工作中感到压力增加时，各系统所发生的变化。例如，小图 2 表示当压力从曲线上的第 1 点增加到第 2 点时，松散连接的系统就变得更加紧密。小图 3 表示压力越增加，线性的技术系统就变得越复杂。小图 4 则表示当压力继续增加时，交互复杂的系统分裂成多个松散连接单元的复杂排列。

	线性的	复杂的
紧密的	A. 电网系统	B. 飞机制造
松散的	C. 邮局	D. 大学

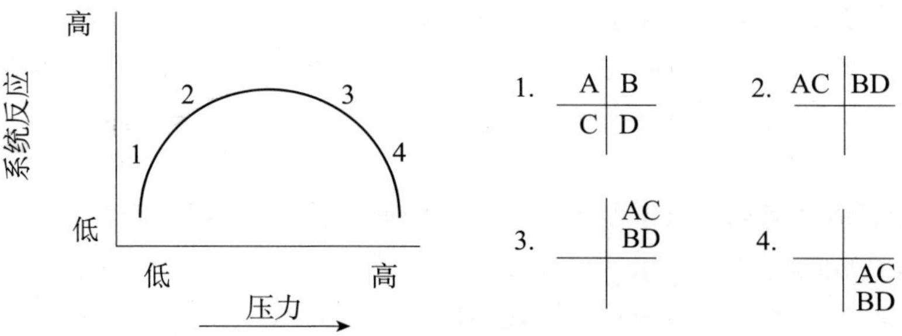

图 2　交互的复杂性

这些组织和技术变化所导致的工作进程，可通过观察伴随情感唤起所发生的变化来解释。当情感唤起从第 1 步增加到第 2 步时，工作组群趋向于更加集中（Hermann，1963），而个人趋向于在任务执行中忽略外围线索，只关注主要线索（Easterbrook，1959）。随着人们更加以任务为导向，他们的业绩表现会提高，相互依赖性也会增强。松散连接关系变得日趋紧密，但技术复杂性并没有任何变化，其原因是对任务执行至关重要的所有线索仍然处于被监控状态。

如图 2 的小图 3 所示，随着压力继续增加，操作员和管理者开始忽略对任务执行至关重要的线索。对需要了解的某些信息的忽视，意味着事情比往常更复杂和更难以理解。如果他们忽略了对业绩表现而言至关重要的信息，就会忽略或误解现有变量间的相互作用。而且，他们的介入可能会在无意间引发新的干预。情况变得更加复杂和环环相扣，这意味着所有组织都会遇到这种情况，而不只是那些以交互复杂性为起点的组织。佩罗的分析暗示，一旦将组织划分到四个象限中的某一个，它就会一直处于该象限。但该分析忽略了情感唤起对理解任务的重要影响。情感唤起的增加所产生的注意力的集中化、感知范围的缩小和认知的倒退这三者的组合，会改变人们对工作任务和结构的理解，从而改变复杂性和耦合性的组合。

作为情感唤起的结果，将某个组织归入佩罗的四个类别之一的行为就更为多变，我们可以借助这种行为拓展他的分析。采用紧密连接的复杂系统维持常规运行的组织（象限 B），应该比采用其他三个象限模式的组织更了解也更适应交互复杂性系统运行的环境。象限 C（松散的/线性的）中的组织对交互复杂性（紧密的/复杂的）了解最少，这意味着当它们变为更紧密的和更复杂的组织时，以它们现有的经验，可能很难应对交互复杂性。象限 A 和象限 D 中的组织对交互复杂性的应对水平大体相当，优于象限 C 中的组织，但不如象限 B 中的组织。

判断组织无法应对交互复杂性的一个指标是组织解体并从象限 B 转到象限 D 的速度。如果我们假定，缺乏处理交互复杂性经验的组织会很快解体，那么松散的/线性的组织会首先退出象限 B，其次是松散的/复杂的组织和紧密的/线性的组织。在面对持续的、强烈的情感唤起时，最习惯于交互复杂性的组织最终也会解体，但它们将比其他形式的组织存活得更久，或能做出更好的决策。

无论情感唤起的增强是源于资源稀缺（Lawrence and Dyer，1983）或注意力的要求（March and Olsen，1986），还是源于“矛盾的信息、意外情况和难以理解的互动，以及对专家制定的、在特殊情况下可能不适用的严格程序的必须遵守”（Perrow，1984：151），当情感唤起发生在连续型生产过程、随机事件和高强度脑力劳动三者相结合的情况下时，其情感唤起的增强都会更频繁、更强烈且更具破坏性。

交互复杂性不是绑定在特定技术（比如核反应堆）上的固定事物。当人们难以控制和预测时，情感唤起就会增强。由于新技术改变了许多人已经适应的控制和预测过程，因此情感唤起可能会在大多数时间伴随大部分新技术。更严重的是，情感唤起带来的影响使得本来就已经很复杂的新技术变得更复杂。随着感知范围变得狭窄和少数可见的反应模式消失，随机事件也会变得更复杂。

我们主张交互复杂性是动态的而非静态的，并不是说研究者可以只关注感知能力而忽略物质产品（material artifacts）和结构。物质产品使得意义体验处于变化之中。意义体验受到行动的约束，行动本身又受到物质产品的约束，而且意义体验试图诊断技术所忽略的问题。通过对交互复杂性概念进行重新定义，我们试图强调：由新技术导致的不断增加的脑力劳动，迫使人们更多地通过自己的解释来理解正在发生的事情。这样的解释必然有不完备之处，但它意味着更多的物质性事件会发生更长时间的互动，潜在地产生更多的重要后果——这不仅超出了人们的视线范围，更严重的是还会超出人们的理解能力。当人们在过度的情感唤起的条件下，使用容易出错的模式去处理随机、持续和抽象的事件时，交互复杂性便是其中的一个后果。

过程运行的思维模型与实际运行过程逐渐偏离，使得随机、持续和抽象的事件造成的后果不断扩展，且变得越来越难以理解。每当过度的情感唤起使注意力的范围缩小，并允许事件在不被注意或不受监控的情况下产生互动时，这些后果就有可能会出现。所以，尽管没有人有意为之，但一个新技术系统和一套新交互模式业已产生。从这个意义上讲，人们能够将一个简单的线性系统变为一个复杂的交互系统，而且，交互复杂性和新技术已紧密地结合起来。

我们并不是把缺点归咎于操作员。恰恰相反，我们认为技术系统的设计在以下诸方面都没有做好：使情感唤起处于适度水平，使复杂的判断工作变得简单，在团队成员之间适当分配职责，减少注意力分散，鼓励尽早汇报错误和及时解决问题，减少压力的产生，增强可控感，或提高注意力的放松程度。

考虑到操作员所面临的难题，显然他们已经尽力而为。如果三年后专业分析团队仍不能完全确定三里岛发生了什么事，那么我们不能指责仅有 13 秒时间来确定发生了什么事情的大多数操作员。正如弗利达（Frijda，1986：476-477）所说："一个人不能一直经受和忍耐生活中的所有意外。你还能指望从一个仅用 9 个月制造出来的、不过大约 70 公斤重的系统中得到什么？……我们也可以假定人们已经有充足准备来有效处理各种重要的突发事件，这必然要付出代价。例如，有些情绪准备是应对紧急情况的，它们依靠最少量的信息处理快速做出反应。如果系统能做到这一点，我们就不应该抱怨在这些场合下，它的信息处理不够完整，也不应该在更精确的意义分析显示系统没有必要反应之前，抱怨系统正在做出的反应。"

从行为和产出控制到前提控制

随着新技术越来越呈现出抽象的应用知识形式，它们在操作员的头脑中隐藏得越来越深。这意味着对这些技术的有效控制将会通过认知因素和非强行的控制来实现。新技术条件下的强行控制方式，如命令、规则、条例、特殊限定或等级制度（Perrow，1977）需要给予比平常更多的考察和斟酌。例如，在新技术中，由于可见行为在实际生产投入中只占很小一部分，所以行为控制（Ouchi and McGuire，1975）更加困难。因此，行为是一个不太有意义的控制对象：可被监测的行为变少，观察到的行为的影响会因交互复杂性而令人难以理解，而且，即便是同样的行为，可能也会通过准确性程度差异很大的私下判断来做折中处理。所有这些困难意味着观察到的行为对于判断运行中的生产过程是否正常没有太大意义。

与之类似，产出控制也很困难。有形的产出没有太大意义，原因在于除了操作员的行为，还有很多观察不到的决定性因素会影响产出。尽管操作员对产出可能负有责任，但如果操作员和监督员都不能理解正在发生的事情及其原因，那么这样的问责就显得十分空泛。

相对于旧技术而言，诸如直接监督和标准化管理这类强行管理控制对新技术的使用没什么影响，因为新技术的使用很难被监测或标准化。然而，这并不是说在采用新技术的组织中强行控制已经消失，而是说以决策前提形式进行的非强制控制（例如，管理上的社会心理假设被纳入工作安排）应该具有更大的影响力。组织在人们头脑中执行的情况越多，依靠有形的、可感知的、显而易见的物品来执行的情况越少，决策前提就变得越重要。认知是影响组织产出的一个越来越重要的因素，因为随着有形产品的减少，组织越来越需要通过隐藏的线索去想象、设想和完善认知。所有这些补充都是认知性的，且受决策前提的影响。

根据佩罗（Perrow，1986：129）所言，当控制成为行动基础的前提时，“下属就会自发地限制需要关注的刺激范围（‘这类事情是无关的’或‘那和这件事有什么关系?’），以及将被纳入考虑的替代方案的范围（‘这事永远不会发生在我身上’）”。在非例行的工作中，前提控制十分重要，这就是我们要在随机技术背景下强调前提控制的重要原因。

当管理上的社会心理假设被纳入技术设计和组织设计中时，前提控制就产生了。正如多恩布施和斯科特（Dornbusch and Scott，1975：89）提到的，由诸如职责分配、业绩表现评价方法和管理任务执行的规章所组成的工作安排，通常“是从谁来控制任务到谁来执行的一系列有关任务类型的信息”。这些信息的核心要么是一个授权性前提（即操作员在行动过程中可以做某些重要决定），要么是一个指令性前提（即他们不能做某些重要决定）。这些前提可能未经管理者的深思熟虑，但是这并不会削弱它们的效力。

许多管理假设的效力源于这样一个事实，即它们像自我实现预言（self-fulfilling prophecies）一样在运转。戴维斯和泰勒（Davis and Taylor，1976：412）举了一个例子："当管理假设认为，一个系统由（原文如此——引者注）可靠的技术因素和不可靠的社会因素组成时，为了使整体系统具有可靠性，技术设计需要将工作人员看成可以替换的机器零件，以接受技术系统或者个人化控制的公司上层的管理。另一方面，如果系统的设计者假设社会因素是可靠的、可学习的、自组织的和稳定的，那么技术系统将需要齐全的、优秀的人员来执行管理活动。经验表明，后者的技术系统设计产生的效果明显不同于前者。"

当技术的相当一部分以决策前提的形式存在时，依靠自我实现预言，将技术同决定因素联系起来便貌似更加合理。自我实现的预言本身就是决策前提，当它们被视为是真实的时，它们就会实现。

目前，技术研究中的一个有趣难题可能是将自我实现的预言纳入管理假设后所导致的后果。同样的柔性制造系统在美国和日本的运行状况却大相径庭。瑟罗（Thurow，1987）注意到，平均而言，美国的制造系统由 10 个零件组成，而日本的制造系统由 93 个不同的零件组成。阿德勒（Adler，1988）引用的数据显示，平均而言，美国的制造系统生产 8 种零件，日本生产 30 种，而德国则多达 85 种。换言之，美国的柔性制造系统明显缺乏灵活性。尽管柔性制造更像批量或者连续型生产，但管理者仍然认为这是一条长链的产品装配线，并将系统嵌入机械结构中。这使得认为该系统仅是一条电子产品装配线的预言得以实现。此外，人为施加的前提界定、充实并实现了技术的一部分。

对于那些被管理者忽视的技术的非常规特性，操作员表现得更为敏锐，这一点无须多言。管理假设通常占据主导地位，当管理者低估了运作新系统所要求的技能时，这种情况会更为严重（Adler，1986）。由于管理者的低估伴随着指令而非授权，这样的低估并非小事。更糟糕的是，这些指示要么排挤了设计于技术之中的灵活性，要么限制了人们的感知，使得人们更难以可靠的方式应用技术。

我们认为，管理者和设计师能够对新技术的形成发挥实质性影响，因为这些技术的关键部分以决策前提的形式存在着，所以新技术的形成更容易受到管理者施加的前提的影响。

如果这些前提来自自认为有可能丧失自身权威而感到威胁的管理者（Davis and Taylor，1976），或来自想要集中决策、颁布规则和划分工作任务的设计者（Scott，1981），那么对技术的运用来说，管理和理解技术的复杂性比做出判断更为必要。结果，这些技术变得更加具有交互复杂性，因为这些指令使操作员更难监控、了解和对机器出现的各种状态做出回应。对感知以及根据指令做出的行动的人为限制，不能阻止技术要素之间的互动，但它确实降低了对这些互动的理解，这意味着技术变得更复杂、更令人费解。

因此，交互复杂性可能既是一种社会建构，又是新技术内在的特征。这就是为什么在这篇文章中，我们假定交互复杂性作为新技术的伴随物，比人们以往认识到的更为常见、更容易出现而且更具普遍性。而且，决策前提是交互复杂性的一个重要来源。假定问题来源于指令的设计师比假定问题来源于授权的设计师，更能创造具有交互复杂性的系统。

结论

新技术对组织的一个重要影响路径会因人们对新系统深层结构的理解和推理能力而变异。由于系统具有多义性，所以这样的推理多少有点强制性。理解和推理的程度取决于人们使用新技术时所采用的思维模型是否和实际运行过程相一致。这些思维模型代表了一种假定与实际技术并行的、想象中的技术，人们只有通过其点状传感器（punctate sensors）才能看到。

有关新技术的理解和推理会对它们的运作方式产生重大影响。我们循环反复的主题一直是：技术系统和组织限制会减少意义、控制和可预测性，这会引发情感唤起；情感唤起又会影响到处于动态变化中的物品互动；这些互动会影响产出，对产出的反馈又将进一步影响意义、控制和可预测性。这一循环可以在任意一个环节被打破、扭转或衰减。我们试图阐明的部分思想是：人们必须努力获得控制私人性和多义性都在日益增加的新技术的方法，要获得这样的方法，考验的是人类理解能力的极限。

换言之，我们的主要论点是试图明晰以前没有同时关注到的一整套技术特征对个人和组织的影响。就像复杂结构和紧密耦合的全新组合在组织层面上产生了交互复杂性和“正常的意外事故”一样，随机事件和连续过程的全新组合也造成了个人层面上认知-情感的复杂性和操作员的失误。更重要的是，“正常意外”和操作员的失误都源于类似的假设和机制，一个强调宏观层次上物质的重要性，另一个则强调微观层次上感知的决定性。

在新技术具有丰富多义性的条件下，研究者对新技术更感兴趣，因为它们迫使我们抓住技术中的一个关键问题，即如何运用感知和阐释视角来看待物质世界。之前的讨论试图将物质和感知、微观和宏观放在一起讨论，并在我们的头脑中形成这样一幅图景，即比起其他任何已经建好的控制系统，并非完美的人被证明更足智多谋、更有适应能力。同时，人们也很善于建构意义，以至于当人们的思维模型逐渐脱离他们试图模仿和控制的实际过程时，人们很难察觉到。这些逐步脱离实际过程的思维模型貌似十分合理，使人们以为思维模型与实际过程的不匹配程度微乎其微。讽刺的是，这一不匹配程度是如此让人放心，以至于人们只保持适度的情感唤起。他们的注意力范围可能会更广，他们也可能会发现早期阶段中思维模型与实际过程的脱离并予以纠正。这些都是与新技术有关的稀奇事：当人们试图充分理解它们时，它们可能会变得更难以理解。

新技术是自相矛盾的和多义的，这种描述并非故弄玄虚。相反，如果我们想要理解思维表征在技术操作中起关键作用的那些技术，这些描述正道出了尚需解答的核心问题。

新技术的引入导致了技术应用过程中存在的、组织理论家尚未解决的一系列问题。除非我们能解决这些问题，否则，技术作为组织运行预测指标的作用会逐渐弱化，这正是本文的用意所在。

参考文献

Adler, P. "New Technologies, New Skills." *California management Review*, 1986, 29, 9-28.

Adler, P. S. "Managing Flexible Automation." *California management Review*, 1988, 30, 34-56.

Barley, S. R. "Technology as an Occasion for Structuring: Evidence from Observations of CT Scanners and the Social Order of Radiology Departments." *Administrative Science Quarterly*, 1986, 31, 78-108.

Berkun, N. M. "Performance Decrement Under Psychological Stress." *Human Factors*, 1964, 6, 21-30.

Berniker, E. "Understanding Technical Systems." Paper presented at Symposium on Management Training Programs: Implications of New Technologies, Geneva, Switzerland, 1987, 11.

Berniker, E., and Wacker, G. "Advanced Manufacturing Systems." Unpublished manuscript, 1988.

Berscheid, E. "Emotion." In H. H. Kelley and others (eds.), *Close Relationships*. New York: W. H. Freeman, 1983.

Berscheid, E., Gangestad, S. W., and Kulakowski, D. "Emotion in Close Relationship: Implications for Relationship Counseling." *In Handbook of Counseling Psychology*. New York: Wiley, forthcoming.

Broadhurst, P. L. "Emotionality and the Yerkes-Dodson Law." *Journal of Experimental Psychology*, 1957, 54, 345-352.

Buchanan, D. A., and Bessant, J. "Failure, Uncertainty, and Control: The Role of Operators in a Computer-Integrated Production System." *Journal of Management Studies*, 1985, 22, 292-308.

Burke. J. G. "Bursting Boilers and the Federal Power." In M. Kranzberg and W. H. Davenport (eds.), *Technology and Culture: An Anthology*. New York: Schocken, 1972.

Campbell. D. J. "Task Complexity: A Review and Analysis." *Academy of Management Review*, 1988, 13, 40-52.

Davis, L. E., and Taylor, J. C. "Technology, Organization, and Job Structure." In R. Dubin (ed.), *Handbook of Work, Organization, and Society*. Skokie, III.: Rand-McNally, 1976.

Dornbusch, S. M., and Scott, W. R. *Evaluation and the Exercise of Authority*. San Francisco: Jossey-Bass, 1975.

Easterbrook, J. A. "The Effect of Emotion on Cue Utilization and the Organization of Behavior." *Psychological Review*, 1959, 66, 183-201.

Ettlie, J. E. *Taking Charge of Manufacturing: How Companies Are Combining Technological and Organizational Innovations to Compete Successfully*. San Francisco: Jossey-Bass, 1988.

Eysenck, M. W. *Attention and Arousal*. New York: Springer-Verlag, 1982.

Finkelman, J. M., and Kirschner, C. "An Information-Processmg Interpretation of Air Traffic Control Stress." *Human Factors*, 1980, 22, 561-567.

Frijda, N. F. *The Emotions*. New York: Cambridge University Press, 1986.

Hancock, W. M., Macy, B. A., and Peterson, S. "Assessment of Technologies and Their Utilization." In S. E. Seashore, E. E. Lawler III, P. H. Mirvis, and C. Cammann (eds.), *Assessing Organizational Change*. New York: Wiley, 1983.

Hermann, C. F. "Some Consequences of Crisis Which Limit the Viability of Organizations." *Administrative Science Quarterly*, 1963, 8, 61-82.

Hickson, D. J., and others. "A Strategic-Contingencies Theory of Intraorganizational Power." *Administrative Science Quarterly*, 1971, 16, 216-229.

Hulin, C. L., and Roznowski, M. "Organizational Technologies: Effects on Organizations' Characteristics and Individuals' Responses." In L. L. Cummins and B. M. Staw (eds.), *Research in Organizational Behavior*. Vol. 7. Greenwich, Conn.: JAI Press, 1985.

Intintoli, M. J. *Taking Soaps Seriously: The world of "Guiding Light."* New York: Praeger, 1984.

Khandwalla, P. N. "Mass-Output Orientation of Operations Technology and Organizational Structure." *Administrative Science Quarterly*, 1974, 19, 74-97.

Law, J. "Technology and Heterogeneous Engineering: The Case of Portuguese Expansion." In W. E. Bijker, T. P. Hughes, and T. J. Pinch (eds.) *The Social Construction of Technological systems*. Cambridge, Mass.: MIT Press, 1987.

Lawrence, P. R., and Dyer, D. *Renewing American Industry*. New York: Free Press, 1983.

Lynch. B. P. "An Empirical Assessment of Perrow's Technology Construct." *Administrative Science Quarterly*, 1974, 19, 338-356.

McGrath, J. E. "Stress and Behavior in Organizations." In M. D. Dunnette (ed.), *Handbook of Industrial and Organizational Psychology*. Skokie. III.: Rand-McNally, 1976.

Majchrzak, A. *The Human Side of Factory Automation: Managerial and Human Resource Strategies for Making Automation Succeed*. San Francisco: Jossey-Bass. 1988.

Mandler, G. *Mind and Body: Psychology ol Emotion and Stress*. New York: Norton, 1984.

March, J. G., and Olsen, J. P. "Garbage Can Models of Decision Making in Organizations." In J. G. March and R. Weissinger-Baylon (eds.), *Ambiguity and Command*. Marshfield, Mass.: Pitman, 1986.

Metcalf, J., III. "Decision Making and the Grenada Rescue Operation." In J. G. March and R. Weissinger-Baylon (eds.), *Ambiguity and Command*. Marshfield, Mass.: Pitman, 1986.

Miles, R. H. *Macro Organizational Behavior*. Santa Monica, Calif.: Goodyear, 1980.

Mintzberg, H. *Structure in Fives*. Englewood Cliffs, N. J.: Prentice-Hal, 1983.

Neiss, R. "Reconceptualizing Arousal: Psychobiological States in Motor Performance." *Psychological Bulletin*, 1988, 103, 345-366.

Ouchi, W. G., and McGuire, M. A. "Organizational Control: Two Functions." *Administrative Science Quarterly*, 1975, 20, 559-569.

Perrow, C. "A Framework for the Comparative Analysis of Organizations." *American Sociological Review*, 1967, 32, 194-208.

Perrow, C. "The Bureaucratic Paradox: The Efficient Organization Centralizes in Order to Decentralize." *Organizational Dynamics*, Spring 1977, 3-14.

Perrow, C. *Normal Accidents: Living with High-Risk Technologies*. New York: Basic Books, 1984.

Perrow, C. *Complex Organizations*. (3rd ed.) New York: Random House, 1986.

Poole, M. S. "Communication and the Structuring of Organizations." Unpublished manuscript, n. d.

Riley, P. "A Structurationist Account of Political Culture." *Administrative Science Quarterly*, 1983, 28, 414-437.

Roberts, K. H. "Bishop Rock Dead Ahead: The Grounding of U. S. S. Enterprise." *Naval Institute proceedings, forthcoming.*

Scott, W. R. *Organizations: Rational, Natural, and Open systems*. Englewood Cliffs, N. J.: Prentice-Hall, 1981.

Scott, W. R. *Organizations: Rational, Natural, and Open systems*. (2nd ed.) Englewood Cliffs, N. J.: Prentice-Hall, 1987.

Susman, G. I., and Chase, R. B. "A Sociotechnical Analysis of the Integrated Factory." *Journal of Applied Behavioral Science*, 1986, 22, 257-270.

Thompson, J. D., and Tuden, A. "Strategies, Structures, and Processes of Organization Decision." In J. D. Thompson (ed.), *Comparative Studies in Administration*. Pittsburgh, Pa.: University of Pittsburgh Press, 1959.

Thurow, L. C. "A Weakness in Process Technology." *Science*, 1987, 238, 1659-1663.

Turner, J. H. "Analytical Theorizing." In A. Giddens and J. H. Turner (eds.), *Social Theory Today*. Stanford, Calif.: Stanford University Press, 1987.

Van de Ven, A. H., Delbecq, A. L., and Koenig, R. "Determinants of Coordination Modes Within Organizations." *American Sociological Review*, 1976, 41, 322-338.

Wachtel, P. L. "Conceptions of Broad and Narrow Attention." *Psychological Bulletin*, 1967, 68, 417-429.

Weick, K. E. *The Social Psychology of Organizing*. Reading, Mass.: Addison, Wesley, 1969.

Weick, K. E. "Enacting Sensemaking in Crisis Situations." *Journal ol Management Studies*, 1988a, 25, 305-317.

Weick, K. E. "We Are at Takeoff: Lessons from Tenerife." Paper presented at Stanford University, Nov. 1988b.

Weltman, G., Smith, J. E., and Egstrom, G. H. "Perceptual Narrowing During Simulated Pressure-Chamber Exposure." *Human Factors*, 1971, 13, 99-107.

Withey, M., Daft, R. L., and Cooper, W. H. "Measures of Perrow' s Work-Unit Technology: An Empirical Assessment and a New Scale." *Academy of Management Journal*, 1983, 26, 45-63.

Woods, D. P., O' Brien, J. F., and Hanes, L. F. "Human Factors Challenges in Process Control: The Case of Nuclear Power Plants." In G. Salvendy (ed.), *Handbook of Human Factors*. New York: Wiley, 1987.

Woodward, J. *Industrial Organization: Theory and Practice*. London: Oxford University Press, 1965.

Zuboff, S. *In the Age of the Smart Machine: The Future of Word and Power*. New York: Basic Books, 1988.

在组织脉络中理解技术与个人*

保罗·S. 古德曼　特里·L. 格里菲斯　狄波拉·B. 芬纳

李忠路　译

白小瑜　初校

薛品　审校

王旭辉　终校

本文的目标是在组织脉络中扩展我们关于新技术与个人关系的知识。我们将同时探究技术对个人的影响以及个人对技术的影响。本文的重要成果将会是一套有助于加强对这个领域的研究的知识工具。

急速增长的新技术已经渗透到我们日常生活的方方面面，无论是在工作中还是工作外，技术都在我们的日常活动中扮演着十分重要的角色。计算机生产成本的日益降低及其影响力的逐渐增强为我们每个人创造了一系列机会，这些机会既可能是积极的，也可能是是消极的。

随着新技术变化的加剧，人们关于新技术与个人关系的观念也在变化。失业、去技能化、提高决策水平等都是非常普遍的观点。然而，新技术的应用并不是中立的，考虑到技术的普遍应用及其潜在影响，理解技术与个人的关系就是组织研究者

* GOODMAN P S，GRIFFITH T L，FENNER D B. Understanding technology and the individual in an organizational context//GOODMAN P S，SPROULL L S. Technology and organization. San Francisco：Jossey-Bass，1990.

的重要责任。

本文的重点是以概念和重要过程的形式描述一套知识工具，这套松散连接的工具有助于我们集中关注那些暗含着技术与个人关系的重要问题。当将这套工具应用于具体环境中的具体技术分析时，就会真正地理解技术与个人的关系。这种对技术、个人以及组织之间交互作用的细致理解，为我们提出进而检验个人与技术关系的假设提供了一把钥匙。这套工具既是为那些希望在新技术背景下阐明去技能化、压力、决策制定等问题的研究者而设计的，也是为那些关心被引进技术的变化以及这些变化对个人的影响的管理者或政策制定者而设计的。

研究现状

我们关于技术对个人影响的文献分析表明：这个领域的研究还需要一些更为精致的理论概念和方法。这些经验研究似乎主要是通过结果（如去技能化、失业、工人态度、压力等）或者技术（如电子邮件、电子监控、电话会议等）组织起来的。尽管本文并不是要评述这些文献（Kling，1980），但我们可以明显看出，这些经验研究的很多发现都是自相矛盾的，并且也没有形成定义明确的、积累性的知识体系。例如，在论述去技能化的文献中，同时有证据支持和反对去技能化（Attewell and Rule，1984）。某些研究（Cyert and Wowery，1987）发现新技术将会增加失业，而其他研究则发现新技术不会增加失业。与此类似，关于技术对工人态度和压力的影响的研究也表明，技术既能产生积极影响，也能产生消极影响。爱德华兹（Edwards，1989）的一篇文献述评表明，就工作态度而言，在相同的工作岗位中引入相同的技术可能会导致不同的结果。

这些经验研究一个最大的问题就是在方法论方面存在缺陷。一些研究使用了不完整的资料。比如，去技能化的研究既需要职业内部变化的信息，也需要职业外部变化的信息，但许多研究设计并没有追踪技术变迁对职业内与职业外技能要求变化的影响。缺少历时性研究妨碍了对技术与个人动态关系的理解。这些方法论的缺陷在某种程度上解释了为什么会有相互矛盾的发现，以及为什么缺少积累性的知识体系。

另一个主要的问题是缺少完善的理论，也就是说，没有可以帮助解释和预测技术与个人关系的完善概念体系。在最近八到十年中，产生了一些与技术对个人的影响有关的类型学理论著作（Hirscheim，1986；Kling and Scacchi，1982；Markus and Robey，1988）。这些类型学著作描述了这个领域中大部分隐含于经验研究中的理论。这些隐含的理论包含了关于因果关系（或者说是影响的性质）

的恰当的科学研究方法、组织理论、技术的价值等方面的假设。这些类型学家的工作就是使得那些推动技术与个人关系研究的隐含理论及相关问题逐渐清晰。

这些类型学著作在识别关键问题（例如，技术是客观的还是社会建构的）和编辑组织文献时，是很有用的，但是它们并不会形成新的研究范式或是新的预测。为了进一步推进研究，我们需要确认那些驱动技术与个人关系的重要概念和过程。

基本概念、假定及其含义

接下来，本文将会呈现我们的基本概念工具。首先我们将会定义什么是技术，明确关于技术的一些假定，并审视“技术影响”这一术语的含义。然后，我们会呈现一个基本分析框架——技术个人模型（the individual model of technology）——和一些重要过程。只要有可能，我们就会尽力提供一些经验性的例子来揭示这些概念的隐含意义。

我们的目标是表明这些概念为理解个人与技术的关系提供了新的洞见。我们希望研究者策略性地使用这套松散联系的概念来研究具体组织环境中的特定技术构造。随着时间的推移，我们期望这些设想可以产生一套具有理论意义和实践意义，并且可以重复观察的发现。

技术：定义和假设

技术是由作用于物体并（或）将物体从一种状态转换为另一种状态的各个部分组成的一个系统（Goodman，1986）。这个物体可以是生物有机体，可以是符号，也可以是无生命的客体。这里的“转换”（changing）是指将投入转化为产出，“作用于”（acting on）是指在不改变其基本状态的情况下影响一个物体。在自动化仓库里，技术通过移动空间位置作用于一个物体，电子邮件通过将信息从一个地方传送到另一个地方作用于一个物体。

技术系统由设备（equipment）、原料（materials）、物理环境（physical environment）、程序（programs）四个要素组成。设备可能是简单的工具，也可能是复杂的、程序化的设备（包括硬件和软件）。原料是指作用于其上的物体，或者是转换该物体时所必需的有机的和无机的客体。物理环境是指转换所发生的物理背景。程序则是指在转换过程中所用到的规则、生产工序，或者是设计原则。有些程序内含于任务中，有些程序则连接着工作任务与整个生产过程。

我们的技术观是广义的而非狭义的。技术遍布于组织中，存在于生产系统的核心部门和缓冲部门，也存在于组织中的非生产性部门（比如说人事或营销部门）。尽管我们所引用的例子都来源于计算机辅助设计（CAD）、计算机集成制造（CIM）、机器人技术、电子监控等形式的新技术，但我们的概念工具的基本组成部分却适用于所有类型的技术。

假设及其含义

（1）相同的技术可以通过不同的构造方式产生相同的结果。这个发现有很多隐含意义。第一，单纯分析机器人技术或者是计算机集成制造技术本身的影响或许并没有多大益处，因为在不同的组织环境中，这些技术系统可能是以不同的形式被构造出来的。因此，要理解技术的影响，就必须了解具体的技术构造。第二，尽管不同的技术构造可能会产生相同的结果，然而转换过程必定是不同的，因此，要想理解技术的影响，就必须了解技术的具体构造和转换过程。

（2）技术系统中一个或多个组成部分的变化可能会对各种活动、交互作用、工作结果等都产生影响。许多文献都倾向于关注单一研究结果，比如技术对工人技能或工作压力的影响，这种见解未免过于简单。研究者需要考察随时间变化的多种结果，而且既包括积极结果，也包括消极结果。个别工作中的技术变化可能会影响到其他工作中的活动、交互作用和结果，因此，很有必要追踪技术对工作系统的影响，而不是简单地关注直接的研究目标。

（3）在任何给定的组织环境中，技术都是一个异质性而非同质性的概念。许多关注技术的组织研究都倾向于把技术看作是同质性的，并且都运用一些普遍的、操作性的策略指标（比如说可预测性或是不确定性）来测量组织的技术（参见 Goodman 的评论，1986）。隐含于这些测量程序中的假定是：技术是同质性的，或者说至少在那个组织环境中是同质性的。而我们认为，研究者应该将技术的异质性假设作为研究起点，然后再寻找技术的同质性。例如，在一个汽车装配工厂，普遍的转换过程发生在将原料放在一起以生产汽车的活动中，然而，同一组织中油漆车间和车身修理车间的技术组成部分却十分不同。技术异质性假定的隐含意义是在任何组织、群体或任务中，都可能会存在以不同构造方式形成的不同类型的技术。因此，我们应该具体分析特定技术的同质性构造。

（4）技术的变化会影响到组织的变化，反过来，组织的变化也会影响到技术的变化。组织的变化包括新的培训形式、薪酬评定方式和配套服务等等。关键是，组织的变化和技术的变化会同时影响到个人。个人也有可能会把组织的变化和技术的变化看作整体的一部分。言下之意就是，要弄清组织的变化和技术的变化，承认这两种类型的变化的联系，认识到技术变化和组织变化会产生多种结果，并确定人们是如何赋予这些结果以意义的。

影响的含义

隐含于我们的分析中的假定是：技术可以对个人产生影响，个人也可以对技术产生影响。产生影响就是指导致改变或者是影响改变过程。在这一部分，我们将主要探究因果结构（causal structures）问题。

这次探究的基本原理很简单：我们的因果结构观念推动着我们展开思考，并指导着我们进行研究。大部分文献中的基本假定是：在技术的变化和个人的变化之间有直接的可追踪的联系，因果链是单向地从技术到个人。在这一部分讨论中，我们会质疑这个假定。

我们通过简单地描述一项关于制造工厂中机器人加工单元应用的研究，来介绍我们的观点。这项研究（Argote，Goodman and Schkade，1983）以一家拥有1 000名雇员，但是没有工会的涡轮叶片生产厂为研究对象。而机器人加工单元在这个工厂中最初主要应用于一个负责铣削和磨削操作的部门中。

机器人以马蹄形结构被安装在这个部门工作流程的开端，机器人的主要功能是安装和卸载两个铣削操作。每个班次由一人来操作机器人，而在过去，这个任务由两个人执行。

表1描述了技术变化前后工作活动的任务完成的程序变化。从表格中可以明显地看出主要的变化。这项设备的应用改变了工作活动的物理环境和性质，使之发生了从手工活动到更大程度上依赖于监控性的新工作程序活动的转变，也就是说，发生了从手工活动向更加强调认知、抽象理解和问题解决的新型活动的转变。

表1　　主要的工作活动

机器人应用之前	机器人应用之后
1. 安装机器 2. 升起冲压下料（bar stock） 3. 将下料放在磨削机器A上 4. 将下料夹在机器上 5. 启动机器操作 6. 监测循环 7. 停止机器操作 8. 松开冲压下料 9. 将下料移到铣削机器B上 10. 在铣削机器B上重复循环	1. 设置机器人程序 2. 启动机器人 3. 监控循环

从这个简单的描述中，我们可以知道什么呢？首先，这个机器人的引入改变了环境，同时也改变了核心任务的完成程序，进而，这些改变也引发了工作的变

化和薪酬评估标准的变化。

其次，在这个设备中没有任何固有的东西可用于预测任务程序的形式或是即将出现的组织变化，也就是说，编制程序的活动可能会也可能不会被分配给操作员，组织的变化（主要指工作评估和薪酬变化）可能会也可能不会发生。由此，因果结构是松散地建构起来的。留给我们的困境是：我们可以追溯安装机器人的影响，但只能是事后追溯。我们不可能事先从机器人的普遍特征中推测出将会发生什么事情，因为有很多种可能的因果链存在。一个必然的推论就是：尽管我们知道机器人的引入形成了新的任务活动形式，并影响到个人的工作，可是机器人中并没有任何固有的东西可以用来预测具体的个人反应。

再次，机器人的引入引起了个人物理现实和社会现实的变化。物理现实是指那些通过客观手段（比如测量工具）可以证实的、可观察的现象。而社会现实意义上的事物则从他人的观点中获得意义。在新技术背景下，物理现实可能包括型号、机器运转速度、工作周期的长短、可靠性等，社会现实可能包括薪酬的公平性、工作的难度等。从这一层面上来讲，新技术的意义的社会建构部分地决定了人们如何使用以及如何回应技术。相应地，赋予技术社会意义的过程是个人可以改变技术的一种方式。例如，如果雇员将讨人喜欢、类似人类等品质（而不是令人讨厌、类似机器等品质）赋予机器人的话，他们对机器人的接受程度就会较高，对待机器人的行为也就会更加积极。简言之，这一技术的社会建构模型如果能不断被完善和发展，我们就能更全面深入地理解技术与个人间的双向因果关系。

最后，技术的社会建构取决于三个变量：技术本身、组织的背景和历史、技术的实施过程。我们认为，技术的实施过程是一个非常重要的变量，然而，许多研究技术对个人影响的分析却忽略了这个变量。我们的观点很简单：所引进技术的变化过程是独立于技术的，正是通过这个过程，人们学习了技术并建构了对技术的看法。从某种程度上说，正式的实施过程试图创建一个关于技术的具体的社会建构的形象。可是，有很多非正式的过程会筛选和重新塑造技术的形象。最后我们得出的结论是：加入技术实施过程变量，将会使技术与个人间的因果关系变得更加难以厘清。技术实施过程的性质可能会减轻技术对个人的影响，也可能会增加技术社会建构的意义的差异性，这将会使得技术与个人的联系更加混乱。

技术个人模型

个人对技术的再现或技术个人模型是我们的知识工具箱中一个非常重要的概念。这个模型指导着技术意义的配置以及个体如何使用技术。技术个人模型是个人-技术关系中非常重要的连接，正是它使得个人能够修改技术。在这部分论述中，我们将明确这个模型的功能、结构及其发展过程。

技术个人模型的功能是简化复杂的技术环境和组织环境。它是一个能帮助人们理解和赋予技术客体意义的分类系统。在此背景下，客体在本质上是技术的。其分配意义的具体功能包括：在环境中挑选信息，在记忆中保留信息，并且对环境进行某些推论。

技术个人模型的结构由一套图式组成。图式就是包含了概念的基本属性以及这些属性间关系的知识系统。图式中的信息是以抽象形式呈现的：从个别的、具体的客体中得到的概括性信息（Fiske and Taylor，1984）。因此，一个关于机器人的图式就包含了这种机器人的基本属性以及这些属性间的关系。

图式有很多类型。它们可以是关于物理客体的抽象系统。关于机器人的图式就属于这一类型。我们期待这个系统包含机器人的描述项（描述主题）、机器人的功能、机器人的应用结果等内容。图式也可以是关于事件的，这种类型的图式可以是关于由特殊刺激引发的事件的标准化次序的。例如，处理机器人故障的标准化操作工序就可能是一个事件图式。最后，图式还可以是关于职责的，包括那些被分派给具体组织职位的规范行为。就机器人技术的例子而言，在机器人操作过程中有许多不同的职责（如设计和维护）。这三种类型图式的功能是一样的：挑选信息，保留信息，并允许推断出缺失的信息。所有这些不同类型的图式都存在于技术个人模型中。

另一种描述技术个人模型结构的方式是将其分为三种定向（orientation）：认知性的（cognitive）、情感性的（affective）、评价性的（evaluative）。技术个人模型的某些组成部分在本质上主要是认知性的。例如，关于机器人技术的图式由一些关于各部分构件情况（如机械手）及其功能（如提升和卸载）的抽象观念组成，这些抽象观念在本质上就主要是认知性的。随着时间的推移，某些组成部分会同时表现出认知性和情感性两种定向。例如，关于结果的抽象观念包含认知性元素（“机器人可以根除工作中那些令人讨厌的部分”），而这些认知性元素还可能会形成积极的情感定向（“我喜欢和机器人一起工作”）。最后，技术个人模型的某些组成部分还可以同时具有认知性、情感性、评价性三种定向。评价性定向包括关于技术的规范（“为了保证机器人的有效运行，我们工作小组的所有成员都应该遵循适当的维护程序”）和价值（“其他的部门也应该采用机器人”）。

概括来说，从以上我们关于技术个人模型结构的描述中，可以推出以下几点：第一，技术个人模型由不同类型的图式组成（例如，关于客体、事件和职责的图式）。第二，随着时间的推移，这些图式会反映出认知性的、情感性的、评价性的三种定向。最初，当个人发展出关于技术的一些基本知识结构时，技术个人模型主要是认知性的。随着时间的推移，个人关于技术的直接经验会得到积极的或者是消极的强化，这有利于情感性定向的发展，其他人的经验也会形塑情感性定向。如果认知性定向和情感性定向一致，就会发展出评价性定向（Breer and Locke，1965）。如果我们可以追溯技术个人模型，就会在这三种定向中看出其出现的顺序：首先是认知性定向，其次是情感性定向，最后是评价性定向（Goodman and Dean，1982）。

技术个人模型的图式发展遵循一定的路径（Fiske and Taylor，1984）。个人所面对的是特定事物（如机器人技术）的具体实例，如果这些例子中有一些共性，那么就可能得出关于这个事物的一些概括性和抽象性的表征，也就是说，来自亲身任务经验和其他人的反馈信息中的相似性会引发概括过程。当图式成熟并变得比较抽象时，它会变得复杂并且呈现出更加组织化的特征。菲斯克和泰勒（Fiske and Taylor，1984）的研究表明，成熟的图式具有一种固化效应（perseverance effect），也就是说，它们拒绝变化，即使是遇到相反的信息。这个进化式解释的隐含意义是：如果我们随着时间推移来追溯模型的变化，就会看到这个模型越来越抽象化、类型化、组织化，并且越来越抵制变化。

现在，我们将讨论形塑技术个人模型及影响个人对技术的行为反应的那些关键过程。在技术与个人的关系中隐含着五个起关键作用的过程。这些过程并不只适用于特别类型的技术，也不是作为自成一体的理论被提出的，它们是松散联系的，但无疑体现了技术与个人的关系。具体而言，它们的作用是帮助解释：技术个人模型是如何发展的，以及随着时间的推移，技术是如何演变的。这五个过程是：社会化（socialization），承诺（commitment），报酬分配（reward allocation），理解和重新设计（sensing and redesigning），技术扩散（diffusion）。

社会化

社会化是指个人获得知识和技能以及情感性和评价性定向的过程。在这里，社会化过程主要是指个人获取与具体技术相关的某一维度（如知识）的定向的过程。社会化概念背后有许多隐含的假设（Van Maanen and Schein，1979）：第一，新技术的引入或工作中新技术的变化会引发焦虑。斯普劳尔、基斯勒和朱布罗（Sproull，Kiesler and Zubrow，1987）的研究展现了电脑对于初学者来说如何成为一种外来文化，并导致了焦虑和紧张的产生。社会化的一个功能就是传授有助于减轻焦虑的信息。第二，社会化有很多种实施主体，在工作环境中，教练员、同事、卖家以及下属等都是社会化的潜在来源。第三，社会化有很多形式，正式的课堂培训、亲身经历、试错、来自同事的指导等都是不同形式的训练。第四，社会化是一个持续的过程（与一次性相对），因为个人和技术都是持续发展的，这使得预期事件和实际发生的事件常常不符合。这些偏差或者说是意外（Louis，1980）诱发了紧张状态，并激励个人去解决这些偏差。在通过认知活动或行为解决这些偏差的过程中，个人将会获取新形式的信息。这些信息的获取就是一种形式的社会化，而且只要存在偏差或意外，这种形式的社会化就会持续下去。

我们可以列举出社会化的一些具体内容。就个人和技术的关系而言，技能的获得是非常重要的一个维度。手工操作技能、认知技能、解决抽象问题的技能、社交技能等都是与技术相关的不同级别的技能（Majchrzak，1988）。社会化的其他主要内容包括情感性和评价性定向（如规范和价值）。在一些关于新技术的研究中（Goodman and Miller，1988），我们发现：与情感性定向和评价性定向相比，大部分研究主要关注技能的获得。

尽管这三个内容都会出现在任何工作角色的社会化过程中，但新技术在社会化过程中强调的方面是不同的。第一，大部分新技术（比如计算机辅助设计技术和计算机集成制造技术）需要电脑和软件方面的知识。在新的生产设施中，我们有时会发现其所要求的文化水平要明显高于工人的文化水平（Goodman and Miller，1988）。第二，技术通常是非常复杂的并且由不同的卖家提供。关于技术系统的知识来源于不同领域的经验和不同的组织。社会化的困境就是将这些不同来源的知识整合到一起，以保证总体技术系统可以正常运行。第三，新技术系统要求更高程度的整合，这也就要求较高水平的协调技能。此外，工作领域的边界往往是模糊的，社会化面临的一个挑战就是培养员工的多重技能，以使其能在不同领域工作。这样，关注的重点就从在单一角色中获得知识转移到在不同角色中获得知识。较高协调水平的需求对个人社交技能提出了更高的要求。最后，因为新技术需要较高的资本投入和较高的整合程度，所以它也需要更多的额外费用来减少停机时间。这个事实要求更多地强调快速而有效地维持监控的技能、解决问题的技能以及概念化地理解技术系统的技能。

社会化有许多实现形式或机制（Van Maanen and Schein，1979）。在我们关于新技术环境的分析中，有两个维度是非常重要的。第一，社会化机制可以是正式的，也可以是非正式的。正式的机制由组织发起并且通常面向雇员群体，非正式的机制由雇员个人发起而且通常面向雇员个人。第二，社会化机制或多或少地具有结构化特征，也就是说，在固定的时期内，社会化活动的安排顺序会有不同程度的差别。表 2 列出了四种社会化机制及其实例。在单元格 1（课堂培训）中，公司将一组员工从常规劳动力中分出来，并让他们以某种结构化的方式学习知识。在单元格 2 中，公司将工人们派到供应商的工厂中工作几周，以学习如何装配设备和排除错误。这种经历虽然不像课堂培训那样结构化，但也是一种非常重要的学习机制。然而，在单元格 3 中，我们发现许多关键的学习并不是由组织正式发起的。举一个实例，技术工人通过和常驻专家建立关系来学习如何管理新技术。在单元格 4 中，许多学习通常是在非正式的、相对无结构的背景下进行的。与同事简单讨论或者用新设备来试验等都代表了一种非常重要的学习方式。

表 2　社会化的形式

	正式的	非正式的
结构化的	1. 课堂培训	3. 和常驻专家一起工作
较少结构化的	2. 到供应商的工厂中工作	4. 观察他人，与同事讨论

这四类社会化机制的隐含意义是什么呢？它们都是非常重要的社会化机制，人们可能会处于这四类机制的不同组合中。而且，这些社会化机制在功能方面有所不同。如果目标是传授新的基础知识并形成关于工作活动的共识，课堂培训就会是恰当的形式。如果目标是了解技术维护过程中复杂问题的解决方法，那么与课堂培训相结合的学徒式培训（专家和学员以结构化的方式一起解决实际问题）将会是比较恰当的社会化机制，其基本原理是：在解决实际问题的活动中，学徒式的学习有利于获取解决问题的技能。如果目标是弄清楚意外情况（实际发生的事件与期待发生的事件相矛盾），单元格 4 中的社会化机制可能会比较恰当。这是因为意外是随机的，并且和个人的经验相联系，单元格 4 的社会化机制正是要处理与具体个人相关的、非正式的无结构活动。总之，社会化形式多种多样，且功能不同。

理解社会化过程的影响的基本问题是将社会化的不同内容领域与社会化的不同形式（正式的、非正式的、结构化的、较少结构化的）联系起来。根据新技术的要求的差异性（解释多元的知识领域、复杂性的水平、相互影响），可以将社会化的不同内容领域分为认知性的、情感性的、评价性的三类，而社会化的不同形式则主要指的是正式的、非正式的、结构化的、较少结构化的社会化机制。

承诺

影响个人与技术的关系的第二个过程是承诺。承诺是指个人将自己的特定行为与技术绑定起来。而承诺的水平则取决于该项行为的明确性、可撤销性、自主性和公开性。行为越是具有明确性、可撤销性、自主性和公开性，个人对该项活动的承诺水平就越高。

对于个人与技术的关系而言，承诺过程扮演着什么角色呢？第一，在技术个人模型中，个人的忠诚程度越高，他对过去行为的解释与其他认知、态度和情感的一致性就越高。在前文中我们介绍了意外这个概念，它指的是技术预期和实际经验之间的偏差。意外是技术演化中的一个自然现象。我们说过，个人试图通过释意活动（sensemaking activities）来调和偏差。根据我们对承诺的定义，如果个人对与技术相关的特定行为的承诺水平很高，他就应该避免与行动不一致的信息，并以符合行动的方式来协调偏差。第二，承诺水平越高，随着时间的推移，个人行为就越具有一致性。第三，承诺水平越高，就越是抵制变化。因此，个人越是忠诚于某种技术形式，就越是会抵制其他技术形式。这个观点表明，对个人或组织而言，高水平的承诺既有积极作用又有消极作用。然而，大部分组织文献都假定承诺具有积极作用。

如何改变承诺的水平？为了提高个人对某项活动的承诺水平，这个过程应该有利于个人自由地选择那些公开的、明晰的和可撤销的活动。这可以通过许多方式来完成。可以让个人参与到技术设计中来，这将为个人决断提供机会，在这种情况下，个人可以更好地调整他们的技能和需要，以便与技术固有的特征相一致。相反，如果不让个人参与技术设计决策，那么非常重要的问题就是确定将要采用的这项技术是随意使用的还是必须使用的。在随意使用的技术中，个人可以选择使用或者不使用这项技术，不使用并不会妨碍整个生产系统的运行。在采用计算机集成制造技术的工厂里，工作流程中的信息系统就是可以随意使用的，而自动化的计划系统则是必须使用的，因为如果没有这个次级系统，生产系统就会停止运行。由于提供了一种选择机会，随意使用的技术有利于提高承诺水平。

个人参与其他决策应该也会有利于提高承诺水平，比如，参与操作决策（谁，何时，在哪里，如何运行这项技术）和实施决策（如何引入这项技术）。可是，参与设计决策仍然是最重要的参与形式，因为它为个人提供了最大的选择机会。

降低承诺水平是非常复杂的。赛尔兹尼克（Salanick，1977：47）建议，可以通过将具有高度忠诚感的个人调离其职位，或者是通过提供反抗其行为正当性的理由（这个理由说明了他的行为并不是出于自愿的）来降低个人的承诺水平。另一个建议则是减少其升迁的机会。

报酬分配

第三个过程——报酬分配，指的是不同类型报酬的具体分配。报酬分配的频率和类型对个人与技术的关系具有非常重要的意义。报酬分配的过程将会影响到与技术利用相关的行为。另外，报酬分配还会影响到技术个人模型的具体形式。例如，个人对技术的情感性定向与报酬分配的频率和类型就有着直接的关系。

虽然我们不能提出与报酬分配过程相关的一套假设，但是我们可以提出研究者在追踪报酬分配决策对个人与技术的关系的影响时，应该考虑的一系列问题。这与本文的总体目标是一致的，即提供有利于更好地理解个人与技术关系的一些工具或概念。

第一，存在着一些充满矛盾的价值（Sproull and Hofmeister，1986）。在任何执行过程（如技术的实施过程）中，人们都倾向于强调客体的正面价值。越是这样强调，当实际的价值比期待的要少时，其带来的负面的非预期后果就越多。负面的非预期后果导致了对这个新客体的消极评价。由此产生的困境是：在技术的实施过程中，如果不强调其正面价值，就会降低人们使用该项技术的可能性。

相冲突的价值表明：随着时间的推移，过于强调实施一项新技术的积极结果，也可能会导致对这些结果的消极评价。因此，重新调整对积极结果和消极结果的强调应该是非常重要的。例如，在技术的实施过程中，应该更多地强调其消极结果，这样就可以降低负面的非预期后果的影响。

第二，与新技术相关的回报有外显的和潜在的之分。正如我们已经提到的，设计者或实施者倾向于关注外显的、有利的结果。然而，明确一些潜在的、积极的或消极的后果也是非常重要的。我们在关于机器人技术的研究中发现（Argote，Goodman and Schkade，1983），在引进技术时，实施者主要强调学习新技能的好处和减少令人疲劳的工作的价值，然而却忽略了很多其他潜在的好处（比如说增加认可）和代价（比如说更大的压力）。区分外显的和潜在的利益有利于帮助我们列举总的回报和代价，这对分析个人与技术的关系是十分必要的。

第三，在技术生命周期和多重角色的背景下，考虑回报的不同来源是非常重要的。回报（或者代价）可以存在于技术本身中，也可以存在于组织的正式报酬体系中，还可以存在于组织的非正式报酬体系中。而报酬的这些来源可以出现在技术生命周期的不同阶段。技术生命周期始于设计阶段，然后是创立阶段，再然后进入实施阶段，最后才进入一种稳定状态（Goodman and Miller，1988）。在技术生命周期的不同阶段，报酬的不同来源可能会影响到不同的角色或行动者。例如，技术设计者、实施者、使用者的报酬体系很可能是不同的。我们发现，大部分研究技术对个人的影响的文献主要关注使用者的报酬，这就具有明显的局限性。我们需要追踪技术生命周期中不同阶段的各种报酬来源对不同行动者的影响。例如，技术功能对于该项技术的应用具有十分重要的影响（Goodman and Griffith，1989），但是我们知道设计者和实施者的报酬体系是如何影响这项技术的功能的吗？

理解和重新设计

理解和重新设计是指这样一个过程：收集技术执行中的资料，并根据这些资料重新设计该项技术。这些资料通过指出技术执行过程中的问题或者提供增强技术的新机会来刺激对技术的重新设计。这个过程的潜在假设是——技术是不断进化的。产品、工艺或员工的变化都要求对技术的修改。理解和重新设计过程的目标是重新构造技术。这个过程之所以重要，是因为它关注技术革新。大部分研究组织中技术变化的文献都关注技术应用。虽然没有太多文献来研究技术的理解和重新设计的过程，但仍有几方面问题值得注意。第一，这个过程正式化到什么程度？我们需要确定这一过程是否已经被包含在特定岗位角色的设计或者是群体活动中，这个过程是否获得了正式的认可。例如，可以由操作员收集资料并反馈给设计工程师以便其对技术进行重新设计。此外，可能会有一些关于何时以及如何收集资料的具体说明。在这种背景下，正式化有利于将更多的注意力放在技术革新的重要性上，这有利于刺激技术进步。第二，信息或标准的可操作性有利于对技术的理解和重新设计的过程。所搜集信息的性质关乎技术重新设计的过程能否被启动。如果关于技术重新设计的信息或标准是模棱两可的，那将不太可能引发技术的重新设计过程。很明显：任何技术都可以在一定功能规格的基础上建立，人们也可以将技术和功能规格相对照，当然这不是本文的重点。我们感兴趣的是关于技术操作的信息是如何诱发技术革新的。

技术扩散

第五个过程——扩散，指的是技术在组织中其他部门的扩展。因为本文主要关注组织层次而非个人层次的现象，所以这里的技术扩散过程不同于其他扩散。技术扩散过程的作用是为形成规范性和价值性的共识（这是技术个人模型中的两个重要维度）创造机会。当发生技术扩散时，支持这项技术的各项设施也就形成了。此外，技术扩散过程还为他人使用这项技术以及意识到他人正在使用这项技术创造了机会。这都为新技术的规范性和价值性共识的正式形成创造了必要的环境。在关于机器人技术的研究中（Argote，Goodman and Schkade，1983），我们考察了一家只在一个部门的一个工作领域中安装了一个机器人的工厂。虽然这项技术被成功地引入，但是它非常脆弱，没有任何规范性或价值性的结构支持它的存在。我们选择技术扩散作为最后一个过程是基于这样的信念：它为形成规范性和价值性共识创造了机会，这些共识有利于技术在社会环境中的制度化。

一些例子

我们的基本主张是：为了更好地理解技术与个人的关系，需要一些新的概念和分析工具。接下来，我们以两个应用新技术的场景为例，来说明这些概念。

案例 A：影像系统

我们一直在对三个采用高新技术的汽车装配工厂做研究，这三个工厂都是新成立的，并且都拥有计算机集成制造技术，而且这三个工厂都生产同样的产品。影像系统（vision system）是基于计算机技术，用来检测产品质量水平的激光系统。在这三个工厂里，影像系统都安装在车身生产车间，并用来测量不同生产线的质量水平，例如，车门尺寸的具体说明是否与影像系统测量到的尺寸相符合。

从物理意义上而言，影像系统是由一系列摄像机、一个显示终端和一个电脑系统组成的技术体系。使用者可以借助各种各样的统计软件来获取不同零部件的不同测量结果，并可以计算出平均数和趋势。

这个影像系统提供了每一辆车的数据。在安装影像系统之前，每个班次的工人会从生产线上拿下两到三个零部件（如车门或者是完整的车身），并用夹具和量具来测量它们的尺寸。考虑到一条生产线每小时会生产 60 到 70 个零部件，这个老的测量系统每班次只能收集少量零部件的资料。如果出现了问题，人们只能借助少量的样本来推断趋势。在发现问题之前，车身车间可能已经制造了 500 多个零部件。因此，这个影像系统为处理质量问题提供了一种主动性方式。的确，在我们初次调查的时候（那时还没有安装影像系统），操作员们都相信这个影像系统为主动监控问题、确认问题、分析问题以及采取正确行动等提供了机会。

我们跟踪了这个系统两年，主要通过正式的和非正式的访谈以及正式的和非正式的观察来搜集资料。完整地描述这个系统以及参与到其中的个人已经超出了本文的论述范围。本文感兴趣的是展现我们的概念工具是如何将注意力放在技术与个人的关系的重要面向上的。

发生了什么？这个影像系统是否增加了主动监控和解决问题的机会？最初，在工厂开创阶段，很少实际使用这个影像系统。新工厂的创建是一件要求很高又极为复杂的事情，其目标是使生产和装配线正常运转。虽然安装了影像系统，但仍有些是不能操作的，还有些是尚未实现标准化的。工厂加速发展期的结束（一年）为我们了解影像系统的应用提供了较好的机会。我们看到操作员大约要花10％的时间来与影像机器打交道，影像系统的应用主要涉及监控，确认其显示的问题是实际问题还是影像系统本身的问题并解决影像系统本身的问题。大部分监控活动都是被动反应性的，很少被用来进行问题分析。一年之后，雇员关于这个系统模型的认识是：虽然影像系统对于改善质量标准具有很大的潜力，但影像系统的故障问题、摄像机问题、测量的不可靠性等都伤害了这个系统的可信性。

我们可以乐观地假定这个影像系统的直接价值是很明显的，那么，我们的概念体系如何帮助大家理解所发生的事实呢？第一，社会化过程是非常关键的。最初，有一些关于如何操作这个系统的课堂培训（正式的、结构化的），但是一些其他的关键活动（比如故障探测和问题分析）也很重要。教授人们如何操作影像系统（即如何操作该系统以搜集生产信息）与培训人们如何进行故障探测和分析系统所产生的信息是非常不同的，这三个工厂都没有提供这种培训。我们认为，故障探测和问题分析最好以非正式的、学徒式的、无结构化的方式来学习。我们的观点也许是对的，但是这三个工厂并没有采用这种模式的培训。因此，我们没有观察到对故障探测和问题分析的知识学习及执行也就不足为奇了。不能进行故障探测影响了人们关于这个系统的可靠性的信念。

没有任何正式的手段可以提升员工对这个影像系统的承诺水平，也就是说，在这个系统的安装和实施过程中，员工没有参与到这个系统的设计、操作形式确定和具体实施工作中。工厂创办时期的组织复杂性使得其无暇顾及这个影像系统，为了使生产系统运行，大部分操作员一周要工作六到七天，这一系列的压力预先降低了员工对这个影像系统的关注和忠诚。

至于报酬分配过程这个影像系统自身固有的问题削减了其预期的功能，也就是说，在这个影像系统的预期功能与实际功能之间存在着严重的偏差（相互矛盾的价值）。最重要的是维护资料质量的问题，这些问题是由摄像机问题、测量程序等引起的。此外，也没有可以及时解决这些问题的良好架构。当发现零部件的尺寸存在问题时（当测量正确时），其典型原因通常是金属材料的质量较差，而这是一个源自工厂之外的问题。因此，在技术引入之初以及一年后，其预期价值和实际带来的利益是不一致的。这个例子聚焦新技术基于其功能设计所实际带来的回报。很明显，无论是从正式的还是非正式的组织体系意义上看，都不存在可能的回报来鼓励对这个影像系统的更多使用。

这个影像系统只安装在车身生产车间的五条生产线上，一年来并没有再在其他部门安装新的系统，扩散不足阻碍了支持这个系统的配套设施和社会合法性机制的发展，而且也限制了支持这个影像系统的规范性、价值性共识的形成。

在这三个工厂中，也没有支持理解和重新设计过程的正式内部机制，也就是说，这个影像系统内不存在一种收集来自操作员或者是车身生产车间的关于其实际作用和预期作用的对比资料的反馈机制。不过，也确实发生了一些革新，有一个工厂为了改善在线监控而安装了警报系统。只要零部件超出了误差容忍度，这个警报系统（蜂音器）就会响。其他的改变还包括发展出了将资料转变为变化趋势的统计软件系统。另外，一些工厂为了提高资料的可靠性，正在尝试运用新的测量程序。同时，为了使操作和维护这个影像系统的责任更加清晰，其他的工厂正在进行组织调整。然而，这些改变并不是很恰当，而且这些革新的来源也很不清晰。研究小组的反馈意见是改善管理活动，组织三个工厂的技术使用者参与的聚会，强化卖家的自我推销行为，这些都有助于革新。但客观而言，这些措施的出现及显效都需要时间积累的保障，而且它们也没有固定的秩序格局。毕竟，创新过程的显著特征是无序和混乱。

技术个人模型反映了上述诸多动力机制。我们认为，在技术引入的第一年，大部分操作员都对这个影像系统的构成状况和功能有所认识。由于这个系统还未能正式操作，因此正式的课堂培训以及与他人的讨论会影响这些认识。起初，关于影像系统价值的认识是积极的。在影像系统应用过程中，系统预期价值和实际通过这个影像系统所收集的资料的不可靠性是最突出的偏差。在最初使用这个技术时，这个偏差就已经存在（没有得到解决），大家认为新系统难免会存在这些问题。然而一年后，我们通过访谈发现，人们对这个影像系统持更复杂的观点，并且对其积极效果的乐观态度正在减弱。这一年来，影像系统一直存在测量问题，且人们对这一系统的规范性共识也发展不足，这就逐渐强化了对这个技术系统及其前期使用过程的消极观点。以上仅仅是对一个发生在较长时间段内复杂关系的简单描述。影像系统对个人的影响以及个人对影像系统的影响仍然以相对不可预测的方式逐步展开，我们试图提供一些概念工具来观察和分析不断发生的各种情况。在上述例子中，社会化和报酬分配（尤其是关于这项技术的功能的实际体验）是厘清这种事态的最为重要的工具。

案例 B：机器人加工单元

本文的主旨是我们所提供的这些概念将有利于帮助大家厘清技术与个人间的复杂关系。在这个例子中，我们将更多地关注技术个人模型的构成元素。而在前面的例子中，我们关注的主要是其作用过程。在此，我们的观点是：技术个人模型由客体、职责或事件的图式组成，这些图式又包含了认知性、情感性和评价性定向三个部分。随着时间的推移，这些图式可能会变得更抽象、更差异化或更组织化。

该案例的背景是：在一个负责执行铣削和磨削操作的部门中，引入了机器人加工单元（见表 1）。操作员的工作经历了从直接执行操作到监控机器人加工单元操作的改变。

我们收集了其安装机器人加工单元前两个半月以及后两个半月的访谈和观察材料。其中，社会化过程包括：在一个开放的空间（open house）展示机器人的操作，工厂管理者介绍这个加工单元，生产工人和一线监督人员一起讨论问题，举行会议和视听展示，阅读学习资料，等等。

技术个人模型的认识性成分首先形成，其中一部分就是个人对机器人的认知图像（picture）。在回答“你如何向你的朋友描述机器人”的问题时，起初回答者主要使用的描述词汇包括“机械化的人”“预设程序的机器”“电视成像”“更高的生产率”“载重机器”等。在机器人加工单元技术引进但是还没有实际应用之前，雇员们对其的认识可以分为以下三类：描述性的（“机械化的人”）、功能性的（“载重机器”）、结果性的（“更高的生产率”）。这个最初的印象是从哪里来的呢？除了从工厂内获取相关信息之外，回答者还认为电影和电视也是非常重要的社会化来源。的确，媒体中酷似人类的机器人有助于雇员们为这些机器人命名，并赋予它们以人类的品质。这些早先关于机器人的观念，尤其是其类似人类品质的属性，是个人对这项技术的重新定义（改变），并为技术个人模型的进一步发展创造了初始背景，也就是说，机器人正面的人性化特征有助于个人对机器人及其使用形成积极的情感。

在机器人加工单元技术安装使用了两个半月之后，当我们重复询问同样的问题（即“你如何向你的朋友描述机器人”）时，上面描述的形象仍然存在，但每个回答者都汇报了更多的形象，这与随着时间的推移，技术个人模型将会出现较大分化的假设一致。尽管我们讨论的主要是关于客体（机器人）的图式，但访问资料表明，与机器人相关的事件图式和职责图式也得到了发展。

我们特别感兴趣的是关于这项技术应用的后果的看法，因为它会引发情感性定向，所以我们询问了八个可能的结果（例如，生产效率、停机时间、技能要求等）。在技术引进之前，大家主要持相当乐观的想法：机器人加工单元技术能够提高生产效率、降低生产成本、减少事故发生、改善产品质量等。这些观念看起来与管理者在引进新技术时表达的公开意见紧密相连。随着工人们关于机器人加工单元经验的增多，他们的观念也变得越来越悲观。在第二次访谈中，回答者说机器人加工单元技术增加了事故的发生、增加了生产成本、降低了产品质量。实际上，技术个人模型的这些变化恰恰代表了其针对经验现实或者沟通现实所做出的调整。我们的资料是在机器人加工单元安装时期收集的，那时的安装成本的确较高。这个现实看起来与管理者的陈述（机器人加工单元将会降低成本）存在偏差。非常高的初始安装费用或许导致了成本会增加的观念的形成及扩散。而事故增加和产品质量降低的观念或许来自员工间的沟通现实，也就是说，对产品质量下降的感知是被社会建构出来的。然而，事实上并没有客观资料表明产品质量下降了。

前面的讨论主要集中于技术产生的组织性后果。现在我们转而讨论技术对个人产生的直接后果，这些都体现在我们第二次调查时所收集到的技术个人模型中观念、态度、行为成分的变化中。机器人加工单元的确改变了工人们的活动（见表 1），操作员不再直接执行大量的手工操作活动，而是更多地执行监控、抽象性概括和问题解决活动。

这些活动是如何与技术个人模型中的认知性、情感性活动相联系的？它们又是如何发展的？操作员回答了关于以下主题的信念。

（1）更少的劳累性工作：这个信念产生于其关于机器人价值的最初交流以及机器人承担了卸载活动的客观事实。积极的情感正是与这个结果相联系的。

（2）更高的认可：这个非预期后果可以归因于这样的事实——为了查看工作的执行情况，管理者增加了与操作员的接触。这有助于操作人员形成积极的情感，但同时也会增加他们的工作压力。

（3）更高的技能：操作员对于编程技能的获得或许可以解释这一信念。既然操作员为了学习新技能而自愿地承担这些工作，那么他们对这些工作赋予积极情感也就不足为奇了。

（4）更大的责任：操作员要同时管理两三台机器，责任感带来积极的情感和消极的压力感。

(5) 更少的社会交往：我们的第二次访谈资料是在新技术安装之后的学习期收集的，所以操作员很少有时间进行社会交往，这是一个非预期后果。这说明我们需要同时追踪外显的和潜在的后果，赞誉的增多和压力的增大就是其潜在后果。

一些过程在技术个人模型的认知性和情感性成分发展中起了非常重要的作用。初始的社会化过程有助于形成关于这项技术的积极信念，比如说，较高的技能和较少的劳累性工作。既然操作员是自愿和公开地接受这些工作的（承诺），他们就很有可能会寻找关于这项工作的积极信念和情感。来自实际任务经验的强化可以解释操作员对较少的劳累性工作的积极情感以及不断增加的压力感。

非常遗憾的是，我们不能够再收集第三次测量资料。技术个人模型的变化将会继续。很有可能的是：随着技术不再新颖，一些关于赞誉的信念可能会减少；随着管理活动的减少以及操作员进入到学习曲线的平衡点，一些负面的压力感可能会被强化。我们仍然怀疑是否会形成关于这项技术的规范性和价值性共识，因为这个部门或者是整个工厂尚没有扩散这项技术的计划。这一机器人单元加工技术也不太可能发生重要变化，因为它是一个孤立的技术系统，缺乏正式的组织机制来支持理解和重新设计技术的过程。

重要的议题

在这一部分，我们将讨论一些同研究技术与个人的关系相关联的新问题，它们的首要价值是有利于我们将注意力放在理论、方法和实践的战略层面。

理论议题

1. 问题框架

从分析中我们可以发现，如何构造和表述问题将会对研究方法、结果和结论产生非常重要的影响。以“去技能化”概念为核心的问题构造就是一个十分恰当的例子。它暗中假定了答案，并且极大地简化了技术与技能的关系。再举一个例子，研究者希望了解技术是如何影响压力的，即便研究者采用了中立的立场（也就是说，技术可能会，也可能不会增加压力），这个框架也极大地简化了一系列的外部（由技术带来的）和内部结果。研究技术时，我们需要承认：技术对每个人都会产生多重结果，技术对不同人会产生多重结果，结果系统是不断变动的。仅仅关注单一结果是一种极端的简化论。另一种方法（tack）则是围绕某一种技术来构建问题，比如说研究机器人技术的影响。我们已经讨论过，对“机器人技术”这个概念而言，存在着大量不同的内涵和外延，也就是说，有许多不同形式的机器人技术，这些技术并不是同质的，并且与机器人安装有关的组织层次上的配置也存在着很大差异。因此，以一类概括性技术来构建研究问题是不明智的，更不太可能产生有价值的结果。

我们提出的策略是：以基本过程和技术个人模型来构建问题，然后运用这些概念来研究具体组织结构中的具体技术。关键的问题是理解、解释技术与个人间关系的演变过程。

2. 理论层次

目前还没有发展出较完善的关于技术与个人的关系的理论，我们认为在将来也不会发展出完善而具体的理论模型。我们主张研究者应该在两个不同层次上进行操作。最为一般的层次以五个基本过程和技术个人模型的不同成分为特征，这套松散连接的概念有助于描绘出技术与个人复杂的双向关系。第二个层次的理论主要是归纳性的，当研究者运用这些概念来描绘技术与个人的关系时，会发现一些具体的事实，对于不同背景和时间而言，每个事实都是独特的。可是随着时间的推移，其他相似的事实就会出现，这些相似的事实会创建出关于具体关系类型化的事实。这些不断出现的事实很有可能是关于曾经发生过的事情的，而不是关于传统假设的（例如，变量 X 的变化会引起变量 Y 的变化）。以研究工作生活质量（quality of work life，QWL）的文献为例，如果翻阅一下所有研究工作生活质量、组织革新（例如，组织控制的去中心化，给予工人更多的权力，等等）的文献，就会发现一个重复出现的主题：这是一线和中层管理者都经历过的问题和压力。不管如何设计，不管员工多少，这个事实总会出现。这是一个重复出现的事件，具有重要的理论意义和实践意义。

3. 具体研究与普遍概括

本文的主旨之一就是学习如何从具体情境中提炼出普遍性的问题。从根本上说，可以认为我们是在具体时间内和具体环境中了解具体技术构造的结果的，对于特定种类的技术而言（例如，对于机器人技术而言），这些结果可能不具有概括性，但随着时间的推移，我们也可以预期这些结果可能会出现在新的技术类型中，当然，这种具体化的研究方式可能无法帮助我们了解正在出现的新技术形式。

我们的回答由两部分构成。第一，对于任何现存的或者是将来出现的技术而言，这五个基本过程都具有普遍性。它们被用来解释技术与个人的关系演变的详尽过程。尽管根据具体情形，它们的重要性会有所变化，但我们相信这些过程在解释技术与个人的关系中扮演着非常重要的角色，这一论断可以经受住经验的检验。第二，我们也把对事实的类型化过程看作对普遍性概念的寻求。随着时间的推移，我们把这些不断出现的类型化事实（比如说工作生活质量研究所发现的一线监督者经历的问题）视为对这个问题的普遍性概括，也就是说，超越了时间和具体情境的共同现象的出现就涉及普遍性问题。

实质性议题

除了研究问题框架和理论建构问题外，在研究个人与技术的关系时，还需要解决很多实质性议题（substantive issues），在此我们列举一些。技术个人模型的结构仍是有待进一步研究的问题，我们通过揭示这个模型的组成部分和它们之间的相互关系增加了对其的了解，但仍需详尽地描述和研究这个概念。技术个人模型是客观事实和社会事实的函数，但是我们仍不了解这两类事实相交叉的部分。不同的社会化机制是如何改变技术个人模型的组成部分的？在上面的例子中，我们指出，技术个人模型的认知性和情感性成分会随着时间的推移而发生改变。我们虽然了解一些具体的社会化形式，但是对它们发挥作用的具体机制却一无所知。如何解决技术个人模型的组成部分不一致的问题？个人是否会运用一些组合性规则来总结不同类型的结果？我们指出，大部分技术都会在个人层次上产生多重结果。我们自己的经验是技术个人模型的认知性或情感性成分可能会保持相对独立性。那么，为什么在同样的组织环境中从事同样工作的个人会形成关于同一技术的不同模型呢？

另一个有意思的问题涉及对能提高决策水平的新技术的利用。这些新技术形式的一个明显特征就是可以产生解决问题所需要的更好的和更新的信息。这些技术不是用机器替代个人，而是促进或增强个人的工作能力（Zuboff，1988）。这个领域中有很多有意思的问题。在这里，我们仅评论其中两个问题。第一，人们决定使用或者不使用这个“使能性”（enabling）技术的原因是什么？在研究中，我们看到：有些能够提供更好的信息（如影像系统）的系统，尽管在客观意义上好于现存系统，但却不被采用。第二，问题解决型工作的特征是什么？许多技术系统是用来发现问题、分析问题并支持员工采取行动的。在研究中，我们看到更多的是发现问题而不是诊断问题的例子。为什么关于问题诊断的活动——试图找到生产或产品质量问题的根源——那么少？一个原因是组织的报酬体系主要关注日常工作（如发现问题），而忽略了需要花费较长时间的问题诊断型工作。然而，尽管报酬体系很重要，但当我们再次把注意力放在问题诊断活动上时，仍有可能无法取得成功。这里可能忽略的是人们没有形成问题诊断过程的清晰模型。作为研究者，在分析这些资料的时候，我们往往有一个需要去验证的模型；作为负责影像系统或者是统计过程的雇员，在面对这些资料时，也需要有一个关于这个过程的模型。然而我们在田野调查中，总体而言，并没有看到人们有这些类型的模型。假定现行的技术尤为重视主动性问题的解决，那么，我们应该思考一下这些有意思的问题：这些生产系统的模型有多重要？它们的形式是什么？人们是如何学习这些模型的？技术的复杂性是如何促进或者阻止这种学习的？

另一个问题领域是关于个人对技术的影响的。通常，关于技术与个人的文献都在关注技术是如何影响个人的。我们已经阐明这是一个相互的过程，技术个人模型就是我们用来展示个人如何改变技术的机制的一个概念。在影像系统的例子中，人们对来自这个系统的信息的可靠性的怀疑影响了大家对这个系统的行为，也影响了重新设计这个系统的外部尝试，因此，技术个人模型可能会导致促进或阻止对这个系统的使用以及过滤关于这个系统的信息等行为。问题是我们需要更好地了解这个过程（Kiesler and Sproull，1987）。技术革新也是一个非常有吸引力的研究领域。我们已经申明：在个人-技术关系生命周期的始终，技术是一直都在演变的。在影像系统案例中，一些技术革新就曾被诱发。为什么会发生这些技术革新？引发组织内部技术革新的过程是什么？当然，正式地理解和重新设计技术系统起着非常重要的作用，不过，还有什么其他重要的因素吗？

方法论议题

1. 抽样

关于抽样的几个问题对关于技术与个人的关系的研究也非常重要。一个问题是大量的研究只关注单独的职业群体，例如，关于工厂中技术的研究往往只关注一线操作员，关于办公室中技术的研究也只关注普通的办事员。我们的理论取向要求抽取技术系统的所有使用者，因此，如果主要分析是关于蓝领操作人员的，为了展示恰当的职责系统（如维护、监督、质量管理、生产、控制等），研究者就必须扩展抽样框。另一个问题是，大部分研究技术影响的文献主要关注提供商品或服务的组织，如果能考察其他类型组织（如宗教组织、问题解决组织）中的个人-技术关系，那将会非常有意思。

2. 设计

对于分析技术与个人的关系而言，有许多可能的研究设计。重要的是，这项研究必须是由理论推动的、经过精细设计的（fine-grained）、具有合理抽样框的，并且是历时性的。个案研究是这个领域中最常用的设计之一，考虑到我们理论的侧重点是形成关于技术与个人的关系演化的细致描述，个案研究看起来是一种比较恰当的选择。对个案研究的批评主要针对其在一致性（confirmability）和普遍性方面的局限，一种针对一致性问题的回应是以不同的方式设计多个案例研究。通过取代私下收集资料和解释资料，这个过程逐渐公开化。最初的研究者们通过定性和定量的方法系统地收集关于组织特征、技术、个人、五个过程、组织中个人技术模型的资料，然后将这些没有经过初始研究者解释的资料（如田野资料）交给另外一批研究者。后者的任务就是利用本文所提供的概念来分析这些资料，以找出规律。独立的评估者如果确认了同样的规律，也就朝着结论有效性前进了一步。也可以将考核初始资料可靠性的指标交给另外的研究者，让他去搜集针对性的资料，并进行评判。通过对相似类型技术和相似环境中多个个案研究的加工、综合分析，我们可以在一定程度上解决普遍性问题。

其他更具实验性质的设计或许可以被用来例证或者探索性地分析技术与个人的关系的某些特定属性。例如，组织模拟设计就可以是演示特定现象的一种有潜力的方式（Griffith，1988）。在模拟实验中，实验者可以创建一个组织并雇佣一些员工来执行特定的任务。同时，在这些活动的背景下，实验者还可以创建一些可能会有利于或者不利于产生某个具体现象的工作条件。古德曼（Goodman，1987）认为，创立半永久性的而非临时性的这类组织会更为明智。这个观点已经在已有研究文献中屡被提及。这类组织可以由那些希望更好地了解技术设计决策的现有组织来赞助。在不需要付出组织变迁成本的情况下，他们就可以获得与设计决策相关的信息。

实验室也是一个很有用的设计选择。当然，实验室将被用来探索相关关系，而不是检验因果关系。在本文的前面部分，我们提出了许多可以在实验室内研究的领域及问题。例如，了解技术个人模型的变化过程就是一个非常适合在实验室环境下研究的问题。

3. 测量

我们关于个人与技术的关系演化的复杂理论立场，对于思考可供选择的资料收集方法也很有价值。最明显的一种方法就是运用技术本身来收集资料。在关于电子监控的研究中（例如，Griffith，1988），我们可以通过软件来保存个人电脑实际使用的详细记录。如果要研究电子邮件，也可以采用类似的测量方法。重要的是，由技术本身进行的测量可以获得连续性资料。另一个具有相对优势的方法是多做观察。在对影像系统的研究中，我们发现对于测量复杂的工人互动行为而言，传统的调查工具几乎没有多大用处；将观察者安排到具体生产线上，则可以获得关于整个工作活动的详尽资料。

测量问题并不仅仅是方法问题，还牵涉到测量内容的问题。应该测量什么？我们的一个想法是测量技术语言的发展，这些语言可以是用来描述技术的一套概念范畴。

为什么需要关于技术的语言？至少有两个原因。第一，关注技术变量的组织研究普遍存在一个问题——研究者并不向读者描述这项技术（参见 Goodman，

1986）。然而，如果不能很好地描述技术本身，我们又如何理解它呢？研究者通常把注意力放在了技术应用的后果上。共同的技术描述语言有助于读者理解技术，就像当我们在使用书面记录方法时所使用的共同语言有助于读者理解一样，一个好的书面记录可以告诉我们实验者都做了些什么。第二，技术语言系统在更宏观的层面也是有必要的。有种叫作“人类关系区域档案”（Human Relations Area Files）的资料库很有意思。它是在二战前和二战期间创立的，主要提供关于太平洋地区社会（包括现存的和消亡的社会）的知识。人类学家运用一个共同的范畴体系来对包含了不同社会详尽解释的发现进行分类，因此，如果人们想要了解不同社会关于时间的概念，就可以直接查看“日历”目录下的资料。我们的想法是，建立一个由不同的研究者提供的关于技术与个人的关系的个案研究档案。为了建立这个公共数据库，需要使用共同的语言来组织这个数据库。通过这个数据库，就可以在各种背景和范畴下查看个人与技术的关系。

那么，如何才能建立这种共同的语言？我们关于技术的概念是个很好的例子：技术是由设备、原料、物理环境、程序四个要素组成的系统。可以运用“性能”“可靠性”“工作周期循环速度”“智能水平”等分类体系来描述设备的性质。程序可以分为提供核心支持的程序和起连接功能的程序（Goodman，1986），同时，还可以将与不同类型程序相关的技能分为手工操作技能、认知技能、抽象概括技能、问题解决技能、社交技能等（Majchrzak，1988）。这个策略始于技术的四个要素，然后发展为一个分类体系。组织和个人也需要相似的分类体系。如果研究者使用这个分类体系，就会形成一个共同的数据集合，这个数据集会为我们研究技术与个人关系提供更强有力的方法基础。

实践性议题

1. 管理新技术

管理者和咨询顾问一直在寻找引进和管理技术的新方法。在已有的文献中，有大量关于管理技术失败的例子，因此，找到一种引进和管理技术的新方法具有非常重要的实践意义。在本文中，关注改善技术应用的五个过程可以成为一种非常有用的方法，也就是说，这些概念为技术的改进过程提供了指导。例如，在技术变化过程中，社会化是一个非常重要的方面，大部分管理者也都认识到了这一点。然而，在实际经验层面中，他们进行社会化的主要方式是在技术初始变化过程中的正式培训（在课堂上）。我们已经竭力表明社会化有多种来源，包括正式的和非正式的；我们也竭力指出非正式培训通常是非常重要的。例如，学习影像系统细节的一种重要途径就是在装配线上和常驻专家一起工作。在我们的讨论中，不断强调的另一个问题是个人-技术关系的演化过程是漫长的，这意味着社会化应该被理解为较长时间内的一个过程，而非单一的某个事件。

2. 雇佣合同

对于设计雇佣合同而言，新技术形式有一些实践性的隐含意义（March and Simon，1958）。我们已经清楚地表达了任何技术都可以有多种多样的构造。我们也陈述了新技术形式所可能带来的大量变化，这些变化包括从手工操作向观测性活动的转变。手工操作的一个显著特征就是其投入和产出是可见的，而这种可见性并不适用于观测性活动或监控活动。与新技术形式相关的另一个变化是高智能技术可以让机器直接执行监控和更正活动。这使得个人与机器的联系变得松散；也就是说，在特定时间内，个人可以自由离开其特定工作位置，而不必一直进行监控。此外，新技术也允许员工的工作跨越传统的界限。这意味着，就时间和空间而言，个人贡献的可见性将会发生变化。这些变化发展到一定程度，就会改变传统的雇佣合同——这种合同规定人们在具体地点和具体时间内工作，并以可见的方式为组织做出贡献。

就新技术而言，实际工作活动很少是可见的，并且关于时间和空间的边界也很模糊。这使得对贡献-激励关系中贡献要素的评估变得十分困难（参见 March and Simon，1958）。从激励方面来说，需要考虑几个有意思的问题。请思考一下监控任务，我们应该如何给这个活动定报酬？我们应该根据投入（也就是说，个人看屏幕时间的长度）来确定其报酬吗？看屏幕和实际工作是非常不同的。我们可以根据这个工作的产出（比如说好产品与坏产品的比例）来确定其报酬吗？但是这个产出并不在复杂监控体系中的员工的可控制范围内。我们可以确认纠正的问题在出现的所有问题中所占的比例，但是这个比例可能会与来源于操作员控制之外的实际问题相混淆。如果我们将参照框架转换到操作员立场（相对于组织的立场）上，鉴于监控活动的不断增加，我们可能会问：报酬系统的关注焦点是什么？工人们是否认为这个报酬有价值？那么，基本的问题就是：贡献-激励合约有着悠久的历史传统，它是建立在特定时空中的可见性工作的基础之上的。随着这些基本维度的变化，我们需要考虑改变雇佣合同的基本形式。

3. 整合技术与工作生活质量

现在的组织生活中有两个主要的发展趋向：新技术的发展和为了提高工作生活质量而进行的组织变迁。与此相对应，一个有意思的问题是——这两个发展趋势是相容的还是相互冲突的？我们的观点是这两个发展趋势是相互冲突的，尽管这种冲突不是技术固有特征作用下的产物。虽然关于这种冲突的详细分析和解决办法并不在本文的讨论范围内，但我们仍希望把注意力放在两者的冲突关系上，并引发读者去思考这个困境。

工作生活质量有两个层次的含义。第一，它指的是将更多的控制权和责任转移给工人，为他们提供参与决策的机会，提供给工人更多的关于组织及其环境的信息，创造一个尊重个人的、安全的组织氛围，为工人的职业发展提供机会。第二，工作生活质量的概念还体现在以下几个方面：团队的自我设计、质量研讨小组、工作的重新设计、对知识体系的报酬、劳动者-管理方的合作团队等。

当没有让工人参与技术设计和安装活动时，新技术与改善工作生活质量的活动就会发生冲突。因为技术的变化，工作中的挑战性和多样性可能会被压缩。相应地，工人工作中的控制权可能会被转移到在他们工作领域之外的技术专家那里。同时，工作团队也可能因此不再参与计划和安排工作任务，不再指定每个人的工作职责，也不再执行行政性活动（如控制存货）。

当然，实际存在冲突的程度是很难确定的。但通过查阅以往的文献，我们可以发现有些例子表明，组织对技术的选择是与工人的工作生活质量的需求相冲突的。根据我们的经验调查，有一家制造工厂已经指定了关于改善工作生活质量的详尽投资计划；但与此同时，它还引进了与工作生活质量项目及其价值相对立的技术。有意思的是，这个存在于组织中的明显矛盾从未被认识到。我们认为这些矛盾对组织来说是具有负面功能的。

任何解决这种困境的措施都必须首先阐明隐含在这两种变化背后的价值。我们曾指出，技术形式取决于人们的选择，因此，人们对技术的选择可以与组织的价值系统一致，也可以不一致。

阐明了价值问题后，接下来的问题就是如何整合技术和工作生活质量这两方面的改变。如果组织的价值追求是员工参与，那么就需要把这一价值纳入技术采用和设计决策中。如果自主设计团队是组织结构的基础，那么就需要以能反映这种决策结构的方式来设计技术。对实践者来说，最关键的问题是：明确隐含在工作生活质量与技术变化背后的价值，并采取某种策略来整合这两种力量及趋势。

结论

技术与个人的关系是非常复杂的。其因果结构由一套持续变化的双向关系构成。在许多方面，现有的文献对这种复杂关系的看法过于简单。我们的目标是形成一套能追踪技术、个人、组织三者之间复杂关系的概念体系。当然，要完成这一目标，尚有很多有挑战性的问题在等待着我们去解决。

参考文献

Argote, L., Goodman, P. S., and Schkade, D., 1983, The Human Side of Robotics: How Workers React to a Robot. *Sloan Management Review*, 24 (3), 31-41.

Attewell, P., and Rule, J., 1984, Computing and Organizations: What We Know and What We Don't Know. *Communications of the ACM*, 27 (12), 1184-1192.

Breer, P., and Locke, E., 1965, *Task Experience as a Source of Attitudes*. Homewood, Ill.: Dorsey Press.

Cyert, R. M., and Mowery, D. C. (eds.), 1987, Technology and Employment: Innovation and Growth in the U. S. Economy. *Report of the Panel on Technology and Employment*. Washington, D. C.: National Academy Press.

Edwards, J. R., 1989, Computer Manufacturing and Worker Well-Being: A Review of Research. *Behavior and Information Technology*, 8, 157-174.

Fiske, S., and Taylor, S. E., 1984, *Social Cognition: Topics in Social Psychology*. Reading, Mass.: Addison-Wesley.

Goodman, P. S., 1986, Impact of Task and Technology on Group Performance. In P. S. Goodman and Associates, *Designing Effective Work Groups*. San Francisco: Jossey-Bass.

Goodman, P. S., 1987 (Oct.), Experiments, Institutional Arrangements, and Organizational Design. Paper presented at the Symposium on Knowledge and Institutional Change, University of Minnesota.

Goodman, P. S., and Dean, J. W., Jr., 1982, Creating Long-Term Organizational Change. In P. S. Goodman and Associates, *Change in Organizations: New Perspectives on Theory, Research, and Practice*. San Francisco: Jossey-Bass.

Goodman, P. S., and Griffith, T. L., 1989, The Implementation of New Technology: A Review of the Literature. Unpublished paper, Center for the Management of Technology, Carnegie Mellon University.

Goodman, P. S., and Miller, S. M., 1988, Designing Effective Vendor/User Training through the Technological Life Cycle. Unpublished paper, Center for the Management of Technology, Carnegie Mellon University.

Griffith, T. L., 1988, Monitoring and Performance. Unpublished doctoral dissertation, Graduate School of Industrial Administration, Carnegie Mellon University.

Hirscheim, R. A., 1986, The Effect of A Priori Views on the Social Implications of Computing: The Case of Office Automation. *Computing Surveys*, 19 (2), 165-195.

Kiesler, S., and Sproull, L., 1987, The Social Process of Technological Change in Organizations. In S. B. Kiesler and L. S. Sproull (eds.), *Computing and Change on Campus*. New

York: Cambridge University Press.

Kling, R., 1980, Social Analyses of Computing: Theoretical Perspectives in Recent Empirical Research. *Computing Surveys*, 62 (1), 62-110.

Kling, R., and Scacchi, W., 1982, The Web of Computing: Computer Technology as Social Organization. *Advances in Computers*, 21, 1-90.

Louis, M. R., 1980, Surprise and Sense Making: What Newcomers Experience in Entering Unfamiliar Organizational Settings. *Administrative Science Quarterly*, 25, 226-251.

Majchrzak, A., 1988, *The Human Side of Factory Automation*. San Francisco: Jossey-Bass, 1988.

March, J., and Simon, H., 1958, *Organizations*. New York: Wiley.

Markus, M. L., and Robey, D., 1988, Information Technology and Organizational Change: Causal Structure in Theory and Research. *Management Science*, 34 (5), 583-598.

Salancik, G. R., 1977, Commitment and the Control of Organizational Behavior and Belief. In B. M. Staw and G. R. Salancik (eds.), *New Directions in Organizational Behavior*. Chicago: St. Clair Press.

Sproull, L. S., and Hofmeister, K. R., 1986, Thinking About Implementation. *Journal of Management*, 12, 43-60.

Sproull, L., Kiesler, S., and Zubrow, D., 1987, Encountering an Alien Culture. In S. B. Kiesler and L. S. Sproull (eds.), *Computing and Change on Campus*. New York: Cambridge University Press.

Van Maanen, J., and Schein, E. H., 1979, Toward a Theory of Organizational Socialization. In B. M. Staw (ed.), *Research in Organizational Behavior*. Greenwich, Conn.: JAI Press.

Zuboff, S., 1988, *In the Age of the Smart Machine: The Future of Work and Power*. New York: Basic Books.

工作组：自主性、技术与选择 *

吉拉尔德·I. 苏斯曼

李忠路　译

王惠媛　初校

薛品　审校

王旭辉　终校

先进制造技术（advanced manufacturing technology，AMT）在离散制造业（discrete manufacturing industries）中得到了迅速的应用。先进制造技术被看作是可以同时提高生产效率和工作生活质量的技术创新，它的推广应用为我们讨论新技术与工作组自主性是否兼容的问题提供了一个机会。要解答这个问题就需要分析那些有利于增进工作组自主性的条件以及先进制造技术对这些条件的影响。本文认为，管理选择在决定先进制造技术对工作组自主性的影响方面至关重要，因此，管理者和研究者需要考虑的首要问题就是这些管理选择产生的基础。

* SUSMAN G I. Work groups：autonomy，technology，and choice//GOODMAN P S，SPROULL L S. Technology and organization. San Francisco：Jossey-Bass，1990. 非常感谢艾莉森·戴维斯-布莱克（Alison Davis-Blake）、保罗·古德曼（Paul Goodman）、哈维·科罗德尼（Harvey Kolodny）、李·斯普劳尔（Lee Sproull）等人十分有价值的评论。

工作组的性质及其环境

本文主要关注的是组织中的正式工作组。正式工作组由对同一个直接上级负责的个人组成。这些个人之所以被安排给同一个上级，大体上出于以下原因：他们执行相同类型的活动，或为同一个产品工作；他们在同一台或一组相关联的机器上工作；他们工作的具体时间或地点相同。

依照定义，一个工作组只有一个等级层次（Miller，1965），如果一个单位中工作组的负责人需要向负责多个工作组的更高层的上级汇报工作，那么这个较大的单位就是组织，因为它拥有至少两层等级划分。相应地，组织通常由许多执行不同活动和功能的工作组组成。

工作组由负责将原材料转化为成品的一系列工作成员构成。在工厂，原材料通常是实体物质；在办公室，原材料则通常是混乱的资料。而转换工作可以通过手工操作或自动化的方式完成。工作组负责人的目标是确保将原材料转换为组织的更高层负责人或者顾客所认可的产品。当然，这可能是也可能不是工作组成员的目标。因此，正式工作组的全体成员不一定分享共同的目标，但工作组的负责人却必须拥有共同的目标。然而，当工作组负责人在某种程度上授予其成员一定的决策权时，工作组成员就可能会形成共同的目标。正式工作组可能也会具有“心理群体”的一些特征（Schein，1970），也就是说，成员间的互动会让他们彼此内心互映，并形成群体观念或意识。

本文之所以主要关注离散制造业环境（settings）中的工作组，有以下两个原因：一是作者对这种技术的兴趣和个人经历，二是先进制造技术将会深刻地改变离散制造业中的工作类型。在我看来，生产工艺的进一步发展不太可能对连续制造环境下的工作产生同样深远的影响。所以，当务之急是要研究先进制造技术对离散制造环境中的工作的影响，这是因为为了适应先进制造技术的冲击，其关于工作设计和管理的那些假定必将发生深刻的变化。

本文也会关注那些执行常规活动的工作组。了解新技术对常规工作的影响要比了解其对专业工作的影响更为容易，因为常规工作中所运用的大部分技术都是嵌入在机器中的。与存在于工人头脑中的技术相比，这种技术的影响通常较为明显而且更为持久。

当办公室职员执行的工作类似工厂里的工作时，例如，将原始资料录入电脑终端的常规工作，把从工厂中得出的普遍性结论（generalization）推广到办公室也是恰当的（Ranney，1986）。同样，这些普遍性结论也适用于那些执行常规活动（如软件编写）的专业支持小组。但是，当把这些普遍性结论应用于特设小组（为了完成特别任务而短期设立并在任务结束后便解散的小组）或虚拟小组（通过使用电子邮件沟通形成的小组）时，其观点会有一定的局限性（Kiesler，Siegel and McGuire，1984）。当工作组解决的问题远离工作单位时，特设小组和工作组间就存在着一些相似性，而当工作组通过电子媒介进行沟通时，虚拟小组和工作组间也存在着一些相似之处。考虑到目前先进制造技术的复杂性以及它在制造业中的扩散程度，虽然有少量证据表明工厂里的工作组成员也在使用电子媒介进行沟通，但是，为了理解借由电子媒介生成资料的含义，他们可能会进行面对面的交流。

技术

考察技术的视角

在本文中，技术被看作能够产生预期（desired）成果的决策和行动（Ellul，1964；Barrett，1978）。关于这些决策和行动的知识可能存在于书本中，或者存在于人们的头脑中，当然也可能嵌于机器中。在办公室里，预期的成果可能是对信息的组织、存储和检索；在工厂里，预期的成果可能是对成品的生产。达成这些预期成果的决策和行动是嵌入于原料、机器、方法、人力的组合之中的。原料在可变性、传导能力和耐久性等方面有所差别，机器在速度、偏差规格、通用性或专用性等方面有所不同，方法在效率以及技能要求等方面有所不同，人力的区别则在于其所拥有的知识和技能。当由原料、机器、方法、人力等要素组合而成的关于各种决策和行动的知识不断积累时，技术进步便发生了。

原料、机器、方法或者人力等单个要素并不能发挥作用，它们必须形成技术体系才能产生预期的成果。技术体系是根据关于如何生产特定成果的观念来设置的。一旦技术体系设置完毕，它们就会深刻影响与之相对应的工作组类型。这种影响更多是单向的，因为技术可以成为一种客观存在，也就是说，技术的存在不再依赖于使用者。甚至工人的知识和技能也有这种特性，因为它们可以被转移给其他人（Perrow，1965）。当原料、机器、方法等被置入工厂时，它们同时也就限定了人们行动的选择范围。与原料和机器相比，方法和人力则比较容易变化，但是关于如何才能最有效率地生产特定产品的知识和技术却不会轻易改变。

对于技术体系，工程师和社会学家们有不同的理解视角，各自强调的侧重点也不同。工程师关注技术体系以高效率的、实际上有效的方法将原料转化为成品的能力，而社会学家则关注技术体系对人们行动和思维的影响：是消除（eliminate）、增强、减弱还是解放了人们的行动和思维。另外，社会学家还关注工作组成员为了保证技术体系按令人满意的方式运行所采取的决策和行动，以及这些决策和行动之间的相互作用。正是技术体系的这些属性深刻地影响着工作组的结构类型和发展过程。

先进制造技术

本文主要关注的是先进制造技术。计算机辅助制造技术（computer-aided manufacturing，CAM）便是先进制造技术的一种类型，它包括机器人、柔性制造体系、数控机床、自动物料处理系统、自动存储和检索系统等形式。这种先进制造技术（指 CAM）由大量的软件和硬件组成，它们替代了工作组成员在工作时所做的决策和行动。工作组成员不再采取决策和行动，而是监控机器以确保其按照预先的设计运行。

还有三种先进制造技术也在工厂里得到了快速的应用。计算机辅助工艺过程设计（computer-aided process planning，CAPP）是一种规划生产过程的软件系统。比如说，就机器而言，CAPP 决定可供选择的操作次序，挑选所需要的机械工具或工作站，决定所要使用的切割工具、固定器具、速度和速率控制等。这个软件系统替代了一线工长、制造工程师、工作组成员等人所做的决策，一旦 CAPP 做出了决策，人们很少再有机会来改变它以适应意外状况。

制造资源计划（manufacturing resource planning，MRP）系统是一种管理生产材料的软件，它根据给定时间内有待生产的产品以及生产它们所需要的原材料、机械工艺、劳动力等数据资料，制订生产计划，生成需要采购的原材料信息。MRP 系统可以减少存货并增加交货的可靠性。只要遵循计算机制订的生产计划，MRP 系统就会减少工作组关于生产什么、生产多少以及何时生产等方面的不确定性。遵循生产计划需要服从来自顾客、供应商和制造管理等方面的要求，而这些通常是难以管理和维护的（Anderson and Schroeder，1984）。例如，一线的监管者要么不信任这个生产计划，要么会迫于销售部门的压力而加快完成顾客的订单（Schneider，Howard and Enispak，1985）。

计算机辅助设计（computer-aided design，CAD）和计算机辅助工程分析技术（computer-aided engineering，CAE）都运用软件和硬件来设计产品。通过使用 CAD 来完成常规的草图、部件的选择等，使设计过程大大加快。借助 CAE，工程师不需要建造昂贵的模型便可以检验他们的设计。例如，CAE 可以展示压力和热度对一个指定产品设计的影响。CAD 和 CAE 技术可以大大减少产品的研发时间，并使产品设计变得更为迅速和简单。CAD 和 CAE 技术越能成功地设计出容易制造和装配的产品，工作组在将原材料转化为成品时所面临的不确定性和复杂性就越少。

CAM 和 CAPP 都是工作组核心技术的一部分。它们执行工作组的一些基本转换活动。MRP 则是一项缓冲技术，它根据生产预算规划需要运送的原材料和工作流程。工程师们所使用的 CAD 和 CAE 技术决定了工作组所要制造的产品。它们会影响工作组成员在决定使用何种原料和多少产品零部件时，所面临的不确定性和复杂性的程度。

信息系统（information systems，IS）包括组织、存储和检索资料的机器以及在不同机器间传送这些资料的媒介。信息系统可以提供关于生产过程和结果状况的信息，也可以提供指导和协调其他先进制造技术的资料。例如，在利用 CAD 技术设计好产品后，可以通过局域网将设计信息发送到 CAM，以指导 CAM 系统制造该产品。局域网可以使用等级式布局，这样主机或者是微机就可以指导几个局域网的活动。这种类型的整合技术叫作计算机集成制造技术（computer-integrated manufacturing，CIM）。

先进制造实践

或者是作为引进先进制造技术的前奏，或者是因为其具有独特的价值，几种先进制造实践也在工厂里得到了迅速的应用。这些实践作为制造方法的创新，正好符合本文对技术的定义。

实时制造（just-in-time，JIT）建立在存货就是浪费这一信念的基础之上（Schonberger，1982）。由于需要储存空间和人力以及需要对成品和过程进行检索等投入，存货增加了成本。JIT 不是运用时间和空间的缓冲来应对变化，而是通过改进生产过程和产品的可靠性，在源头上根除易变性问题。JIT 的目标是实时地生产和运送需要销售的商品，实时地为每一道工序生产和运送装配线以及零部件，实时地购买生产成品所需要的原材料。

成组技术（group technology，GT）是指在设计和制造产品时，通过利用基于相似性的聚类优势，将相似的零部件组合成类群（family）的做法（Suresh and Meredith，1985）。对于设计而言，工程师可以通过 GT 的数据资料，查看是否有通过稍微修改便可使用的相似零部件，从而避免重新设计；对于制造而言，通过使用已经存在的零部件生产类群，就可以减少制造方法和布局的数量。

与成组技术紧密相关的是单元式制造（cellular manufacturing）[①] 方法。单元式制造方法是指，根据需要生产的零部件类群在操作次序上的相似性，把不同的机器组合到一起。与传统的按照共同制造工艺把机器组合到一起的制造方式相

---

① 单元式制造，是指在一条生产线或一个机器设备单元内，由该生产线或生产单元的操作员生产多种产品或零部件的生产制造过程。——译者注

比，单元式制造方法减少了大量的移动和等待时间。

全面质量控制（total quality control，TQC）（Feigenbaum，1961）是工人和管理者们用来改善产品质量，最大化地使顾客满意的一套方法体系。在TQC的方法体系中，统计过程控制（statistical process control，SPC）是一种非常重要的做法，工人和管理者可以通过SPC来搜集和分析产品制造过程中的异常状况。通过确认异常状况的来源以及提供减少或消除异常状况的方法，统计过程控制可以改善产品的可靠性并使其符合标准。

本文接下来的分析将主要关注计算机辅助制造技术（CAM）、计算机辅助工艺过程设计（CAPP）、制造资源计划（MRP）、实时制造（JIT）、信息系统（IS）以及单元式制造技术。除非有特别说明，本文的先进制造技术（AMT）这个术语主要指的就是上述六项技术。在图1所示的技术中，与其他技术相比，这六项技术对工作组自主性的影响更为深远。正如下图所示，这些类型的先进制造技术是嵌入原料、机器和方法中的，并且会被它们以某种方式修改。嵌入原料、机器和方法中的技术是不依赖于使用它的个人而存在的。因此，这些技术可以深刻地影响与之相对应的工作组的结构和运作过程。对这几种先进制造技术的选择应用通常是由那些远离生产车间的人们做出的，因此，他们往往会忽视其选择对工作组自主性的影响。

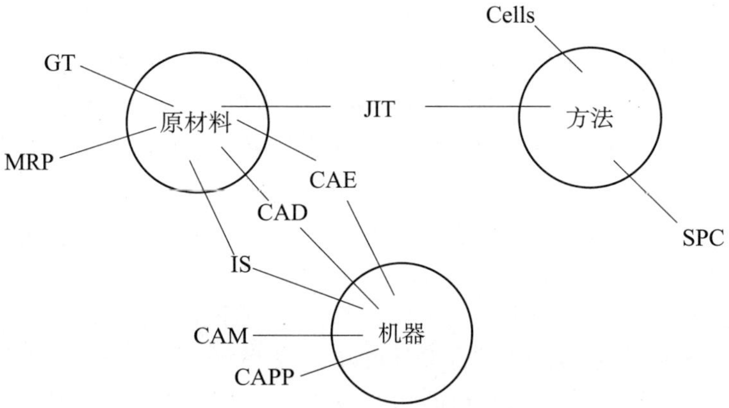

图1　先进制造技术及其所嵌入的媒介

GT＝成组技术　　CAD＝计算机辅助设计
MRP＝制造资源计划　　CAE＝计算机辅助工程分析技术
IS＝信息系统　　JIT＝实时制造
CAM＝计算机辅助制造技术　　Cells＝单元式制造
CAPP＝计算机辅助工艺过程设计　　SPC＝统计过程控制

先进制造技术对工作组自主性的影响

根据我们前面介绍的关于正式工作组的观点，不论采取何种类型的技术，每个组织都包含有工作组。如果因为成员较少，组织中仅有一个等级层次，那么该组织和工作组就是等同的。值得关注的问题是，何种类型的工作组更适宜采用先进制造技术：是由上级做出所有决定的工作组呢，还是其成员拥有高度自主性的工作组？

近年来，有自主性的工作组变得非常流行。当管理者们相信工作组成员可以和他们的上级一样或者更好地进行决策和协调工作时，他们便提倡有自主性的工作组。工作组成员可以设定生产目标，安排生产任务，一起解决问题，评估完成目标的进程，等等。由于有自主性的工作组具有更少的等级层次，其成员更富有积极性，这些因素可以形成更好的群体决策，从而使组织受益。工人也因较高水平的技能、更为有趣并富有挑战性的工作、较高的薪水而获益（Lawler，1986）。问题是，先进制造技术是否与这种类型的工作组兼容？

评估先进制造技术对工作组自主性的影响的一种方法是，评估先进制造技术对那些被认为不论使用何种技术，始终都有利于增强工作组自主性的条件的影响。戴维斯和维克（Davis and Wacker，1987）认为，以下九个条件有利于增强工作组自主性：（1）其工作至少需要一些技能；（2）可以确定工作组对于组织是一种有意义的存在，其投入和产出明确而清晰，并且可以通过稳定的缓冲区域对工作组进行区分；（3）工作组成员的更替可以保持在最低限度内；（4）有可以明确地评价工作组及其成员绩效的标准；（5）可以及时地进行反馈；（6）工作组拥有可以测量和控制其工作流程中异常情况的资源；（7）任务是高度依赖性的，工作组成员必须相互合作；（8）在管理上要求交叉培训；（9）工作可以被平衡地分解为个人任务和群体任务。

下文的分析将表明先进制造技术对条件（1）（2）（5）（7）（9）有直接影响。对于工作组自主性而言，这种影响可能是有利的，也可能是不利的，这取决于使用技术的人是否了解这种影响的本质。如果先进制造技术的内部逻辑优先于任何其他的考虑，那么这种影响就可能是不利的。然而正如我们将要说明的，管理选择也可以在不牺牲工作组自主性的情况下，确保先进制造技术产生重大的经济效益。

条件（3）（4）（6）（8）是与人力（技术可以嵌入其中的第四种媒介）相关联的。无论是否采用先进制造技术，人力资源创新实践都可以直接地影响这些条件并使其有利于增强工作组自主性。可是，如果事先做出影响条件（1）（2）（5）（7）（9）的有利的选择，条件（3）（4）（6）（8）的影响将会更大。既然本文主要关心的是先进制造技术对工作组自主性的影响，接下来的分析就将主要关注条件（1）（2）（5）（7）（9）以及先进制造技术的选择对它们的影响。本文的分析也适用于任何影响这些条件的复杂技术。人力资源实践和工作组自主性的关系已经在其他研究中有所讨论（Lawer，1986；Walton and Susman，1987；Majchrzak，1988），因此，本文不再讨论人力资源实践及其对条件（3）（4）（6）（8）的影响。

左右先进制造技术对工作组任务的影响的一些选择

技能

有证据表明：与传统制造技术相比，操作和维护先进制造技术需要更多的技能（skill）（Adler，1986）。一个重要的管理选择是，谁将有机会发展和使用这种技能：管理者、工程师，还是工人？

先进制造技术之所以需要更多的技能，是因为它需要操作和维护它的人具有解决问题的能力。工人的工作不再是将原材料转化为成品，这些转化活动由其操作的软件和硬件来执行。根据技术维护员工所接受的训练内容来看，技术维护员工比技术操作员工更容易掌握先进的技能（Ettlie，1988；Majchrzak，1988）。然而，操作员的技能水平也有可能会提高。除了少量的传统任务外（如安装、拆除和更换零部件等任务），操作员通常要监测生产过程，确认任何偏离生产标准的情况，并采取必要的干预以消除这些偏离，而承担这种职责是需要一些技能的。例如，在高度自动化生产线上工作的操作员在定期地将撬杠楔入运送产品的车辆之间时，需要阻止堵塞情况发生。虽然这种偏离很容易确认，并且纠正行动也很容易实施，但是这种监控却需要员工保持高度警觉。

海斯、惠尔赖特和克拉克（Hayes，Wheelwright and Clark，1988）将这种类型的监控和干预称作“反应性控制”（reactive control）。它要求工人及时对偏离进行确认和纠正。如果工人们要负责“预防性控制”（preventive control，预防偏离状况的发生）、“进程控制”（progressive control，根除偏差的来源）、“动态控制”（dynamic control，通过引进新方法、发展新技术等措施来提高总体绩效）等，他们就需要掌握日益复杂的化学、物理、电子科技等方面的理论知识。如果工人们的职责具有这种性质，那么他们将可能和监管者、工程师一起承担责任。

最近的研究（National Academy of Sciences，1986；Walton and Susman，1987）表明：管理者之所以在富有挑战性的进程控制中给予工人更多的参与性，是因为工人们掌握着解决这类问题所需要的第一手知识。来自那些要求并奖励其员工提高工作绩效的公司的竞争压力，尤其是来自日本公司（Imai，1986）的竞争压力，迫使美国管理者也采纳了类似的目标。

作者最近对位于俄亥俄州马里斯维尔市的本田自动化组装工厂（Honda's automobile assembly plant）的调查发现：工人们只需借助少量或者根本不需要他人的支持便可完成高级类型的控制[①]。自动化焊接部门的成员会在工作日下班后和周末一起来研究两个机器人间的循环时间。这些员工通过观察来搜集关于机器人的数据资料，然后对它们进行重新编程，成功地将循环周期缩短了 28%。

进一步的证据表明，先进制造技术对工人运用抽象数据资料解决问题的技能提出了更高的要求。也就是说，技术体系不是通过直接经验来观测，而是通过电子化显示工具（或者是打印出来的图纸）来间接地观测。正如扎波夫（Zuboff，1988）所说：先进制造技术使工作信息化和自动化。生产过程的状态以及改变它的恰当行动都是从数据资料里推断出来的，而非由直接观察得到的，这种类型的知识是抽象的而非具体的。这种知识是通过推理和实验方式发展出来的，而不是通过经验积累获得的。传统上，管理者和工程师们会运用抽象知识来完成工作，但工人却更多地运用具体知识来工作。鉴于管理者、工程师和工人们日益使用相似的知识来解决问题，他们之间的地位障碍将会日益减少。

先进制造技术增加了需要解决的问题以及对抽象间接资料的使用，这提高了操作人员和维修人员的技能。谁将有机会发展和使用这种技能？管理者、工程师，还是工人？这取决于是否做出和工人一起负责解决复杂问题的管理决策。如果选择不与工人共同承担这些责任，就可能会增加管理成本，而这些管理成本足以抵消机器替代工人所节省下来的费用。而且，与工人相比，管理者和工程师通常更远离生产过程，不太可能像工人那样及时地发现问题。当忽略了工人们提供的解决问题的资料时，也就切断了学习循环中的一个重要链接。

任务的互倚性

如果两个及两个以上的工人同时负责一台机器或者是被整合在一个由多台机器构成的制造单元内，先进制造技术就增加了任务的互倚性（task interdependence）。如果一台机器出了故障，其他的机器可能就会无法运行，因此，即使只针对一台机器采取行动，工人们也需要共享整个技术体系的信息。这种信息共享不仅在应对机器出现故障的紧急状况下是必要的，而且在工人们为了改善绩效而

---

① 指上文中的“进程控制”。——译者注

解决问题的稳定条件下也是必要的。在后一种情况下，任务的互倚性还可能会扩展到管理者和工程师层次。汤普森（Thompson，1967）将这类型（reciprocal）的互倚性称为目标互倚。在目标互倚情况下，一个人的行动可能会改变小组内其他人行动的条件。

通过减少工作站之间的缓冲，实时制造也增加了任务的互倚性。这种情况下的任务互倚性可能是目标互倚，也可能是接序互倚（Thompson，1967）。在接序互倚情况下，一个人的任务安排只有当其他人的任务完成了之后才能开始。

及时性反馈

与反应性控制相比，预防性控制、进程控制和动态控制（Hayes，Wheelwright and Clark，1988）所需要的数据资料时效性更强且更为复杂。信息系统可以在线收集这些数据资料，但一个与之相关的重要问题是谁可以直接读取这些资料。通常认为这些控制类型所需要的资料是由管理者和工程师专门负责的。

扎波夫（Zuboff，1988）引用了一家纸浆制造厂里开支追踪系统（expense-tracking system）的例子。尽管它的技术是连续性工艺，可是从这个例子所得出的教训对于离散性制造工艺也同样具有指导意义。在这个案例中，管理者许可工作组成员直接读取新信息系统在线生成的关于费用开支的数据资料。因此，工作组成员可以及时得到降低成本活动的反馈信息。很快，工作组的绩效（performance）就超过了预期。可是，当中层管理者开始运用这些数据来监督工人并责备他们偏离预先设定的绩效目标时，工作组的绩效很快便停滞在了一个固定的水平上。管理者却因为任何类型的绩效改善而得到上面的好评。产生这种现象的动力在于工人们"僭越"地执行了那些管理者们仍在负责的活动，工作组成功利用这些资料提高绩效的做法，使得中层管理者怀疑他们自己对组织的贡献。考虑到许多内含自主性工作组的组织通常拥有较少的管理层级，他们的这些疑虑也就不难理解了（National Academy of Sciences，1986）。

左右先进制造技术对工作组边界的影响的一些选择

边界的明晰

依据产品还是工艺过程（process）来组织工作组的任务，对其边界有着非常重要的影响。单元式制造是根据相似产品或相似零部件来组织的，因为其任务是制造可识别的产品，所以这些单元就强化了工作组的边界。制造产品所需要的原材料、机器、方法和人力等都包含于单元内。单元内各种资源的相互依赖性要远远大于其对单元外资源的依赖。

当企业所制造的产品的差异性太大以至于根本无法把零部件或者产品安排在一个制造单元内时，管理者可能不会选择单元式制造。流水线制造是替代单元式制造的一种方法，它适合于一些极端的情况，即在产品的差异性太大以至于没有相同型号，或者是产品的差异性太小以至于不需要专用技术的情况下，都可以采用流水线制造方式。

位于肯塔基州列克星敦城的 IBM 打字机生产厂，在一条长达 7 英里①的传送带上制造各种类型的打字机和打印机。没有任何两件产品是可以采取同一工序制造的。工作站之间离得很远，也没有证据表明自主性的工作组是其基本的组织单位。工人们向一线的监管者汇报工作。与处于相似职位的典型的管理人员相比，这些监管者承担了更多的责任。每个工人都有很大的自主性，然而，在这种环境下，自主选择的单位是工作而非工作组。IBM 将负责机器的安装、维护和咨询等广泛工作的员工称作自控操作员（owner-operators）。

另一种替代单元式制造的方法是将全部员工都整合到一个大的工作组中，这只有在员工较少时才可以做到。位于萨吉诺城的通用汽车分公司便是采取这种制造方式的典型案例。这是一家拥有 6 亿资产的生产汽车轮轴的工厂。这家分厂只有 54 名员工，被分成两班工作，最后在无人操作的第三班上制造成品。由 24 名员工（12 名半熟练员工、8 名熟练员工和 4 名支持员工）组成轮换操作组。像 IBM 一样，萨吉诺分公司制造的产品也高度迥异。这些产品或产品零部件不具有相似性，没有办法被组织到同一个制造单元里。员工在知识背景和技能等方面也具有高度异质性，这就使得工作组成员很难形成共同的目标和认同感。

任务的意义

当工作组成员可以明确地界定其任务并看到他们对任务的贡献时，这个任务就是有意义（meaningfulness）的。一个有意义的任务会形成一种格式塔结构（gestalt），人们可以清晰地界定哪些任务属于这个工作组，哪些任务不属于这个工作组，也可以清晰地界定谁为这个任务做了贡献，谁没有做贡献。例如，复杂问题的解决可能会激励员工个人，但是如果不同类型的问题间没有互倚性的话，就可能会削弱整个工作组所从事工作的意义。然而，如果大量的非工作组成员（也就是说管理者和工程师）参与到解决问题的过程中，工作组的边界就可能会变得相对模糊。

如果工作组不能控制所执行的任务，也会降低其工作的意义。制造资源计划

---

① 约合 11.3 千米。——译者注

减少了工作组对原料进入时间、完成任务次序、完成任务时间、运送成品时间等方面的控制，从而也削弱了其工作的意义。制造资源计划对工作组决策控制权的削弱程度取决于生产计划具体到哪一层次。制造资源计划可以具体到个人工作层次或者是工作站层次，实际上这就在内部消除了工作组对生产计划的偏离。制造资源计划也可在工作组层次上做出有效的规划。例如，制造资源计划可以在工作组层次上做出所有关于投入和产出的决策，但允许小组成员掌握工作组内部的所有的计划和决策。

恩菲尔德数字设备公司做出了保护其康涅狄格州恩菲尔德工厂中工作组自主性的决策。这家工厂主要制造电脑存储系统的印刷电路板（printed circuit-board）组件。管理者在实施制造资源计划技术时，拒绝了制造资源计划技术顾问把个人工作站视为最小分析单位的建议，而将工作组看作最小分析单位。目前，这个工厂每周都会形成生产计划并且有充足的能力来保证这些计划的完成。如果规划时间间隔缩短、生产能力提升的话，这个工厂就可能会面临在更为细化的层次上安排计划的压力。

投入与产出的可识别性

先进制造技术可能不会对离散制造业中的投入与产出的可识别性（identity）产生很大的影响。在连续制造工艺中，生产过程中的原料和工作不可见，因为它们被储存在箱槽中，然后通过管道来运输。虽然在离散制造业中，投入与产出很可能仍然可见，但却很难控制它们何时进入以及何时离开工作组。

在心理意义上，单元式制造有可能会增强产出的可识别性，因为这些单元生产的是完整的产品或零部件。这会增强工人对自己为实现组织目标所做的贡献的认知。可是根据工艺来组织的工作组成员就不太可能有这种感知。

日益减少的单元缓冲

通过减少工作组间的时间和存货缓冲（buffers），实时制造对工作组自主性产生了消极影响。实时制造要求各个工作过程的存货最小化。仅仅减少存货并不一定就会有消极影响，但实时制造还要求缩短订货与交货之间的时间间隔。为了在最短的时间内交货，车间内就只能剩下那些必需的工作步骤。缩短时间和减少存货缓冲的共同要求迫使组织不断地寻找无关紧要的活动并加以根除。这样，凡是不能直接增加产品价值的活动都会被剔除，在实时制造方式看来，只有那些在最短的时间内将原材料转化为成品的活动才是有价值的活动。

如果无法使那些不能以时间和空间来评价其贡献的活动合法化，实时制造观念将会对工作组自主性产生致命的影响。例如，为了减少变异性的来源，为了去除无价值活动从而减少生产时间，工作组成员需要一定的时间来解决问题。具有讽刺意味的是，他们做得越成功，工作组间必要的缓冲时间就会越少。因此，工作组可以用来解决类似问题或平衡分配个人任务与小组任务的时间就被排除了［见条件（9）］。

在恩非尔德数字设备公司的生产工厂，工作组成员有足够宽松的时间每日召开半小时的会议来详细讨论工作问题，也有充足的时间放下自己的任务去帮助他人解决问题。工作组内也有足够多的员工来替补那些缺席的或者是需要接受培训提高技能的员工。而且，工厂允许充分灵活地安排工作计划，以便员工可以去看医生或者是处理有关他们孩子的问题。

个人活动时间的合法性并非基于效率，而是基于员工工作时应如何使用时间的价值观念。如果活动的价值可以得到恰当的评价，并且在一定时限内其所预期的结果是合理的，那么这些活动的合法性也可以建立在效率标准上。必须认识到解决问题所需要的时间与生产产品以及监控生产过程所用的时间是同等重要的。从这些活动中产生预期结果的时限应该是以天计算，而不是以分钟计算。

结论

本文最后提出几个问题作为结论，这些问题都是管理者和研究者在决定如何使用先进制造技术时应该考虑的。因为，这些选择会深刻地影响那些有利于或者不利于工作组自主性的条件。

在先进制造技术环境下，员工如何才能最有效地做出贡献？本文认为，在先进制造技术环境下，员工做贡献的最有效的方式就是解决问题。那些限制先进制造技术发挥最佳性能的大部分问题是无法在技术投入使用前就为技术体系的设计者所认识并解决的。先进制造技术改变了员工对生产过程所做的贡献的性质和方式。先进制造技术以一种自动化的方式运行，并剥夺了员工的一些技能，但与此同时，它也使工作变得信息化，并且提高了那些运用信息解决问题的员工的技能（Zuboff，1988）。在海斯、惠尔赖特和克拉克（Hayes，Wheelwright and Clark，1988）提出的几种控制类型中，解决问题所需要的技能远远超出了反应性控制所需要的技能，它需要员工具有操作更高级的控制类型的技能。

谁应该承担解决问题的工作？本文认为，如果工作组成员是经过精心挑选的，且受过足够的训练，并能得到恰当报酬的话，他们就能够胜任解决问题的工作。管理者和工程师必须与工作组成员合作才能最有效地解决问题。当把工作组成员排除在解决问题的群体之外时，学习链条中的重要一环就终止了。

解决问题应该关注什么？随着先进制造技术在工厂里的普及，直接的劳动力成本在总成本中所占的比重大大下降，然而财务会计系统依然把其工作重点放在节约劳动力成本上（Kaplan，1984）。在先进制造技术条件下，原料和管理开支在总成本中占有很大的比重。如果将解决问题的工作分配给工作组，而不是管理者和工程师的话，就会使组织扁平化并降低管理费用。通过找到可以缩短从订货到交货的时间间隔（lead time）的方法，工人们可能会降低原材料的成本（这正是实时制造方式的目标）。例如，恩菲尔德数字设备公司工厂里的工作组成员通过与工程师合作解决问题，找到了缩短印刷电路板组件老化生产周期的方法，从而缩短了从订货到交货的时间间隔。

什么时候解决问题最恰当？日本企业试图消除生产过程中各种形式的懈怠行为。虽然他们鼓励并奖励员工提供一些工作上的建议，但却希望员工能在正常工作时间之外或者其他非工作时间来提供建议和改善，如质量小组（quality circles）。既然近来美国管理者们也倾心于日本的制造技术，比如实时制造，那么他们也应该考虑将这项技术植入其所重视的其他技术创新活动（如生产和工作生活质量等）时所可能产生的后果。除非工人解决问题的时间合法化并受到保护，否则，它可能会淹没在那些为了消除生产过程中的懈怠现象所做的不断努力中。如果发生了这种情况，在先进制造技术环境下，员工们最有效地做出贡献的方式就被破坏了。

参考文献

Adler，P. S.，1986，New Technologies，New Skills. *California Management Review*，29，9-28.

Anderson，J. C.，and Schroeder，R. G.，1984，Getting Results from Your System，*Business Horizons*，27，57-64.

Barrett，W.，1978，*The Illusion of Technique*. New York：Anchor Press/Doubleday.

Davis，L. E.，and Wacker，G. J.，1987，Job Design，In G. Salvendy（ed），*Handbook of Human Factors*. New York：Wiley.

Ellul，J.，1964，The *Technological Society*. New York：Vantage Books.

Ettile，J. E.，1988，*Taking Charge of Manufacturing*：*How Companies Are Combining Technological and Organizational Innovations to Compete Successfully*. San Francisco：Jossey-Bass.

Feigenbaum，A. V.，1961，*Total Quality Control*. New York McGraw-Hill.

Hayes，R. H.，Wheelwright，S. C.，and Clark，K. B.，1988，*Dynamic Man Creating the*

Learning Organization. New York：Free Press.

Imai，M.，1986，*Kaizen：The Key to Japan's Competitive Success*. New York：Free Press.

Kaplan，R. S.，1984，Yesterday's Accounting Undermines Production. *Harvard Business Review*，62，95-101.

Kiesler，S.，Siegel，J.，and McGuire，T. W.，1984，Social Psychological Aspects of Computer-Mediated Communication. *American Psychologist*，39，113-121.

Lawler，E. E.，Ⅲ.，1986，*High-Involvement Management. Participative Strategies for Improving Organizational Performance*. San Francisco：Jossey-Bass.

Majchrzak. A.，1988，*The Human Side of Factory Automation：Managerial and Human Resource Strategies for Making Automation Succeed*. San Francisco：Jossey-Bass.

Miller，J. G.，1965，Living Systems：The Group. *Behavior Science*，10，302-398.

National Academy of Science，1986，*Human Resource Practices for Implementing Advanced Manufacturing Technology*. Washington，D. C.：National Academy Press.

Perrow，C. B.，1965，Hospitals：Technology，Structure，Goals. In J. G. March（ed.），*Handbook of Organizations*. Skokie，Ⅲ.：Rand-McNally.

Ranney，J. M.，1986，Bringing Sociotechnical Systems from the Factory to the Office. *National Productivity Review*，5，124-133.

Schein，E. H.，1970，*Organizational Psychology*.（2nd ed.）Englewood Cliffs，N. J.：Prentice-Hall.

Schneider，L.，Howard，R，and Enispak，F.，1985，*Office Automation in a Manufacturing Setting*. Washington，D. C.：Office of Technology Assessment.

Schonberger，R. J.，1982，*Japanese Manufacturing Techniques*. New York：Free Press.

Suresh，N. C.，and Mesedith，J. R.，1985，Achieving Factory Automation Through Group Technology Principles. *Journal of Operations Management*，5，151-165.

Thompson，J.，1967，*Organizations in Action*. New York：McGraw-Hill.

Walton，R. E.，and Susman，G. I.，1987，People Policies for the New Machines. *Harvard Business Review*，65，98-106.

Zuboff，S.，1988，*In the Age of the Smart Machine：The Future of Word and Power*. New York：Basic Books.

技术的二重性:对组织中技术概念的反思*

旺达·J. 奥利科夫斯基

薛品　译

马宇民、王旭辉　校

摘要: 本文发展了一个新的理论模型，用于考察技术与组织间的互动关系。早期研究假定技术是一个客观的外部力量，对诸如结构之类的组织属性有决定性影响。后来的研究集中于技术人性化的一面，把技术看作战略选择和社会行动的后果。本文认为这两种观点都不全面，建议把这两种观点都考虑进去，对技术重新进行概念化。技术的结构化理论模型建立在这种新的概念化基础上，并通过对有关信息技术的一项田野研究的讨论展示出来。本文认为，技术概念的重新调整和技术的结构化模型能让我们深刻且辩证地理解技术与组织之间的互动关系。这种理解提供了对人类选择、技术发展与使用以及组织设计三个方面的局限与机会的洞见。文章还讨论了新的技术概念和技术的结构化模型对于未来研究的启示。

关键词: 组织　结构化理论　技术的结构化模型　技术

技术一直是组织理论的中心变量之一，它遍布于研究与实

---

* ORLIKOWSKI W J. The duality of technology: rethinking the concept of technology in organizations. Organization Science, Vol. 3, No. 3, August 1992. 旺达·J. 奥利科夫斯基，麻省理工学院斯隆管理学院教授。

践之中。尽管已有多年研究，但人们在技术的定义和测量方面仍未达成一致，并且在组织事务方面针对技术的确切作用也没有令人信服的证据。我将指出技术研究方面的定义分歧和观点迥异已经限制了我们理解技术如何与组织互动，并且这些对立并不能通过相互让步而得到解决。基于此，我们需要对技术概念进行重构，而这基本上要重新审视当前的技术概念以及它在组织中的角色。

在这篇文章中，我将援引吉登斯（Giddens，1976，1979，1984）的结构化理论，对重构技术概念提出一种新的观点。我将重新审视一种指向分析组织中技术本质和角色的模型，并称之为技术的结构化模型。在讨论这个模型的假设和内容之前，我先回顾一下以前的研究，以澄清本文提出替代性研究策略的背景和动机。

重估先前对技术的概念化

以前对技术的概念化一直有选择性地集中于技术的某些方面而忽略了其他方面，结果导致当前关于组织中技术的知识状态模糊不清且互相冲突（Attewell and Rule，1984；Barley，1990；Davis and Taylor，1986；Hartmann et al.，1986；Scott，1981）。技术概念的两个重要方面是范围（scope）和角色（role），二者分别被定义为组成技术的东西，以及如何定义技术与组织间的互动。这两个方面贯穿于已有技术研究的矛盾性论述和应用中。

范围差异

针对技术范围的研究主要有两种观点，分别反映了研究者的不同归纳取向。其中一组研究集中于作为“硬件”的技术，即人们在生产活动中使用的设备、机器和仪器，不管是工业设备还是信息设备（Barley，1986；Blau et al.，1976；Bjørn-Andersen，Eason and Robey，1986；Davis，1989；Hickson et al.，1969；Lucas，1975；Noble，1984；Robey，1981；Shaiken，1985；Woodward，1958；Zuboff，1988）。然而，硬件范围跨越了产业和组织，这导致特定背景下各种各样的技术定义，并且阻止了不同研究与实践间的比较。例如，伍德沃德（Woodward，1958）把技术的范畴界定为工业生产技术，主要局限在制造企业。另外，硬件范围跨度大也导致对技术的宽泛定义，由于必须包括各种机器，结果定义就变得如此抽象，以至于忽视了技术本身的差别性或研究者的价值偏好。例如，布劳等人所界定的是在工厂和办公室中使用的技术，主要是作为“人力的替代设备”（Blau et al.，1976：21）。

在“硬件”视角下，技术只在那些在生产活动中使用机器的组织中才是一个有意义的变量。这种局限促使研究者扩展技术变量的范围以包括服务性企业和教育机构这样的组织。技术概念因此扩展到“社会技术”，包括人们在任何生产活动中使用的一般任务、技术和知识（Eveland，1986；Perrow，1967；Thompson，1967）。例如，佩罗（Perrow，1967）把组织看成原材料发生转换的地方，因此把对原材料的转换方式及转换过程当成组织中的技术，而汤普森（Thompson，1967）则以长链型、中介型和密集型技术三个术语描述不同组织的工作流。

尽管这种对技术的一般化界定方式很有用，因为它允许技术在所有组织中成为有意义的变量，并承认技术范畴不止包括硬件，但是它却也造成了边界和测量方面的模糊性（Mintzberg，1979：250）。同时，它还忽视了机器作为人类行为中介所能提供的有用信息。也就是说，即使我们在技术的一般性特征方面增加了认识，我们还是无法就人造物如何同人类行动者互动而提出研究问题。通过把任务、技术、知识和工具要素结合进一个单一建构——技术中，这些组成部分之间以及它们同人类之间的互动被忽略了。例如，基于这样一种技术概念界定，我们就不能审视不同的假设、知识和技术如何嵌入不同的人造物或社会实践，以及它们对人们的行为和认知将如何产生不同的影响。类似地，我们也不能审视机器运转过程中所包含的规则和程序如何被执行操作工作的能动者使用、改变或忽略（Perrow，1983；Suchman and Wynn，1984；Wynne，1988）。

角色差异

根据对组织中技术所扮演角色的定义，可以区分三个流派的技术研究，并以此印证主导社会科学研究的主观视角和客观视角之间的哲学思想差异（Bernstein，1978；Burrell and Morgan，1979；Giddens，1979）。早期研究把技术假定为一种客观的外在力量，会对结构之类的组织属性产生（相对）决定性的影响。与之相反，后来的一些研究者集中关注人类社会行动的一面，更多是把技术看作共享解释或行为干预的产物。更新近的技术研究则已转向一种“软”决定论，技术被定位成有影响的外部力量，但这些影响会为人类行动者和组织情境所削弱。

技术决定论模型

技术决定论模型（the technologcial imperative model）这部分研究中，对（生产）技术（Aldrich，1972；Blau et al.，1976；Hickson et al.，1969；Perrow，1967；Shepard，1977；Woodward，1958）和信息技术（Carter，1984；Davis，1989；Foster and Flynn，1984；Hiltz and Johnson，1990；Leavitt and Whistler，1958；Pfeffer and Leblebici，1977；Siegel et al.，1986）的研究主要考察技术对结构、规模、绩效和中心化/去中心化等组织维度的影响以及对工作

满意度、任务复杂性、技术水平、沟通效果和生产率等个人维度的影响。其前提则是技术与组织变量及个人变量一样都可以被测量并预测（见图 1）。

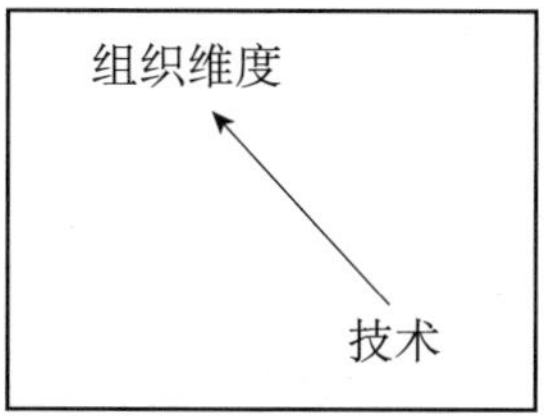

图 1　技术决定论模型

这些研究认为技术对人类行为或组织属性有独立影响，对人类和组织施加单向的因果作用，类似于自然界的运行方式（Giddens，1984：207）。其中一些研究则承认情境变量对技术影响的调节作用，提出了一种有关技术影响的权变模型（例如，Jarvenpaa，1989；Lucas，1975）。这些研究尽管对技术常常表现出来的决定性方面提供了洞见，但在很大程度上还是忽略了开发、使用和改变技术的人类行动影响。其结果是，这种分析视角未能针对技术及其与组织的互动关系提供一个完备的说明。

战略选择模型

战略选择模型（the strategic choice model）这种视角认为技术并不是一种外在客体，而是持续不断的人类行动、设计和使用的产物。这种视角内部又可以辨别出三个研究流派。其中一个流派集中研究特定技术实体如何通过行动者的社会互动和政治选择而被建构出来。显然，技术被理解为一个因变量，基于组织中的其他力量尤其是强有力的行动者而发生相应权变（见图 2）。这种视角不认为技术是给定的或不可改变的，相反，它把注意力集中在决策者和使用者的具体情境和策略影响技术的方式上（Child，1972；Davis and Taylor，1986；Kling and Iacono，1984；Markus，1983；Perrow 1983；Trist et al.，1963；Zuboff，1988）。

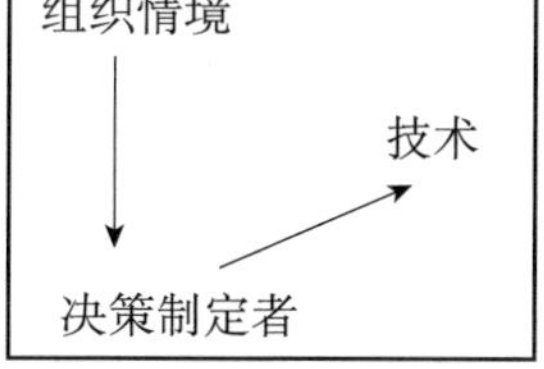

图 2　战略选择模型

在这里尤其相关的是社会-技术研究流派，其前提理念是工作满意度和员工产出之类的结果可以通过“优化”工作中的社会和技术因素（Davis and Taylor，

1986；Trist et al.，1963）而达到。另一个贯穿于社会-技术研究流派的相似前提是信息技术研究（Bostrom and Heinen，1977；Mumford，1981）和朱伯夫（Zuboff，1988）的研究，后者提倡围绕信息技术的潜能重新审视组织和重建组织。朱伯夫认为，由于信息技术可以按照不同的意图（使工作“自动化”或“信息化”）来设计，所以它对工作人员也将有不同的含义（分别是控制和去技能化，或授权和提高技能）。

然而，这些分析过于依赖能动者的能力。它们假定，一旦技术设计出来体现“合适的”（优化或信息化）目标，并且一旦管理者使用这种“合适的”策略，将会促使工作人员报酬的增加、组织流动性的提高、劳动分工的革新和组织绩效的改善。但是，正如朱伯夫（Zuboff，1988）在多个个案研究中所揭示的，技术如何被使用还取决于管理意图之外的社会经济力量（Powell，1987；Sabel，1982；Shaiken，1985），这会阻挠对工作职位和技术的任何预期重构。其中一些力量包括组织的制度属性、工作场所的微观政治学、环境的特点以及组织变迁的非预期后果。这些影响力量可以解释很多组织中存在的社会-技术干预的混合成功（Kelly，1978；Pasmore et al.，1982）。

第二个流派审视关于特定技术的共享解释如何产生并影响技术开发及相关的互动关系。一些研究技术现象的社会学家（Bijker，1987；Bijker，Hughes and Pinch，1987；Collins，1987；Pinch and Bijker，1984，1987；Woolgar，1985；Wynne，1988）和研究信息技术的学者（Boland and Day，1982；Hirschheim，Klein and Newman，1987；Klein and Hirschheim，1983；Newman and Rosenberg，1985）在经验研究中主要采用这种社会建构论观点。这部分研究尽管很有效地展示了技术的意义如何产生并维持，但却倾向于低估技术的物质和结构方面的影响。

最后一个研究流派是技术的马克思主义学派，以布雷弗曼（Braverman，1974）、库利（Cooley，1980）、爱德沃兹（Edwards，1979）、诺贝尔（Noble，1984）和佩鲁（Perrolle，1986）等人为代表。尽管这些研究很详细地讨论了技术被设计和开发出来以促进强势行动者（在开始时技术的社会建构）的政治经济利益，但它们没有充分论述工作场所（在使用时技术的社会建构）中的人类能动性。相应地，也就没有解释工人们使用技术的不同方式以及技术影响个人和组织行动的差异性方式（Burawoy，1979；Powell，1987）。其局限性很大程度上源自行动者概念的狭隘性，只有管理人员或技术设计者才有权并有办法塑造技术。使用技术的工人之类的行动者被看作相对无权的主体，他们的行动和认知反而被技术决定。然而，工人行动恰恰可能会极大地改变技术被解释和操作的方式，并因此改变它对于组织的含义（Burawoy，1985；Jönsson and Grönlund，1988；Perrow，1983；Wynne，1988）。正如莫哈曼和劳勒（Mohrman and Lawler，

1984：136）曾指出的："因为技术是社会建构的，所以也能被重新建构……技术本身可以被使用者改变。"

技术作为结构变迁触发器模型

技术作为结构变迁触发器模型（model of technology as trigger of structural change）是技术与组织关系研究的第三个视角，由巴利（Barley，1986，1990）提供，他把技术看作一种干预因素，会潜在地改变行动者与组织结构之间的关系（见图 3）。巴利（1986）开展了一项历时性的实地研究，以观察相似的放射照相技术在不同组织中的引入过程。他发现，技术通过改变制度化的角色和互动模式而触发了组织部门结构的改变。更重要的是，通过比较两个组织并确定它们对相似技术植入的不同反应，巴利（1986：107）卓有成效地为我们展示了这一道理：新技术确实以一种系统而有序的方式影响了组织结构，但其具体影响取决于植入时的特定历史过程。

巴利在他的解释框架中定位技术的角色时，不是简单地把技术看成是物质性诱因，而是将其视为物质变动的触发器，它能够触发特定的社会动力，并最终导致预期的和非预期的结构化过程（例如在他的研究中，日益强化的组织形式"去中心化"趋势）。技术被理解为社会性的客体，其意义由使用的情境界定，而它的物理形态和物理功能则能在不同的时间点和使用情境中保持稳定性。尽管巴利认为技术的某些特点是社会建构的，但他不承认在使用技术时对其物理形态的修改。考虑到诸如 CT 扫描仪这样的技术——有相对固定及标准化的功能与特点——这种观点可能还是切合实际的。然而我们却不能宣称其具有普遍适用性，尤其是在信息技术的案例中，这一论断显得很不充分。尽管在特定的时点上技术可能看上去有客观的形式和功能，但技术能够而且也确实为不同的使用者、不同的使用情境以及相同的使用者在不同的时间点所改变。

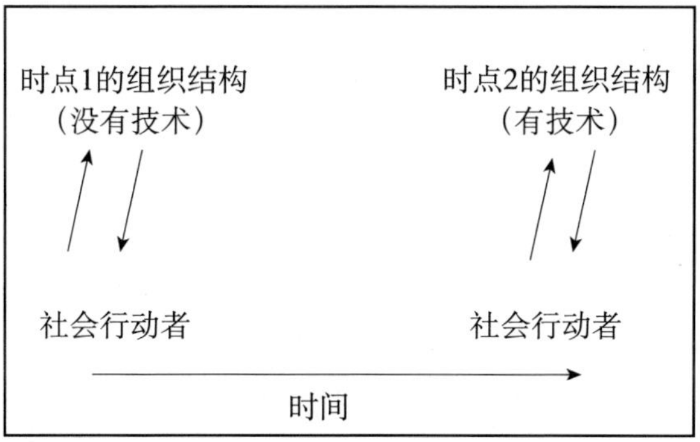

图 3　巴利的技术触发结构变迁模型（1986）

技术研究文献回顾

以上部分对关于组织中技术的范畴和角色的现有研究做了一个简短且有些批判意味的审视。这种审视并非原创，因为组织文献中的新近讨论已经类似地评论了这些研究（Attewell and Rule，1984；Davis and Taylor，1986；Hodson and Parker，1988；Markus and Robey，1988；Perrow，1983；Powell，1987；Sabel，1982）。然而，尽管研究者们努力解构以识别过度决定论或过度唯意志论视角的局限，但他们却并没有为重构新的概念框架而投入同等重要的工作。目前，学界仍然缺乏针对技术及其与组织关系的一套新概念，这种新的概念化努力能让我们超越单纯的批评，并为指导将来的研究提供新的概念基础。

在这篇文章中，我用结构化理论的原则重构技术概念并提出一个探究技术与组织关系的模型。在定义技术概念时，我将其范围局限在物质的人造物层面（包括各种形式的软硬件配置）。我希望区分——至少从理论上区分——技术的物质本质以及设计或使用它们的人类活动。这个定义与以下观念相一致：既不能使技术概念在范畴上受到过多不必要的限制，也不能排他性地将技术理解成单纯的物理客体。相反，在分析时将人造物跟人类行动分开，这就允许我将其概念化为人类行动相互合作的产物，并因此具有内在的社会性。这也有助于我从能动者与技术互动的角度为技术角色建立研究框架，并因此把技术看作既是结构的又是社会建构的。

我所提出的技术的结构化模型绝不是完整的或完善的，而只是技术研究诸多流派中的一种观点。这个模型不可避免地会反映出作者的信仰和研究兴趣的局限性。不过，我认为，这种再概念化尽管有局限，但却摆脱了之前研究视角所内含的二元论和抽象论困境，并使我们对技术与组织间的辩证互动保持敏感。

技术的结构化模型

社会理论（Giddens，1976，1984）和科学哲学（Bernstein，1978；Bhaskar，1979）的最近研究已经对社会科学中长期存在的社会现实主观维度和客观维度间的对立观点发起挑战，并提出一种将两个维度都包括在内的元理论（meta-theory）作为替代。吉登斯的结构化理论（Giddens，1979，1984）便是其中一个，并且很多组织研究者（Barley，1986；Manning，1982；Pettigrew，1985；Ranson，Hinings and Greenwood，1980；Riley，1983；Roberts and Scapens，1985；Smith，1983；Spybey，1984；Willmott，1987）在分析组织过程时都采

纳了这种观点。对这些研究者来说，结构化理论视角为组织的主观概念和客观概念间的两难选择提供了一个解决方案，使他们可以将两者都考虑进来（Dow，1988；Poole and Van de Ven，1989；Willmott，1981）。

结构化理论

结构化被看作一个包括行动者与组织的结构属性互动的社会过程。结构化理论（the theory of structuration）承认人类行动既被结构赋予能动性又被结构束缚，而这些结构又是之前行动的结果。在吉登斯的理论框架中，结构是在研究范式意义上被理解的，也就是说，结构作为一个基础性概念只在对社会系统的结构属性的讨论中才使用（Giddens，1979：64-65）。结构属性由能动者日常互动中使用的规则和资源组成。这些规则和资源是人类行动的中介，同时又通过行动者的使用而得到重新确认。

结构化理论强调行动者在重新确认结构属性时所扮演的角色，以避免简化论。与此相应，承认行动者有知识和反思性是这个理论的核心前提。吉登斯指出（Giddens，1984：22）："所有的社会行动者、所有人在日常社会情景的生产和再生产中，在他们拥有并应用的知识领域方面都是高度博学的。"吉登斯还区分了话语知识和实践知识，前者指行动者能表达出来的知识（说出来的），而后者指不言而喻的知识（仅仅是做出来的），是行动者在行动中运用但不能表达出来的知识。反思性指人们做事情时例行性地观察并理解所做事情的能力。它并不仅仅指自我意识，还包括不断地监视物质情境、社会情境以及（自己和别人的）行动（Giddens，1984：5）。然而在某种程度上，行动者的知识和反思性经常被以下因素束缚：行动的预定本质、表达不言而喻知识的困难性、未被察觉的动机来源以及行动的无意识后果（Giddens，1979：144）。

通过有知识和反思性精神的行动者的常规行动，作为标准化实践的互动模式在组织中建立起来，例如制造产品、协调会议或评价职员的方式。随着时间流逝，这些习惯性的实践方式最终制度化，进而形成组织的结构属性。这些结构或制度属性（结构）由人们在持续不断的互动（能动性）中使用，反过来又强化了制度属性。用这个模式——我们所知道的结构的二重性（duality of structure）——吉登斯克服了组织的客观结构特征与行动者主观且富有知识的行为之间的二元论。

人们在组织中行事时创造并再造了社会互动的三个基本要素（Giddens，1976：104）：意义、权力和规则。尽管这些要素相互之间高度依赖并且在实践中不能分开，但出于澄清有关分析的目的，我们将其分开，从行动者的能动性和制度属性角度来审视每个要素。

首先，从能动性视角来看，人们的互动涉及意义（meaning）的形成与交流。

这通过人们在与世界持续不断的互动中所援引的解释框架或知识库存而实现，“……构成共同知识的核心，借此，一个可解释的意义世界在互动中维持并被加工”（Giddens，1979：83）。然而，这种解释框架并不仅仅使共享意义得以形成并使其成为交流中介。从制度属性视角来看，解释框架代表组织的意义结构（structures of signification），即贯穿互动过程并调整互动方式的组织规则。由于组织规则在行动者的使用中抑或被重新确认，抑或受到挑战，解释框架也就通过社会互动而得以加强或改变。如此一来，在任何互动中，共享知识都不仅仅是背景的一部分，还是社会情境不可分割的一部分，某种程度上，它既协调组织了社会互动，又为互动本身所塑造。

其次，从能动性视角来看，权力（power）要素通过为人们提供能达到目的的组织能力而进入互动过程。在这里，权力被理解为“变革能力”，即人类通过行动改变社会世界和物质世界的能力（Roberts and Scapens，1985：449）。权力以各参与者所携带的或者在互动过程中所动员的组织资源为媒介，发挥其在组织中的影响作用（Giddens，1979：92-93）。这里所提及的资源又可分为两种，一种是权威性的（施加于人），另一种则是配置性的（施加于物或物质对象）。尽管这些东西是行使权力所凭借的方式，但从制度属性的角度来看，它们构成了组织的支配结构（structures of domination），反映了所有社会系统都有以权威资源和配置资源间的不对称作为印记的事实。然而，社会行动者一直保有改变特定支配结构的可能性，这种可能性被吉登斯称为控制的辩证法（dialectic of control）（Giddens，1984：16）：“……各种形式的依赖也为地位从属者提供了一些影响其上级活动的资源。”当行动者在互动中参照一个给定的不对称性资源框架时，现存的控制结构被重新确认。只有现存的资源不对称被改变时——可能是明确的，也可能是潜移默化的——现存的支配结构才有可能被改进或削弱。

再者，从能动性视角来看，规则是用来调整合法或“合适”行为的组织惯例或规定。组织中的互动并非盲目的，而是在约束规范（normative sanctions）的指导下展开，并通过组织中主导性的文化规则表现出来的。然而，从制度属性角度来看，规则组成组织的合法性结构（strutures of legitimation），组织内的道德秩序借此通过仪式、社会化实践和传统表达出来并得以维持。

吉登斯在他的结构化范式中并没有明确提出技术议题，但结构化理论已经被用来研究技术引起的组织变迁（Barley，1986），并用于对群体决策支持系统（Poole and DeSanctis，1989，1990）和计算机会议系统（Robey，Vaverek and Saunders，1989）的研究中，但这些尝试都没有用结构化理论重新界定技术概念，也没有重新阐释技术与组织之间的关系。在建议从结构化理论视角理解技术的同时，我认为应该把技术看作开发和（或）使用技术的组织的一种结构属性。也就是说，技术体现了组成组织结构的某些规则和资源，并且其本身就是某种规则和资源。本文接下来的部分将详细展示技术的结构化模型，并通过经验研究加以阐释。

技术结构化模型的前提

技术由人类行动创造并改变，但也被人们用来完成某些活动。这种技术的循环定义——我称之为技术的二重性——也是我下面将会阐述的第一个前提。而作为第一个前提的推论，第二个前提则是技术具有诠释弹性。因此，技术与组织的互动是技术开发和使用过程中涉及的不同行动者和社会-历史情境的函数。

技术二重性

技术二重性认为，之前的技术概念界定使用了一种错误的二分法——它把技术要么看作客观力量，要么看作社会建构的产物。然而实际上，技术是人类行动的产物，同时也体现出结构属性。也就是说，技术既被在特定社会情境中工作的行动者物理性地建构，同时又被行动者赋予不同意义、强调和使用其不同特点而社会性地建构。然而，以下情况也是事实，即一旦技术被开发出来并投入使用，它就会变得具体化和制度化，与建构它或给予它意义的行动者失去联系，并成为组织客观结构属性的一部分。

能动性与结构不是相互孤立的。正是行动者习惯性地利用一项技术的持续行动才使其具体化并制度化。因此，如果行动者在每次使用技术时改变它——物理形态上的改变或解释意义上的改变，都不会事先假定技术的稳定性和理所当然性对制度化而言是必要的。但是，这种与技术之间持续不断的互动将破坏通过使用技术完成工作而带来的很多好处。我们并不需要在每次使用电话、电梯或打字机时都物理性地或社会性地重构它。但很明显，持续地不加反思地使用技术将是不合适的或没有效率的。

例如，韦恩（Wynne，1988：159）描述了一个设计于 1970 年代的输水管道的案例，这套管道用于满足兰开夏地区（Lancashire）预计中的工业和住宅增长导致的对水的剧增需求。在技术设计和实施阶段，人们假定它将持续并满负荷地汲水。然而，十年后的事实证明这些假定并不正确：兰开夏地区出现经济萧条，对水的需求并没有增加。结果，人们只是间歇性地使用它并且它常常一停就是好几个星期。如此操作导致管道中形成大量真空，最终引发一场大规模的瓦斯爆炸，夺去了很多人的生命。这个案例中对技术的操作取决于曾经合适但当时已经过时并被人忘掉的关于该地区社会经济增长的假定。这些假定被设想为在技术中充当使技术“正常”运行的条件。这些条件在当时操作环境下已经不适用，但使用者并不知道；而当初的技术设计者和开发者也早已离开，这些人都无法对技术进行反思和调整。

正如上面所言，人类行动的一个关键方面就是掌握知识并善于反思。尽管人们采取的行动可能同时会有预料到的和未预料到的结果，但能动性并非指有意识的能力。例如，一个公司使用电子邮件有增强沟通和信息共享的预期结果，但也有减少地位障碍和社会情境线索的非预期结果（Sproull and Kiesler，1986）。更进一步地说，使用技术的行动者的个人行动尽管会对局部环境产生直接影响（预期的和非预期的），但也会对自身所处的制度环境产生间接影响（常常是非预期的）。例如，个人使用电子表格软件来计算组织的年收入或给人造成貌似合法经营的印象，但这种行动其结果恰恰是确认了会计专业职业体系中“问责制”的现实意义和重要性。尽管行动本意旨在直接保持或改变制度环境的某个方面，但其结果却并非是必然的。比如说，管理人员为了使组织更有竞争力而引入自动化生产程序，但可能会由于现在组织运转更依赖于这项新技术，当工作流程因技术故障而被打断时，组织变得更加脆弱，其结果是既增加了成本、延误了生产进程，也严重损害了消费者的利益。

技术的诠释弹性

正如前面提到的，技术的二重性在组织话语中往往受到压制，由只强调一个维度的二元论视角取而代之。某种程度上，这种短视现象的形成是因为组织研究者往往看不到二重性的另一个面向。各种类型技术的开发和使用过程往往在不同的组织中完成。也就是说，构成技术的行为和被技术构成的行为常常发生在不同的时空，前者多发生在卖方组织中，而后者则往往发生在买方组织中。不足为奇的是，在这些情形下，技术使用者通常把技术视为一个封闭系统或“黑箱”，而设计者则倾向于对技术采用开放系统的视角。

时空脱节与前面审视的时间范围概念有关。将技术要么看作固定客体要么看作人类行动产物的二元观点受研究者选取技术发展阶段的影响。认识到技术设计与使用过程中的时空脱节问题，有助于了解它是如何促成已有文献中主导性的概念二元论的（见图 4）。关注技术研发和设计（图 4 左边部分）过程的研究者面对的是技术的不断建构属性。所以，他们考察技术开发人员如何受到组织制度属性（箭头 1）的影响，以及如何开发一项技术以实现管理目标（箭头 2）。这些研究并不视技术为固定或客观的实体，而是承认技术的动态和权变特点（正如战略选择学派的观点）。另一方面（图 4 右边部分），关注办公室或工厂中技术使用情况的研究者，则集中研究技术使用者如何被既定技术（箭头 3）影响，以及技术如何影响组织的制度属性（箭头 4）。这些研究者很少注意开发这项技术的行动者的能动性，也未认识到技术使用过程对技术持续不断的社会建构和物理建构。

在技术的整个生命周期中，技术的结构化模型并不把技术的设计和使用看作

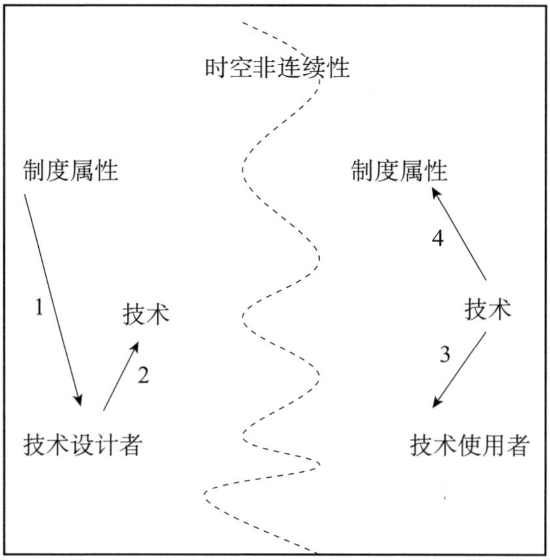

图 4　技术设计和技术使用的传统模型（时空上不连续）

非连续的阶段，而是认为自始至终都存在着潜在的可修改机会。在把技术理解为社会性和物理性持续建构过程的同时，将影响技术的人类行动和受技术影响的人类行动区分开来的分析也很有价值。我建议把人们与技术的互动看作两个有交集的模式：设计模式（design mode）和使用模式（use mode）。当然，专门指出这种区分只是为了分析上的方便，事实上这些互动模式是紧密相连的。

即使我们承认技术是循环地被设计和使用的，我们也需要区分使用者对技术重新设计的程度上的差异。尽管我们认为行动者在最初开发技术时投入了更多精力，但这并不意味着使用者在与技术互动的过程中持续（物理地和社会地）改变技术的潜力会打折扣。在众多个人因素和社会因素的影响下，使用者在使用技术时用各种方式解释、调用并操纵技术。然而，尽管存在这些方面的可能性，刚性的、常规化的技术视角仍然得以发展。这些视角是技术与组织互动关系的函数，并不是内在的技术本质。

比如说，很多技术在使用初期，诸如制造技术和医学技术，在工厂车间或医院里都被刚性化地假定为用于生产的固定手段。但即使是最具“黑箱”特征的技术也需要人类能动性的理解和激活才能发挥作用，并且使用者通过这种互动过程能塑造技术及其应用效果。举例而言，琼森和格朗兰德（Jönsson and Grönlund，1988）描述了机器操作员如何参与机器的设计和改进工作，而韦恩（Wynne，1988）则举例说明各种技术系统的操作人员——从飞机到化工厂——经常偏离正式规则约定的操作实践，以应付复杂的互倚性关系、非预期性事件及权变性的局部情形。“挑战者号”航天飞机灾难事件就是一个很好的例子。调查表明航天飞机经常遇到各种故障，而且O形圈损害和泄漏在航天飞机飞行史上频繁发生，“……专家渐渐将其当作一个新的正常事件”。针对这个技术案例及其他案例，韦恩指出：“可以把整个系统看作是根据大量即兴（ad hoc）判断和假定很不可靠地发展而来的。在正式规则和检查程序之外，产生了一组新的更私人化的非正式‘规则’。”

一些刚性更强的技术，如装配线、化工厂和发电站中的技术在投入使用时出现的怠工现象和避责行为更进一步阐明了使用者在塑造技术及其使用效果时所扮演的角色（Perrow，1983；Shaiken，1985；Wynne，1988），而一些关于办公室的研究也揭示出使用者通过非正式实践、避责行为和“消极怠工”（working to rule）等方式（Garson，1988；Howard，1985；Markus，1983；Zuboff，1988）对技术所施加的类似影响。例如，麦凯（Mackay，1988）描述了某电子邮件系统的使用者们如何基于不同的任务情况和个人偏好，采取多种使用策略。结果，这一电子邮件系统被组织成员以各种方式使用并且对不同使用者产生了不同的含义和效果。

在区分或判定技术的刚性程度时，最关键的指标是使用者控制自己与技术的互动及技术特点时所具有的能力。由于使用者在技术存续周期中的任何时间都可能施加这样的控制，因此设计阶段和使用阶段之间的明显脱节其实是虚假的并具有误导作用。我将追随平奇和比克（Pinch and Bijker，1984，1987）所开创的传统，用诠释弹性概念来指代技术使用者在技术开发或使用时（物理地和/或社会地）卷入技术构造过程的程度。诠释弹性是人与技术间关系的一个属性，并因此受到人造物特征（例如构成一项技术的特定硬件或软件）、行动者特征（如经验、动机）以及情境特征（如社会关系、任务安排及资源分配）的影响。

尽管诠释弹性概念承认技术在设计、使用和解释时存在弹性，但其影响因素告诉我们，任何特定技术的诠释弹性都不是无限的。一方面，它为技术的物质特征所约束。某种程度上，任何技术本质上都具有物理性质，从而受物质状态、能量状态等因素的限制。另一方面，它还受限于制度情境（意义结构、合法性结构以及支配结构）以及在技术设计和使用过程中影响行动者的不同层次的知识和权力。比如说，最初的设计者倾向于让技术设计符合现有管理目标（Markus and Bjørn-Andersen，1987；Noble，1984；Sterling，1984），结果就造成很多技术强化了现有制度，强调标准化、控制和效率。然而，这种联系并非必然，并且，由于以计算机为基础的技术的应用日益增加（Hirschhorn，1984；Shaiken，1985），技术开发者和使用者之间的传统劳动分工变得日益模糊，同时，技术使用者在数量、影响和知识方面都日渐增长，上述联系也就会发生相应转变。此关系模式还可能受到在迫使管理者改变战略、组织形式和操作规则的变迁中经济条件的影响。

技术结构化模型的组成部分

技术的结构化模型包括以下几部分：(1) 社会行动者——技术设计者、使用者和决策者；（2）技术——在工作场所中充当任务执行中介的人造物；（3）组织的制度属性，包括组织维度上的结构安排、商业战略、意识形态、文化、控制机制、标准操作程序、劳动分工、专业技能、交流模式等因素和环境压力维度上的政府法规、竞争因素、供应商战略、职业规范、有关技术的知识状态以及社会经济条件等因素。接下来，本文将对技术结构化模型的组成部分及其相互关系进行讨论，见图 5。

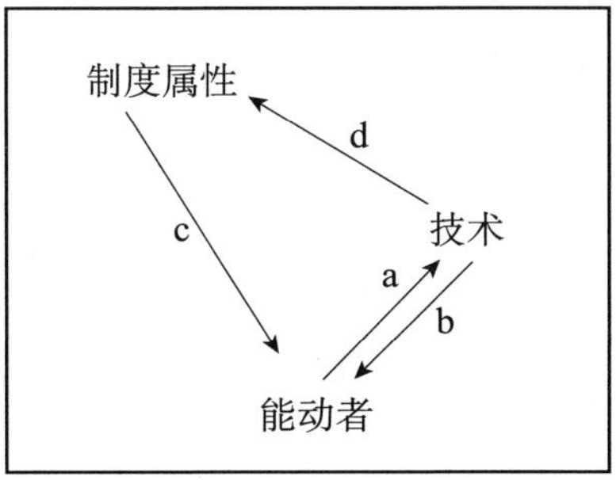

箭头	影响类型	影响的本质
a	技术作为人类行动的产物	技术是设计、开发、使用、修改等人类行动的结果
b	技术作为人类行动的中介	技术通过提供解释框架、设备和规则为人类行动既带来方便也施加约束
c	与技术互动的制度条件	制度属性通过人们与技术的互动来影响他们，比如：目标、专业规范、材料和知识方面的发展水平、设计标准以及可获资源（时间、金钱、技能）
d	与技术互动的制度后果	与技术的互动通过增强或转化意义结构、支配结构和合法性结构来影响组织的制度属性

图 5　技术的结构化模型

技术是人类行动的产物（箭头 a）

作为人造物，技术只有通过创造性的人类行动才得以存在，并通过持续不断的维修和改进过程（汽车要维修，打字机要换新色带，即使铅笔也需要削尖）而得以维持。更进一步讲，人类行动通过使用技术而建构技术。也就是说，一旦被发明创造出来，技术就在组织中被使用；但技术除非被人类直接或间接赋予意义并加以操作，否则就是没有生机的物体，也就不会产生任何效果。技术自身本没有意义，也不在人类事务中扮演有意义的角色。只有通过人类的使用（不管是用于生产性还是象征性的目的），技术才发挥重要作用并因此产生影响。只有通过人类行动，技术所具有的能力和性质才能被我们理解。

总体上，技术的诠释弹性以两种互动模式发生作用。在设计模式中，能动者将特定解释框架（对特定工作进行自动化操作的有关知识规则）、特定设备（用于完成特定工作的资源）以及特定规则（组织认可的用于完成特定工作的规则）植入技术。而在使用模式中，能动者采取下列方式调用技术：赋予技术共享的意义，从而影响他们对构建在技术中的解释框架、设备和规则的调用，进而允许这些因素影响他们执行各项任务。在很多组织中，个人是很难控制何时或如何使用技术的，因而也就没有多少自由来决定何种意义和要素会影响他们跟技术的互动。但是这些束缚是制度性的，并不是技术作为人造物本身固有的。使用者经常可以选择（冒着受到谴责的风险）或是不使用技术或是调整使用技术的方式。技术需要被人们使用，这个概念保留了使用者在与技术互动时对技术经常可以施加（尽管很微弱）的控制要素。

技术是人类行动的中介（箭头 b）

技术由人类使用，它是人们活动的中介。任何使用打字机、电话、电脑、锤子或铅笔的人都能证明技术为完成特定工作提供了方便。一个重要的推论是技术以特定方式为人类完成工作提供方便的同时也束缚了工作。这种影响类似于早先考察技术使用结果时得出的假设。然而，结构化模型有两个重大差异。一个差异使我们承认技术并不能决定社会实践。人类的能动性需要经常使用技术并且这意味着存在“选择其他方式”的可能性。因此，技术只能制约而不能决定社会实践。另一个差异则使我们认识到技术对社会实践的制约既是促进性的，又是束缚性的。与其说技术只起束缚作用或促进作用，不如说这两种作用都起。很典型的是，那些试图决定性地确定技术有“正面”或“负面”效果的研究并没有认识到这种双重影响（Attewell and Rule，1984；Hartmann et al.，1986）。吉登斯（Giddens，1984）的结构化理论框架让我们得以认识技术作为社会实践的中介，必然地同时具有约束作用和促进作用。而究竟哪种作用占主导地位则取决于很多因素，其中包括设计者和植入者的行动与动机、技术所嵌入的社会情境以及特定用户的自主权和能力。

其他反映能动者与制度属性间互动的影响力量也跟组织中的技术应用研究有关。但为强调技术的关键方面，这里只讨论那些对技术有直接影响的因素。以下两种影响力量在技术结构化模型中尤其重要。

与技术互动的制度条件

有一种影响力量跟组织中人类行动的本质有关，即发生在组织情境中并因而被组织情境塑造的行动（箭头 c）。行动者操作（不管是设计、使用、修改还是抵制）技术时，受环境中的制度属性影响。他们利用现有的知识、资源和规则完成工作。这些影响经常是未经阐明的或是未经行动者深思的（Giddens，1984），并且在这里主要是作为与技术互动的制度条件被提及。安德森（Anderson，1988）比较了美国和挪威两个不同环境下数控（NC）设备的发展，并发现差异化的制度设置、经费、劳动关系、社会经济条件和文化传统塑造了不同种类的数字控制技术。另外，前面提到的英国输水管道案例（Wynne，1988）也从反面揭示了特定制度条件如何影响一项特定技术的设计和开发。而巴利（Barley，1986，1990）考察两个医院如何使用类似医学扫描技术的案例，则向我们展示了不同制度条件如何影响人们与技术互动的方式。技术在特定社会历史条件下被设计并投入使用，这些条件也将对技术的形式和运作打下烙印。

与技术互动的制度结果

最后一个影响力量涉及人们利用技术对组织制度属性施加影响的方式（箭头d），要么是加强（更为典型），要么是转化（这种情况的发生频率较低）。技术是一种“应用环境”（Weick，1979：260），其建构和使用受制于组织的意义结构、支配结构和合法性结构。对技术的使用暗含着对这三个制度结构的改变或加强。对于这些影响——包括与技术互动的制度结果（the institutional concequences of interaction with technology）——使用者常常想不起来，他们通常意识不到自己在重新确认或破坏制度现状时所扮演的角色。当使用者与技术暗含的规则和资源一致时，他们无意中维持了技术得以采用的组织的制度结构。

当使用者不按设计之初的本意使用技术时，他们可能会改变，有时还会破坏技术内嵌的规则和资源，并因此改变制度情境以及技术创造者、发起者和植入者的战略目标。这种情况发生的频率远比人们想象的高。佩罗（Perrow，1983）和韦恩（Wynne，1988）展示了操作复杂技术的使用者如何需要经常应付高度的压力、迷糊状态以及偏离“正常”操作条件的局部松散状况。在这些情形下，协商使用技术对技术预先规定的机械操作而言意义很不一样。韦恩（Wynne，1988：152）指出：“因此，植入设计时的承诺和操作技术体系包括了新规则、新关系的持续发明和协商，而不仅仅是实施已设计出来的技术。这以一种预料之外的方式来发展技术，好像要把技术进一步‘规范化’。”提尔（Tyre，1988）的工艺研究涉及一台新研磨机被引入一家自动化制造工厂的案例。在这一案例中，最初的整合问题迫使项目工程师安装一个临时的手工“应急装置”。尽管没什么效率，但操作人员仍然很快学会使用并靠它完成工作。最后，研磨机虽然实现了功能的相应改善，但操作人员不让工程师卸下这个“临时的”应急装置。配了应急装置的新技术和操作人员的日常工作结合得如此紧密，以至于变成操作研磨机的“正常”模式或者说制度化模式。

在本文所提出的技术分析模型中，结构化被理解为一个历史地和情境地嵌入的动态过程。尽管作为该模型基础的关系的主要成分和本质被认为相对稳定，但其范围、内容及相对影响力会随时间变化。除了动态特征之外，结构化还被理解为一个辩证的过程，因此也隐含着内在矛盾。相比于线性地联系各种要素的模型，结构化模型认为各种要素循环往复地发生互动，还可能破坏别的要素的效果。其中一个例子就是组织中技术的物化并因此远离当初建构技术的人类行动的趋势。把技术理解为既定的和客观的实体是一种很典型的观念，但这直接跟技术固有的不断建构本质相矛盾。认识到这些潜在矛盾有助于我们理解组织中的张力和不稳定性，以及这些张力和不稳定性如何互动从而改变组织。

利用技术结构化模型

这部分内容将通过解释一个实地研究发现（Orlikowski，1988）来阐述技术的结构化模型，这项实地调查意在研究信息技术在贝塔公司（Beta Corporation，一个大型跨国软件咨询公司）中的应用。

研究地点

1987 年，贝塔公司在全世界的咨询业务收入为 6 亿美元，并且在 50 多个国家或地区大概 200 个办事处雇用了 13 000 多名咨询师。其大部分职员是“功能咨询师”，主要为顾客开发定制的应用系统；极小部分（1987 年为 3%）是“技术咨询师”，为功能咨询师提供技术支持（软硬件系统方面的专业技能支持），并从事研发工作。贝塔公司的咨询师在临时性项目小组工作的同时，还处在公司科层体系（咨询师、高级咨询师、管理人员和高级管理人员）[①] 的不同层级中。过去几年里，贝塔公司在用于咨询师工作的信息技术方面投资巨大。这种投资已经把应用系统开发——传统上主要是劳动密集型、基于纸笔的活动——转化为理性化的资本密集型生产过程。从特定种类信息技术的应用发展到系统开发自动化，数据处理行业称之为“计算机辅助软件工程”（computer-aided software engineering，CASE）技术，贝塔公司则称之为“生产力工具”。

研究方法

该研究采用民族志方法（Agar，1980；Van Maanen，1979，1988），例如参与观察、与 CASE 工具互动、文档回顾、面对面接触、无结构和半结构访谈等方

① 在接下来的部分，除非特别注明，提到的“咨询师”都指功能咨询师。

法。研究历时 8 个多月，地点包括贝塔公司内部以及研发人员为其建立应用系统的客户公司。研究的第一个阶段主要从公开出版物（内部出版社及行业出版社）和高管访谈中收集贝塔公司及其系统开发实践的历史资料，这些高管既参与过贝塔传统的系统开发又参与了资本密集型的系统开发。了解了贝塔公司及其实践方面的一些背景信息后，我们最终选择了 5 个不同的应用项目（4 个大项目和 1 个小项目）进行深度分析。选择这些项目不是随机性的而是策略性的，以保证 CASE 工具在系统开发生命周期所有主要阶段（需求分析、概念设计、细节设计、植入和测试等阶段）的使用都能得到充分研究。

每个项目平均都花了四周时间进行研究，在项目成员日常系统开发过程中和他们彼此互动，并在与 CASE 工具的互动中观察并访问他们。本研究共完成了 120 个正式访谈，平均每个访谈持续一个半小时，此外还有多次信息交流会议和信息交换。研究中的参与是自愿的，尽管要经过贝塔高管的同意才能研究特定项目，但研究囊括的公司科层制中各层级的被访者个人则由研究人员单独邀请。对其他关键的调查对象的识别和搜寻工作同时在贝塔公司内外进行，比如高级招聘主管、研发主管、销售主管、主要客户经理以及贝塔公司以前的职员。同时，我们还通过研究月度部门会议（持续一整天）以及有关 CASE 工具的项目培训收集资料。

我们可以通过生产力工具技术随时间推移植入贝塔公司的整个过程来研究其对这项技术的开发和使用。接下来的这些过程将通过图 6 至图 8 所描述的一系列结构化模型进行解释。

阶段 1：技术最初的开发

大约 10 年前，贝塔公司高管认为要维持盈利水平就要提高生产率，因此要缩短系统开发周期，减少每个项目需要的咨询师数量。他们也想通过增加每个高管管理的咨询师数量（扩大控制幅度），以提高管理的杠杆作用。另外，他们还想减少对客户各种配置的计算机所需技术知识的依赖。在过去，贝塔公司必须确保咨询师懂得一系列编程语言、数据库管理、远程处理以及操作系统以卓有成效地在各种技术环境下应付自如。这些知识的技术性很强，又很特殊，并且随着新产品在市面上陆续出现，这些知识很快就过时了。

建构生产力工具的任务由贝塔公司的技术咨询师完成，他们设计计算机程序，为系统开发知识进行编码。为使系统开发自动化，技术咨询师需要阐明并理顺功能咨询师日常工作中使用的现有手工程序。在这一点上，贝塔公司已有的系统开发方法对他们帮助甚大，其中详细规定了执行每个系统开发任务所需要的规则和惯例。

1960 年代早期，贝塔公司首次开始咨询业务时，软件咨询师并没有可以用来指导工作的正式标准或指南，应用系统通过试错法得以建立。随着时间的推移，公司内部关于系统开发的很多知识通过经验共享累积起来，一些非正式清单也在收集和传播。但随着软件咨询业务持续增长（大约每年 150%），贝塔公司需要更多工作人员和客户。相应地，贝塔公司学习并交流实践指南的非正式传统就变得不合时宜了。因为这种指南漫无边界，能力要求又偏多，还无法处理异常情况。当项目变得更大更复杂时，风险就更高，而且损失也更严重、更突出。作为对此的反应，贝塔公司的管理人员安排了公司层面的攻关小组以修改原有的非正式系统开发试探方法，将其适度扩展，并正式建立工作指南。如此一来，贝塔公司正式的、综合的系统开发方法就诞生了。它规定一系列系统开发阶段，阐明每个阶段的任务和可交付的成果，界定完成每项任务所需的技能，确定估计时间和预算要求的指导方针，并明确质量控制和开发进程里程碑。尽管此方法为指令性文件，但在实践中人们经常抛开它，咨询师开展工作主要依靠自己的主动性，而把规定的方法主要视作定向依据。

系统开发工作合理化及接下来技术开发的一个重要条件是贝塔公司系统开发方法事先的制度化。尽管指定的方法与系统开发实践间缺少一致性，技术咨询师仍寄希望于系统开发方法能给系统开发工作提供理性的、有结构的和全面的说明。尽管此工具旨在使咨询工作标准化，但事实上，标准化先于此工具的开发。这个工具使管理工作有机会将标准化进程进一步向前推进，并且更重要的是，有机会在实践中应用它，而这在以前是不可能的。

贝塔公司内部生产力工具的开发过程可以用结构化模型（见图 6）来描述。由于受高管委托，技术咨询师的开发工作受管理层战略的影响。这些管理战略授权技术咨询师为建构工具而分配资源。当然，建构工具的工作也受贝塔公司现存系统开发方法的影响，现存方法为技术咨询师提供用于开发生产力工具的解释框架和规则。生产力工具因此通过贝塔公司技术咨询师的能动性得以产生（箭头 1）。而为了实现这种建构，技术咨询师的行动受贝塔公司制度属性影响（箭头 2），尤其是贝塔公司系统开发方法体系（意义结构和合法性结构）中现存的制度化的知识和规则，以及高管（支配结构）分配给技术咨询师的资源（时间、金钱和权威）。

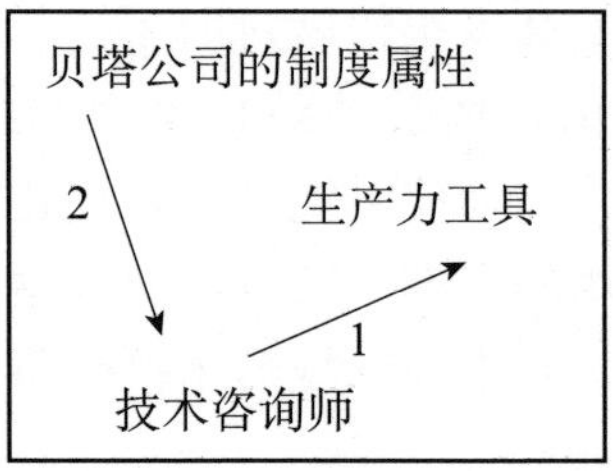

图 6　贝塔公司生产力工具最初开发的结构化模型

阶段 2：技术的制度化使用

生产力工具一被开发出来，就在项目小组中投入使用。刚开始，其扩散呈加速态势，发展到后来足够强劲时，则在所有大项目中被强制使用。咨询师使用生产力工具时，将植入工具中的假设和规则作为他们工作的中介。作为人类行动的媒介，这个工具既束缚又方便了咨询师的活动。技术咨询师设计并开发这个工具，因此工作可以以标准化、结构化和可预期的方式进行，但这并没有给咨询师个人留下多少自由空间。这个工具也反映了管理人员和技术咨询师的有关假定，即系统开发过程是理性、有序和明确的，咨询师应该与此工具消极互动，并且咨询师对计算机系统方面的技术问题理解甚少。而这一系列设计决策的效果则是技术规定了咨询师开发系统的方式（图 7 箭头 3）。

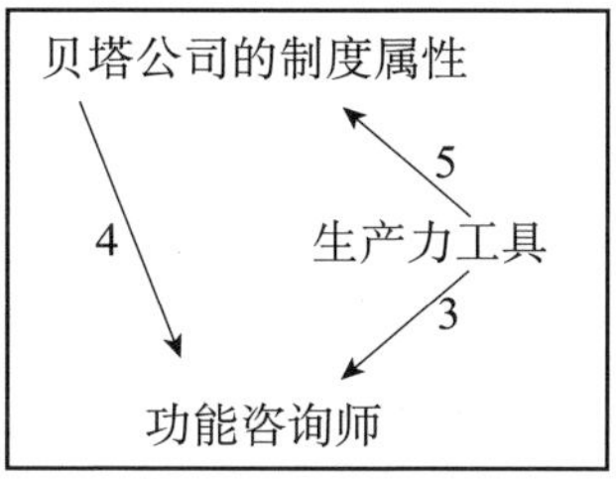

图 7　贝塔公司生产力工具最初使用时的结构化模型

举例来说，考虑一下人机界面设计任务。贝塔公司采用这个工具之前，界面是人工设计的，要么用纸质的，要么通过在视频显示器上进行费力的人工操作完成。咨询师把数据字段安置在显示器的合适区域，给每个字段安排必要的格式，并确保自己遵循恰当的标准和惯例，通过以上这些活动来设计界面。界面设计工作很费时间，而且还很个人化。正如一个高管解释的那样，生产力工具将这个过程理性化，目的在于：

> 实行人机工程学的界面设计。我们想得到始终如一的好设计，如果交给咨询师来完成，就无法保持连贯性。要知道，一部分人可能是米开朗琪罗风格的，但后来就可能变成杰克逊·波洛克风格的了！

有了生产力工具，咨询师只需要在工位上操作界面设计工具，按照要求在每个界面中输入要用的数据字段。界面设计工具（通过预先确定的“人机工程学试探法”）以复杂的运算法则编程，来确定数据字段在界面上的最合适布局和格式。于是界面设计通过自动化方式产生了。大量时间得以节省，还体现出灵活性。举例来说，如果咨询师后来发现不经意间省略了一个数据字段，那么用生产力工具处理起来就很简便，改变界面输入参数，并用生产力工具生成新的设计。如果没有生产力工具，这些改动将不得不手工操作，既费时又费力。

这个案例证明技术既是人类行动的推动者，又是一种束缚力量。一方面，生产力工具使咨询师设计界面时的速度比以前快了很多，解除了格式化数据字段时的负担，并促进了即时性修改任务的完成。但另一方面，生产力工具也束缚了咨询师，因为他们受限于生产力工具中既定的格式化选项。与既定模板不匹配的界面就无法设计，而且贝塔公司内部的制度压力（图 7 箭头 4）会阻止咨询师绕过生产力工具自行手工创造独特的界面设计。咨询师理应在工作中使用生产力工具，偏离这条组织规则将遭到惩罚。更进一步讲，贝塔公司的项目进展通常有非常严格的时间表，这迫使咨询师以标准化方式开展工作，因为这样既简单又快捷。用其他方式工作既不方便，又容易打断正常进度，因此应该避免。一位咨询师这样报告：

> 在前一段时间用界面和报表设计编辑器设计时发现，我们是在引导客户使用特定格式的界面和报表，因为那是设计工具要求的方式。因此，客户有时候会因为我们提供的技术环境而被迫接受设计。

这种约束力量鼓励咨询师劝导客户接受生产力工具已生成的界面格式。一个典型策略就是“技术决定论”：必须用那样的方式，那是生产力工具发挥作用的唯一途径。而界面也可以手工进行用户定制设计，这一点却并没有被提到，误导了没多少电脑使用经验的客户，他们以为技术是确定性的。咨询师按生产力工具规定来设计界面不但远比客户更青睐的定制生产模式简单，还意味着咨询师的个人进度不受打扰。因此，迫于项目主管工作方案的压力，咨询师也给客户施加压力，要求他们接受生产力工具自动生成的设计。与其说“技术决定论”是技术的一个内在特质，不如说它也是被社会建构的，也就是说，它是技术使用过程中逐渐生成的社会实践产物。

从咨询师个人来看，生产力工具之所以会束缚他们的工作，是因为执行各种系统开发任务要求必须跟生产力工具的指令相一致。以技术为中介并强调标准化的系统开发工作因此不再给咨询师自由发挥的空间。贝塔公司植入生产力工具，并以此作为系统开发的中介，这种方式不但影响了任务的执行，还影响了对任务的认知。很多咨询师，尤其是新手，认识不到生产力工具建构现实过程的方式，不管是对他们自己，还是对将要用它们来实现工作自动化的客户而言。贝塔公司采用生产力工具之后，系统开发逐渐被理解为一项基本上由生产力工具执行的工作。生产力工具已经变成一种技术控制机制，限制了咨询师理解自己的工作并与之互动的方式。

一旦生产力工具的使用变成理所当然的，它就被制度化了，而且咨询师在项目工作中对它的使用就会影响贝塔公司的制度结构（图 7 箭头 5）。用结构化模型的术语来讲，生产力工具代表组织成员日常行动中经常使用的一组规则和资源，因此构成贝塔公司意义结构、支配结构和合法性结构的一部分。生产力工具组成意义结构的一部分是因为嵌入其中的知识（以概念和程序的形式存在）指导了咨询师解释问题和开展工作的方式。因此，当咨询师使用生产力工具时，他们也同时使用了组成贝塔公司系统开发知识的解释框架。这是有意识的过程，正如一位高管指出的：

> 通过把标准变为生产力工具的一部分，我们可以控制人们做什么和如何做。我们不再依赖于人们头脑中的知识。因此即使有人离职，我们也不会停业。生产力工具允许我们把知识放入结构中并嵌入在技术里。

当然，咨询师并不是没有注意到生产力工具对行动的影响。一个高级咨询师观察发现：

> 生产力工具迫使人们用特定方式想问题。我们都在思考屏幕和报表方面的问题。因此我们没有机会考虑是否可以用更好的方式做事……生产力工具明确阻止我们考虑其他方式。我们把同样的想法带到不同的项目中，因此我们一直知道做什么。

而一个咨询师也有类似的评价：

> 当你依赖生产力工具时你会内在地假定一些特定的东西，因此这妨碍了你发现其他事务的能力。打个比方，这就像玩一副牌：你必须从既有的 52 张牌中选一张，却不能选第 53 张。因此生产力工具创造了一个用于工作的既有安排，我们却落入看不到其他可能性的陷阱。

生产力工具构成用于控制咨询师工作的资源，因此对贝塔公司的支配结构有贡献。生产力工具尽管本土化地植入在每个项目中，但主要是由技术咨询师设计和开发的。生产力工具的内在假设、特性和标准化程序，给工作性质和项目中咨询师们的合作方式施加了不太引人注意的控制。就贝塔公司而言，主要生产程序已经变得非常关键以至于在项目层次上冒着使行动自动化的风险。在每个项目中生产力工具提供的技术结构制度化了贝塔公司内部的集中控制机制。然而，如果行动者没有积极主动地使用技术，其中的集中控制将是无效的。咨询师为了激活集中控制，必须适当地使用生产力工具，并且通过这样做，咨询师无意中强化了由技术加于其上的制度化控制。因此，每次使用生产力工具的无意结果就是重新确认了贝塔公司的支配体系。当然，如果咨询师不以经过认可的方式使用生产力工具或是完全绕过生产力工具（见下文），他们就会损害公司的支配体系。

生产力工具对贝塔公司的合法性结构也有贡献，因为其认可特定的系统开发模式，并宣布一组关于什么是可接受的和什么是不可接受的“专业”实践。贝塔公司在所有大型项目中授权使用生产力工具时，有意地传递一个这样的信息：生产力工具是大型系统开发的唯一合法方式。因此，贝塔公司内部的技术采纳是在应用已经得到认可的标准。通过使用技术以支持或促进工作自动化，管理人员传达着这样的信号：生产力工具是实施这项工作的合适方式。进一步而言，生产力工具内含的规则包括用于系统开发工作的合适标准和优先考虑事项，以及引导具体工作展开的方式。通过在系统开发中使用生产力工具，那些嵌入在生产力工具中的优先考虑事项、假设和价值充当了道德规则的角色，是构成贝塔公司合法性体系的要素。

在贝塔公司这一案例中，对生产力工具不经反思的使用是控制咨询师认知和行为模式的一种有效方式。贝塔公司的标准化开发方式既可以被看作公司的意识形态，又可以被视为公司战略的一个具体方面。生产力工具很明显并不仅仅是工具性的（安排生产进程），它还是规则性的，因为它还充当了贝塔公司共享现实的互动中介，带来人们思想和行为上的一致性与可预测性。并且，这对于建立团结关系和共同秩序，使咨询师相互之间可以替换并在地位上变得可有可无都具有重要意义。一位高管认为：

> 生产力工具提供了一种通用性的表达方式，我们每个人都可以据此来明了行动的意义和规则。因为我们的概念是一样的，因此在项目中换人很容易。

因为互动规则嵌入在工具中，所以与此相关的每个互动都高度有效地——使澄清或详述相关互动规则的需求最小化——用以强化贝塔公司的共享现实、假设和价值。其典型结果则是对现状进行重新肯定，并强化贝塔公司的合法性体系。

阶段 3：与技术持续不断的互动

生产力工具由贝塔公司的管理人员和技术咨询师设计并引进，通过理性化和标准化方式提高生产效率。如今，贝塔公司数以千计的咨询师在工作中使用生产力工具，而他们并没有参与这个工具的开发过程。这导致一种阻碍反思的被动心态和结果导向的工作方式（为贝塔公司竞争性的激励机制所助长）。然而，尽管有这些影响，有知识并具有反思精神的行动者仍有能力改变技术的支配性影响。不过，个人在使用中修改技术的程度取决于他们是否了解技术的建构性本质。这由个人对技术中介作用的认识程度、对技术替代物的构想程度以及行动的被调动程度来决定。

生产力工具在贝塔公司目前的使用和开发阶段中还并不成熟，还不是完全标准化的产品（仍有故障发生，并且在项目中经常需要小范围调试）。然而，正如一位管理人员所描述的，贝塔公司的目标是把生产力工具完全整合进系统开发工作中；当它变得“很完善”时，生产力工具区别于它所辅助的活动及结果而作为生产手段的身份将很难体现。由于生产力工具变得更加理所当然，咨询师更难具备对其进行反思的能力，因而也不太可能在没有它或是绕过它时开展工作。海德格尔（Heidegger，1962）有一个相关概念叫“现成在手之物”（present-at-hand），指客体在没有经过我们将其视为独立客体的明确认知过程的前提下，就构成我们行动背景的一部分，并且只有在客体发生故障时我们才认识到它们的存在。生产力工具在辅助系统开发时变得越“完善”，就越是会被理所当然地看待；并且它们越是被不加反思地使用，就越会束缚人类行动（Berger and Luckmann，1967：62）。

然而，通过控制的辩证法，人的能动性就会突破制度化人造物意义上的决定论束缚。一旦使用者承认技术的诠释弹性，他们就会调整对技术的解释和使用方式。考虑到大多数咨询师相对较低水平的技术经验，以及集中控制机制、标准工作程序和相对刚性的技术设计的制度情境，贝塔公司生产力工具的使用在整体上倾向于表现出较低水平的诠释弹性。不过，有些咨询师能认识到他们所使用的生产力工具的建构性本质——可能因为他们是计算机专业的研究生，也可能是因为他们有过不使用生产力工具时的系统开发经验——并且有时他们确实试图修改与此工具的互动方式。

不过，当咨询师认为生产力工具对他们的行为强加了不合理的束缚时，也会反对使用它。例如，除非某个特定序列中的其他任务率先完成并达到工具所证明的完整程度，否则咨询师不会开始手头的工作任务。由于认识到这是在不必要地浪费时间，咨询师常常会为了继续他们想干的工作而回避此工具。他们有时甚至还要花招。例如，在贝塔公司的一个项目中，咨询师就认为生产力工具限制性太大，他们在进入基本电脑系统时用了一种能暗中绕过生产力工具的方式。然而，这种偏离性行为在经过一段时间（大概一个月时间）后最终被发现并禁止了。一位高级咨询师对此做出如下评价：

> 出现这些事件时，发生了一场政治丑闻。我们被告知不再是团队成员了。

经过这次事件，咨询师最终使项目主管相信生产力工具过度限制了他们的行为，一些技术咨询师被指定来修改此工具的某些功能。那些不只是通过强化贝塔公司的制度结构，还打破项目中被视为理所当然的意义体系、权力关系和规则运作的咨询师也取得了部分胜利。他们已经改变了生产力工具的某些功能——尽管这主要被视为技术咨询师的权限——并对任务执行采取了一定的控制。结果是他们促成了技术的一种改变，就如何及何时使用生产力工具而言，他们得到了一定的自由裁量权。这个案例表明，在使用技术的任何过程中，都不能将技术视为固定客体；技术的特点和使用模式经人为干预后有可能发生变化，并且事实上也确实随时间变化了。

贝塔公司制度化属性受到的破坏是短期的还是长期的取决于其偏离已确立结构的持续时间，以及偏离行为在公司内部的扩散程度。咨询师不服从的可能性——尽管某种程度上经常存在——在未来可能会减少。越来越多的咨询师接受的培训是在工作中只使用生产力工具，并且没有在不使用生产力工具的情况下学习专门技术或是获取系统开发经验，因此他们中大多数人不太可能意识到还有其他的系统开发方式，在日常工作中使用生产力工具时也不太倾向于改变它。在此，技术的矛盾本质暴露无遗：生产力工具开发出来原本是为了提高贝塔公司项目的生产率，然而使用该工具最终造就的是只在使用工具时才具备生产力的咨询师和“因受过训练而无能”的咨询师，他们要么无法用任何其他方式进行系统开发工作，要么无法在生产力工具妨碍有效工作时适时地识别问题。

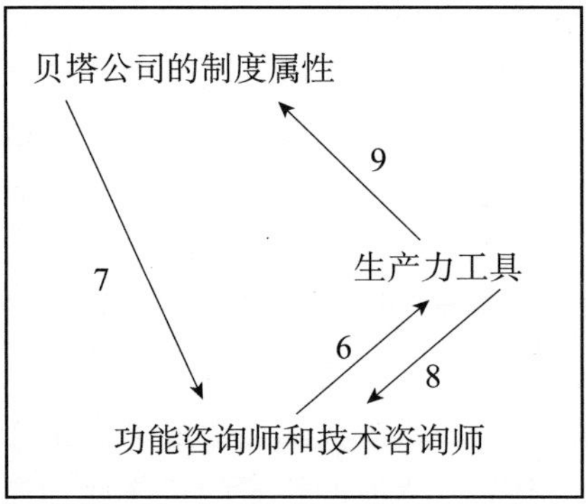

图 8　贝塔公司同生产力工具之间持续互动的结构化模型

图 8 描述了贝塔公司同生产力工具之间持续不断的互动。功能咨询师为开发系统而使用生产力工具（箭头 6）。功能咨询师对生产力工具的使用受到贝塔公司制度情境以及他们在其中经历的社会化过程的影响（箭头 7）。在使用生产力工具时，功能咨询师的行为和对现实（对工作、对工具、对他们自己以及对他们的顾客）的感知以嵌入在工具中的解释框架、规则和资源为中介（既提供便利又施加约束）（箭头 8）。正如贝塔公司的意义结构、支配结构和合法性结构所表达的，通过使用生产力工具进行系统开发很典型地重新确认了公司的制度属性（箭头 9）。当然，功能咨询师通过忽视或调整跟生产力工具的互动，偶尔也会出现偏离行为（箭头 6）。这种行为暗中破坏了嵌入在工具中的解释框架、规则和资源，并且，如果这种行为充分发展并持续下去，最终将通过改变支配结构、意义结构或合法性结构而改变公司的制度属性（箭头 9）。这将触发管理策略的改变，随之，管理人员将允许技术咨询师改良工具（箭头 7）。这可能会改变工具的形式或功能（箭头 6），但调整之后的工具一旦投入使用，将再次被制度化并服务于功能咨询师的工作（箭头 8），当然也会再生产出贝塔公司的制度系统（箭头 9）。而且，只要生产力工具是贝塔公司运作战略中的组成部分，那么这种咨

询师、公司制度属性与技术之间的互动和辩证循环关系就将随时间而持续。

讨论

本文讨论了一系列议题，这些议题改变了我们对技术与组织之间交互作用问题的思考方式和研究方式。文章特别突出技术的两个关键方面即技术的二重性和诠释弹性，技术与组织互动的不同阶段涉及的时空脱节问题蒙蔽了上述两个方面。技术的二重性允许我们把技术既看作人类能动性的产物又看作结构制度化的产物。它还进一步强调了任何技术发明在物理上和时间上的限度。技术是时间和组织情境的产物，并反映特定历史发展轨迹中的知识、物质、利益和地方性环境的影响。当然，这些因素的影响并非不可避免或不可扭转的（Noble，1984；Perrow，1983；Zuboff，1988）。

通过理解技术带有不同程度的诠释弹性，之前对技术概念化时无处不在的时空脱节在这里就消失了。本文着重强调：人们如何设计、解释和使用技术是存在弹性的；但这种弹性是一系列因素的函数，其中包括组成技术实体的物质成分，技术开发和使用的制度情境，以及人类行动者（开发人员、使用者和管理者）的权力、知识和利益。另外，时间因素也影响技术的诠释弹性，并且组织中对技术的解释和使用随时间推移会趋于惯例化和常规化，在概念上或操作上进行改动的可能性也就越来越小。这种封闭性很容易被认可并制度化，最后技术会表现出一种牢固性和稳定性，这无疑掩盖了其潜在的诠释弹性。

工业经济中把技术开发和使用分开的倾向加剧了组织中技术概念的封闭化和具体化，因此组织中很多作为工作媒介的技术在到达工厂或办公室时已经完全成型。技术开发与应用间的时空距离越大，以较小弹性解释和使用技术的可能性就越大。如果技术开发人员能在技术开发和测试阶段同未来使用者相互磋商或是让他们也参与进来，则以较大弹性解释和使用技术的可能性就会增加。当技术开发人员也是同一项技术的使用者时，情况更是如此，例如工匠制造自己使用的工具或软件使用者设计并开发他们自己使用的计算机应用软件。

技术诠释弹性概念对于组织中日益增加的以计算机为基础的技术使用尤为适用。这样的技术通过操作符号得以运作，结果是，供应商和开发人员认为比起工业经济中的技术来说，“开放”的信息技术开发更为划算。举例来说，信息技术主要被供应商作为具有通用运算能力的产品开发并销售，而不同的应用程序则根据顾客需求随时间推移开发并修改。另一方面，具有固定而标准化部件的工业技术在生产和使用时则更能节省成本和提高生产效率。然而工业技术并不是本质上需要更强的封闭性和刚性。如果有足够的资源投向工业技术，当然也可以支持更具弹性的技术阐释和技术应用。然而到目前为止，管理人员还没证明这样做切实可行。信息技术正在改变生产和技术使用的经济性（Child，1985；Jonscher，1988），并且随着很多产业整体转向以计算机为基础的新技术，阻碍更具弹性的工业技术发展的成本约束正在逐渐减少。

尽管经济因素和技术因素正在促成一场运动，这场运动引导人们甩开具有相对刚性的人造物的开发和使用，但我们仍不太清楚社会因素和文化因素是否有相同影响。工作场所的文化、管理思想、专门技能和权力的现有基础都明显影响技术的开发、人们对技术的理解以及技术的使用方式。鲍威尔（Powell，1987：196）引用有关美日两国柔性制造系统（flexible manufacturing systems）的比较研究，指出："看上去在美国批量生产精神很难避免……日本工人和管理人员则对现代技术能做什么有更深的理解，并更依赖一线工人的判断。"类似地，很多组织并没有利用信息技术潜在的诠释弹性，而是常常倾向于开发不那么有弹性的软件（Garson，1988；Zuboff，1988）。正如对贝塔公司生产力工具的考察揭示的那样，信息技术为迎合高管的管理目标，也可以以相对较低的诠释弹性来开发、解释和使用。

尽管吉登斯（Giddens，1984）的结构化理论是在社会层次上提出的，但是其描述的社会行动者和制度属性之间交互作用的结构化进程却在多种分析层次上都有所体现。技术的结构化模型允许我们在跨组织、组织、群体和个体等分析层次上构想并审视技术与组织的互动。这克服了很多评论者（Kling，1987；Leifer，1988；Markus and Robey，1988；Rousseau，1985）提出的分析层次问题，并强调理解技术与组织互动的不同层次的价值。只选择性地审视某一方面关系，例如只注意技术如何影响行动者而不留意使用者如何改动技术，将导致对技术与组织互动关系的片面理解。

通过跨越分析层次界限和时空区隔，技术的结构化模型对组织间的技术转让提供了一种分析思路。当前，组织使用的很多技术并不是自己开发的。相反，这些技术来自其他组织——要么是定制的，要么是现成的，或者部分批量生产部分定制的。承认技术开发和使用之间的时空脱节允许我们分析特定技术开发和使用时不同组织所扮演的角色。一项技术可能由一个组织设计，另一个组织开发、实现，然后再转移到第三个组织投入使用。这些情形下，技术开发时涉及的制度条件及相关行动者自然与技术使用时涉及的不同。也就是说，外部实体——开发技术的组织——在塑造使用技术的组织的社会实践时发挥举足轻重的作用。例如，在贝塔公司内部，生产力工具由内部开发，因此没有其他组织影响技术开发。然而，贝塔公司确实把生产力工具卖给客户，并且在这种技术转移中，嵌入在技术中的贝塔公司的制度属性，塑造了客户组织中生产力工具使用者的认知和行为，并潜在地塑造了这些客户组织的制度属性。结构化框架提供了一种方法，不但可用于研究技术在时空上的移动，还可用于研究技术在组织边界间的跨越，并潜在地为研究组织间的学习、影响和依赖关系提供一个分析基础。[①]

技术的结构化模型并不直接处理组织形式问题，而组织形式被看作组织的一个重要的制度属性。未来关于不同组织形式之间的关系及技术与人类能动性之间互动关系的分析显然是切题的。以下分析将大有裨益：在分析上使组织形式这个方面独立出来；检视不同的组织形式如何导致特定种类的技术，以及这些技术随时间推移如何反过来强化或改变现有组织结构。例如，我们可以假定组织与技术之间有或多或少具诠释弹性的互动关系，可能与明茨伯格（Mintzberg，1979）所提出的不同组织形式有关。

有人可能进一步推测说，如果关于技术开发和使用之间区分的根本假设由于正在发生变化的经济条件或新的战略举措而被组织抛弃，并且由于技术变得更易被使用者设计和开发，一些组织的传统形式可能要有所改变。例如，由于工人在操作技术时享有自由裁量权、知识和资源，他们在设计和使用相对稳定的技术时，技术结构的角色和权力可能会发生变化。由于组织在动荡时期会努力变得更加灵活，有关组织的不同假设和技术与组织的不同互动模式可能既塑造新的组织形式，同时又为组织形式所塑造。我们需要经验研究以确定哪些力量能促进有不同程度诠释弹性的技术，并评估它们与社会实践和组织形式的整合。

结论

本文对技术提出了另一种理论概念，强调技术的社会历史情境以及技术既作为客观现实又作为社会建构产品的二重性。最为重要的是，本文详细阐述了一个技术的结构化模型，这有助于我们理解并在未来进行关于技术如何与组织互动的研究。

技术的结构化视角洞察了之前技术概念的局限和贡献。尤其是，我们可以借此明晰每个已有传统的合理之处和片面性。技术决定论学派把技术看作一个给定的客观现实，致力于了解技术如何投入使用并在这个使用模型中起决定性作用。战略选择学派把技术看作动态的人类建构，就技术如何得到开发和解释以及如何通过这种建构反映社会利益和人类动机提出见解。而把技术看作结构变迁触发器的观点，则就社会历史情境如何影响技术使用者之间的互动发表意见。

---

① 我要感谢提供此洞见的一位匿名评审。

技术的结构化模型旨在强调技术现象的关键方面，并注意技术开发及使用中的典型关系和互动方式。尽管可以假设并研究其中的因果关系，但结构化模型的前提提醒我们注意不恰当的决定论取向。尽管在具体历史和社会经济条件下，特定组织中的预期关系可能是经验性的，但行动者始终保有改变技术开发、使用、制度化和再生产的能力，这可能会干预任何一种因果预期。必须辩证地去理解技术与组织之间持续不断的互动关系，特定的制度情境、富有知识并具有反思精神的人类行动常常充当这种关系的媒介。

总之，这种技术分析视角既鼓励研究者关注跨越特定情境和特定种类技术的技术与组织间的互动关系，但又提醒大家不要陷入脱离了环境、技术和动机的抽象决定论关系。正如本文所引实地研究案例所揭示的，制度化的实践中存在两种强烈的趋势：束缚技术的开发和配置，促进技术的开发和配置。尤其是，该分析框架有助于我们理解不同条件如何影响具有不同程度诠释弹性的技术的开发、维持和使用，并启示我们反思人类决策和组织设计的局限性与机遇。

致谢

本文受益于高级编辑和匿名评审的建设性意见。同时也要感谢 Debra Ancona，Lotte Bailyn，Michael Epstein，Debra Gash，Wolf Heydebrand，Margi Olson，Dan Robey，Marcie Tyre 等人对本文早期草稿进行的有益评论。

参考文献

Agar，M.（1980），*The Professional Stranger*，New York：Academic Press.

Aldrich，H. E.（1972），"Technology and Organization Structure：A Reexamination of the Findings of the Aston Group，" *Administrative Science Quarterly*，17，26-43.

Anderson，H. W.（1988），"Technological Trajectories，Cultural Values and the Labour Process：The Development of NC Machinery in the Norwegian Shipbuilding Industry，" *Social Studies of Science*，18，465-482.

Attewell，P. and J. Rule（1984），"Computing and Organizations：What We Know and What We Don't Know，" *Communications of the ACM*，27，12，1184-1191.

Barley，S.（1986），"Technology as an Occasion for Structuring：Evidence from Observation of CT Scanners and the Social Order of Radiology Departments，" *Administrative Science*

Quarterly, 31, 78-108.

—— (1990), "The Alignment of Technology and Structure through Roles and Networks," *Administrative Science Quarterly*, 35, 61-103.

Berger, P. L. and T. Luckmann (1967), *The Social Construction of Reality*, New York: Anchor Books.

Bernstein, R. J. (1978), *The Restructuring of Social and Political Theory*, Philadelphia, PA: University of Pennsylvania Press.

Bhaskar, R. (1979), *The Possibility of Naturalism*, Brighton, UK: Harvester Press.

Bijker, W. E. (1987), "The Social Construction of Bakelite: Toward a Theory of Invention," in *The Social Construction of Technological Systems*, Bijker, W. E., T. P. Hughes, and T. Pinch (Eds.), Cambridge MA: MIT Press, 159-187.

——T. P. Hughes and T. Pinch (Eds.) (1987), *The Social Construction of Technological Systems*, Cambridge, MA: MIT Press.

Bjørn-Andersen, N., K. Eason and D. Robey (1986), *Managing Computer Impact*, Norwood NJ: Ablex Publishers.

Blau, P., C. McHugh-Falbe, W. McKinley and T. Phelps (1976), "Technology and Organization in Manufacturing," *Administrative Science Quarterly*, 21, 20-40.

Boland, R. J. and W. Day (1982), "The Phenomenology of Systems Design," *Proceedings of the Third International Conference on Information Systems*, Ann Arbor, MI.

Bostrom, R. P. and J. S. Heinen (1977), "MIS Problems and Failures: A Socio-Technical Perspective," *MIS Quarterly*, 1, 4, 11-28.

Braverman, H. (1974), *Labor and Monopoly Capital: The Degradation of Work in the Twentieth Century*, New York: Monthly Review Press.

Burawoy, M. (1979), *Manufacturing Consent*, Chicago: University of Chicago Press.

—— (1985), *The Politics of Production*, London: Verso Press.

Burrell, G. and G. Morgan (1979), *Sociological Paradigms and Organizational Analysis*, London: Heinemann.

Carter, N. M. (1984), "Computerization as a Predominate Technology: Its Influence on the Structure of Newspaper Organizations," *Academy of Management Journal*, 27, 247-270.

Child, J. (1972), "Organizational Structure, Environment and Performance: The Role of Strategic Choice," *Sociology*, 6, 1-22.

—— (1985), "Managerial Strategies, New Technology and the Labour Process," in *Job Redesign: Critical Perspectives on the Labour Process*, D. Knights et al. (Eds.), Hants, England: Gower, 107-141.

Collins, H. M. (1987), "Expert Systems and the Science of Knowledge," in*The Social Construction of Technological Systems*, W. E. Bijker, T. P. Hughes and T. Pinch (Eds.), Cambridge, MA: MIT Press, 329-348.

Cooley, M. (1980), "Computerization: Taylor's Latest Disguise," *Economic and Industrial Democracy*, 1, 523-539.

Crozier, M. (1964), *The Bureaucratic Phenomenon*, Chicago, IL: University of Chicago Press.

Davis, F. D. (1989), "Perceived Usefulness, Perceived Ease of Use, and User Acceptance of Information Technology," *MIS Quarterly*, 13, 3, 319-340.

Davis, L. E. and J. C. Taylor (1986), "Technology, Organization and Job Structure," in *Handbook of Work, Organization, and Society*, R. Dubin (Ed.), Chicago, IL: Rand McNally, 379-419.

Dow, G. K. (1988), "Configurational and Coactivational Views of Organizational Structure," *Academy of Management Review*, 13, 1, 53-64.

Edwards, R. (1979), *Contested Terrain: The Transformation of the Workplace in the Twentieth Century*, New York: Basic Books.

Eveland, J. D. (1986), "Diffusion, Technology, Transfer, and Implementation," *Knowledge, Creation, Diffusion, Utilization*, 8, 2, 303-322.

Foster, L. W. and Flynn, D. M. (1984), "Management Information Technology: Its Effects on Organizational Form and Function," *MIS Quarterly*, 229-235.

Garson, B. (1988), *The Electronic Sweatshop: How Computers are Transforming the Office of the Future into the Factory of the Past*, New York: Simon and Schuster.

Giddens, A. (1976), *New Rules of Sociological Method*, New York: Basic Books.

—— (1979), *Central Problems in Social Theory: Action, Structure and Contradiction in Social Analysis*, Berkeley, CA: University of California Press.

—— (1984), *The Constitution of Society: Outline of the Theory of Structure*, Berkeley, CA: University of California Press.

Hartmann, H. I., R. E. Kraut and L. A. Tilly (Eds.) (1986), *Computer Chips and Paper Clips: Effects of Technological Change*, Washington, D. C.: National Academy Press.

Heidegger, M. (1962), *Being and Time*, New York: Harper and Row.

Hickson, D., D. S. Pugh and D. Pheysey (1969), "Operations Technology and Organization Structure: An Empirical Reappraisal," *Administrative Science Quarterly*, 14, 378-397.

Hiltz, S. R. and K. Johnson (1990), "User Satisfaction with Computer-Mediated Communication Systems," *Management Science*, 36, 6, 739-764.

Hirschheim, R., H. Klein and M. Newman (1987), "A Social Action Perspective of Information Systems Development," *Proceedings of the Eighth International Conference on Information Systems*, Pittsburgh, PA, 45-56.

Hirschhorn, L. (1984), *Beyond Mechanization: Work and Technology in a Postindustrial Age*, Cambridge, MA: MIT Press.

Hodson, R. and R. E. Parker (1988), "Work in High-Tech Settings: A Review of the Empirical Literature," *Research in the Sociology of Work*, 4, 1-30.

Howard, R. (1985), *Brave New Workplace*, New York: Viking Penguin.

Jarvenpaa, S. L. (1989), "Effects of Task Demands and Graphical Format on Information Processing Strategies," *Management Science*, 35, 3, 285-303.

Jonscher, C. (1988), "An Economic Study of the Information Technology Revolution," Working Paper 90s: 88-053, Sloan School of Management, MIT: Cambridge, MA.

Jönsson, S. and A. Gronlund (1988), "Life with a Sub-Contractor: New Technology and Management Accounting," *Accounting, Organizations and Society*, 13, 5, 512-532.

Kelly, J. E. (1978), "A Re-Appraisal of Socio-Technical Systems Theory," *Human Relations*, 31, 12, 1069-1099.

Klein, H. and R. Hirschheim (1983), "Issues and Approaches to Appraising Technological Change in the Office: A Consequentialist Perspective," *Office: Technology and People*, 2, 15-42.

Kling, R. (1980), "Social Analyses of Computing: Theoretical Perspectives in Recent Empirical Research," *Computing Surveys*, 12, 1, 61-110.

—— (1987), "Defining the Boundaries of Computing across Complex Organizations," in R. Boland and R. Hirschheim (Eds.), *Critical Issues in Information Systems Research*, New York: Wiley.

——and S. Iacono (1984), "Computing as an Occasion for Social Control," *Journal of Social Issues*, 40, 77-96.

Leavitt, H. J. and T. L. Whistler (1958), "Management in the 1980s," *Harvard Business Review*, 36, 41-48.

Leifer, R. (1988), "Matching Computer-Based Information Systems with Organizational Structures," *MIS Quarterly*, 63-73.

Lucas, H. C., Jr. (1975), "Performance and the use of an Information System," *Management Science*, 20, 908-919.

Mackay, W. E. (1988), "Diversity in the Use of Electronic Mail," *ACM Transactions on Office Information Systems*, 6, 4, 380-397.

Manning, P. K. (1982), "Organizational Work: Structuration of Environments," *British Journal of Sociology*, 33, 1, 118-134.

Markus, M. L. (1983), "Power, Politics, and MIS Implementation," *Communications of the ACM*, 26, 430-444.

Markus, M. L. and N. Bjørn-Andersen (1987), "Power over Users: Its Exercise by System Professionals," *Communication of the ACM*, 26, 430-444.

——and D. Robey (1988), "Information Technology and Organizational Change: Causal Structure in Theory and Research," *Management Science*, 34, 5, 583-598.

McPhee, R. D. (1985), "Formal Structure and Organizational Communication," in P. D. McPhee and P. K. Tompkins (Eds.), *Organizational Communication: Traditional Themes and New Directions*, Beverley Hills, CA: Sage Publications, 149-178.

Mintzberg, H. (1979), *The Structuring of Organizations*, Englewood Cliffs, NJ: Prentice-Hall.

Mohrman, A. M. and L. L. Lawler (1984), "A Review of Theory and Research," in F. W. McFarlan (Ed.), *The Information Systems Research Challenge*, Boston, MA: Harvard

Press，135-164.

Mumford，E. (1981)，"Participative Systems Design：Structure and Method，" *Systems，Objectives，Solutions*，1，5-19.

Newman，M. and D. Rosenberg (1985)，"Systems Analysts and the Politics of Organizational Control，" *International Journal of Management Science*，13，5，393-406.

Noble，D. F. (1984)，*Forces of Production：A Social History of Industrial Automation*，New York：Oxford University Press.

Orlikowski，W. J. (1988)，"Information Technology and Post-Industrial Organizations：An Exploration of the Computer-Mediation of Production Work，" Unpublished Doctoral Dissertation，Stern School of Business，New York University，New York.

Pasmore，W. et al. (1982)，"Socio-Technical Systems：A North-American Reflection on Empirical Studies of the Seventies，" *Human Relations*，35，12，1179-1204.

Perrolle，J. A. (1986)，"Intellectual Assembly Lines：The Rationalization of Managerial，Professional，and Technical Work，" *Computers and Social Sciences*，2，111-121.

Perrow，C. (1967)，"A Framework for the Comparative Analysis of Organizations，" *American Sociological Review*，32，194-208.

—— (1983)，"The Organizational Context of Human Factors Engineering，" *Administrative Science Quarterly*，28，521-541.

Pettigrew，A. M. (1973)，"Occupational Specialization as an Emergent Process，" *Sociological Review*，21，2，233-278.

—— (1985)，"Contextualist Research：A Natural Way to Link Theory and Practice，" in *Doing Research that is Useful for Theory and Practice*，E. E. Lawler et al. (Eds.)，San Francisco，CA：Jossey-Bass，222-248.

Pfeffer，J. and H. Leblebici (1977)，"Information Technology in Organizational Structure，" *Pacific Sociological Review*，20，241-261.

Pinch，T. J. and W. E. Bijker (1984)，"The Social Construction of Facts and Artefacts：or How the Sociology of Science and the Sociology of Technology Might Benefit Each Other，" *Social Studies of Science*，14，399-441.

——and—— (1987)，"The Social Construction of Facts and Artifacts" in *The Social Construction of Technological Systems*，Bijker，W. E.，T. P. Hughes and T. Pinch (Eds.)，Cambridge，MA：MIT Press，17-50.

Piore，M. J. and C. F. Sabel (1984)，*The Second Industrial Divide*，New York：Basic Books.

Poole，M. S. (1985)，"Communication and Organizational Climate：Review，Critique，and a New Perspective，" in P. D. McPhee，and P. K. Tompkins (Eds.)，*Organizational Communication：Traditional Themes and New Directions*，Beverley Hills，CA：Sage Publications，79-108.

——and G. DeSanctis (1989)，"Use of Group Decision Support Systems as an Appropriation Process，" *Proceedings of the Hawaii International Conference on Information Systems*，Hawaii，149-157.

——and G. DeSanctis (1990), "Understanding the Use of Group Decision Support Systems: The Theory of Adaptive Structuration," in J. Fulk and C. Steinfield (Eds.), *Organizations and Communication Technology*, Newbury Park, CA: Sage Publications, 173-193.

——and A. H. Van de Ven (1989), "Using Paradox to Build Management and Organization Theories," *Academy of Management Review*, 14, 4, 562-578.

Powell, W. W. (1987), "Review Essay: Explaining Technological Change," *American Journal of Sociology*, 93, 1, 185-197.

Ranson, S., B. Hinings and R. Greenwood (1980), "The Structuring of Organizational Structures," *Administrative Science Quarterly*, 25, 1-17.

Riley, P. (1983), "A Structurationist Account of Political Culture," *Administrative Science Quarterly*, 28, 347-414.

Roberts, J. and R. Scapens (1985), "Accounting Systems and Systems of Accountability: Understanding Accounting Practices in Their Organizational Context," *Accounting, Organizations, and Society*, 10, 4, 443-456.

Robey, D. (1981), "Computer Information Systems and Organization Structure," *Communications of the ACM*, 24, 10, 679-687.

——K. A. Vaverek and C. S. Saunders (1989), "Social Structure and Electronic Communication: A Study of Computer Conferencing," Paper Presented at the Hawaii International Conference on Information Systems, Hawaii.

Rousseau, D. M. (1985), "Issues of Level in Organizational Research: Multi-level and Cross-level Perspectives," in *Research in Organizational Behavior*, 7, Greenwich CT: JAI Press, 1-37.

Sabel, C. F. (1982), *Work and Politics*, New York: Cambridge University Press.

Scott, W. R. (1981), *Organizations: Rational, Natural, and Open Systems*, Englewood Cliffs, NJ: Prentice-Hall.

Shaiken, H. (1985), *Work Transformed: Automation and Labor in the Computer Age*, New York: Holt, Rinehart and Winston.

Shepard, J. (1977), "Technology, Alienation, and Job Satisfaction," *Annual Review of Sociology*, 3, 1-21.

Siegel, J., V. Dubrovsky, S. Kiesler and T. W. McGuire (1986), "Group Processes in Computer-Mediated Communication," *Organizational Behavior and Human Decision Processes*, 37, 157-187.

Smith, C. W. (1983), "A Case Study of Structuration: The Pure-Bred Beef Business," *Journal for the Theory of Social Behaviour*, 13, 3-18.

Sproull, L. and S. Kiesler (1986), "Reducing Social Context Cues: Electronic Mail in Organizational Communication," *Management Science*, 32, 11, 1492-1512.

Spybey, T. (1984), "Traditional and Professional Frames of Meaning in Management," *Sociology*, 18, 4, 550-562.

Sterling, T. D. (1984), "The Emerging Key Role of White-Collar Computer Workers vis-á-vis

Organized Labor," *Office: Technology and People*, 3, 155-165.

Suchman, L. and Wynn, E. (1984), "Procedures and Problems in the Office," *Office: Technology and People*, 2, 133-154.

Thompson, J. D. (1967), *Organizations in Action*, New York: McGraw-Hill.

Trist, E. L., G. W. Higgin, H. Murray and A. B. Pollock (1963), *Organizational Choice*, London, UK: Tavistock.

Tyre, M. J. (1988), "Managing the Introduction of New Process Technology: A Study of Organizational Problem Solving at the Plant Level," Unpublished Doctoral Dissertation, Harvard Business School, Boston, MA.

Van Maanen, J. (1979), "The Fact of Fiction in Organizational Ethnography," *Administrative Science Quarterly*, 24, 539-550.

—— (1988), Tales of the Field, Chicago, IL: University of Chicago Press.

Weick, K. (1979), *The Social Psychology of Organizing*, Reading, MA: Addison-Wesley.

Willmott, H. (1981), "The Structuring of Organizational Structures: A Note," *Administrative Science Quarterly*, 26, 470-474.

—— (1987), "Studying Managerial Work: A Critique and a Proposal," *Journal of Management Studies*, 24, 3, 249-270.

Woodward, J. (1958), *Management and Technology*, London: H. M. S. O.

—— (1965), *Industrial Organization: Theory and Practice*, London: Oxford University Press.

Woolgar, S. (1985), "Why Not a Sociology of Machines? The Case of Sociology and Artificial Intelligence," *Sociology*, 19, 557-572.

Wynne, B. (1988), "Unruly Technology: Practical Rules, Impractical Discourses and Public Understanding," *Social Studies of Science*, 18, 147-167.

Zuboff, S. (1988), *In the Age of the Smart Machine*, New York: Basic Books.

荧光照明技术的社会建构

——技术制品(荧光灯)如何在扩散阶段被“发明”*

维贝·E. 拜卡

王旭辉、王慧媛 译

王旭辉 初校

薛品 审校

王旭辉 终校

人们通常认为工业技术是由工程师设计、开发以及制造出来的。① 他们在制图板上、实验室里创作、研发；他们申请专利，按照设计方案做出原型并在试验工厂进行产品测试；他们把新诞生的技术制品展示给新闻界，幸运的话，他们还会通过一幅幅光彩照人的图像，为大家讲述发明家的一段段英雄故事。然而事实上，首先，工程师们会发明某项技术；接下来，销售人员将承担起推广技术的责任；然后，管理人员会扮演技术转化为产品这一过程中的主导性角色；最后，技术产品进入交易环节，并最终成为使用者手中的消费品。工程师们设计技术，管理人员将技术转化成产品，然后销售人员将其卖出……最后是顾客消费产品。遗憾的是，除了最新的技术研究成果之外，这种井然有序的技术开发流程

---

* BIJKER W E. The social construction of the fluorescent lighting//BIJKER W E，LAW J. Shaping technology/building society：studies in sociotechnical change. Cambridge：MIT Press，1992.

① 很感谢大卫·埃奇（David Edge）和罗伯特·弗罗斯特（Robert Frost）对本文所做的富有启发性的评论；同时，这一研究得到了荷兰科学研究组织（Netherlands Organization for Scientific Research）的资助（特许号：500-284-002），在此特别表示感谢。

图式普遍存在。然而，这一图式不仅过于简单，而且在一定意义上讲还是错误的。

本文有两个目的。首先，我想说明有关技术开发的这种线性发展模型对理解技术制品的开发过程有害无益。真实的情况是，产品开发根本就无法清晰分解为各个具体的阶段。在本文的论述中，我将展现荧光灯是如何在传统意义上的“扩散阶段”被“设计”（重新设计或动态设计）的。如果把这种荧光灯看作一种静态的技术制品，即认为它从1938年4月21日离开通用电气公司的实验室后就一直维持着原有状态，那么将很难弄清楚它实际上到底发生了什么变化，也很难弄清楚人们最初使用的电灯和现在使用的荧光灯之间有什么样的关联。我将从社会建构论的视角对荧光灯技术的发展进行分析，把它看作一种不断被各种各样的相关社会群体塑造和重新设计的技术制品。[①] 其次，本文希望能借助一个生动的案例，来探讨把有关技术开发的社会形塑视角（social-shaping perspective）和社会影响视角（social-impact perspective）整合起来的可能性。[②]

借助于社会建构论的理论方法（SCOT），我们可以详细地描述荧光灯技术发展的部分过程。[③] 在SCOT模型中，相关社会群体（relevant social groups）概念是理解开发过程的关键。没有社会群体内部及社会群体间的社会互动，技术制品就不会存在。关注相关社会群体针对荧光灯产品提出的问题与解决方案，就可以详细地了解其设计细节。进一步讲，也就可以追溯了解荧光灯技术的稳定性及发展过程。SCOT模型中的一个关键概念是“诠释弹性”（interpretative flexibility）［它在相对论的经验研究（EPOR）和社会科学领域中也是关键概念，SCOT与这些学科密切关联］。通过向不同的社会群体展示某一产品不同的特性，这件产品的诠释弹性就得到了考察。而社会群体的技术框架（technological frame of a social group）这个理论概念则被用来描述各社会群体内部及群体之间的互动如何影响技术制品的生产；技术框架形塑着社会群体间的互动，同时，社会群体间的互动也影响着技术框架（Bijker，1987）。

---

① 本文主要资料来源是1942年8月18日在美国参议院专利委员会所举办的听证会（Committee on Patents，1942）。这个委员会享有一项特殊的政治授权，就是调查通用电气、西屋电气和电力事业公司是否违反了反垄断条例。在此，特别感谢美国司法部反垄断部门的辩护律师约翰·W. 沃克（John W. Walker）的有关著作以及专利委员会主席荷马·T. 伯恩（Homer T. Bone）议员所提出的一些问题，他们帮助披露了这一领域的某些偏见。然而，这并没有影响我决定采用这一研究资料，因为我所使用的基本都是作为证据呈交给听证会的最原始的文件。我提到的这些听证会，实际上只要有需要就会临时召开，并且有关人员会呈交大量证据，而且，绝大部分证据由沃克呈递给专利委员会。

② 对这个问题的讨论，参见MacKenzie and Wajcman，1985，Hughes，1986和Bijker，Hughes，and Pinch，1987b。

③ 参见Pinch and Bijker，1984。相关部分也可参见Bijker，Hughes，and Pinch，1987a：17－50。

相关社会群体

“追溯事件的行动者”[①] 就能比较容易地确定出相关社会群体。事实上，行动者自己对相关社会群体的含义相当清楚。例如，当我提到公共事业单位的社会群体时，爱迪生电力研究所电灯委员会的成员、电力事业部门的主管霍华德·W. 夏普（Howard W. Sharp）就通过下面这段话清楚地表明了他的群体归属："为了与其他伙伴保持协调一致，我已经推迟了回应……"[②] 与此同时，他还清楚地界定出了其他社会群体，“很明显，这需要与固定设备制造商进行审慎的谈判”[③]，即他很清楚地指出了固定设备制造商属于其他群体范畴。有时候，历史事件的参与者甚至可以预测出技术史研究者和技术社会学研究者可能会遭遇到什么问题。在荧光灯技术这一案例中，牵涉其中的参与者都很谨慎地努力维持着相关社会群体的完整性。在谈及荧光照明技术的发展过程时，夏普做了如下论述：

> 目前，很值得努力的一件事情是，努力维持已经建立起来的荧光照明资源的统一战线，而且，为了预防中途退出情况的发生，应要求照明行业的部分负责人采取协调一致的行动。[④]

行动者的各种论述也有助于修正研究者的直觉。1984 年，我以荧光照明技术作为典型案例，展示了其技术开发过程，解释了在荧光照明技术的开发过程中，只单独考虑妇女这个社会群体将对研究不利，不但无助于参与荧光灯技术推广的实际工作者，而且也无助于我这类做研究分析的人。我的论述将会呈现出一个非常广阔的研究视角——至少在当时，我是这么认为的（Pinch and Bijker，1984：415）。但是，西屋电气的首席执行官克利弗（O. P. Cleaver）在分析与家庭照明领域相关的荧光照明技术时，提出了相反的看法：

> 要在家庭照明领域推广、普及荧光照明设备，这个目标的实现直接依赖于家庭主妇们。通常情况下，如果不超出家庭预算，家庭主妇就会比较留心那些既能给家人带来舒适感又能美化家庭的新理念或者新产品。更为重要的

---

① 我从拉图尔（Latour，1987）那里借用的这个概念。

② 参见 Howard M. Sharp to John Mueller，letter dated April 6，1939（Walker Exhibit No. 137），4993。

③ 参见 Howard M. Sharp to Ward Harrison，letter dated March 26，1939（Walker Exhibit No. 143）：5000。

④ 参见 Howard M. Sharp to Ward Harrison，letter dated March 26，1939（Walker Exhibit No. 143）：5000。

> 一点是，如果她们是通过全国层面的广告宣传和邻里间的示范应用知道的这些新产品、新设备，并且了解了它们的优点，她们就更容易接受这些新东西。①

这位首席执行官清楚地认识到了妇女是普及荧光灯的相关社会群体。

参与者是确定相关社会群体的一个有效切入点。从某种意义上来说，“相关社会群体”就是指参与了某一行动的那些群体。然而，它仅仅是一个切入点而已，并且提出这个切入点也不是为社会建构主义的案例研究提供方便。另外，还有另外一些方法上的问题没有解决，例如，可能很难确定某个特殊相关社会群体的代言人是谁，也就很难弄清楚相关社会群体的情况。当然，如果我们能让各类行动者都代表自己来发言，这个问题通常就会变得清楚明了。还有一些情况，比如，当一个社会群体分裂成为两个群体时，两个群体可能不会轻易接受同一个人作为自己的发言人。不过，充分听取各个参与者的意见最后也一样能准确地找出相关社会群体。② 与此相关，另一个问题就是，在分析各相关社会群体的重要意义时，研究者获得的信息只是来自发表了意见的这部分个体，这时，就存在一个潜在的危险，即研究者并没有听到相关社会群体中那些没有发表意见的成员的声音。这种研究方法属于民族志的方法，会把研究者的注意力引向那些有利于技术制品的含义方面，而不是以更多的兴趣专注相关社会群体。马克思的结构主义或者帕森斯的功能主义可能都会这样做。

如果说确定相关社会群体的第一步是追溯参与者，第二步可能就是所谓的“历史事件的滚雪球法”（historical snowballing）③，通过阅读历史文档来查询事件的参与者时，研究者就能发现文档中提到的每一个行动者和每一个社会群体。然后追溯这些新发现的参与者和社会群体，直到没有新的名字或者社会群体出现时为止。当然，这里勾画出的只是一幅理想图景。通常情况下，在分析一种具体技术制品的开发过程时，对哪类相关社会群体才能提供足够的信息这个问题，研究者通常会有一种直观的把握，所以自然不会完全遵循这种理想的路径一直走到底。本文介绍这种方法论模型，主要是为了论证在有关技术开发的经验研究中，“相关社会群体”这个概念并不能解决实质性的问题。无论是在社会学的经验研究中，还是在历史学的经验研究中，这种情况都会存在。

---

① 参见 O. P. Cleaver, Westinghouse Lamp Division, Westinghouse Elec. & Mfg, Co.,“Fluorescent Lighting in the Home Field,” paper presented at the Industrial Conference on Fluorescent Lighting, March 22, 1940, Chicago, Ill.（Walker Exhibit No. 41）：4903。

② 关于代言人这一点，还有一些理论上和方法论上的问题，我在本文中并没有展开讨论。在研究社会-技术时，确定代言人是核心方法论问题之一，可参见 Latour，1987。

③ 哈里·科林斯（Harry Collins，1981a）在他的科技知识社会学中使用了滚雪球的方法来确定组合。

其实，更多情况下，在勾画相关社会群体这个问题时，还是需要依赖研究者的直觉。就像在考虑借助于两个不同的群体做分析是否一定会比一个群体提供的信息更有效的问题时，很大程度上就需要研究者依赖直觉来判断。很明显，通过这种策略确定的相关社会群体名录还需要做进一步的简化和梳理。最初，很多行动者都会被归纳在一起组成一个相关社会群体，但是到了最后，这样找出的群体规模就会太大，反而不利于分析。例如在自行车研究这个案例中，研究者认为只需要把骑脚踏车的女性组成一个群体进行描述就够了（Pinch and Bijker，1984）。同样，在荧光灯研究的后期，研究者不得不把“管理机构”这个社会群体分为司法部的反垄断部门和陆军部这两个群体来考察。这里还有一个很重要的出发点，就是要让各个行动者代表自己来表达意见。

“相关社会群体”是一个既包含了行动者又包含了分析者的概念。然而，在识别、界定和描绘事件参与者时，我们所得到的仅仅是针对参与者的相关社会群体。在技术的社会建构论中，其核心点就是，分析者也是重要的相关社会群体——相关社会群体同时也是一个分析者的概念。

我将对荧光灯案例中涉及的相关社会群体进行详细描述。不过在本文中，我只详细介绍两个社会群体——麦芝达（Mazda）公司（生产非常知名的麦芝达牌电灯泡）和（电力）公共事业部门，其他群体只作简单介绍。

麦芝达公司

麦芝达公司这一“社会群体”包括通用电气（General Electric）和西屋电气（Westinghouse）。[①] 这两个公司在推出“麦芝达”商标的白炽灯后相当长的一个时期内，都被统称为麦芝达公司。1913—1940 年，通过一种授权机制，通用电气控制了白炽灯照明市场大约 90％的份额（Rogers，1980）。通用电气的专利授权系统包括两类许可证：A 类许可证和 B 类许可证。A 类许可证仅被授予了西屋电气，这级授权允许西屋电气拥有一个较大的白炽灯生产量，这个产量在通用电气自己公司的白炽灯总产量中达到了一个相当可观的比例，并且有权使用通用电气的“麦芝达”商标。而 B 类许可证只允许获得许可的公司生产一些特定型号的白炽灯，并且所准许的产量较小，也不能许使用“麦芝达”商标。例如，美国希尔维尼亚（Hygrade Sylvania）公司获取的就是 B 类许可证。

照明灯制造商（通用电气和西屋电气）和负责电力生产的公共事业部门之间的紧密联系，在维持它们对照明行业近乎绝对的控制力中发挥了关键性的作用。一个可以观察到的普遍现象是，每个相关社会群体并不是仅仅构建了自己的群

---

① 用一个“称谓”来标记一个社会群体，似乎意味着这个群体是一个完全统一的实体。然而很明显，就像本文随后逐渐清楚地呈现出来的，这个案例并不是这种情况。

体，还帮助维持了其他一些社会群体的完整性，以及他们自己与那些群体之间的联系。白炽灯制造商麦芝达公司和电力事业部门之间的紧密联系就是其中一个很具体的例子。在这一事例中，麦芝达公司和电力事业部门之间建立紧密联系的基础是达成了一种共识——每一方都应该为维护另一方的利益做出贡献。电力事业部门负责麦芝达公司照明灯以及配件的销售和宣传，以及麦芝达公司生产的其他电气设备的销售与宣传。与此同时，麦芝达公司承担的责任是推广其产品以增加电力消耗。麦芝达公司还要支持和参与电力事业部门领导的各种政治运动及节目，以帮助加大对电力事业部供电的消耗。1930 年代，大量的电力事业部门都免费给它们的客户更换高功率（高瓦特数）的照明灯备件，竭力避免客户的电灯插座闲置。这场换备件运动中所使用的照明灯就是麦芝达公司提供的。通用电气和西屋电气低价给电力事业部门提供照明灯以及免费的备件。很明显，麦芝达公司和电力事业部门之间保持着很紧密的关系，其具体表现就是电力事业部门不但销售麦芝达公司照明灯，还大力为麦芝达公司照明灯做广告宣传，积极推广其应用。

电力事业部门

不容置疑的一点是，电力事业部门这一社会群体将会在本文所讲述的荧光灯技术发展故事中扮演一个很重要的角色。那么，它们到底是谁？电力事业部门（公司）指经营一个或者几个中心电站，生产并且销售电力资源的私人公司，而电力事业公司集群（行业）则由大量强有力的集体组织组成，正是通过这些集体组织的连接作用，各电力事业公司可以被看作一个社会群体发挥社会影响力。尽管通常情况下各个电力事业公司彼此独立，但遭遇到影响共同利益的事件时，它们则会采取一致行动。例如，爱迪生电力研究所（the Edison Electric Institute，E. E. I.）拥有的电力事业公司成员超过 100 个。电力事业公司的另外一个大型集体组织是爱迪生照明公司协会（the Association of Edison Illuminating Companies，A. E. I. C.）。这些协会的成员分布于全国各地。E. E. I. 和 A. E. I. C. 包括多个委员会和团体，成员则由各个电力事业公司的代表构成，它们操纵着这个行业的各种政策。这些政策或者需要在全体组织会议上的集体决定，或者直接由一些特殊的委员会来规划制定，相应地，这种决策建立在委员会代表们了解整个行业诉求的基础上。一般而言，这种对于行业诉求的了解来源于发往所有电力事业部门的问卷。

其中两个重要的委员会分别是 E. E. I. 照明设备销售委员会（the Lighting Sales Committee，L. S. C.）和 A. E. I. C. 电灯委员会（the Lamp Committee，L. C.）。这些委员会和通用电气及西屋电气的代表们已经密切合作了很多年，它们一起制定各种相关政策，这些政策涉及这两家公司麦芝达白炽灯的生产、销售以及消费者使用等方面，还有一些则涉及电力事业部门对这些白炽灯的促销工作。另外，电力测试实验室也扮演了一个很重要的角色，这个机构归电力事业公司所有，参与负责电灯和其他电力设备的商业测试。

固定设备生产商

固定设备生产商这个群体值得在这里专门提出。在白炽灯和荧光灯照明这两个领域中，麦芝达公司主要生产电灯，而插座、反光片以及其他各种辅助配件则由一些小公司生产。对白炽灯照明设备来说，详细的规格说明早已经确定下来，固定设备生产商不得不依据那些规格说明来设计它们的产品。而且它们的产品也要接受电力测试实验室的测试。荧光灯照明领域也将遵循一个类似的开发计划。

独立主体

“独立主体”是由荧光灯照明领域没有被通用电气专利许可证绑定的电灯生产商组成的一个社会群体。希尔维尼亚公司是白炽灯生产领域获得通用电气 B 类许可证授权的生产商，也是“独立主体”这个社会群体内仅有的一家获通用电气授权的公司。根据 B 类许可证，通用电气只准许希尔维尼亚公司的白炽灯生产量在通用电气的净销售额中达到 9.124％的比例（Bright and Maclaurin，1943）。这样一来，希尔维尼亚公司在白炽灯领域的市场占有率仅为大约 5.5％，就不会有一个很好的市场根基。但是希尔维尼亚公司获得了一项专利，并且这项专利冲击了通用电气及西屋电气在照明市场的地位。1939 年，希尔维尼亚公司开始生产荧光灯，并且很快占据了荧光灯市场 20％的份额。这个公司独立开发出了一项迥异于通用电气的荧光灯照明技术，而且不再受许可证协议捆绑，这样就有了“独立主体”的名号。

客户

客户这个社会群体在这个荧光灯技术发展故事中并没有直接发出自己的声音。但是，电力事业公司和电灯制造商的市场调研结果可以大致反映出这个群体的某些态度。而且，如果对那些广受欢迎的技术出版物做一个分析研究，也能找出客户这一社会群体的部分信息，因为在一定程度上，我们可以认为这些出版物能够反映客户的观点。

政府

政府这个社会群体——或者更准确地说是美国司法部的反垄断部门和陆军部

这两个群体——在荧光灯技术发展中扮演了一个很特别的角色。司法部的反垄断部门曾于 1942 年提出一个针对通用电气和西屋电气的反垄断诉讼申请。但与此同时，美国陆军部要求司法部部长向法院提交一个延期审理请求，因为进行这样一个审判会严重干扰通用电气为战争需要所做的贡献。[①]

荧光灯技术的诠释弹性

荧光灯技术的诠释弹性可以从各相关社会群体赋予的种种不同含义中看出，这些不同的解释在 1938—1942 年构建出了三种完全不同的产品："荧光染色照明电灯""高效率日光色荧光灯"和"高强度日光色荧光灯"。其中，前两种产品在诱发麦芝达公司和电力事业公司之间"争议"的过程中扮演着重要角色。与此同时，第三种产品则在结束这场争议的过程中发挥了重要作用，或者说就是它导致了这场争议的终结。[②]

1938 年 4 月 21 日，麦芝达公司、通用电气和西屋电气联手为荧光灯做了商业发布。这些"荧光管形灯"清晰地定位于"染色照明"。这项新的照明设施比在它之前普及的白炽灯更明亮，同时可以提供更大范围的深度色彩选择。这些公司生产的荧光灯可以产生出"迄今都很难达到的柔和彩色光线以及纯色光线"[③]，正是由于这种技术优势，所以可以预期的是，它对照明设备开发实践的多个不同发展阶段会产生很大程度的影响。此外，虽然荧光灯生产设备耗费的成本要更高一些，但是它们的彩色照明效率是白炽灯的三十到四十倍。[④] 这种染色照明荧光灯可以应用的范围很广，从剧院到舞厅，从专卖店到艺术画廊，从玻璃橱窗到游戏机，从轨道车辆到住房。其中的部分应用显示，麦芝达公司的领导层已经考虑到了一般的室内照明，只是一般室内照明的具体含义还不是很明晰。

在荧光灯技术发展早期，对电力事业公司这一相关群体来说，荧光灯是"荧光染色照明电灯"，正如同它于麦芝达公司的意义。这里没有丝毫值得惊异之处，因为电力事业部门对这些电灯的相关情况了解得很有限，而且仅有的一些了解也

---

① 参见 Henry L. Stimson，Secretary of War，to the Attorney General，letter dated April 20，1942 (Committee Exhibit No. 21)：5030。

② 关于在研究社会性和技术性争议时引入"终结"这个词的原因，请参见 Pinch and Bijker，1984。

③ 参见 Harrison and Hibben，1938：1530；也可参见 Inman and Thayer，1938。

④ 这里的效率是用"流明/瓦特"或者"光瓦特/电瓦特"这些单位来测量的，"综合效率"是电灯把电功率转化为光能输出的效率。另外，"英尺烛光/瓦特"这个单位也经常被使用，不过，严格来讲，这一单位并不正确，因为英尺烛光只是一个单位面积照度单位，而流明才是电灯的光通量单位。

几乎全部建立在麦芝达公司所提供的信息基础之上。这种新的照明电灯的引入方式丝毫没有使人意识到它在现实应用中还会发生任何革命性变革，三个电力事业公司的工作人员都记得这一情景：

> 它的展示会，一如白炽灯开发过程中惯有的样子，很随意。研讨会召开的次数也和往常差不多，当然，它还是给人留下了某些印象，好像是说这种照明设施在颜色方面有很多选择，而且效率很高，只是电灯的总产量好像比较低，价格昂贵，而且通常适合应用于一些特殊用途。①

即使是在讨论日光灯的时候，也多是基于某些特殊的应用场合，也会涉及彩色照明，就像 A. E. I. C. 电灯小组委员会主席的备忘录中清楚记载的那样：

> 预计这种管形日光灯将会有极大的实用性。因为功率较小，而且发热很少，这些特性使得它们非常适合于玻璃橱窗照明。因为发射出的光线看起来是白色的，所以就能大规模应用于那些有彩色照明需求的场合。②

“荧光染色照明电灯”这件特殊的技术制品的源头可以追溯到 1939 年的纽约世界博览会。当然，普通放电照明设施的历史以及更为特殊的荧光照明的历史可以追溯到更早的盖斯勒灯管（Geissler tube）（1860）、摩尔灯管（Moore tube）（1895）、库珀-海威特灯（Cooper-Hewitt lamp）（1901）、克劳德霓虹灯管（Claude neon tube）（1912）以及里斯勒（Risler）、库赫（Küch）和霍尔斯特（Holst）电灯（1920 到 1930 年代）。③ 通常情况下，只有在探索普通室内白色照明的发展时才会提及这些历史。考虑到目前我们已经了解到的荧光灯稳定应用的领域（例如普通室内照明），为什么得以推广的第一个技术制品是荧光染色照明电灯，而不是当时虽没有立即投入使用却最终得到了稳定应用的“高强度日光色荧光灯”这个问题就会变得很有吸引力了。如果做一个简单的回顾就会发现，荧光染色照明电灯好像很奇怪地偏离了直线发展路径，从普通白色室内照明这个目标直接变成了最终的高强度日光色荧光灯这个技术制品。不过，了解了纽约世界博览会的情况后，我们就能明白该如何去看待这种迂回的变化了。

---

① 参见 J. E. Mueller，H. M. Sharp，and M. E. Skinner，“Plain Talk About Fluorescent Lighting，” paper presented at the 55th Annual Meeting of the Association of Edison Illuminating Companies，January 15-19，1940（Walker Exhibit No. 4）：4803。米勒曾经是西宾电力公司（West Penn Power Company）的商业销售经理和 E. E. I. 照明设备销售委员会主席；夏普曾经是纽约州布法罗及东北地区照明局经理；斯金纳曾经是纽约州布法罗及东北地区照明局副主席。夏普和斯金纳都曾是 E. E. I. 照明设备销售委员会会员。

② 参见 Preston S. Millar，“Advanced Memorandum for Meeting of Lamp Subcommittee，May 27，1938”（Walker Exhibit No. 8）：4821。

③ 案例参见 Bright，1949。

通用电气白炽灯部门的技术主管、荧光照明开发初期麦芝达公司最著名的发言人沃德·哈里森（Ward Harrison）公开承认：

> 如果我们不提供一些电灯给世界博览会以引起大家的兴趣，在不久的将来，高压管照明设施就会把随后几个博览会的注意力全部吸引走。[①]

其他相关社会群体也把世界博览会看作荧光灯从实验室走出来的推动力量——而且这个步骤是通过一种“剖宫产的方式”来完成的。[②] 固定设备生产商回顾了这一事件：

> 两次世界博览会都迫切需要一种新的照明体，而且需求压力极大（保守地判断，也能推动设备的普及）。15 瓦和 20 瓦的荧光灯就是专为博览会（当然其他人也有需求）而生产的，所以这种新的照明设备，在它的很多意义还没有得到详细探究时，就已经投入应用了。[③]

这一观点得到了世界博览会自有照明工程师的肯定（Engelken，1940）。了解了这一情况后，对染色照明的重视就变得容易理解了。人们花费了 1 500 万美元，把 1 200 英亩的盐沼和荒地变成纽约世界博览会，这些甚至在多克托罗的小说中也有生动的描述（Doctorow，1985）。在世界博览会的筹建和举办过程中，建筑的色彩规划和人工照明设备扮演了很重要的角色：

> 建造建筑之前就把分区制和色彩规划考虑进来了，这一做法可以确保建筑的整体性，以及整个地区规划、设计和细节处理的协调一致……保证了色彩规划和自然布局的完全协调。从主题中心的白色开始，用红色进行微调，再用蓝色或者金色向四周扩散开去，这样就保证了色调的渐趋饱和。让相似的色调沿着中心大街做环状混合。想要日夜都保持这种模式的色彩效果，就需要调整照明设备来实现。当然，日落后还会有增添新的、附加的乐趣和魅力。（Engelken，1940：179）

显而易见，对于负责设计大规模应用荧光灯的照明工程师来说，染色照明设备是一个很重要的努力目标。

---

① 大概在 1939 年秋，哈里森在 E. E. I. 电灯委员会会议上的一次谈话（Walker Exhibit No. 80：4945）中提到：高压放电照明设备（例如氖光灯管）主要用于室外宣传。这种氖气灯引入美国的历史是荧光照明史史前阶段很有意思的组成部分，只是本文将不会展开讨论。它由法国克劳德霓虹灯公司（Claude Neon）引进，随后克劳德和通用电气的谈判也很有意思，这里也不做讨论。

② 参见 A. F. Wakefield，The F. W. Wakefield Brass Co.，“The Objectives of the Fleur-O-Lier Association，” paper presented at the Industrial Conference on Fluorescent Lighting，March 22，1940，Chicago，Ill.（Walker Exhibit No. 41）：4900。

③ 参见“The Object of the Fleur-O-Lier Association，” synopsis of suggested presentation before E. E. I. Sales Meeting，spring 1940 in Chicago（Walker Exhibit No. 104）：4961-4962。

但在荧光染色照明电灯问世半年后，另外一种技术制品就浮出了水面："高效率（日光）荧光灯"。打着这个旗号的电灯公司的广告铺天盖地而来，用于宣传的广告语包括如下种种："照明效果是同等瓦特数其他电灯的 3 到 200 倍"、"低温英尺烛光"（cold foot-candles）、"令人惊异的效率"、"最经济实惠的电灯"、"最佳的室内日光"。电力事业公司开始担心这种荧光灯的高效率可能会减少它们的电力销售。北部国家电力公司（the Northern States Power Company）的主管卡尔·布雷米克（Carl Bremicker）在谈及他的电力事业部雇员时说："他们最好准备白色翼状制服，因为通用电气和西屋电气很快就会把他们清除出去扫大街，而不是继续卖照明设备。"[①] 不过，西屋电气的一个内部报告一定程度上慰藉了电力事业部门并减轻了它们的担心。总结起来，这个报告的意思是，普通的公共照明事业部工作者只是看到了荧光灯效率的提高以及自己相对重要性的下降，但事实情况并非如此。[②] 这个内部报告基于 4%的利率和消费者购买成本相等这两个前提条件，对两类技术的收益分配进行了对比。但是，这个计算出来的数字并不利于荧光灯的普及——其他所有电灯几乎会强调这一点。最终的比较结果是，对电力事业公司来说，荧光灯的重要性仅仅只有白炽灯的一半；而对电灯供应商来说，它的重要性是白炽灯的六倍，对设备生产商来说是三倍，对承包人来说它的重要性只比白炽灯多了 20%。[③] 如此一来，"负荷问题"（本质上就是不同产品的生产任务量配置问题）这一争议就产生了。它呈现为两种荧光灯产品之间的竞争。一直对高效率日光色荧光灯持警惕态度的电力事业部门竭尽全力促使染色荧光灯在市场中处于领先地位。它们争辩说，高效率日光色荧光灯有关高效的宣传是真实的，但是仅仅是在质量完全合格的情况下才能达到这种效果。但是，这种完全合格的状态是不可能达到的。例如，当顾客看到"照明效果是同等瓦特数电灯的 3 到 200 倍"这样的宣传语，且伴随着宣传语的是一张办公室图片时，他们就可能会期望有令人惊异的照明效果，但是这种效果可能只在顾客愿意接受绿色

① 转引自 D. W. Prideaux，Incandescent Lamp Department General Electric Company，to A. B. Oday，Engineering Department General Electric，letter dated February 1，1940（Walker Exhibit No. 111）：4973。

② 参见 Westinghouse Commerical Engineering Deprartment to Westinghouse Lamp Division，letter dated July 12，1939（Walker Exhibit No. 6）：4818-4819。

③ 参考文献同上，对比结果如下：

白炽灯使用者花费每一美元的利益分配		荧光灯使用者花费每一美元的利益分配	
电力部门	80%	电力部门	44%
承包商	10%	承包商	12%
设备供应商	6%	设备供应商	20%
电灯供应商	4%	电灯供应商	24%

光或者蓝色光的情况下才能实现。[①] 电力事业部门的照明设备工作人员被这种欺骗性的宣传方式激怒了，但是在竭力阐明自己的观点时却发现他们很快就被指责是在过度追求私利——他们很憎恨被推到这种立场上，即看起来好像是他们在给荧光照明技术泼冷水。而真正的情况却是，他们只是把整个事件中被隐瞒起来的那部分补充完整了而已。随后就开始了一场漫长而又事无巨细的争论，争论最终得出这样一种结论：事实上根本就不存在高效率日光色荧光灯，而且我们对荧光染色照明电灯存在一种误解，应该承认荧光染色照明电灯确实是一种很有价值的新照明工具，只是它用途有限而已。[②]

麦芝达公司的核心代言人并不同意电力消耗总量会因高效日光色荧光灯的应用而回落，然后这就会削减公共电力事业机构利益这一论断。所以他们继续大力推进高效率日光色荧光灯的应用，当然采取了一些小心谨慎的推广方式。哈里森也被说服，认可除了一些特殊情况外，客户是不会轻易削减电力使用的，他们的平均电力消耗仍然会持续上升。[③] 尽管这样，麦芝达公司在高效率日光色荧光灯方面也存在自己必须面对的问题：它进行商业发布时，还没有搞清楚荧光灯的寿命和效率之间的关联，或者更准确地说，荧光灯的寿命根本上讲仍是个未知数。它仅仅知道，电灯使用寿命最初的额定值大约是一个超过 1 500 小时的数值，但是并不能确定它是不是会超过 15 000 小时或者更多。正如哈里森对电力事业部门行政部一个观众说的那样，"对于某些顾客而言，他们很有可能成为我们的第一笔业务对象，但同时也可能是我们最后一笔业务对象，而不是我们希望达到的目标：无论顺境、逆境，我们 93%的合同可以续订"[④]。尽管如此，麦芝达公司还是制定了一个考虑了更多变动性因素的荧光灯技术开发路线，对此，哈里森在 1940 年做了如下解释：

> 荧光灯效率的变化、额定寿命的变化以及价格的变化等都会从根本上影响到它们的总体经营成本，所以在 12 个月的时间内，这些变化已经促使这种荧光灯被引入普通照明设备领域。[⑤]

很明显，哈里森在此所描述的荧光灯是高效率日光色荧光灯，而不是荧光染

---

① 参见 Mueller，Sharp，and Skinner：4803。

② 参见案例：J. L. McEachin to G. E. Nelson，letter dated Dec. 15，1939（Walker Exhibit No. 59）：4921；H. Restofski，Sales Promotion Manager，West Penn Power Company，Pittsburgh，Pa. to James Kernes，Chicago，Ill. Letter dated May 7，1940（Walker Exhibit No. 92）：4953-4954。

③ W. Harrison，"The Need for More and Varied Types of Fluorescent Equipment，" paper presented at the Industrial Conference on Fluorescent Lighting，March 22，1940，Chicago，Ill.（Walker Exhibit No. 41）：4896。

④ 参见 Harrison talk，fall 1939（Walker Exhibit No. 80）：4945。

⑤ 参见 W. Harrison，"The Need for More and Varied Types of Fluorescent Equipment"。

色照明电灯。

这场争论之所以很激烈，很大程度上可能是因为麦芝达公司和电力事业公司都感觉到了一种危机，即它们在白炽灯时代形成的对照明设备市场的联合控制局面正面临着威胁。当“独立主体”作为第三个相关社会群体进入照明设备领域时，这种威胁变得尤其突出，这一群体中尤其引人注目的是希尔维尼亚公司。1939 年末，麦芝达公司的员工开始对希尔维尼亚公司带给他们的竞争压力表示担忧：

> 数字好像表明，希尔维尼亚公司销售的荧光灯数量与通用电气和西屋电气加起来的销售总量一样多。很明显，他们已经展开行动并且主动走出去寻找客户，可以说，他们试图在全美主要街区的较小型公司内都安装上自己的产品。①

希尔维尼亚公司所采用的这种积极进取的销售策略给电力事业部门带来的问题与给麦芝达公司带来的难题一样多。电力事业部门感到电灯制造商之间的力量对比正在发生新的变动。希尔维尼亚公司宣称拥有荧光灯生产的基础发明专利，并不认可麦芝达公司所持的专利权。电力事业部门担心这种新的势力调整以及随之而来的竞争局面可能导致一些带有不利影响的经营方式和活动，以至于打乱整个照明市场的现有秩序，“进而损害到作为旁观者的公众和电力事业部门的利益”。希尔维尼亚公司宣称自己现在占有的市场份额已经达到了一个相当可观的比例，麦芝达公司也承认了这一点。② 很明显的一个事实是，希尔维尼亚公司正在积极推广高效率日光色荧光灯，并且没有充分重视电力事业部门可能承受的经济风险问题。当着电力事业部门的一个客户和麦芝达公司高管的面，希尔维尼亚公司的总经理罗维尔（W. P. Lowell）在回答公众为什么对荧光灯有需求这个问题时振振有词：

> 为什么会有需求呢？原因很多：它的日光色，柔和的光线特性，阴影较少，新奇（它是崭新的、现代化且设计巧妙的新事物），并且能带来实际或想象意义上的经济实惠。但是对于那些认为使用荧光灯节省几瓦特电就是在省钱的人，我们不用存有太多顾虑，如果其总价值——把纯经济的价值与其他所有价值都加总起来——或者其净值并不像所描述的那样有分量，那么，

① 参见 O. P. Cleaver，Westinghouse Electric and Manufacturing Company，Commerical Engineering Department，internal，memorandum dated April 25，1940（Walker Exhibit No. 95）：4955。

② 参见 J. E. Mueller，H. M. Sharp，M. E. Skinner，“Today's Fluorescent Lighting Situation，” prepared for the Sales Executives' Conference，Association of Edison Illuminating Companies，Hot Springs，Virginia，September 30 to October 3，1940（Walker Exhibit No. 5）：4816。

这个产品就不会达到物有所值的程度。但是，你绝对不能一直愚弄所有的人。①

如此一来，希尔维尼亚公司的举动就造成了一种火上浇油式的效果。

结束这场“负荷争论”的各种努力都被尝试过了。一个方案是针对荧光灯固定设备的认证计划。麦芝达公司希望通过这样一个认证计划，再借助于附属制造商的力量来刺激和控制固定设备的生产，从而达到牵制希尔维尼亚公司发展壮大的目的——希尔维尼亚公司也在生产自己的固定设备。这个认证计划的实现耗费了很长一段时间，因为麦芝达公司最早提出来的详细技术规格并不为电力事业部门所接受。谈判持续了大概一年之后，各方才就详细的技术规定达成了一致意见。然而，这个技术规格的出台也只是进一步促成了“负荷争议”的结束，因为到这个时候，争议已经发展到了另一个阶段。新一阶段的主题已经是另一种荧光灯高强度日光色荧光灯的设计开发了。下面我将详细描述这一争论是如何结束的。

高强度日光色荧光灯的稳定化：技术框架的变革

对于贯穿高强度日光色荧光灯设计过程中的麦芝达公司和电力事业部门之间的争议如何达致终结，我将借助描述这两个群体内技术框架的变化来回答这个问题。在说明这些技术框架时，本文主要专注于三个维度：目标、通行理论和解决问题的策略。麦芝达公司和电力事业部门有关荧光照明的技术框架相当类似，但是也存在两三个关键性的差异，特别是在涉及目标和解决问题的策略时。

电力事业部门的主要目的是销售电力资源，反之，在本文的研究语境下，麦芝达公司的目标是出售电灯。如果抛开这个不谈，这将会是一个毫无价值的观察研究。但是目标不能直接决定相关社会群体采取什么样的行动。就如这个事件中，双方各自的技术框架影响的也只是行动的方式，即将这些目标转化成解决问题的策略时的方式。

麦芝达公司提出荧光灯技术框架的理论基础是物理学中的电力和气体放电。与之相应，电力事业部门采用的理论基础主要是物理学中的电源供电。在我所描述的这些历史事件中，这两个理论基础都没能发挥很清晰的作用。电力事业部门

① 参见 W. P. Lowell, Jr., Hygrade Sylvania Corp., “Industrial Applications of Fluorescent Lighting,” paper presented at the Industrial Conference on Fluorescent Lighting, March 22, 1940, Chicago, Ill. (Walker Exhibit No. 41): 4899。

用“视觉科学”理论补充了它们的技术框架，“视觉科学”理论强调电灯的照明特性，包括诸如视觉亮度、对比性、阴影、扩散以及各种各样的强光等内容。实际上，电力事业部门技术框架的这一补充理论部分确实发挥了作用：对视觉的强调和对有利于照明视觉效果最优化的这类规定的强调。电力事业部门的工作人员在谈及有关白炽灯照明投入应用的这段历史时，曾相当自负地说道：“一种真正的视觉科学诞生了……就是在这里，各种特性高度兼容的更好的电灯-更好的视觉运动（the Cooperative Better Light-Better Sight Movement）启动了，坚持‘顾客导向型’的哲学，照明实践活动得以坚定地发展起来了，并且愈发根深蒂固。”①

上段引文中的“顾客导向型”这个词暗示了电力事业部门解决问题的策略中存在一个很重要的特征：它们把自己勾画成公众的仆人，或者可以说，事实上，它们又把自己定位为公众的老师。这样做，一个很重要的目标就是提高公众对照明技术的信心，以及宣传（电力事业部门理解的）有关荧光灯技术的知识。在这个情境下，电力事业部门高度评价了和麦芝达公司的合作：

> 建立在合理的视觉科学基础上，并且与更好的电灯-更好的视觉运动结合起来的照明行业，给公众展示出了一条牢固的合作战线。这就已经抓住了强有力的专业群体的兴趣，提高了顾客的信心，而这种信心对我们的进一步发展非常重要，这条战线也证实了商业化的成功。②

电力事业部门技术框架暗含的意思是，当遭遇各种问题时，它们会采取标准化的策略，这些策略会把各种新问题重组成一个教育性的问题，然后再重新设计更适合的广告策略和销售方式。这就是“负荷问题”案例中所发生的事情。在谈及公众问题时，因为公众通常会根据当前的开销来考虑照明设备的成本，而不是以产品的真实成本来看待照明花费，这时，电力事业部门就把自己的任务变为“适当地教育公众，让公众了解能满足需求的照明设备的真实成本及其具备的价值，让公众认识到生产出这样的电灯并不是一个很简单的工作”③。认识到解决问题的方案不会只有一种这点很重要。比如说，一种解决方案可能是需要确定一个恰当的标准，再把标准加于其他相关社会群体之上，然后以此来解决问题。事实上，电力事业部门也确实采用了这种策略，只是在相对较晚的时候才确定以此作为第二选择，这时候麦芝达公司已经为固定设备生产商制定了认证方案。

在简单介绍了这两种技术框架的特征后，我们还得回过头看这个故事：故事开始于 1939 年初，那时荧光染色照明电灯和高效率日光色荧光灯之间的竞争所

---

① 参见 Mueller，Sharp，and Skinner，“Plain Talk About Fluorescent Lighting”：4803。

② 参见 Mueller，Sharp，and Skinner，“Plain Talk About Fluorescent Lighting”：4802。

③ 参见 Mueller，Sharp，and Skinner，“Plain Talk About Fluorescent Lighting”：4807。

导致的“负荷争议”已经演变成为一种冲突。荧光灯商业发布后的第一年，麦芝达公司和电力事业部门之间的紧张局面就加剧了。[①] 在白炽灯照明应用期间建立起来的公司间的合作关系随时都面临着解体的危险。米勒、夏普和斯金纳（Mueller，Sharp and Skinner）回忆道：“很快有人这样问：大家频繁提起的视觉科学的合理准则是不是只是建在沙子上的城堡呢，只要一操纵起商业权宜之计，就会立即被废除了？”[②]

为了解决这个冲突，电力事业部门和麦芝达公司的代表大会于 1939 年 4 月 24 至 25 日召开，会议地点设在通用电气电灯部门总部，位于克利夫兰的内拉（Nela）公园内。电力事业部门的代表们称这次会议是“战火弥漫的荧光灯会议”[③]。在这次会议上，与会者提出了一个观点，即荧光照明设备或许应该被定义为唯一的高水平照明设备。后来在回顾这次会议时，有人认为，第三种荧光灯即高强度日光色荧光灯的设计，不是在设计草图上完成的，也不是在实验室里进行的，而是在会议桌上完成的。它就是在这次会议中慢慢浮出水面的，我们从会议记录中可以很明显地看出这一点：

> 大会参照日光的品质，就荧光灯的某些突出特征进行了非常深入的讨论。一些人认为，日光色荧光灯的低英尺烛光会让人看起来肤色灰黄，另一方面，100 或者更高的英尺烛光好像就可以使研究院圆桌会议室里的所有人都满意了（之前试验过）。在这次讨论中，与会者达成了一个协议，即在没有创造出高水平照明设备的情况下，先安装、投入应用 50 到 100 英尺烛光的荧光灯。在一些情况下，人们或许会发现，50 英尺烛光的荧光灯好像并不比 25 英尺烛光的长丝电灯更为明亮。[④]

那么，现在这一观念又将会引发什么样的后续反应呢？考虑到电力事业部门的技术框架，如果有人把这时的状况看成是在进行广告宣传也是可以理解的。最终达成的一致意见是，在 50 到 100 英尺烛光的范围内，直到能发明出来一种真正值得称赞的照明设备，荧光灯才可以普遍推广到普通照明领域。这个决定清楚地展示了在电力事业部门的技术框架下，这种解决问题的特殊策略所产生的影响。它没有把已有的问题优先视为一个需要通过广告和教育方式来解决的问题，而是主要把它作为一个技术问题来对待了，然后集中所有努力来开发新的电灯和固定设备，即通过提供高强度照明设备来促成问题的解决。然后，正如我所努力

---

① 这种紧张局面不仅仅源于前面描述的“负荷争议”，还因为另一个争议即功率因素问题。不过，对这个低功率因素引发的冲突，本文将不做展开讨论。

② 参见 Mueller，Sharp，Skinner，“Plain Talk About Fluorescent Lighting”：4803-4804。

③ 参见 Sharp（Walker Exhibit No. 21）：4848。

④ 参见 Draft of detail minutes of the Nela Park conference，April 24-25，1939（Walker Exhibit No. 19）：4846。

描述的那样，完全相反的情况发生了。

为了和其技术框架保持一致，电力事业部门督促麦芝达公司采用一种特殊的方式对荧光灯做广告宣传，对于所达成的结果，它们自己也很满意。会议的第一天是艰难的开端，但是第二天的讨论很快就有了结果，会议所确定的方案被电力事业部门的高管们称作“极完美的投降书”①。米勒认为他很清楚争论是如何得到解决的：

> 我想很有可能是麦芝达公司也意识到其过去的运营方式从根本上讲建立在一种很不牢固的基础之上。他们知道电力事业部门也意识到了这个问题，并且电力事业部门会试图做些什么来改变这个局面。他们也很清楚，如果没有电力事业部门的帮助，他们就不能圆满完成任何照明设备的推销。他们急于解决和我们之间存在的这些问题，同时他们也认为，对于他们做出的让步，我们会给予最佳的回报。②

随后，这个规模宏大的电灯公司发布了有关荧光灯促销的政策声明，并且努力使其在公司的所有部门都贯彻执行下去。举个例子来说，1939 年 5 月 1 日，通用电气官方发布了“政策陈述”，其中包括如下内容：

> 荧光灯的效率很高，人们很可能会因此认为它们的照明成本比长丝电灯低；然而，这种认识往往是错误的。照明成本由几部分组成——所消耗的电力，电灯及配件更新成本，利息和固定资产投资的贬值等。如果把所有这些因素都恰当地考虑进来，就可以很清楚地看到各种条件综合作用下照明设备生产所耗费的真实成本。麦芝达公司生产的荧光灯不应该被看作可以降低照明成本的电灯产品。③

类似地，西屋电气的陈述也包含相应内容，“我们反对使用荧光灯就是为了减少电灯瓦数的观点”。

米勒认为这次会议最重要的成果之一是，电灯公司好像开始倾向于信任电力事业部门了，在制订营销计划的过程中开始把电力事业部门看作照明行业的组成部分，而不是自己先孤注一掷地采取行动，然后再告知电力事业部门相关情

---

① 参见 Jim Amos，quoted by J. E. Mueller in a letter to H. M. Sharp，dated May 29，1939（Walker Exhibit No. 32）：4858。

② 参见 J. E. Mueller to H. M. Sharp，letter dated May 29，1939（Walker Exhibit No. 32）：4858。

③ 参见“Statement of Policy Pertaining to Fluorescent Mazda Lamps，” published by the General Electric Company Incandescent Lamp Department in Lamp Letter No. S-E-21A（Superseding S-E-21），May 1，1939（Walker Exhibit No. 19）：4841。

况。[①] 这样来看，就达成一致意见的必要性这一点上，麦芝达公司和电力事业部门显然存在共同的观点。根据通用电气电灯部门主管丘利（J. E. Kewley）的意思，“发布政策声明书更多是为了安抚电力事业部门的担忧”。通用电气另一位官方发言人罗宾逊（E. H. Robinson）也认为政策声明只是该公司电灯部门的一个声明文件，它发出了一种信号：“伙计们，这就是我们的立场，我们和你们的中心电站合作得很好，但是我们希望也能得到你们同样的配合”（Committee on Patents，1942：4772)。如此一来，在高强度日光色荧光灯这个问题上达成的一致意见不仅解决了“负荷争议”的问题，还挽救了电力事业部门和麦芝达公司这两个重要的社会群体之间濒临崩溃的合作关系。

可能有人会认为，能够对美国电力照明行业中最强大的两个社会群体产生如此影响力的照明设备应该是一种非常成功的电灯了。但是，事实上情况并非如此，这种电灯至少绝对不是以一种很直接的方式发挥影响作用的。或者可以说，这种电灯甚至从来就没有存在过。据反垄断部门的辩护律师沃克反映，甚至没有清晰的迹象表明我们可以期望出现 50 英尺烛光的电灯，也没有任何其他种类的这一水平电灯出现。1939 年，白炽灯的平均英尺烛光大约是 15，而且也没有独立的装置能支持类似于 50 英尺烛光这类水平的照明电灯。虽然如此，这件技术制品，在内拉公园会议上所形成的这种电灯所启动的社会建构的的确确还是产生了不小的影响力。然而，令人啼笑皆非的是，它在那次会议上产生的部分影响可能正是源于它无法实现的那部分功效，就像沃克的辩论中所提到的：

> 在具备满足 50 到 100 英尺烛光水平的照明设备的电力供应能力前，电力事业部门不想为荧光灯做推销，其中原因就是它们感到如果推广了那样高强度的荧光灯，那么荧光灯取代白炽灯的结果将是，它们并没有能力承受起荧光灯那么大的电力消耗。(Committee on Patents，1942：4771)

通用电气和西屋电气这一新的政策陈述没有广泛扩散，也不难猜想为什么它们没有告知公众——高效电灯被取消了，努力推销的反而是高强度电灯了。(Committee on Patents，1942：4773)

这样一来，可以说电力事业部门的技术框架部分地形塑了荧光灯。另一方面，电力事业部门和麦芝达公司的技术框架不得不做改动以适应这个新的技术制品，即高强度日光色荧光灯的需要。[②] 反过来说，这种荧光灯就有了一种社会影响力。它产生的最早影响之一就是电力事业部门对技术框架内理论元素所做的一

① 参见 J. E. Mueller to H. E. Dexter，Commercial Manager Central Hudson Gas & Electric Corp.，letter dated May 11，1939 (Walker Exhibit No. 30)：4855。

② 围绕着一件典型的技术制品，机械地制定出一个技术框架，这在酚醛树脂（Bakelite）的相关研究中有比较明显的呈现，具体参见 Bijker，1987。

个适应性调整。内拉公园会议达成一致意见之后，电力事业部门立即开始详细阐释它们关于高强度照明电灯的观点。会议结束两天后，电力测试实验室就对A. E. I. C. 电灯小组委员会有关日光灯照明的争论给出了一个注释，为日光灯提供了一个演化论或进化论的理论辩护：

> 值得提醒的是，我们的眼睛是在白天自然光的耀眼强光下和晚上昏暗炉火的摇曳中进化而来的。这里我们需要参考某些因素，即习惯了日光光线特性的人们将不会满意于低强度的照明光线，这些强度较低的光线或多或少只有在钨丝灯等照明灯发出的暖色调光线下才是可以接受的。使用日光灯的地方，在逻辑意义上，其光线应是朝着日光亮度的方向改进与发展的，这一点立即就会推动实践活动朝更高亮度的照明光线方向努力。[①]

随后的报告进一步地贯彻了这个论点。报告称，照明研究表明人类眼睛在处于100英尺烛光以上环境下时，比处于15～50英尺烛光环境下的感觉更自然——这里参考的是当时绝大多数的普通白炽灯照明系统的上限。所以，对消费者来说，荧光灯最根本的优势是，在100英尺烛光及以上时，从设计上看它是真正适当的照明设备。据说，根据一些实验中使用者对具备“自然”日光属性的普通光源灯光做出的反应，如果能提供高强度的照明源，人们会偏好具备日光属性的灯光。在一份E. E. I. 的代销委托书中，一个经过详细阐述的争议被用来解释为什么到100英尺烛光的这个跳跃并不像其表面看起来的那么突然——而且对荧光照明技术的发展来说，这个跳跃也确实必要：

> 当借助眼睛鉴定时，这种充分具备日光属性的照明设备发出的光线比同等英尺烛光的普通白炽灯光源发出的光要暗淡很多。导致这种暗淡的原因既有科学方面的也有心理方面的。但是事实却是，要获得对照明设备的总体满意，就要在使用者对其可获得的用电总量做评估的时候，对照明效果进行大规模测量，尤其是应用于空间较大的场合时，必须得考虑照明效果满意度这一点。更进一步来说，在较低亮度下，从“较冷色”的灯管中发出的光线会稍稍让人感到忧郁和压抑，会给商场或者工作场合的商品及人带来一种不太令人满意的效果。但是这种负面效果在100英尺烛光以上亮度的照明中会消失不见。[②]

相应地，电力事业部门的技术框架就适应了这种新的高强度日光色荧光灯。

---

① 参见 Notes from the Electrical Testing Laboratories prepared for the A. E. I. C. Lamp Subcommittee Meeting，May 18. 1939，April 28，1939（Walker Exhibit No. 135)：4991。

② 参见 Lighting Sales Committee E. E. I.，“Recent Developments in Fluorescent Lighting and Recommendations for the Immediate Future，” supplemental to report of April 1939（Walker Exhibit No. 39)：4872。

高强度日光色荧光灯的稳定应用与普及并不顺利。如果没有特殊条件的约束，内拉公园会议的双方都不会遵守协议，电力事业部门还感觉到麦芝达公司总是会习惯性地冒犯它们在推销协议中达成的一致意见。1939 年 5 月 24 日，夏普在给哈里森的信中写道，电力事业部门的员工已经向他抱怨了世界博览会上通用电气展区的一个展示。据称，这个展示由一种 20 瓦特的荧光灯和一种 20 瓦特的白炽灯组成，按照英尺烛光计，荧光灯的光照亮度要比白炽灯高很多。夏普强烈反对通用电气在世界博览会上所做的这个展示，他说：

> 如果通用电气如此展示，我肯定会认为它破坏了我们在克利夫兰所达成的共识精神。事实上，我想它已经挑战了电灯部门的基本概念，即电灯技术的改进不应该单单以瓦特数的提高为代价，而应该在同等花费下给使用者提供更高瓦特数的电灯。我希望他们能找出一个办法改变这个展示方式，以免误导看到它的观众，给人以错误的印象。[①]

而哈里森则这样回复夏普：这个展示并不是为了表明利用荧光灯可以节省多少电，而且这个展示已经决定撤销了。[②]

我已经讨论了电力事业部门技术框架的一个改变——对高水平照明设备需求的理论解释做了一个补充。电力事业部门和麦芝达公司的技术框架还有另一个改变，这个改变进一步推进了高强度日光色荧光灯的稳定开发，也为麦芝达公司和电力事业部门之间争议的结束做出了贡献。这个改变包括制定白炽灯和荧光灯成本比较的标准方法。这些“标准化的成本比较”类似于工程学中的测试方法。如果这些测试方法存在，它们就构成了技术框架中一个重要的因素。[③] 在这个案例中，关于这个标准化的测量方法却很难达成一致意见，部分原因在于这一代的照明设备研发人员对富有竞争力的照明源没有多少经验。白炽灯已经相当普及，所以照明设备的设计主要考虑技术上的要求，而较少考虑照明设备的成本核算和控制。现在，虽然已经有了荧光灯这个新的、迥异于白炽灯的照明源，但是在弄清楚到底哪种照明设备才能最好地满足具体需求前，照明设备的设计就会较多涉及一个非常复杂的成本比较问题。[④] 但是，在就标准化成本比较方法达成一致意见这件事上，一个比较严重的障碍是电力事业部门和麦芝达公司双方的利益有着本质上的差异。第一点差异在于，双方的关注点截然不同，一个关注电力成本，另一个则在意设备成本。对麦芝达公司来说，强调所耗电力的低成本、忽略设备本

---

① 参见 H. M. Sharp to W. Harrison，letter dated May 24，1939（Walker Exhibit No. 49）：4916-4917。

② 参见 W. Harrison to H. M. Sharp，letter dated June 1，1939（Walker Exhibit No. 50）：4917。

③ 这个问题已经有过论辩，即对于技术研究来说，测试程序是一个重要的焦点，请参见 Constant，1983，Pinch and Bijker，1984 和 MacKenzie，1989。

④ 参见 Mueller，Sharp，and Skinner，“Plain Talk About Fluorescent Lighting”：4806-4870。

身的高价位会使自己显得很有吸引力；但对电力事业部门来说，情况刚好相反。第二点差异则是，电力事业部门制定标准化照明成本比较方法的主要目的是希望在反对高效率电灯这场对抗战中取得胜利。麦芝达公司尽管在内拉公园会议上做出了妥协，但是当然不会马上允许电力事业部门赢得这场对抗战。

1939 年末，E. E. I. 照明设备销售委员会确实也提出过一个标准化成本比较方法，并声称它有普遍的应用价值，还保证说这个方法考察了所有的影响因素。电力事业部门的照明设备人员对其提出的这种方法好像没有丝毫异议；然而与之相对的是，电灯制造商对这个比较方法则只是给予一种勉强的赞同。电力事业部门的高管们针对麦芝达公司缺乏积极性的这种情况发表过如下评论：

> 他们的不情愿源于这样一个事实，即计算真实成本会引出高额的固定设备更新投资和荧光灯及其备件更新费用。制造商代表通常倾向于忽视这些费用，而批发商则急于指出即使是同等英尺烛光情况下，荧光灯也肯定可以降低能源成本。在调查过的应用荧光设备的那些领域，丰富的实践经验也表明很难确切地计算出综合成本方面的账目。通常情况下，要进行一个真实的成本比较需要考虑五年或者六年的折旧计算问题，对消费者来说，荧光照明设备的成本要比单丝白炽灯昂贵得多。这一点清楚地证明了“荧光灯是最经济实惠的照明设备，所以才大力推销”这种说法是错误的。①

但是很明显，麦芝达公司并没有那么多的选择。几个月后，米勒可能就会宣布结论：“这种方式可能不会被郑重地称作‘工业标准’，但是它也相当接近于工业标准。它由电灯公司签署并且由电灯公司应用。”② 所以，这套成本比较方法的开发与使用，作为电力事业部门技术框架里的一个新元素，大大增强了其反对高效率电灯的能量，并促成了高强度电灯的稳定发展。

事实情况也确是如此，经过最初的犹豫后，麦芝达公司承认了电力事业部门推销高强度电灯的提议也会使自身受益。哈里森向电力事业部门的一位客户论述自己的观点时指出，如果他们仅仅在发光强度不变的基础上以荧光灯取代白炽灯，那么从长远来看，结局只能是公司在电灯行业占据更少的市场份额：“只有通过利用荧光灯来把当前的照明标准提高至少两倍，我们才能获得足够多的续单生意，只有这样，荧光灯技术开发对我们来讲才是值得花费精力去努力推进的事情，这种新电灯才会是一种有价值的技术制品。”③ 而且通用电气也开发出了一

---

① 参见 Mueller，Sharp，and Skinner，“Plain Talk About Fluorescent Lighting”：4806-4870。

② 参见 J. E. Mueller，West Penn Power Co.，“The Economics of Fluorescent Lighting，” paper presented at the Industrial Conference on Fluorescent Lighting，March 22，1940，Chicago，Ill.（Walker Exhibit No. 41）：4884。

③ 参见 Harrison talk（Walker Exhibit No. 80）：4945。

种新的高瓦特数荧光灯，这样就真正给高强度电灯的存在提供了一种客观物质基础。

技术发展的动力：相关社会群体之间及其内部的互动

高强度日光色荧光灯的社会建构过程发生在两种强有力的技术框架中（我曾在其他地方也进行过类似表述），在这种情形下，会出现各种可能的解决方案，"既得利益的对称摊销或者重组"（symmetrical amortization or amalgamation of vested interests）是其中一种可能促成稳定局面的处理方式。① 如果我们承认"既得利益摊销"这一概念的多样化、异质性界定（和它常用的、狭义的、金融方面的定义做对比），它就能非常漂亮地刻画出荧光灯这一事件中所发生的一切。麦芝达公司放弃了高效率荧光灯，勉强同意制造高强度电灯。另一方面，建构出高强度电灯，对电力事业部门来说也的确算不上一个漂亮的胜利。米勒坚持认为，E. E. I. 照明设备销售委员会有必要对麦芝达公司做出一些额外的让步，他很明确地把内拉公园协议看作一种妥协：

> 除非我们委员会现在就做点什么，为他们（比如说麦芝达公司）在姿态的改变上做些宣传，同时让整个电力事业部门都对荧光灯要沿着一种可靠路线的改进这件事产生兴趣，不然我想他们会抛开我们，或者会通过和其他人合作来开展活动、实现目标，或者也可能会说让电力事业部门"见鬼去吧"，自己独自展开行动，要知道他们的办事效率和新颖的故事对客户有着很强的吸引力。②

于是，电力事业部门开始渐渐改变它们的政策，越来越倾向于为荧光灯做广告和推销，其角色定位也就随之从宣传转向了销售。这样一来，一场冲突就通过如此小的一点改变而得以彻底解决，矛盾的双方也达成了一个新的格局：既得利益的摊销。

直到现在，我一直都把电力事业部门和麦芝达公司看作内部完全统一的整

---

① 参见拜卡（Bijker，1987：184-185）所讨论的"技术开发的第三种类型"。托马斯·休斯（Thomas Hughes）给出了一个例子，即"既得利益的对称摊销"。他在描述电力供应的 AC 系统和 DC 系统之间争议的终结时，称其为"系统的战斗"："还没有一个系统对另一个系统的征服，或者从一个范式到另一个范式的革命性转变，争议就结束了。冲突是借助于联合重组而得以解决的，相关群体通过联合与兼并形成了联盟。这里的联合关系发生在技术层面，兼并则发生在制度层面。"（Hughes，1983：120-121）而米萨（Misa）使用的则是"既得利益的重组"概念，因为这个概念更具狭隘的经济学内涵。

② 参见 J. E. Mueller in a letter to H. M. Sharp，dated May 29，1939（Walker Exhibit No. 32)：4858。

体。虽然如此，在结束“负荷争议”的过程中，外部力量施加的压力还是在两个组织内部造成了紧张的局势。例如，通用电气内部就存在反对内拉公园协议的力量。曾经参与了这一会议的通用电气电灯部门，感受到了通用电气庞大机构内部存在的抵制情绪。当通用电气供给公司发布一个商品清单并且展示了没有包装过的固定设备时，电灯部门的哈里森就提出了反对意见，因为“来自中心电站的反对力量可能很强大”①。产品清单中展示的固定设备中，既有尚未包装好的产品，也有包装好的产品。但是，所有列出来的价格都仅仅是指没有安装防护装置的电灯的价格，防护装置是另外的一项花费，订购时要求作为额外的独立商品显示在清单上。这个展示还表明，使用防护装置会使光线减少 30%。很明显，荧光灯的这种展示方式会提醒消费者购买未安装防护装置的电灯，这样在消耗同样电量的情况下荧光灯就能实现更强的照明效果。哈里森威胁说：“当然，要明确制定出自己的政策，还有赖于通用电气供应公司自己的努力，但是我不认为电灯部门每个便士都应该花费在支持这样的活动上。”② 在回应哈里森的质疑时，通用电气供给公司辩解道，制定上述推销方式是与希尔维尼亚公司竞争的需要。③ 实际上，哈里森提出其质疑的背景是内拉公园会议所达成的一致意见，即如果没有“适当的防护装置”，荧光灯就不能被安装应用。在白炽灯照明中，安装防护装置以避免刺眼的强光就很有必要。然而与白炽灯不同，荧光灯中可能不会出现刺眼强光，而且很明显的一点是，防护装置还会降低电灯的净产值，即降低光线效果。④

不同行动者在同一个技术框架内做不同程度的推论时，通用电气内部的紧张局面就有可能会出现（Bijker，1987）。相对于通用电气的电灯部门，通用电气供给公司注定有着相对较低的卷入性，因为电灯部门更紧密地参与构建了麦芝达公司新的荧光灯技术框架，在这个框架下，其努力的目标只是销售高强度荧光灯，而且这个框架旨在照顾与电力事业部门的合作。然而，对供给公司的销售人员来说，“旧的”白炽灯技术框架更为重要，他们追求尽可能多地销售电灯，其次是努力和其他电灯生产商展开市场竞争。类似的紧张局面也存在于电力事业部门内

---

① 参见 W. Harrison to N. H. Boynton and E. E. Potter，letter dated May 20，1940（Walker Exhibit No. 52）：4917-4918。

② 参见 Harrison talk（Walker Exhibit No. 80）：4945。

③ 参见 W. Booth，Manager Lighting Sales，to W. Harrison，letter dated May 28，1940（Walker Exhibit No. 53）4918。

④ 策略性地强调“适当的防护装置”，就是一个有关社会形塑技术的例子，同时还是一个对技术发展解释不当的例子，这种解释建立在假设的基础上，即“可以最好地发挥作用的产品将会被采用”。这里，电灯和固定设备都是为了限制光的输出而设计的，并不存在多少理由和技术方面的收益（白炽灯照明这个例子就是如此）。根据电力事业部门的技术框架，我们现在或许可以认为这是最好的解决方案，但从任何的客观意义上来说，它显然不会是最好的方案。

部。在收到内拉公园会议的一份报告后，北部国家电力公司的布雷米克（Bremicker）在写给米勒的一封信中提到，这些还远远不够，他要麦芝达公司做一个专门的否认声明，“以表明除了彩色照明、大气照明和诸如背景墙、玻璃橱窗及展览区等局部区域照明这些特定情况外，荧光灯并不能适用于所有的照明领域”①。布雷米克总结说，他不希望电力事业部门糊里糊涂地就被卷入一个推销荧光灯的合作项目中。他的立场与通用电气供给公司的类似，原因在于他也没有参加内拉公园会议，所以他的立场只是处于新建立的技术框架的边缘地带。尽管布雷米克是 E. E. I. 照明设备销售委员会唯一一个没有在内拉公园会议协议上签字认可的成员，但是，或许我们并不能因此而认为他的批评意见就完全不用考虑。夏普和米勒都参加了内拉公园会议，夏普也向米勒主张不要发布会议所有的记录。相反，只要发送一个简单的大纲就够了，以“表明 E. E. I 照明设备销售委员会还在正常发挥作用，同时这个大纲还将有利于维护电力事业部门间的联合，这也会给我们委员会一些额外的支持，同时也让任何企图分裂我们的个体或组织力量感到愈发困难”②。

夏普意识到了高度卷入内拉公园会议的参与者和电力事业部门中其他参与性较低的高管们之间潜在的张力。

总结

在这个案例研究中，我想要提出的第一个观点是，在理解已有技术研究中所谓的“普及阶段”的技术制品的发展时，社会建构论的方法有着显著价值。要理解技术制品的设计过程，我们就不能把自己的关注点只限定于设计室里的工程师或者实验室中的工作人员等这类社会群体。基于所有的“新”技术研究，我们可以发现即使到了技术制品的普及阶段，“发明创造”的过程也在持续推进。

在说明荧光灯技术的诠释弹性时，我们可以很清楚地看到，在举行了新型电灯的官方发布会后、已经处于其普及阶段时，还至少存在两种不同的技术制品。应用 SCOT 模型时，我首先对“自然法则”进行了展示，或者说是为了声明“它在发挥作用”，而并不是要直率地指出这个技术制品的形式。这样，就清楚地表明了要解释荧光灯技术发展过程中的连续性，还有更多的事情需要做。源于染色荧光灯和高效率日光色荧光灯之间竞争的“负荷争议”，通过设计第三种电灯即

① 参见 C. T. Bremicker to J. E. Mueller，letter dated May 16，1939（Walker Exhibit No. 31）：4856。
② 参见 H. M. Sharp to J. E. Mueller，letter dated May 22，1939（Walker Exhibit No. 34）：4860。

高强度日光色荧光灯而达致终结，这是一种相互妥协的解决方式。本文的第二个要点就是解释了在荧光灯技术的普及阶段，高强度日光色荧光灯出现的特殊形式。我试图提出的第二个问题关系到技术的社会形塑和社会影响两种视角之间的整合。近来，技术研究的关键因素之一可以用“天衣无缝”这个隐喻来完美概括：技术制品和技术体系的开发似乎应该被看作技术和社会共同构筑的一个“天衣无缝”的网络。确实，技术史学家和社会学家也在努力重构这个有关技术和社会的网络，在他们的重构中，力求避免使用诸如“社会”和“技术”这些传统范畴类的概念（Hughes，1986a；Bijker，Hughes，and Pinch，1987b）。具体来说，就是可以在同一框架内甚至同一个研究中，借用相同的概念来分析社会对技术制品的形塑，以及这一技术制品产生的社会影响力。① 一个具体的例子是高强度日光色荧光灯。一方面，在展示麦芝达公司和电力事业部门努力解决“负荷争议”的过程中，我尝试解释了在双方的交互作用中，这个技术制品是如何出现的——高强度日光色荧光灯确实就是被“社会性地”形塑出来的。另一方面，通过引发制定新的照明标准，这个技术制品也确实影响了社会，并且基于它而制定的新照明标准也获得了普遍接受。这时，这件技术制品也就因此具备了一种社会影响力。1974 年以后，办公室就变成了潜在的外科手术室，甚至在移走一半原有日光灯管的情况下，办公人员的工作环境也丝毫不会受到影响。那么，如何才能在一个概念框架内同时分析社会对技术的形塑和技术对社会的影响呢？硬币的两面、两面神的两张脸（Latour，1987）、无缝网络的双方如何才能在一个概念框架内被描述和分析呢？

为了捕获技术发展的双面特征，我借用了“技术框架”这个概念。当一种技术制品被塑造成“范例”的时候，一个社会群体的技术框架就被形塑出来了，并且会在这一群体内部进一步完善和稳定下来，这是技术框架的社会影响力一面。但是一个技术框架也会反过来决定技术制品在那个社会群体内的设计和开发进程（尽管决定的程度不同，也依赖于那个框架内不同行动者卷入程度的差异），这是技术框架的社会形塑一面。如此一来，“技术框架”这个概念就构成了技术的社会影响视角和社会形塑视角之间的一条沟通纽带。

---

① 当然，有人可能会说，一个赞同无缝网络方法的作者肯定不会写出这样的句子，并且使用类似于“技术制品”和“社会影响”这样的词组。我认为，这种学究式的批评是徒劳的。方法论上的真正挑战是发展出分析性概念，以帮助我们更好地分析技术和社会。在我们朝着这个目标努力的过程中，用这样一种“无缝网络的方式”进行分析，就不得不设法应对已经存在的事实——使用通用的语言，但是要尽可能小心。

技术动力论*

托马斯·P. 休斯
白小瑜　译
薛品、王旭辉　校

1969 年，托马斯·休斯（Thomas Hughes）发表了一篇关于第一次世界大战后德国对氢化作用（hydrogenation）的研究的论文。在该文中，他首创了“技术动力论”（technological momentum）一词，并用该术语解释了德国的主要化学品制造商如何与阿道夫·希特勒的政权联系起来。从此以后，历史学家就技术动力论与技术决定论（technological determinism）的关系争论不休，尤其关注的问题是这二者是否同义，如果不是的话，那么二者又在多大程度上彼此不同。

在下面这篇文章里，托马斯·休斯将技术动力论这一概念置于“技术决定论和社会建构论（social constructivism）之间”，从而对其含义进行了很好的厘清。休斯从他对技术体系兴起的广泛研究中找出了一些例子，以此表明那些处于发展中的、较为新近的技术体系往往更容易受社会文化的影响，而那些较为成熟的、时间更久远的技术体系则更易独立于外界影响，从而更具有技术决定论的性

* HUGHES T P. Technological momentum//SMITH M R，MARX L. Does technology drive history?：the dilemma of technological determinism. London：MIT Press，1994：101-114.

质。休斯将技术动力论视为技术决定论的替代选择，并声称技术动力论较之于技术决定论或社会建构论更具有解释上的优势，因为它引入了时间变量，从而对社会和文化的复杂性更具依赖性和敏感性。然而，对某些评论家而言，休斯对过去的这种系统取向性解释仍然是决定论的，因为这种解释将技术置于历史进程的中心位置，从而将其他所有事物都与技术联系起来了。显然，休斯极力否认这种批评，并强调指出技术动力论是一个整合性的概念，它赋予社会力量和技术力量同等重要的地位。不管人们是否认同休斯的解释框架，他对技术体系之动力的强调都是非常有益的，它使我们能更准确地分辨导致变化的技术决定因素和社会决定因素之间的差异。

技术决定论和社会建构论这两个概念，为那些对技术本质和技术变迁感兴趣的历史学家、社会学家以及工程师等富有成果的讨论提供了广阔的舞台。专家们可参与这一涵括了他们各自专业领域的总体对话中来。不过，在这篇文章中，我将补充一个新概念——技术动力论，希望该概念能丰富这场围绕技术的讨论。技术动力论是摆脱技术决定论和社会建构论非此即彼之困境的第三条道路。对历史的传统理解几乎忽视了技术对社会变迁的影响，而那些对历史持技术决定论观点的人们无疑对这种传统理解进行了意义重大的矫正。但这种矫正导致的后果却是人们面对威力巨大的技术持消极被动的态度，因此，近来倡导社会建构论的人们又对技术决定论的历史观进行了矫正。然而，不管是技术决定论还是社会建构论，二者都没有仔细考量技术变迁的复杂性。

上述三个概念（技术决定论、社会建构论和技术动力论）都难以被精确地界定。我将技术决定论简单地定义为一种坚信技术力量决定社会变迁和文化变迁的信念。社会建构论则认为社会力量和文化力量决定了技术变迁。较之于技术决定论和社会建构论，技术动力论更复杂，它意指社会的发展形塑了技术，但它本身也为技术所形塑。此外，技术动力论还纳入了时间变量。这篇文章中，我将结合大量例子来重点阐述技术动力论。

“技术”（technology）与“技术的”（technical）二词也需要操作性定义。技术决定论和社会建构论的拥护者常常在一个较狭隘的意义上使用“技术”概念，即只包括物理意义上的技术产品和软件。与之相反，我用“技术的”一词来指涉物理意义上的技术产品和软件，而用“技术”来指技术上的（technological）或社会技术的（sociotechnical）体系[①]，当然，这也需要用具体例子予以说明。

关于技术决定论和社会建构论的著述常常会提及“社会”这个特别抽象的概

---

① 此处，休斯区分了“技术的”（technical）与“技术上的”（technological）二词，前者更为狭义和具体，后者则更抽象。在本文中，“technological system”有时译为“技术体系”，有时译为“技术系统”，仅为了行文的方便，二者不做任何区别。——译者注

念。历史学家非常谨慎地定义社会，但并不采用举例的方式来界定，因为他们发现 20 世纪的社会与 12 世纪的社会显然是非常不同的，并且各种社会不仅存在着时间上的差异，还存在着空间上的差异。面对如此的复杂性，我将“社会范畴”（the social）界定为非技术的世界，或者说非硬件和非技术软件的东西。它由各种制度、价值观、利益团体、社会阶级/阶层以及政治和经济力量组成。读者们将会看到，我将社会范畴和技术范畴（the technical）视为技术体系里相互作用的因素。我将指出，技术体系包括了社会范畴和技术范畴。对于那些形塑了技术体系或被技术体系形塑的外在于技术体系的世界，我则命名为“环境”。尽管环境可能与技术体系发生互动，但它并不是技术体系的一部分，因为它并不像技术体系中直接互动的因素那样受该体系的控制。

读者在本文中将会发现，我并不是一个技术决定论者。我绝不能容忍将自己与那些杰出的技术决定论者联系在一起，如卡尔·马克思、林恩·怀特（Lynn White）以及雅克·埃吕尔（Jacques Ellul）等。马克思有些简单化地宣称，水车引领着庄园制度，而蒸汽机则产生了资本主义工厂和资本主义社会。列宁进一步补充道，电气化是社会主义的显著标志。怀特则简练地将马镫描述为封建制度建立之因果机制的主要推动者。埃吕尔发现为技术体系所结构化的人造环境就像查尔斯·达尔文笔下的自然环境一样能产生决定性的结果和影响。基于此，埃吕尔认为人造环境在逐步替代自然环境——世界正逐渐成为一个充斥着技术产品的庞大系统，而作为造物主的不再是上帝，而是人类自身。①

我也并不全然赞同社会建构论者的观点。维贝·拜卡（Wiebe Bijker）和特勒弗·平奇（Trevor Pinch）在其影响深远的《事实与技术产品的社会建构》（The Social Construction of Facts and Artifacts）② 一文中坚持他们的社会建构论立场。他们指出，社会团体或利益集团界定了什么是技术产品，并赋予它以意义。在界定技术产品的时候，社会群体也决定了技术产品的设计。社会群体会保留那些可以解决其问题和实现其愿望的技术产品的设计。拜卡和平奇十分强调对技术产品演化过程中诠释弹性的识别。他们指出，社会团体赋予物体（如自行车）的各种意义会导致对该物体的不同设计方案。各种自行车的设计方案并非固定不变的；只有该社会团体坚信与自行车相关的问题都被解决了，与之相联系的欲望都被满足了，该设计方案才会呈现封闭性状态，不再有什么变化。

---

① Lynn White, Jr., *Medieval Technology and Social Change* (Clarendon, 1962); Jacques Ellul, *The Technological System* (Continuum, 1980); Karl Marx, *Capital: A Critical of Political Economy*, ed. F. Engels, 1936; *Electric Power Development in the U. S. S. R.*, ed. B. I. Weitz (Moscow: INRA, 1936).

② 该文收录于 *The Social Construction of Technological System: New Directions in the Sociology and History of Technology*, ed. W. E. Bijker et al. (MIT Press, 1987)。

总之，我认为拜卡和平奇的理解有些社会决定论的色彩，基于上述理由我拒绝接受这种观点。技术动力论这一概念能避免技术决定论和社会建构论的极端，它为技术变迁提供了更复杂、更灵活、更具时间向度的说明，总之是更具有说服力的解释框架。

技术体系

电灯和电源系统为说明技术体系提供了一个绝妙的例子。因为其组成部分千差万别，哪怕是到了1920年，它们呈现给世人的仍然是十分复杂的面貌。这一成熟的技术体系以其多样性、复杂性和庞大性为特征，而与刘易斯·芒福德（Lewis Mumford）在其《权力的五角大厦》（*The Pentagon of Power*）① 一书中描述的巨型机器极其相似。布鲁诺·拉图尔（Bruno Latour）和米歇尔·卡隆（Michel Callon）的行动者网络（the actor networks）② 也具有技术体系的一些本质特征。一个电源系统由无生命的电子和活跃的监管委员会构成。拉图尔和卡隆指出，这二者如果不被联系在一起，或未被置于一个行动者网络中的话，将很难对付。

电气债券股份有限公司（The Electric Bond and Share Company，EBASCO）③是1920年代一家美国电力事业控股公司，它可被视为一个成熟的技术体系的典型代表。该公司于1905年由通用电气建立。通过配置股权关系，EBASCO控制了许多电力公司，并进而控制了许多技术子系统——电灯和电源网络，或者叫输电网。③ EBASCO为各种电力公司提供财政上的、管理上的以及工程建筑上的服务与支持。作为EBASCO系统创建者的发明家、工程师和管理者等人员必须确保各种服务的协调运行。EBASCO管理层为该公司的工程建设推荐建筑方案，然后再通过出售债券和股份为各项工程提供资金。如果各个电气公司在地理上具有邻近性，EBASCO就常常会用高压输电网将它们联系起来。通用电气虽然并不持有大部分EBASCO的证券，但是由于它为EBASCO提供了财力支持，

---

① Lewis Mumford, *The Myth of the Machine*: *II. The Pentagon of Power* (Harcourt Brace Jovanovich, 1970).

② Bruno Latour, *Science in Action*: *How to Follow Scientists and Engineers through Society* (Harvard University Press, 1987); Michel Callon, "Society in the Making: The Study of Technology as a Tool for Sociological Analysis," in *The Social Construction of Technological Systems*.

③ 1905年之前，通用电气通过联合电力证券公司（The United Electric Securities Company）持电力事业证券，并资助那些购买通用电气的设备的客户。参见 Thomas P. Hughes, *Networks of Power*: *Electrification in Western Society*, 1880-1930 (Johns Hopkins University Press, 1983): 395-396。

因此在很大程度上影响了 EBASCO 的决策。通过 EBASCO，通用电气就能对水电业的需求了如指掌，并根据 EBASCO 为各公司制定的特殊方案而提供自己的产品。由于通用电气与 EBASCO 是一种互动关系，因此它也是 EBASCO 系统的一部分。尽管我将之命名为 EBASCO 系统，但 EBASCO 是否完全控制着该系统则还不十分明朗。对该复杂系统的控制取决于 EBASCO、通用电气以及系统内各电力公司是否达成了一致意见。

其他的一些机构也可视为 EBASCO 系统的组成部分，但是由于它们之间的联系比较松散，而不是非常紧密①，因此人们常常不把它们放到 EBASCO 系统内。各个工程学院的电子工程系的教职员工和研究生们常常为 EBASCO 进行实验或提供咨询。除此之外，如果 EBASCO 对美国各个州的监控机构的影响非常大，我也倾向于将后者纳入 EBASCO 系统中来。如果各个州的监管机构甚少受 EBASCO 的影响，那么它们就只能被视为 EBASCO 系统的环境而不是该系统的一部分。

由于 EBASCO 系统中有些因素是作为社会制度/机构而存在的，所以该系统可被称为社会技术系统。然而，由于该系统以技术（硬件和软件）为内核，因而我倾向于将之命名为一个技术体系，以区别于没有技术内核的社会系统。技术在一个技术系统中所占据的优先性不难理解，因为在该系统的创造过程及其早期历史中存在着大量问题，而这些问题的解决最终都依赖于工程师、科学家、工人以及有技术头脑的管理人员的活动。随着一个系统逐渐走向成熟，其管理人员和白领雇员组成的科层官僚群体在该系统的维持及扩张方面发挥着越来越显著的作用，因而该系统也将越来越具有社会性而不是技术性。

作为因和果的 EBASCO

从技术决定论者的观点来看，被决定的事物远远超出了技术的世界。将 EBASCO 视为历史行动者的技术决定论者往往会将 EBASCO 的技术内核作为导致许多结果的原因。他们并不将 EBASCO 视为一个其技术要素与社会要素互动的系统，而是认为该系统的技术内核引起了 EBASCO 的社会要素以及整个大社会的变化。技术决定论者的关注点在于 EBASCO 系统中的电力公司通过给生产机器配备电动机，从而使（全体）工厂工人和厂区得以重组起来——这种重组方

① 系统内组成部分的松散或紧密联系等概念可参见 Charles Perrow，*Normal Accidents：Living with High Risk Technology*（Basic Books，1984）。

式多少与福特主义有关联。这些决定论者会认为街道、工厂以及家庭照明改变了人们的工作时间和休息时间，从而改变了工作与娱乐的本质。技术决定论者也会认为家庭的电气设备使妇女的工作更少（或更多）[①]，并且 EBASCO 电线的布局结构也会引起人口变迁。由 EBASCO 主导的输电网会引起新一轮的、去中心化的地区主义，而这与蒸汽机时代的工业和城市不断集中化的社会面貌形成了鲜明对比。[②] 由此看来，人们似乎可以无限地列举电气化带来的结果。

与技术决定论者的观点相反，社会建构论者则发现外在于技术的那些政治力量、经济力量以及地理因素，还有各种价值观都以不同强度形塑着 EBASCO 的演化过程。社会建构论者认为 EBASCO 的技术内核是作为结果而不是作为原因存在的。他们引用了大量的社会建构事例来说明这一点。例如，自 1900 年以来，交流电（或多相电流）的普遍使用就在很大程度上影响甚至决定了曾经一度使用直流电的各个公用事业组织的发展史，因为这些组织必须更换其发电机及相关设备以适应交流电，否则它们就只能在激烈的竞争中甘拜下风。形塑各个公用事业组织之技术内核的不仅仅是这种外在的技术力量，经济力量也同样参与到这一过程之中。随着美国人口的增长，以及工业在城市里的集中，房地产价位飙升。为了扩展其生产能力，EBASCO 和其他电力公司决定在市中心外建立新的涡轮机驱动的发电厂，并用高压线将电流输回城市及各个供应区。小型的城市公用事业组织成为地区性单位，而且，由于州政府收回了各个城市的自主管辖权，它们面对的是新的政治力量和调控力量。随着 EBASCO 系统的地区性公共事业组织的扩张，它们必须适应地理现实，以寻找冷却水和水力发电的厂址，并设置井口。价值观同样也形塑着 EBASCO。在大萧条时期，罗斯福政府点名批评公共事业控股公司，认为某些控股公司不负责任的甚至是非法的图谋使得债券人和持股人损失惨重。可能部分是因为这种社会舆论的讨伐，公众对大型私人企业的态度发生了极大的改变，在此背景下，管理当局很轻易地就让国会通过了 1935 年的控股公司法。该法否决了控股公司合并地理上并不相邻的公用事业组织的任何权利。[③]

积聚技术动力

不管是技术决定论还是社会建构论的支持者们都没能理解诸如 EBASCO 等

① 参见 Ruth Schwartz Cowan，"The 'Industrial Revolution' in the Home," *Technology and Culture* 17（1976）：1-23。

② 参见 Lewis Mumford，*The Culture of Cities*（Harcourt Brace Jovanovich，1970）：378。

③ 关于 EBASCO 发展史的更多信息可参见 *Networks of Power* 一书第 392～399 页。

技术体系演化的复杂性。EBASCO 有时候是一种诱因，有时候却是一种结果。该系统不仅形塑了社会，而且也被社会形塑。进一步而言，EBASCO 对社会的形塑并不表明它可以作为一个单纯技术决定论的例子，因为正如我们上面已经讨论过的那样，EBASCO 还包含着社会的成分。同样地，社会建构论也必须承认环境中的社会力量不仅会形塑一个具体的技术系统（technical system），还会形塑更普遍意义上的科技体系（technological system）①，后者和任何系统一样，不可避免地包括社会因素。

技术系统与社会的互动并非在任何时候都是对称的。技术系统的演化是与时间紧密相关的。随着 EBASCO 系统逐渐增大和趋于复杂，从而势头越来越强劲，它受环境的影响越来越小，相反，它对环境的影响却越来越大。1920 年代之前，EBASCO 系统以其资本投资水平、顾客数量以及对当地、州政府和联邦政府的影响而与一家大型铁路公司相抗衡。众多的电力工程师、这些工程师所属的专业组织以及训练这些工程师的工程院校，都受经济利益的驱使和专业知识技能的召唤而维持并壮大着 EBASCO 系统。无数的产业和社区都与 EBASCO 保持着良好的互动关系，因为它们有着共同的利益。各种各样的人文因素和制度因素也为 EBASCO 系统增添了不少发展动力。只有重要的大型历史事件才能扭转或破坏 EBASCO 系统的动力或发展势头，而大萧条正是这样的事件。

技术动力的特征

其他的技术系统进一步揭示了技术动力的特征，如所学技能和知识、满足特定目的的机器和程序、巨大的物理结构以及组织的科层体制。例如在 19 世纪晚期，美国铁路主干线上的工程师们将他们的知识和技能转而运用于城际交通运输。有着独特特征的组织也促成了这一转变。新近建立的工程院校的教授和那些设计并建造铁路的工程师们分享着组织化的、理性化的共同经验，而这些经验就来源于 19 世纪早期修筑铁路主干线的一系列活动：奠定路基、铺接线缆、造桥和挖隧道等工作。工程科学就这样在整个工程话语和工程院校的课程设置中占据了一席之地，并进而培养了新一代的工程师，这些工程师们也势必会为工程科学寻求新的用武之地。

19 世纪晚期，在诸如芝加哥、巴尔的摩、纽约和波士顿等不断扩张的工业

① Technical system 指非常具体的技术系统，technological system 则是一种广义上的、抽象而言的技术系统。当两者同时出现时，常将后者译为“科技体系”以与前者相区别。除此之外的其他地方，为了符合语言习惯，均将 technological system 译为“技术系统”或“技术体系”。——译者注

化和商业化城市里，街道的拥挤堵塞着整个交通体系，由此应运而生的是高度发达的地铁和高架轻轨系统。曾经一度用于铁路桥梁建设的知识和技能这时被运用到轻轨建设上来了，而曾经用于隧道建设的技术这时也在地铁建设方面找到了新的出路。当铁路主干线建设达到顶峰并逐渐转入停滞期时，城际交通建设则开始了自己最为活跃的时期，因为以前积累的技术诀窍可从一个领域拓展到另一个领域。1890 年到 1910 年之间在城际交通运输建设方面发挥主要作用的许多工程师都曾经是铁路主干线的建设者。①

巴斯夫公司（Badische Anilin und Soda Fabrik，全称为其前身“巴登苯胺苏打厂”，缩写为 BASF）是德国主要的化学用品制造商之一，也是德国法本（I. G. Farben）集团的成员企业之一。从它在两次世界大战之间的发展历史中，我们可以非常明显地看到物资设备在技术动力形成过程中的作用。在第一次世界大战中，巴斯夫公司很快就研发出了大型的生产设备以利用新近引进的氮素固定的哈伯-博施（Haber-Bosch）工艺。该技术能生产化肥和炸药里的含氮化合物，而化肥和炸药对当时被封锁的德国来说无疑是急需的。这一高科技工艺会使用到高温高压和复杂的催化反应，工程师们不得不设计和制造特别昂贵和复杂的工具设备来满足这一要求。然而，当封锁和战争结束之后，市场对含氮化合物这种人工合成物的需求就与巴斯夫公司和其他公司在战争中建立的高科技工厂的大型生产能力不相匹配了。曾经参与设计、建设和具体操作这些工厂的许多工程师、科学家和技术工人发现他们的研发知识以及建筑技能不再有用了。卡尔·博施（Carl Bosch）是巴斯夫公司管理委员会的主席，也是哈伯-博施工艺的发明者之一，他对于高温高压和催化反应的进一步研发和应用有着非常浓厚的个人兴趣和专业兴趣。他与其他一些巴斯夫公司的管理人员、科学家和工程师们一起努力，探寻其他能再次利用在战争岁月中创建的工厂和积累起来的知识的办法。早在 1920 年代，他们就首次将高温高压和催化反应用于生产甲醇人工合成物。这一工艺过程现在看来非常普及，其所产生的推动力接下来的表现是，1920 年代中期，巴斯夫公司管理层决定利用高温高压和催化反应技术从煤中提炼汽油人工合成物。这一工程是魏玛时代巴斯夫公司在研发上投资最多的项目。国家社会主义者掌权后，政府签约购买了许多人工合成的汽油。技术动力使得巴斯夫公司和法本集团成了纳粹自给自足的经济系统的一部分。②

---

① 参见 Thomas Parke Hughes，“A technological Frontier：The Railway，” in *The Railroad and the Space Program*，ed. B. Mazlish（MIT Press，1965）。

② 参见 Thomas Parke Hughes，“Technological Momentum：Hydrogenation in Germany 1900-1933，” *Past and Present*（August，1969）：106-132。1931 年纳粹党上台之前，法本集团向纳粹党和希特勒提供了大笔捐款，帮助其竞选。法本集团从中获得了巨大的好处：其收益从 1932 年的 4 800 万马克猛增至 1943 年的 8.22 亿马克。第二次世界大战期间，法本在美国有规模庞大的子公司和工厂，并同美孚石油、杜邦化学、美铝等托拉斯建立了密不可分的合作关系。——译者注

当管理层开始追求范围经济（economy of scope）时，他们也考虑到了大型物理结构（physical structure）中所体现的动力。马斯尔肖尔斯大坝（Muscle Shoals Dam）是一个巨型的大坝，为我们理解技术动力提供了又一绝佳实例。随着在第一次世界大战中商船逐渐为潜艇所封锁，美国也试图增加对含氮化合物的本土供应。政府选择了一个对电力要求很高的生产工艺流程，从而不得不建造一个水力发电大坝和电站。这个大坝就位于亚拉巴马州马斯尔肖尔斯的田纳西河岸。然而，大坝附近用于氮素固定的设备建造还没有竣工时，战争就结束了。此时，在德国，对人工合成的含氮化合物的供应远远大于需求。与此相似，美国政府面对的是遗留下来的许多工程设施以及一个非常巨大的大坝和发电厂。

马斯尔肖尔斯大坝（后来称之为威尔森大坝），就像我们前文提到的那些工程师和管理人员一样，成了一种解答问题的答案，但所需解答的问题却还有待寻找。如何使用大坝生产的电力？许多技术狂热分子和规划者们将大坝视为沿着田纳西河流及其支流的水力发电工程的一个开端。在一个视电气化为经济发展主要推动力的时代，该地区的贫困刺激着人们不断将一个个水力发电工程上马。这一寻求解决方案的问题吸引了亨利·福特（Henry Ford）。他可是一个解决问题的老手，他提议将一个依赖于水力发电的工业集群安置在包括马斯尔肖尔斯在内的75英里的水路边。不幸的是，对该地区有着自己的打算的公众们以及私人利益集团却尽力打消了福特的这个计划。然而，在1933年，马斯尔肖尔斯成了一个由参议员乔治·诺里斯（George Norris）和罗斯福政府支持的具有远大发展前景的项目——该项目集水力发电、洪灾控制、土壤改造和地区发展等功能于一身——的最早组成部分，并由田纳西水利工程管理局掌管。马斯尔肖尔斯大坝所产生的技术动力从第一次世界大战一直持续到罗斯福新政时期。这个人工制品就像一个磁场一样，在不同的时间里都起着作用，吸引着人们设计适应其特征的各种规划。值得一提的是，人工制品系统也并非中性的力量，它们往往也以特定的方式形塑着环境。①

技术动力论的应用

今天的系统建造者们注意到，技术动力——不管他们是如何称呼其名的——

① 关于马斯尔肖尔斯大坝和田纳西水利工程管理局，请参见 Preston J. Hubbard, *Origins of the TVA: The Musle Shoals Controversy*, 1920-1932 (Norton, 1961)。

提供了增长的可持续性和倾向性，而它们在过去更多地与科层官僚制的扩展和普及相联系。第二次世界大战刚结束，莱斯利·格罗夫斯将军（Leslie Groves）就展现出了他对系统建造的天性，并注意到了技术动力作为确保系统存活和持续的一种方式，对战时曼哈顿计划（Manhattan Project）中原子武器生产所具有的关键作用。1945 年至 1947 年，当其他人以为会裁军时，格罗夫斯将军却采取了一系列十分不同的措施：在田纳西州橡树岭国家实验室增加了气体扩散设施，以分离可引起核裂变的铀；为了在华盛顿州的汉福德生产钚而说服通用电气经营核电站；为在纽约斯克内克塔迪的新诺尔原子能实验室（Knolls Atomic Power Laboratory）提供资金支持；建立阿贡国家研究所和布鲁克赫文国家研究所（Argonne and Brookhaven National Laboratories），以进行核科学的基础研究；以及为许多大学提供研究经费。在他的指引下，一个大型的、有着巨大动力的生产体系在和平年代焕然一新地呈现出来。这显然与一些曾经在战时曼哈顿计划中作为主要担纲者的科学家的预期有所不同，因为后者曾自信满满地断言，随着一些原子弹被制成以及和平时期的到来，核生产也就走到了尽头。①

最近，由里根政府于 1983 年制订的战略防御计划（Strategic Defense Initiative，SDI））的支持者们也充分利用了技术动力。正如其创造者所图谋的，该系统涵盖的政治利益、经济利益和科层组织众多。许多工业承包商、研究型大学、国家实验室以及政府机构都参与了洲际弹道导弹系统（Intercontinental Ballistic Missile，ICBM）、国家航空航天局项目（National Air and Space Administration Projects）和原子武器系统的构建，它们中的大部分也同样非常紧密地参与了战略防御计划。我们十分熟悉它们的名字：洛克希德公司（Lockheed）、通用汽车公司（General Motors）、波音公司（Boeing）、美国天合汽车集团（TRW）、麦克唐纳-道格拉斯公司（McDonnell Douglas）、通用电气公司、罗克韦尔自动化公司（Rockwell）、特利丹公司（Teledyne）、麻省理工学院、斯坦福大学、加利福尼亚大学劳伦斯利弗摩尔实验室（Lawrence Livermore Laboratory）、洛斯阿拉莫斯国家实验室（Los Alamos National Laboratory）、汉福德原子能研究中心、布鲁克赫文国家研究所、阿贡国家研究所、橡树岭国家实验室、美国国家航空航天局（NASA）、美国空军、美国海军、中央情报局（CIA）、美国陆军等等。政治利益强化了制度动力。一些接受战略防御计划合约的地区选派出了自己的国会议员（众议员），而加入战略防御计划网络的各种机构也派出了自己的游说人士，这些人都共同服务于战略防御计划。② 直到作为

---

① 参见 Richard G. Hewlett and Oscar E. Anderson，Jr.，*The New World*，1939-1946（Pennsylvania State University Press，1962）：624-638。

② 参见 Charlene Mires，"The Strategic Defense Initiative"（Unpublished essay，History and Sociology of Science Department，University of Pennsylvania，1990）。

军事威胁的苏联解体后，战略防御计划的反对者们才积聚了足够的力量来钝化战略防御计划的锋芒。

结论

技术系统既可以是原因，也可以是结果；它既能形塑社会，又能被社会形塑。随着该系统越来越庞大和复杂，它对社会的形塑就会越来越多，而被社会形塑的可能性空间就会减小。因此，技术系统的动力论就是一个可以置于技术决定论和社会建构论这两极之间的中间性概念框架。社会建构论者在理解较为年轻的技术系统的行为方面无疑占据着优势；而对于较为成熟的技术系统的理解，技术决定论者就显示出了自己的长处。技术动力论提供了一个更灵活的理解模式，也更符合大型技术系统的发展史。

对于那些设计和管理系统的人们，以及那些可能希望通过民主过程来形塑技术系统的公众来说，采用技术动力论这一理解方式来看待技术系统的历史有什么实质意义呢？这种理解方式表明，在系统还没有融入政治的、经济的和价值观的成分之前，对系统的形塑相对而言要容易一些。技术动力论也指出，如果一个系统的各种组成部分都受到变迁力量的影响的话，那么有着巨大技术动力的系统也能改变其发展方向。

例如，自 1970 年代以来，美国汽车制造商在生产方法和装备等方面的彻底改变——从大型汽车到小巧型汽车的转变，从耗油型汽车到节能抗污染型汽车的转变——都与巨大的汽车生产系统和使用系统的某些部分受到的各种压力有关。1973 年，由于石油禁运、汽油的价格飙升，美国消费者们转而选择了进口的小排量汽车；这又反过来促使底特律的汽车制造商不得不承受巨大的经济竞争压力。环保主义者说服公众、政客、立法者去支持抗污染型技术，并接受曾一度被美国汽车制造商反对的汽油消耗定额标准。工程师和设计师也不得不对技术发明和发展采取相应的举动。

另一方面，汽车生产系统和使用系统的技术动力也显见于洛杉矶近来对环保主义者所倡导的活动的抵制。在政治上、经济上和意识形态上依赖于汽车系统的许多机构和人士（包括汽油提炼商、汽车制造商、工会、内燃引擎设备的制造商以及无节制地使用汽车的人士）聚集起来抵制变化。

科技系统里的社会因素和技术因素联系紧密，这些系统的惰性又非常大，让人不由自主地想到了韦伯的铁笼隐喻——韦伯用它来描述 20 世纪早期不断发展的组织科层化现象。[①] 然而，技术系统是一种由技术的和物理的基础结构相互强化的科层体制，较之于韦伯所关注的社会科层体制而言更为僵硬和庞大。尽管如此，我们必须提醒自己——技术动力就像物理动力一样并不是不能抵制的。

① 参见 Max Weber，*The Protestant Ethic and the Spirit of Capitalism*，tr. T. Parsons（Unwin-Hyman，1990）：155。

作为管理者的医生：建构国家医疗服务系统及其使用者*

布莱恩·P. 布卢姆菲尔德
罗德·库姆斯　詹妮·欧文　保罗·泰勒
王惠媛、王旭辉　译
王旭辉　初校
薛品　审校
王旭辉　终校

前言

在管理信息系统领域，IT 技术的应用呈现出一个显著特征——这些信息系统通常能够勾连起整个组织，并能跨越组织的既有功能边界。而这点又包含诸多值得关注的方面：首先，设计和构造这些信息系统需要依据组织的主要目标——这既可以是遭到质疑的既定组织目标，也可以是已经规划好的新组织目标；其次，在建构信息系统的过程中，相关各方还需要平衡组织内各部门及专业群体之间的关系，并对已有利益格局进行重估、调整；再次，信息系统所包含的特定信息内容以及在其

* BLOOMFIELD B P，COOMBS R，DWEN J，TAYLOR P. Doctors as managers：constructing systems and users in the National Health Service//BLOOMFIELD B P，KNIGHTS D，LITTLERD. Information technology and organizations：strategies，networks，and integration. New York：Oxford University Press，1997.

指导下开展的组织实践，也是组织客观现实的重要构成部分，并在一定意义上引导着组织运转，为思考、争论和重议组织运转中所出现的问题提供了某种依据。因此，管理信息系统的开发就成为一种质疑既定组织结构和组织实践的手段（Bloomfield and Vurdubakis，1994b）。通常情况下，系统开发过程中的参与者也很清楚这一点，并会据此形塑他们参与信息系统构建的过程及方式。

当然，构造信息系统远不仅仅是具体设计某些特定的技术产品（technological artefacts）或者设备，还涉及设计、塑造（Akrich，1992）其使用者，或者说，还需要配置其使用者（Woolgar，1991）。也就是说，开发信息系统的过程，同时也是一个建构相关组织实践方式和技术使用者的过程，与此相应，一个焦点问题就是相关方面的谈判过程以及每次协商达成的结果如何在信息系统中得以体现。最后呈现出来的信息系统衍生于一种明确的道德秩序，并且会约束使用者遵从这一道德秩序，而预期（系统中记录下的）行为和使用者的实际行为之间的偏离则是训诫、改进的空间。① 实际上，系统开发过程中还有一个很普遍的现象，那就是使用者对计算机系统的抵制（Hirschheim and Newman，1988）；但是，在努力使信息系统生效的同时，也可以通过实现硬件和软件相互匹配的方式，来赢得并保持使用者的认同和支持。基于此，开发和实施信息系统的系统工程就可以被理解成一种试图在人与机器、个体行动者与非个体行动者（即行动者网络）之间建立一套复杂的、异质性联盟关系的尝试（Latour，1987）。

本文将依据上述理论视角，分析在设计和开发国家医疗服务系统②过程中所发生的一系列事件。③ 本文接下来的讨论主要由三部分构成：首先，我将会对这一研究的理论框架和研究方法做一个简要介绍，并指明它与《信息技术与组织：战略、网络和整合》一书④其他部分相关讨论之间的联系；随后，我将会对应用于国家医疗服务系统中信息系统的自身演变过程做一个梳理；最后一部分内容，将概括总结我们对组织变迁和信息系统开发之间交互作用关系的理解，并试图了解其背后所蕴含的理论及现实意义。

---

① 此外，系统使用者没能满足系统设计的预期行为要求这种情况也成了一个很有用的借口，一种失败情境下的应对策略。这就是说，工程的失败可以借助这类缘由来进行解释说明，例如，使用者的反抗。

② 这里特指英国国民健康服务体系（National Health Service，NHS），即英国国家医疗服务系统，又称为全民健康医疗服务，是英国社会福利制度中最重要的部分之一，建立于 1948 年，其目标是通过支付大部分或全部医疗费用，为全体英国国民提供广泛的医疗服务。它包括两个层级的医疗体系，即是以社区为主的第一线医疗网（community-based primary health care），通常为在社区驻诊、提供医疗保健的一般家庭医师（General Practitioner，GP）及护士，只提供常规药物和最基本的医疗服务；第二层则为 NHS 的医院服务（hospital-based specialist services），由各科的专科医师负责并接手由 GP 所转诊（refer）的病人，或处理一些重大的意外事故及急诊者。——译者注

③ 其他学者和实践者对 NHS 中 IT 系统所持的各种观点，请参见 Keen，1994。

④ 本文即《信息技术与组织：战略、网络和整合》（*Information Technology and Organizations：Strategies，Networks，and Integration*）中的一篇文章。——译者注

一、理论视角

总体而言，我将在这一节的讨论中提出两个问题。首先，我将引出一个核心概念——权力（power），这一概念与 IT 系统及“技术使用者”的建构密切相关，所以这里有必要首先阐明我们如何看待权力的行使问题。当然，我们不单单要关注信息系统开发过程中的权力行使问题，还会关心信息系统在实际应用中所引发的权力实施的相关问题。其次，本节将重点讨论的第二个问题是机器或者说技术产品（就是 IT 系统）的运转与组织环境之间的关系。对于这一问题，其中很重要的一点就是要确定能否清楚区分技术产品和组织环境两者间的影响，同时，随着时间的推移和情景的变化，这两者之间是否存在某种因果联系，又或者说，技术产品和组织环境两者间，其中一方的变动是否会引发另一方的同步改变。在此，我们并不假定本文所要讨论的就是两个独立的变量，而是认为技术和组织是相互关联的两个实体范畴，并且在一定意义上可以把“它们”看作“同一行动过程中的不同方面”（Latour，1991：129）。换句话说，假定技术和组织之间的相互独立仅是一种认知观念，是我们在现实世界中自我定位、自我阐释的一种解释框架而已（Bloomfield and Vurdubakis，1994b）。下面，我将逐一对上述两个问题进行探究。

（一）权力

权力视角已经在《信息技术与组织：战略、网络和整合》一书的第 3 章和第 5 章做过充分的讨论。不过，出于本文分析需要，这里有必要进一步区分主流的权力概念、IT 概念与本研究所做的界定之间的差异。回顾有关管理信息系统的已有专业文献，不难发现对信息系统和组织权力之间的相互作用进行概念化操作的诸多方法。尽管如此，在这些概念界定中，还是有一种主导性的操作化方式，那就是在“零和博弈”框架下，将权力视作一种商品，而信息系统则被看作一种在同一“零和”框架内谋求权力扩展的新资源（Bloomfield and Coombs，1992）。“零和”权力观点就是把 IT 设想为一种扩展和强化控制的手段，这种观点的形成很大程度上与 IT 系统收集信息的能力密切相关，与未应用信息系统的组织相比，应用信息系统的组织往往能以一种更私密、详细和及时的方式报告相关信息。换句话说，强调控制能力的权力概念就是集中强调 IT 系统在组织监控方面的潜能。然而在本研究中，我们将创造能力而非简单的信息报告能力视作信息系统的最突出特征（Bloomfield，1991；Bloomfield，Coombs and Owen，1994a）。这也就是信息技术开发和应用的建构主义特征，这意味着，虽然信息技术只是一种媒介，但 IT 系统的开发和实施确实会影响到组织管理、组织控制的形式变动。

事实上，我们对权力概念的争论（部分是受福柯工作的启发）以一种更加本质的方式阐释了信息系统的某些属性；当然，这些属性只是信息系统各种特殊属性中的一部分（Bloomfield and Coombs，1992；Coombs，Knights，and Willmott，1992）。在这样一种背景下，纪律和规章首先被看作一种统一行动者认知模式和赋予行动者行为合法性的依据，与其相对应的则是，个体通过把这些规范内化而产生“自我约束”的合理行为。然而，与强调标准化判断是通过电子监督来实现的（Sewell and Wilkinson，1992）“电子监狱”概念不同的是，本文所考察的“权力”较少依赖等级控制的形式来实现，在更大程度上是依赖对实际身份和专业身份进行再概念化、从而形成自我约束的方式来实现。通过标准化判断实现对个体行为和事件的管理，这也与对纪律的其他诸种理解发生了关联，即纪律也蕴含了大量的命令和知识（Law，1986）。各种判断必须根据理论、推理和因果关系陈述来展开论证及争论。

相应地，本文对权力和 IT 概念的这种界定强调的是嵌入在信息系统中的相关范畴，以及它们为使用者建构现实的能力。例如，在设计信息系统的过程中，大量条款都需要审慎地做出精确说明，甚至还需要进一步的论证，当然，这些条款既涉及技术问题，又可能涉及日常运转方面。这些条款可以在信息系统应用过程中帮助解释组织内部发生了什么，还能够潜移默化地约束、统一成员的认知，并且能够裁决某些争议。这方面的例子有很多，表面上看，有些条款可能是温和的、中立的，以致隐藏了它们被审慎地建构起来的本质，以及伴随条款产生而建构起来的内在意义和排外性。举例而言，为了提供最好的患者护理服务，就需要高效地利用相关资源。这样的主张很难遭到反对，因为如果有人攻击这种主张，他就很可能会被认为是在反对增加病人的福利，至少会被认为他把个人利益放在了第一位（参见《信息技术与组织：战略、网络和整合》一书的第 5 章）。所以从某种程度上说，效率需求就代表了一种行为规范，违背了这一规范，个体就要负起相应的责任。而对于那些需要重新定义个人角色以及角色履行方式的个体来说，这一规范或许有助于建构其自律的行为方式。这种转变可以从本研究所访谈到的一位主任医师（一位诊所负责人）那里得到佐证：

> 我想我的同事们可能会认为我太过于迷信经营管理了，因为我认为各种事物都必须得到有效管理，我们不能任由资源被随便浪费，它们应该得到更为充分的利用，同时也应产生更佳的应用效果。

还有其他一些在私营企业中常见的、报告其管理状况的术语，例如成本、企业日常管理费用、顾客、质量水平、绩效、投资组合、资产以及交叉补贴等等，也被引入到国家医疗服务系统之中，用来刻画组织管理特征。当然，所有这些术语、概念都需要在新的管理信息系统中被重新界定，而且组织现象也应该和这些概念范畴保持相对一致。而这些被建构出来的基本概念和观念则会经由内化过程，引导组织成员自愿按照其规范要求来建构他们的日常世界和工作，这实际上是把由技术规范所带来的惩戒约束当作了一种规则性权力。当然，管理控制的这种形式不借助于信息系统这一媒介也能存在和持续，但是相比应用 IT 系统之前，这些管理属性通常能在更大程度上得到实现，这得益于 IT 系统的特有属性及其与现代组织的特征之间具有的内在一致性。

需要强调的是，尽管这种权力视角专注于考察个体（自我）对约束措施的遵从，但是这种遵从并不对应一种彻底或者绝对的控制。相反，权力的行使总是会遭遇抵制（Knights and Vurdubakis，1994）。在国家医疗服务系统这个案例中，引进和应用曾经与商业组织相关联的那些管理理念早已是需要努力实现的目标，也是协商谈判过程试图达成的目标。此外，虽然国家医疗服务系统中不同的专业群体之间能够达成一致意见，即要更高效率并且更有成效地开展工作就需要更多的、更准确的信息，但这并不意味着他们同时也能就哪类信息有用这个问题达成共识。换句话说，到底什么可以算作信息这个问题本身就是冲突的焦点，例如，医生会不停地抱怨 IT 系统往往不能有效传递曾经保证会传达的信息，或者会认为有关医学活动（药量记载）的详细陈述应该比其他信息更有用（Bloomfield，1991）。更进一步说，我们不能单纯地认为权力仅仅具有负面意涵，权力同时也意味着一个赋权的过程，也就是说，权力还可以产生知识和理解，并因此营造一个并不明朗的行动空间。

（二）技术制品和组织安排

接下来，我们将对这一部分开头时提到的第二个理论主题，即技术和组织之间的关系展开讨论。这一分析视角是讨论行动者-网络理论所必须涉及的内容。行动者-网络理论的中心概念是技术发展，这一过程涉及由不同行动者所建立的各个联盟之间的网络关系变动，而参与其中的行动者既可以是个人、群体，也可以是各种“自然实体”、影响势力以及机器。当然，我还需要特殊指明一些相关概念：稳定性、不可逆性以及必要的过渡点（obligatory passage point）。从某种意义上来说，行动者-网络建设必须追求其自身的稳定性，同时，要在一定程度上保证网络建设过程中的一系列转变是不可逆转的（Callon，1990）。因为，如果已经发生的变化被逆转，其代价将会十分高昂；从另一方面而言，我们也根本无法预想逆转之后的后果。更进一步说，如果我们把行动者-网络建设想象成一次航行，那么这一航行过程肯定会穿越一个关键点：必要的过渡点。举例来说，19 世纪的轮船要想从大不列颠航行到澳大利亚，就必须绕过好望角或者合恩角

(Cape Horn)。以此类推，每个网络的建设都需要就一些特定的、必需的要点或者预期特征达成一致意见。譬如说一些情况下，网络建设关注的焦点可能会在行动者方面，为他们做详细登记就很有必要。因此，成功地协商必要的过渡点问题就是实现网络稳定的首要条件。[①]

行文至此，我试图说明的是，我们可以把组织的 IT 系统看作由技术产品(硬件和软件)、记录（包括对组织现象的陈述)、使用者群体预期等元素共同组成的异质性联盟——所有这些元素在本质上都是政治性的。这也就是说，开发和实施任一 IT 系统都会改变组织内部的政治关系和权力执行形式，同时，IT 系统的开发和实施也需要组织内部政治关系和权力的介入及推动。基于此，我们可以说，组织内部政治是 IT 产生与应用的媒介。此外，即使管理活动在组织实践过程中会尽力隐藏它的政治本质，但是组织管理还是可以被看作一种政治过程，从这种意义上说，引进信息系统给组织带来的影响之一（很可能是故意为之的）就是政治策略的置换（Bloomfield and Vurdubakis，1994a；Knights and Murray，1994)。总体上，引进信息系统对组织政治产生的影响可以从两个相关维度来考察：首先，信息系统开发过程伴随着正式的组织协商，相关行动者会为 IT 与组织的综合发展设想一些特定的路径，例如，把新的组织安排（政治上的）描绘成新技术逻辑下的必然结果；其次，信息系统的专业特性也会帮助相关应用方建构他们的组织实践方式。

很典型的一种情况是，信息系统的建造涉及信息需求分析、操作要求说明(ORs)、工程管理工具、效益实现途径等多个方面。然而，上述所有方面都是不能单纯地以技术方式来实现的，都包含政治性（即社会性）考虑[②]。尽管我们可以从技术层面来考量各个维度，但在信息系统开发中，它们却也是权力行使的有机组成部分（Bloomfield，1992；Bloomfield and Vurdubakis，1997)。尤其是，这些技术开发往往发生在反对其他“组织”理念的背景下。而且，即便大家对于组织使命和组织目标的理解没有明显分歧，也不能就此判定其中没有政治因素的影响；相反，这恰恰说明了在达成表面意见一致的过程中，权力已经得到了行使。

正如我们前面所提醒到的那样，权力行使会产生关联性影响，并且具有训诫效应。不过，权力并不源于组织内部不同群体的利益。事实上，利益也不是形塑 IT 系统的稳定变量：不同行动者援引多元利益观点的目的在于说服对方接受他

---

① 事实上，谈判可以借助各种不同的策略来进行。必要过渡点的一个现实诠释或许暗指了一种对世界物质实体目标的服从；相反，解构主义的解读强调的则是方式，行动者可能会借助这些方式来扭转、置换或者重新定义目标。

② 确实可能没有什么东西是“单纯技术性的”，或者是“单纯社会性”的。“技术的”或者“社会的”这些概念必须和传统二元主义的叙述联系起来考虑。

们自己关于哪些是应该追求的利益、哪些又是不应追求的利益的看法。在解释行动者的利益是什么以及不是什么的过程中，各方利益就在相互协商、相互妥协过程中逐渐明晰起来，而技术系统也得以建构起来（参见 Callon and Latour，1982）。这就意味着，行动者的利益不应该被看作技术系统开发的诱因或解释因素，而应该被视为技术系统开发的结果。

信息系统开发出来后，系统的使用者（包括管理者）还必须经常对他们自身及其工作性质重新概念化。例如，信息需求分析并不是简单地找出个体真正“需要”的信息（就好像这些信息需求早已存在，只等被发现或者被清楚地表达出来），还要把个体形塑成合格的信息使用者（Bloomfield，1992；Bloomfield and Vurdubakis，1994b；Bloomfield and Vurdubakis，this volume）。也就是要把有信息需求的人们召集起来，共同适应工作任务和组织运转环境的不断变动，这就是训诫性权力的焦点。

当然，当组织着手 IT 系统的开发时，通常已经深思熟虑过并且确定了其改变哪些组织属性的基本目标。技术变革通常会伴随着对新的管理形式及组织实践方式的引进，例如目标管理和质量管理，当然这个过程中还会发生交涉，需要经过一些商讨，这些新的管理形式和组织实践才能真正有效地发挥作用。然而，计划好的变革以及那些最终不了了之的变革，即使曾经有过完整实现的情况，也并不意味着现在必然会得到完整实现。相应地，这种观点可以从三方面来进行详细阐释：首先，计划好的变革——我们可能会认为这更多是策略管理层的管理控制工作——虽然有精细的操作逻辑以及合理性，但并不能保证它能充分实现预定目标。在这一点上，一个很好的例子是“组织文化是一种需要进行管理的、清楚明白的东西”这一观点，不难看出，这是一种非常模糊的界定（Willmott，1993）。考察组织时，假如从文化的工具性视角出发进行操作化，这样就会过度关注商业运作逻辑下的“物化”和“拨款”等议题，而不能同样表现出对众多文化议题所应该保持的那种敏感性。其次，一些非预期后果往往也有其重要性，这些非预期后果的产生既源于变革逻辑本身的局限性，也源于信息系统开发与应用过程所释放出来的“影响力”或各种可能性。再者，虽然有争论但却最重要的一点是，通常情况下，各种信息的本质和表象并不会完全一致，甚至会存在相互竞争的关系，因为它们往往由不同群体提出和加以运用。在这个过程中，本群体又总是试图说服他群体，甚至强迫对方接受自己的观点，但涉及信息与描述的意义与重要性时，一个人无法强迫其他人同意或者反对自己的见解。我们不难料想，那些认为自己受新信息系统影响最深的群体，例如使用者群体，以及被卷入其中的、会对其个体和组织进行概念重塑的群体，他们总是会或多或少地在遵从和抵制这两种状态之间表现出张力。当然，这种张力可以借助个人认同和专业认同来化解。

对于一项将被稳定投入应用或“黑箱化”的专业技术，就行动者-网络方法而言，要成功建构起一个网络，就必须首先保证行动者能够成功地成为这一系统的一员。反过来说，技术只是一个必要条件，这个条件保证了组织结构和使用者自我形象具备稳定性，或者说它巩固了组织结构和使用者形象——组织结构和使用者形象是建构一个稳定网络的另外一些元素。把行动者-网络方法转换应用到信息系统开发工程中，有一点就变得清楚明白了：这个带着详细说明书的功能系统最终不会只是一个简单的“技术性”事件。只有与之相应的组织框架和使用者“登记”（user enrolment）工作都取得成功时，这个功能系统才可以发挥作用，因为它们都是网络不可缺少的一部分。如果这些工作与最初预期存在明显的偏离，那么这项技术就会在技术蕴含的意义（即，对不同行动者来讲的意图）、技术本身的构成（硬件和软件的特殊功能容量）两个方面发生变化。随后，我们会讨论一个取自国家医疗服务系统的例子，这项工程的目的是建立起一个特殊的信息技术系统，然后把与这个系统相应的使用者具体安置到恰当的位置。从某个时期内的情况来看，这个工程好像能够取得成功，但最终的结果是，这一网络并没有像预期那样稳定投入应用，而且对技术、组织和使用者三者之间的关系也出现了各种不同的理解。

二、信息系统和从医生到管理者的角色转变

这里要考察的是一项政治工程，代代相继的政治家们和国家医疗服务系统中的高级管理者们都试图说服一些医院的医生直接承担起特定专业领域内的管理责任，并且负责一些财务和临床方面的管理工作。[①] 我把这项努力称作“作为管理者的医生”工程。工程起始于1983年的格里菲思（Griffiths）报告，报告中声称应该开始把医生看作“天然的管理者”（DHSS，1982：19）。[②] 从那时起，首先通过预算管理行动，然后是资源管理行动（RMI）（DHSS，1986），不少医院开始实施一些全国范围内组织的专项工程，试图创建起理想的信息系统，通常情况下，可以认为这些信息系统能够协助部分医生管理其他医生工作中的某些事务，以及诊所事务中的财务工作。[③] 首先，我会先介绍这项政治工程是如何开展起来的，开展过程中它遇到了一些严重障碍，正是这些障碍阻止了信息网络稳定地投

① 对医生管理角色的各种不同理解的概述参见 Fitzgerald，1992；Dopson，1994。

② Griffiths 提倡医生的管理角色应该被认可，无论是在医学院的培训、在职实践培训，还是在设立管理预算过程中，都应该给予认可。

③ 我们已经在众多的出版物中证实了这些实验，包括全国范围内和独立负责机构的出版物。例如，Bloomfield，1991；Bloomfield，Coombs，Cooper，and Rea，1992。

入应用，并最终连累这个信息系统没能实现其原定的技术目标。然后，我将会进入本研究的第二个案例，为读者描述一个全新的、迥异的网络框架如何浮出水面并且慢慢（相对）稳定下来。在第二个案例中，其（行动者）网络中有很多元素与第一个网络中的元素类似，但这个信息系统又明显不同于第一个，而且运用这个网络的医生也没有像最初预期的那样真正变成管理者。相反，他们和其他行动者一起涉足了管理过程的某些方面，但其关注焦点却和最初的设想有所不同。

（一）"作为管理者的医生"工程

国家医疗服务系统中的资源管理行动开展期间，大量的工作都投入到了新信息系统的开发中，也就是所谓的病例组合管理系统（Case-Mix-Management Systems）。[①] 简单来说，设计以此为名的一个信息系统，是为了生成每个病人每项诊断的成本信息。这些病人的临床手续、药物、诊断检查、床位日等要按照其所属类别的标准成本进行接待，并和他们在医院里的驻留挂钩，最后再把所有费用汇总起来。所以这个系统实际上就是一个大数据库，同时还是一个计算系统。可是这个系统需要医院其他很多系统的支持，那些系统收集患者在放射科、病理科、手术室等各个科室的数据，然后提供给这个新的病例组合管理系统。按照病例组合系统的最初设计理念，收集这些数据不是为了增加每位病人的开销，提高医院效益，相反，它的目的是为进行特殊项目诊断的病人提供一个可供参照的平均花费成本。更具体地说，这个系统以个体医生为分析对象，操作过程中，把每个医生在某个特定时期内诊治过的病人"集合"起来，进行综合分析研究。各种影响因素都会被考虑进来。实际操作时，首先需要把这个医生的所有病人进行拆分，然后纳入不同的诊断范畴，相应地，针对每类病人都能计算不同的平均诊疗成本。这时，我们可能会发现两个表面看起来没有差别的普通外科医生，他们治疗的某些特定状况病人的比例却相当不同。这种差别可能是他们的偏好导致的，也可能是 GP 转诊模式（诊疗由家庭医师转给专业医师）导致的结果，当然还可能有其他因素的影响。接着要做的就是选择一个特定的诊断类别，检查它的逐项开销、住院时间、药物制度等方面的差异。这样做的目的是希望通过考察部分医生的诊断方案以揭示他们之间存在的不同程度的差异。这种差异通常很容易解释，例如，某位医生可能会出于资格老、特定的研究兴趣或者其他一些原因，而接待了较多某种病症的患者。但是，也会有一些可能不那么容易解释的波动，这

---

① 在六个全国试点医院中，工程预算中最大的一份投入给了商业软件开发商，根据合同，商业软件开发人员来写入这些系统。写入工作嵌入在系统开发过程中，开发过程也把医生、护士、管理者和其他医院工作员工都一起卷入到工程工作团队中了，制定出详细说明，测试系统，委托他们在应用中培训其他临床工作人员。随后，当主动权向英国其他所有医院都铺开来的时候，针对每家医院的标准财务套餐中也包含了一笔相当可观数目的投入（大约￡350 000），以用于购买和装置案例综合软件。

时就需要更深入的调查，调查的最终目的是要了解平均水平线以下的花费情况，并且审查对某一特殊症状患者用药的专业（个体）临床诊断。

这里需要强调一点，也是很关键的一点，即我们看到的并不是管理者机械地对医生行使权力，因为在这个新系统的构建中，医生才是至关重要的角色。我们在本文中用到的惩戒权这个概念就非常清楚地显示了这项工程中真正重要的是什么。我们假设的是，病例组合管理系统收集数据的主要目的是为了揭示两位会诊医生对某一特定症状的治疗过程中，长久以来在平均花费方面存在的差异。还可以进一步设想，我们把所有可能导致差异的正当缘由都考虑到了，而且也顾及了两位医生在临床偏好方面可能存在的明显差异，比如某位医生习惯准许手术前多留一天做准备工作，或者会为病人制定一个比较复杂的药物制度。如果把这些情况都考虑进去后，一个收费比较昂贵的医生还不能向他的本专业同事证明他的临床安排都有道理，即解释清楚那些昂贵开销都是不可避免的，那么他就不得不迫于压力而调整治疗方案以遵从行业规则，这也反射出了规则的影响力。虽然可以这样借助医疗职业中同业群体间的压力促使部分医生调整治疗方案，但这种方法的本质还是一种自我约束。在对效率规则（物有所值）进行重新认识的过程中，恰当的医疗实践（proper medical practice）这个概念得以重塑起来，并且在国家医疗服务系统内部，或者人们在谈论到这个系统时，这也是一个很重要的概念，并且很有说服力。

论述至此，我们可以很清楚地看到，新的病例组合信息系统的开发伴随着一个影响广泛的标准化过程。首先，这影响到了对医疗程序的编码（为了能够进行比较，就要保证在分析个体医生的治疗方案时，引进了所有可比较的案例）。[①] 其次，在医疗服务质量这一方面也产生了很大影响。这个标准化过程能以一种非常有意思的方式与国家医疗服务系统中的新制度变革过程产生相互作用，因为国家医疗服务系统中引进新制度变革时，资源管理行动计划（RMI）已经为医院购买病例组合信息系统铺平了道路。新制度变革还实现了一个基础性的转变，主要表现为在国家医疗服务系统中引进了内部市场机制。内部市场的特征之一就是合同式协作方式的出现，即购买方（例如，当地卫生当局）和服务提供者（例如，某一家综合医院）签订一些服务合同（Department of Health，1989）。这些合同不但会定下一个特定的总体目标，还会规定看护服务的细节，这样做就是希望保证优质、物有所值的服务。在这种新背景下，病例组合系统（还有在市场上出现的服务于医疗审计的其他新系统）理论上可以用来监督合同方对质量控制协议的遵守情况，并且还能突显出需要做出调整的那些领域。例如，借助系统对不同外

① 更具体地讲，做出的所有诊断以及实施的所有治疗方案都将会有一个唯一的条码，用于将相关信息录入信息系统。

科医生治疗结果的比较，就可以发现一些需要做出调整的步骤和细节，而且还能发现某个值得协商、采纳的新标准。从这个意义讲，病例组合系统可能是医疗实践上的一个改进；另一方面，这个系统的应用也意味着对内部市场机制的看法有了新转变，内部市场机制即合同制的引进是另一个（纪律）惩戒权（disciplinary power，又称规训权力）的例子。

不过，在这两个可以产生惩戒权的案例之间，还有一些微妙的差异值得关注。在第一个案例中，对两个医生之间资源利用差异的揭示，是医院内部过程的结果，受普通效率动机的驱动。在刚刚讨论的内部市场机制中，压力的来源更集中也更直接，这是一种特殊的内部压力，来源于服务的购买方和所签订的服务合同。尽管这些变革的影响还没有经由医疗培训等一些制度反映出来，但对医生和医疗实践概念框架重塑的潜在影响已经开始展露。一所医院信托基金的某业务管理员对商业化语言和操作方式在 NHS 中的蔓延做出过如下评论：

> 事实上，这种趋势还在强化，昨天的一个会议也肯定了这点。当时一个著名的会诊医生提到应该在一个商业计划中加点内容，当然这个医生不是因为能容忍和偏好这种新的医疗系统而出名的……业务计划、业务管理者、合同、ECR（额外的合同转诊病人）、GP（家庭医疗）基金持有人。所有的事情突然都变得合乎原则，并且在言辞上能够让人接受。会诊医生采用了这种方法，护理部管理人员也在用，甚至病房的工作人员也接受了这种语言和思维方式。

事实上，我们也可以从某些迹象中发现，至少有一些基于协调管理目的的资源分配标准正得到临床医生日益广泛的认可，这一点在年轻的临床医生中表现得尤为明显。年轻的临床医生通常比较熟悉计算机语言，所以比较容易接纳这些新的信息系统。同时，正是这些信息系统支撑着随后的一系列改革。另一个业务管理员观察到的现象也证实了这点：

> 很多年龄较大的临床医生不能接受合同标准，没有特殊理由，只是说它们无法被接受。其实，不管喜欢与否，很多年轻的医生都能够认识到推动未来医疗服务改善的将会是什么[①]，尽管他们既可以选择参与到这个游戏中来，也有机会跳出这种商业实践逻辑。

可以清楚地看到，病例组合管理系统的操作过程很复杂，相应地，带来的潜在影响也很复杂。我们强调的重点在于：与它被应用之前相比，系统能够以新的、更细致的方式，更好地对主治医生的医疗行为进行比较。有一点几乎不会遭到丝毫怀疑，即技术是被社会性地建构起来的。但是，同样有意义的是，这个系

---

① 指推动未来医疗服务改善的就是 IT 信息系统。——译者注

统的建构已经启动并处于继续推进的过程中，而且，还卷入了医院的组织结构调整过程。虽然信息系统的建构和医院新组织结构的建构在性质上并不相同，但若没有新组织结构的建构，信息系统也将失去它所谓的很多价值。所以，我们现在来更详细地考察医院的组织结构建构过程。

临床理事会是组织结构建构过程中出现的一种新结构形式。理事会建立的基础是医学专业的各个领域，比如普通外科、老年医学、产科学和妇科学等。这些专业群体或科室部门在医院中早已存在，但是基本都不担负正式的管理职能，在医院各部门的财务管理方面，它们也不担负正式的财务责任。但是，最近几年，在许多医院的组织结构安排中，它们已经变成正式的组成部分。① 这些科室的临床主任通常都是高级医师，他们会基于计划工作量和预算指标，辅助理事会控制预算，并保证理事会能够取得满意的绩效。科室主任可以脱离临床医务工作以参与管理，通常还会得到全职的“商务”或“服务”管理人员的支持，当然，还包括护理部主管的支持。理事会越来越多地被看作管理结构中很“自然”的一层，以获取来自病例组合系统等医院多个信息系统的比较性信息。更进一步讲，理事会被认为是遵照信息系统行事的最适当的管理层。合同、治疗质量（包括协议和标准）、最终结果和商业计划等问题都已经开始移交给理事会来处理。

很有意思的是，最初并没有人确切知道理事会的人应该做什么；随后，科室主任、业务管理者和护理部管理者等岗位角色既然被人们创立出来，并有人担任了这些职务，所以自然就需要有人来勾勒出上述职位所对应的工作内容。

> 我们很快就认识到并没有人知道我们应该做什么。我们自己可以规定我们希望从这些职位中得到的一切，因为没有人比我们更了解一个业务管理者应该做什么。（业务管理者）

这个过渡期达成的重要成果之一就是对信息和报告做了分类，这些早已是业务管理者和护理部门管理者对病例组合系统的要求。理事会各种要求的特殊性取决于一系列复杂的问题，包括理事会和医院管理中心的关系、信息部门扮演的真正角色和强势程度以及借助于其他信息系统进行的医疗评价（审计）是否具备独立性等一系列问题。换句话说，理事会发展过程中某些特殊岗位上的变动对病例组合系统的创立、投入使用以及维持（比如强化和升级）都产生了很重要的影响。如此一来，因为临床理事会的卷入，对于病例组合系统的信息需求迅速演变。当然，还有其他一些影响因素，例如管理团队中其他成员角色的出现、内部市场机制扩散渠道的形成、合同制给那些希望服务于购买方的人所施加的压力。

在本文的讨论中，还有很重要的一点需要说明，那就是，病例组合系统和临

---

① 临床理事会的概念已经通过各种不同的方式操作化了，这一点可以从我们在对英国西部地区 NHS 系统的调查研究中得出，当然，其他地区也有类似现象存在（Fitzgerald，1992）。

床理事会都有其独立的建立背景和构想，只是在实践过程中，它们才都与 NHS 改革涉及的各种组织和个人发生了日益深入的紧密关联。[①] 在六年的时间内，我们见证了 NHS 内部各种此起彼伏的争论，涉及应该怎么去理解这些新事物、它们相互之间是如何联系起来的、是否需要先处理好其中一个问题后再去理会另一个问题以及它们彼此间又是如何相互强化或者削弱的，诸如此类的问题（Bloomfield，Coombs，Cooper，and Rea，1992）。本文并不想展示某个时期哪一种观点更盛行，而是为了指出，病例组合系统和临床理事会都可以被视为一种有价值的设想和创新尝试，都可以成为组织努力实现的目标，而且组织可以围绕这个目标建立起一个网络并使网络稳定下来，只不过一个是技术系统，另一个是一种组织安排。实际上，两个网络可以发生很大程度的重叠，而且在资源管理行动开展期间，一个网络的稳定多数时候都要依赖于另一个网络的支持。所以我们可以据此判定，信息系统的社会建构和信息系统将要应用于其中的组织的社会建构是同步进行的两项活动。通常情况下，信息系统的开发需要组织的支持——包括发生在系统的潜在使用者中的再概念化过程以及项目团队的组建和管理等多个方面。类似地，新组织结构的建构和实际运转也需要特定信息和专业信息系统的支持。换句话说，医院追求的就是信息技术和组织的整合。

（二）非稳定性的网络：一个新分析框架的出现[②]

在前面一部分的讨论中，我们已经发现“资源管理行动”（RMI）的很多关键元素都是以一种相对松散的方式组合起来的。这些关键元素主要包括：让医生负责资源管理的思想；将临床理事会作为一层组织结构来进行组建的设想；当然，还有病例组合信息系统（或者类似于此的其他说法）——它既是信息工具，也将会是一个“透镜”，“医生-管理者”这一角色通过它得以实现，临床实践等诸多领域也借此变得透明起来，另外，管理者还可以应用它来发现资源利用耗费问题，并利用这种能见度很高的信息工具来实施管理干预，提高资源利用效率。

开展资源管理行动后，贯彻落实这一行动的地方（比如那些我们已经考察过的地方），可以借助资源管理这一工程在两个方面做进一步的推进：一方面，采购或者自行建立病例组合信息系统；另一方面，建立临床理事会。关于这两项任务的详细部署和描述，虽然不同地方存在显著差异，但普遍具有以下共性：病例组合系统和临床理事会是两个关键元素，而且地区卫生局有管辖权，即各贯彻执行机构要在一定程度上遵从当地卫生局的指示，因为他们掌握着资金链，包括资

---

① 举例来说，莱斯特皇家医院临床理事会的建立就要追溯到 1985 年（Barker，1990）。

② 这部分的材料建立在长期田野调查的基础上，1991—1995 年，PICT 团队在英国北部的一些医院做了大量调查。

源管理（RM）工程的资金和购买 IT 系统的资金。

然而，出于各种各样的原因，在病例组合信息系统真正成为一个功能实体之前（如果它们也确实可以成为功能实体），对于需要贯彻落实资源管理工程的大多数地方而言，在他们的日常实践活动中，临床理事会通常已经在作为功能实体发挥作用了。形成这种状况的主要原因是，如果所涉及的相关主体应允，那么组织责任的重新定位一般就可以迅速实现。总体来说，即便可能会有一些波折，但组织责任的重新定位一般都能够相当顺利地取得成功。相比之下，医院内部信息系统的设计和建设，以及信息系统的配置、试运转、测试以及操作能力方面的准备，都是要求苛刻的技术任务和管理任务，会连续不断地出现很多问题，解决这些问题相当费力。一般来说，信息系统的开发和贯彻落实需要两年左右的时间，而且实际实施过程所耗时间通常会比两年更长。所以，临床理事会更容易顺利成为一个功能实体。

组织结构的定型和信息系统的稳定应用在时间上的脱节已成为一种普遍现象，并产生两面性的影响。从积极一面来看，它被一些贯彻资源管理行动的部门视为理事会发展的机遇，可以借此时间差建立起一种工作模式，还能阐明信息需求，并设想通过病例组合系统获取相关信息。不能清楚说明医生的具体信息需求是资源管理项目团队内部出现问题的一个普遍原因，所以一旦能够阐明信息需求，就将减少问题的发生。从消极一面来看，人们会发现如果没有相关的信息，理事会就基本无法发挥其功能，通常情况下，在做有关管理方面的决策时，具体的信息需求会显得很有必要。很多时候，当临床理事会开始发挥功能时，在弄清楚自己的工作应该取得什么成果以及功能如何实现等方面，他们也会遇到很多困难。临床理事会、业务管理者、护理部管理人员、高级信托或单位管理者等人员更情愿已经有可以遵照的蓝图，而不是尚需努力搞清楚自己的角色是什么、责任是什么，以及汇报线路、信息需求、绩效目标等方面的具体内容到底是什么。

然而，随着时间的流逝，一些答案曾经模糊的问题，开始在人们的观念中变得明晰起来，这些问题就是“临床理事会是什么”和“临床理事会的功能是什么”。为了清楚地展现这些涉及临床理事会的新认识，对其特征做一个深入具体的考察就显得很有必要。在某种意义上，临床理事会是管理临床活动的“自然”团体（natural group），和医院其他“自然”团体一样，临床理事会也有自己的特征。[①] 以下条款（至少是这样）可以清楚地显示出它的特征：

应用进程　（诊断和治疗）

① 当然了，临床小组及其专业临床活动和临床理事会的重组，这几者之间并没有本质的差别，都是通过复杂的专业话语社会性地建构出来的。

应用资源　（专业工作人员、设备、药物）
“产品”　（特殊的治疗）
“市场”　（病人类型，以及后来的购买方）

如果资源管理行动（RMI）已经按照最初的设想开展起来了，那么我们就可以期待，在病例组合信息系统的实际应用中，很大程度上应该专注于上面四个条款中资源和进程这两方面，临床理事会的实践活动也应如此。这样的话，对医生临床活动的比较，还有对资源利用情况的比较，都可以很容易地实现。但是，事情并没有按照预定设想发展。我们前面的论述中已经提到，影响医生自律行为的核心因素已经开始从单纯的医院内部压力转变为外部合同所施加的压力。同时，我们还能发现，建构病例组合信息系统（要求它能实现内部医生间的详细比较）这项技术所耗时间会比预期的要长，而且还会产生一些失败的结果。压力和时间这两方面的因素结合起来，就从根本上破坏了这个伴随“作为管理者的医生”项目计划所出现的新网络的稳定性。

产生这种不稳定的原因主要有两个。第一个原因是单纯的技术上的不足，在努力让病例组合管理系统成为一种可以发挥作用的 IT 系统的过程中，很多尝试都缺乏足够的技术支持。[①] 从一位临床主任的评论中就可以发现这样一个失败的例子：

> 我发现病例组合系统完全搜集不到我所需要的信息。我接受了有关病例组合系统的培训，已经拿到了关于它的说明书，而且我还有个人编码，但我从来没有用过它，我的管理人员也基本上不再使用该信息系统。我甚至不明白它到底取得了哪些成就。

第二个原因就是影响深远的 NHS 改革的成功，特别是市场机制的建成。这个成功意味着在临床理事会的议事日程上，占据支配性地位的议题早就已经变成了和医疗卫生管理当局以及 GP 基金持有者的合同内容及合同监管问题，还有新环境带给临床理事会的机会及“产品组合”（product-mix）等问题。随后，临床主任不再需要担心进程和资源问题，而是开始更多地担心产品和市场问题。正如一个临床主任对这件事发表的看法：“购买方-供应方分离的复杂格局耗费了太多的精力。”临床理事会关注焦点的转变对已经取得认可的信息系统需求产生了戏剧化的影响。从根本上讲，病例组合信息系统的优越性开始下降，合同监管变成了对 IT 系统的最迫切需求（Bloomfield，1995）。在部分案例中，病例组合系统对合同监管的适应性很低，医生也没有直接卷入到该系统中。当然，从某种意义上来讲，这种情况也意味着为了能够很好地进行合同监管，一些病例组合信息系

① 无论是官方的还是非官方的，关于这些困难的报告都很多。

统被最初设计它们的公司仓促地重新设计，从而迎合市场需求。但是这同时也意味着，在一些案例中，病例组合系统实际上被搁置了，相关部门通过其他一些信息系统策略性地生成了合同监管所需的数据：例如，借助于升级后的病人管理系统，把数据转换成各种类型的、打包好的数据库管理工具。

对有关 IT 平台的构思进行修订，以及考察它们能否满足医院对各种信息系统提出的功能要求，实际操作中的状况比本文的分析所呈现出来的情况更加极端。不但在个体医院层面上如此，整个国家层面上也是如此。一些地方性医院已经不再购买自上而下管理的信息系统（例如，病例组合系统），而是转而采用基本的部门供料系统为信息管理系统的运转提供所需数据。相应地，他们强化了诸如病房指令和结果汇报系统之类的一些操作系统，替换或者升级了 PAS 系统，还使用相对便宜和灵活的软件包来进行数据分析和结果报告。从全国范围来看，自从 1992 年 NHS“信息管理和技术战略”（Information Management Group, 1993）启动以来，我们也看到了类似的变化趋势。这一战略更多地强调了“自下而上”的方法，而很少提到“资源管理行动计划”，然而真实的情况却是，在很多年内，资源管理行动才是 NHS 的 IT 战略中真正的前沿性尝试（Bloomfield 等，1994b）。

综上所述，目前为止，我们已经展开了一幅画面，在故事起始阶段，谋划的重要组织变革——临床理事会——就已经开始有了真正的根基，并且建立起了自己的组织结构，尽管它仍旧存在很多不确定性和模棱两可之处。更进一步来说，我们可以很清楚地看到，对那些较多地卷入管理工作中的医生来说，临床理事会对他们的思维和价值观都产生了真实的影响。但是组织变革并不是引进病例组合管理系统的结果，虽然这个系统为高级医师们提供信息以协助管理理事会内部的相关绩效考核任务（考核涉及治疗模式和资源管理等方面），但组织变革更大程度上源于理事会在大量实际工作中所面临的外部威胁，有时候甚至可以把组织变革看作理事会自身生存能力下的产物。当然，外部威胁是指购买方有改变他们合同要求的可能性，或者是到其他地方去购买部分服务的可能性。这也解释了我们在上面的描述中，为什么把信息焦点转向了理事会的“产品”和“市场”这两个方面，而不是转入进程和资源这两个方面。内部市场机制使得很多医院不得不重新分析对各种信息需求的满足情况。这导致的一个普遍结果是：医院已经不再完全按照一系列的国家措施来安排自己的信息系统推进日程，虽然那些国家措施通常能为各地医院的信息系统带来各种争取特别拨款的机会。与此相反，很典型的情况是，医院已经掌握了更多的对信息系统的直接支配权，并且增加了配置给信息系统的管理资源和资金。他们倾向于采取一种更具增量特征的方法来进行系统开发，以提高病房中临床业务的实际操作水平，而不是强调管理信息和控制系统。

(三) 一个新网络

从“资源管理行动”(RMI) 启动直到1994年年中，相关人员一直沿着前面所描述的路线方针致力于病例组合信息系统的稳步建设。这就是说，有一些发挥了重要作用的行动者在努力实现这个系统的稳定性应用，他们还把临床理事会看作可以促成此事的一个重要的整合杠杆。为了实现网络的稳定，病例组合信息系统就必须真正发挥功能，临床理事会也只能作为管理控制的一个单元而存在，并且医生也只能把他们的主要工作之一定位为利用病例组合信息系统快速实现对理事会中资源耗费模式的标准化。这也是“作为管理者的医生”工程计划的内容。

然而，在开发和贯彻落实能够有效运转的病例组合信息系统的过程中，由于时间拖延以及其他一些无法克服的困难，这个系统并没有真正稳定地投入应用，一些关注市场化机制改革的行动者也对其进行了一定干涉。这些情况后来导致临床理事会把注意力转向了与合同监管相联系的其他信息系统。所以我们可以说，病例组合信息系统作为一件特殊的技术制品，长期以来致力于实现其稳定应用的努力以失败告终；取而代之的是，一套与之相竞争的IT产品（事实上，它们发挥了一些同样的功能）现在正处于逐步稳定应用的进程中。我们在前面的讨论中也提到了这些替代性技术制品，它们从改良后的PAS系统中提取数据，生成合同监控报告。看起来，这些技术制品在帮助稳定临床理事会的过程中好像确实发挥了更有效的作用。

更进一步讲，逐渐趋于稳定的这个新网络，把医生推到了一个新的角色位置上，这个角色和“作为管理者的医生”这一工程的最初设想略有不同。目前，他们的管理活动较少涉及同行实践活动的标准化方面，而是更多地关注通过合同的方式来保证充分且可持续的业务流程。当然，这并不是要他们独立去完成这项任务，而是要他们和服务于理事会的业务管理者合作，还要和在医院信托机构层次从事管理工作的法人组织团体合作，这也是与购买方谈判时的重点所在。所以，更确切地讲，我们已经成功地让医生涉足管理工作，但并不是完全卷入，即建立起了一个不同于既定“作为管理者的医生”目标的新网络。这个新网络和最初的网络相比，保持了一些类似的元素（医生、IT系统、管理角色、临床理事会），但是它们在框架、意义以及表述上又都有显著差异。当实际应用IT系统时，技术硬件和软件也相差很大，而且它们通常由不同的公司来提供。正如一家信托医院（由政府出资独立经营的医院）的一位高级信息管理者评论的那样：病例组合系统现在确实已经成了“旧技术”。这些系统的潜在应用范围和使用者都不同，所以可以说，我们现在正根据不同的脚本、以不同的方式来配置和塑造医生。这些差异在图1和图2中有清楚显示，两个图中都包含了一些关键元素，如IT、临床理事会、医生以及管理；图2中还包含了业务管理者这个额外的角色。图 1 中，IT 就是指病例组合信息系统；临床理事会是专业同行组织；医生被看作管理者；管理被设想成部分医生的工作（标准化），旨在增进自律以提高效率。而图 2 中，IT 保证了内部市场中对合同的谋划和监控；理事会是责任体系的核心，多少有点类似于业务单元；医生卷入管理工作；经营管理成为理事会的工作，包括维护理事会的工作范围和资源。

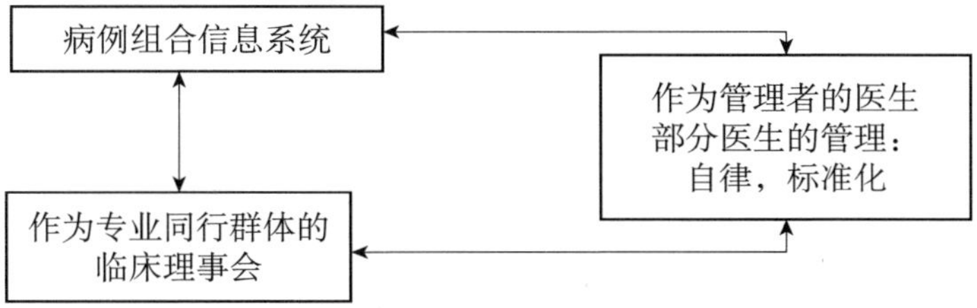

图 1　“预期的”网络：“作为管理者的医生”

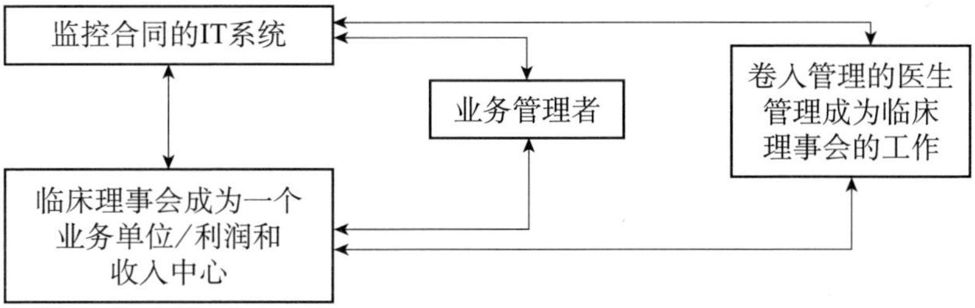

图 2　“现实建构”的网络：“参与管理工作的医生”

从长远来看，一些演变很有可能还会发生，即可能会再度退回到早期“作为管理者的医生”那个工程计划的预定方向。在“新网络”环境中进行开发的信息系统不能独自提供合同相关的数据，以及有关个体医生效率、治疗模式、资源消耗方面的起始数据。虽然个体医生方面的部分数据可以获得，也已经开始投入应用，但只是局限于较小范围内。很重要的一点是，不能在病例组合信息系统和现在这个关系较为松散的系统之间划分出一个清晰的功能边界。在 NHS 医院中，对病例组合系统的应用/废弃正处于不同的时期或阶段，部分医院正利用这种关系松散的新系统来帮助生成各种类型的数据，其应用方式也比较特别。所以从本质上来看，组织结构设计中的一些重要元素最初是嵌入在早期的病例组合信息系统中的，现在也仍旧暗含在一些管理报告中，即包含在那些由信息系统部门通过其他方式生成的管理报告中。所以，从这个意义上讲，这些精妙的设计所具备的约束潜能在医生的临床实践中依旧能发挥作用，但主要是针对那些参与到临床理事会管理工作中的医生而言。

有关这个“新网络”，很有意思的一个方面是有关业务管理者这个角色的理论解释。业务管理者是一个新的工作岗位，这个职业伴随着临床理事会的建成而产生。担任这些职务的个体更多是来自于 NHS 内的其他职业领域（例如护理、射线照相、会计、普通管理等），而不是医生；与那些只是顶着临床主任头衔的真正医生相比，通常情况下，他们承担了更多的日常管理任务。他们需要通过 IT 系统收集数据，并对给出的数据分析报告严格把关。基于这一点，我们可以认为他们担任着“守门员”的角色，而且是理事会和作为法人的医院管理部门之间的第一个联结点。那么，这些个体怎么才能很好地适应这幅新图景呢？

至此，我们已经分析了两个有关联却又迥异的交叉点。一个关系到临床理事会和他们的稳定性；另一个则涉及病例组合信息系统，以及后来替代病例组合系统的那些新系统，这些信息系统为组织现实创造了信息框架，并对组织现实提出特殊的纪律要求。目前存在的争论都是有关这两个工程、过程是如何彼此依赖进而取得成功的，以及由这些工程开发出的交互重叠的网络又是怎么彼此依赖进而取得成功的。我们现在可以搞清楚的是，业务管理者的角色可以作为这两个工程之间的一个必要的过渡点。业务管理者在努力实现临床理事会和信息系统稳定发展的过程中，他们自己的利益也在这个过程中建构了起来，有关“产品”、“市场”、进程和资源等关键管理参数的信息，信息系统全部都能提供。业务管理者对 IT 的应用强化了 NHS 内部改革所推崇的惩戒性权力，而且还标志着所发生的一切变革在一定程度上都是不可逆转的，当变革已经发展到一定程度时，其他替代性行为模式就越来越难获得赞同和支持。然而，这些约束不仅仅适用于临床医生，业务管理者也要受到这种权力的约束：

> 最初启动 IT 系统的时候，它还只是空头合同中很模糊的一个要点，然而现在我不得不花费 12 个月的时间，来通过购买方、顾问以及专业部门移交合同，而且在这里，病人的各种特许权问题实际上充斥在每个人的工作中，临床医师总是要发挥相应的平衡作用。他们让每个人都能更加专注于自己正在做的事情。然而，**做你最擅长的事情不再是最好的选择，除非你的擅长符合所有为你设定好的标准。**（原文做了强调）

业务管理者制定了这些约束条件，但它们又产生了双重作用，即业务管理者在制定它们的时候，这些约束条件也在管理者的策略选择中发挥了反向作用，从而对业务管理者也产生了约束效果。当达到如果没有这些信息，组织生活就会变得难以想象的程度时，业务管理者会感觉到自己也被信息系统绑定了，而原本他们是试图借助信息系统来影响临床医师的行为。

> 曾经人们问我：“为什么你需要那个信息系统？”而我们现在掌握了它，它也发挥了出色作用，但是在设法建构这个系统的过程中，我们有很大压力，不过**现在我们总算有了它，没有人能够想象我们如果没有第一时间得到**

它会发生什么状况。（业务管理者，原文做了强调）

如此一来，在 NHS 内部，在有关信息系统及其有效性的判定方面，就有了一个根本性的态度转变；这预示了什么将会是不可扭转的发展趋势。

医生没有像最初设想的那样充分参与进来成为管理者，一种可能的原因是业务管理者扮演他们的角色或有必要。从某种程度上来说，业务管理者这一角色的存在使得医生可以重新定位为仅仅参与到管理中，而不是成为真正的全权管理者。

> 无论再多说什么，业务管理者，或者管理者和医生也只能达到这种程度的紧密配合了，因为他们每个人都有各自首先要考虑的事情。一个医生优先考虑的事情是一个好的治疗结果、病人的满意度，而不会首先惦记花费，因为会有一个称职的管理者来考虑钱的问题。管理者的具体动机是每天结束的时候让预估费用计划和实际开销实现平衡，只要医生和管理者都明白了这些，他们就会合作得很好。（临床主任）

另一个临床主任用下面的话描述了这种状况：“我们把类似情况勾画出来，我像理事会主席，业务管理者很像常务董事。”这里只在作为策略规划者的临床主任和专注于具体操作问题的业务管理者之间做了区分（还可以参见 Mole and Dawson，1993）。但是，业务管理者认为他们自己在制定策略方面发挥了更广泛的作用。

> 事实上，我花费了相当多的时间为普通医疗服务制定策略，因为没有其他人来做。操作责任方面的事情，我通常让护理部的管理者来做……涉及合同方面的问题，我们会进行沟通，临床主任也会在场，有一些信息只有通过临床主任才能获得，而且现在管理团队中的临床主任们很称职，他们几乎把所有的时间都用来关注服务管理者了。如果我们有事情需要完成，这些主管都是能把事情真正做好的那类人。（业务管理者）

可以说，业务管理者很热衷于在参与管理的高级临床医师和真正做事情的专业管理者之间划清界限。

三、讨论

我们已经展现了一种资源高度密集的、精心策划的、试图建立起一项特殊信息技术的努力是怎么最终转到了另一个主题，重新定位了其目标，并且进程的推进脱离了原定计划。这种变革过程中的“目标偏离”不能仅仅借助于单一的技术因素来解释，也不能用一些诸如强有力的社会势力等想当然的因素来进行说明，虽然那些影响势力一直都存在，但是总能莫名其妙地被忽略掉。相反，我们必须得考虑异质性网络建立过程中固有的各种过程，或者说必经阶段，特别是涉及稳定性这个问题时（或者说是技术稳定应用的失败）。网络不会神奇地自己稳定下来。更进一步来说，已经实现的任何程度的稳定，后来也都会（大体上来说是这样）遭受到各种干扰进而影响其稳定性。相应地，那个曾经试图建立起病例组合信息系统的工程，其总的努力目标就是策略性地引导医生为临床实践中的资源议题负起管理责任。然而，出于各种原因（前面也有讨论），这个网络并没有稳定下来。目前，在内部市场机制的运作范围内，一个围绕着合同机制建立起来的新网络却似乎正处于稳定发展进程中，这个系统涉及不同的信息技术，对管理活动如何实施也做出了各种不同的安排。[①] 最初，“作为管理者的医生”工程预先假定的 IT 系统在一定程度上就是一种现场监控系统，医生可以借助它改变临床实践活动，还可以通过它在各个医生之间进行对比。事实证明，要建构一个恰当且适用的信息系统非常难以把握，但是当业务管理者这个角色被开发出来后，IT 系统就开始在管理活动中占据了主导地位，并且管理者的工作几乎全部依赖于信息系统的协助。业务管理者角色出现的同时，合同机制和信息目标锁定也得到了更多的重视。IT 系统反过来又在医生参与管理这个工程中发挥了居间促成作用。

从《信息技术与组织：战略、网络和整合》一书的主题来看，从最初的“作为管理者的医生”工程，到重新修订后的、局限于更小范围内的“医生参与管理”这个工程，分析对象的转换强调了恰当选择一种理论研究方法的重要性，这种研究方法认识到了技术和组织之间并不存在实质上的分离。从一个工程向另一个工程的更换，以及角色联盟与技术制品这个异质性网络浮现过程中引发的基本变革，临床理事会的组织结构本身等都可以看作一项技术——能在临床理事会和合同责任之间起到调解、居间促成作用的技术。正如病例组合系统，以及后来的合同信息系统，都对使用者的情况做了各种细致的假设（还参考了他们所隶属组织的详细信息），临床理事会在预先设计和制定诸如决策和信息管理这类技术依赖性实践活动时，也需要了解使用者的详细信息。这样，借助拉图尔（Latour，1993）的术语，临床理事会，还有更普遍意义上的组织，都可以看作“混合体”或者“类客体”（quasi-object），同时具备“技术性”和“社会性”两种属性。

对本文所描述的卷入开发工作中的全体人员来说，IT 和组织之间的假设关系已经成为他们了解开发过程的一种途径，但同时也是一种符号化的、散乱无章

---

① 若这样考虑，则通过内部市场安排妥当的各种势力之间出现更多、更大落差的情况也就不值得担忧了，当前谈论的就是这个系统内的潜在融合问题。落差主要表现在当地的医疗需求和供给水平之间，还有购买方和提供方之间。

的资源，那些变革正是借助这些资源得到了落实。在某些情况下，有人可能会争论说 IT 只是实现组织目标的手段而已，并不是目的本身。但在另一些情况下，只要 IT 的成功执行和合理应用需要相应的组织协助，IT 和组织就是彼此依赖的关系（例如，以培训的形式）。这些关系的定型将会经常被作为修辞工具来引用，即解释说这种关系的定型是为了保障这些关系的稳定，既保障了国家医疗服务系统中正在发生的其他变革不会受技术的支配，还保证了每件事情最后都服务于病患护理质量完善的目标。然而，另一些时机，大家也会发生一些争论，而争论的中心就是具体的组织或技术目标，好像他们原本应该各自独立存在一样。换句话说，在实践中，行动者在考虑 IT 系统和组织时，又表现出了广泛的实体论立场。对组织理论、管理或者信息系统这些研究领域的学者来说，借鉴这种灵活的观点将会很有帮助，也很恰当。

参考文献

Akrich, M. (1992) The De-Scription of Technical Objects, in W. Bijker, and J. Law (eds), *Shaping Technology/Building Society* (Cambridge, Mass: MIT Press), 205-24.

Barker, P. (1990) The Leicester Experience, *The Health Service Journal*, 100 (5220): 1428-9.

Bloomfield, B. P. (1991) The Role ofInformaion Systems in the UK National Health Service: Action at a Distance and the Fetish of Calculation, *Social Studies of Science*, 21 (4): 701-34.

—— (1992) Understanding the Social Practices of Systems Developers, *Journal of Information Systems*, 2 (3): 189-202.

—— (1995) Power, Machines, and Social Relations: Delegating to Information Technology in the UK National Health Service, *Organization*, 2 (3): 489-518.

——and Coombs, R. (1992) Information Technology, Control and Power: The Centralisation and Decentralisation Debate Revisited, *Journal of Management Studies*, 29 (4): 459-84.

————Cooper, D. J. and Rea, D. (1992) Machcines and Manoeuvres: Responsibility Accounting and the Construction of Hospital Information Systems, *Accounting, Management and Information Technology*, 2 (4): 197-219.

————and Owen, J. (1994a) The Social Construction of Information Systems: Implications for Managenment Control, in R. Mansell (ed.), *Information, Control and Technical Change* (London: A), 143-57.

—————— (1994b) The information and Management Strategy of the NHS: A Triumph of Optimism Over Practicality? *Parliamentary Brief*, 3 (1) (Oct.), 67-70.

——and Vurdubakis, T. (1994a) Boundary Disputes: Negotiating the Boundary between the Technical and the Social in the Development of IT Systems, *Information Technology and People*, 7 (1): 9-24.

———— (1994b) Re-Presenting Technology: IT Consultancy Reports as Textual Reality Constructions, *Sociology*, 28 (2): 455-77.

——and Vurdubakis, T. (1997) Visions of Organization and Organizations of Vision: The Representational Practices of Information Systems Development, *Accounting, Organizations and Society*, 22, in press.

Callon, M. (1990) Techno-Economic Networks and Irreversibility, Conference on Firm Strategy and Technical Change: Microeconomics or Microsociology, Manchester School of Management, UMIST, 27-8 Sept.

——and Latour, B. (1982) Unscrewing the Big Leviathan: How Actors Macro-Structure Reality and How Sociologists Help Them Do So, in K. Knorr-Cetina, and A. Cicourel (eds.), *Advances in Social Theory and Methodology: Toward an Integration of Micro- and Micro-Sociologies* (London: Routledge), 277-303.

Coombs, R., Knights, D., and Willmott, H. (1992) Culture, Control and Competition; Towards a Conceptual Framework for the Study of Information Technology in Organizations, *Organization Studies*, 13 (1): 51-72.

Department of Health and Social Security (1983) *Report of the NHS Management Inquiry* (London: HMSO).

Department of Health and Social Security (1986) *Health Services Management: Resource Management (Management Budgeting) in Health Authorities*, Health Notice (86) 34 (DHSS: London).

Department of Health (1989) *Working for Partients*, Cmd. 555 (London: HMSO).

Dopson, S. (1994) Management: The One Disease Consultants Did not Think Existed, Management Research Paper 9 412 (Oxford: Templeton College).

Fitzgerald, L. (1992) Clinicians into Management: On the Agenda or not? *Health Services Management Research*, 5 (2): 137-46.

Hirschheim, R., and Newman, M. (1988) Information Systems and User Resistance: Theory and Pratice, *The Computer Journal*, 31 (5): 398-408

Keen, J. (ed.) (1994) *Information Management in Health Services* (Buckingham: Open University Press).

Knights, D., and Murray, F. (1994) *Management Divided: Organisational Politics and Information Technology Management* (London: Wiley).

——and Vurdubakis, T. (1994) Foucault, Power, Resistance and All That, in J. M. Jermier, D. Knights and W. R. Nord (eds.) *Resistance and Power in Organizations* (London: Routledge), 167-98.

Latour, B. (1987) *Science in Action* (Milton Keynes: Open University Press).

—— (1991) Technology is Society Made Durable, in J. Law (ed.), *A Sociology of Monsters*:

Essays on Power，Technology and Domination（London：Routledge），103-31.

——（1993）*We Have Never Been Modern*（London：Harvester Wheatsheaf）.

Law，J.（1986）On The Methods of Long-Distance Control：Vessels，Navigation and the Portuguese Route to India，in J. Law（ed.），*Power，Action and Belief：A New Sociology of Knowledge?*（London：Routledge），234-63.

Mole，V.，and Dawson，S.（1993）Pole to Pole，*Health Service Journal*（11 Mar.），33-4.

NHS Information Management Group（1992）*IM&T Strategy Overview*（IMG/NHS Management Executive）.

Sewell，G.，and Wilkinson，B.（1992）Someone to Watch over Me：SurveillanceDiscipine and the JIT Labour Process，*Sociology*，26（2）：271-89.

Willmott，H.（1993）Strengh is Ignorance；Slavery is Freedom：Managing Culture in Modern Organizations，*Journal of Management Studies*，30（4）：515-52.

Woolagar，S.（1991）Configuring the User：The Case of Usability Trials，in J. Law（ed.）*A Sociology of Monsters：Essays on Power，Technology and Domination*（London：Routledge），57-99.

技术与制度：信息技术研究和组织研究相互学习什么？*

旺达·J. 奥利科夫斯基　斯蒂芬·R. 巴利
任敏　译
李忠路、王旭辉　校

摘要：我们认为，信息技术研究领域与组织研究领域之间存在显著的认识论差异，加强二者的互动将使双方受益良多。尤其是，信息技术研究将从组织研究中的制度分析视角中获益；而组织研究如果能像主流信息技术研究那样充分考虑技术的物质性特征，则会受益更多。本文进一步指出，除非同时考虑到技术变迁和制度环境对经济和组织活动的形塑作用，否则不能理解当前人类工作和组织方式变迁的本质。因此，加强信息技术研究领域和组织研究领域之间的交流不仅仅是为了丰富各自的研究内容，同时还意味着两种视角之间存在着融合的潜力。而这种日趋融合的研究视角则能帮助我们更细致地解释充斥在生活中的各种技术-社会现象的本质及后果。

关键词：认识论　制度分析　信息技术　组织研究　研究议题　技术变迁

* ORLIKOWSKI W J，BARLEY S R. Technology and institutions：what can research on information technology and research on organizations learn from each other? MIS Quarterly 25（2），2001：145-165. 丹尼尔·罗比（Daniel Robey）是本文的高级编辑，两位作者受邀为《管理信息系统季刊》（*MIS Quarterly*）所策划的一期特别主题“信息系统学科和其他商业学科相互学习什么”而提交了这篇论文。不幸的是，编辑部没有收到足够的稿件，所以这个主题最后并没有发表。奥利科夫斯基（Orlikowski）和巴利（Barley）的文章经过《管理信息系统季刊》的双盲评审过程，最后作为一篇常规论文在这里发表。

引言

进入21世纪以来，基于微电子科学的信息技术发展极大地改变了我们的生活、工作、沟通以及组织方式，这已经是大家日益加深的共识。事实上，许多人都相信我们已经进入了一个社会、经济大变迁的新时代，而历史将证明这个时代就跟工业革命时期一样具有里程碑意义。因为组织研究（organization studies，OS）和信息技术（information technology，IT）分别关注组织的社会方面和物质方面，所以二者的交叉融合（如果不是全面合作的话）对我们记录和评价发生在身边的诸多变化无疑是有益的，甚至是必要的。本文稍后会以具体的研究案例来说明这一点。不过，如果要理解信息技术研究者和组织研究者应该如何相互学习，很重要的一点就是首先要排除两个错误假设：一个假设认为信息技术研究和组织研究是截然不同的两个研究领域；另一假设则认为信息技术研究者和组织研究者在此之前极少来往、交流，因此他们可以平等地相互学习。

尽管IT和OS之间存在很多显著差别（这个我们稍后会讨论），但长期以来，二者之间的界限并不清晰。而这两个研究领域之所以很难界限分明，在一定程度上是因为许多IT研究人员最初接受的是组织研究领域的专业训练，另一些IT研究人员虽然没有受过组织研究的专业训练，却深受组织研究文献的影响。其结果是，我们不时发现，信息技术研究领域中某些学术期刊论文的研究思路和结论往往已经在组织研究领域的期刊中出现过。事实上，OS期刊最近还发表了不少直接探讨信息技术引进和使用结果的论文（Constant et al.，1996；DeSanctis and Poole，1994；Jarvenpaa and Leidner，1999；Mitchell and Zmud，1999；Orlikowski and Yates，1994；Walther，1995）。尽管如此，两者间的相互影响关系仍然处于严重失衡状态。无疑，与信息技术研究对组织研究的影响相比，组织研究对信息技术研究的影响更大。

为了证明这一点，你马上就可以在你的书桌上做个小实验。首先，你随意拿起任何一期信息技术研究期刊，比如《信息系统研究》（*Information Systems Research*）或者《管理信息系统季刊》，随机挑出一篇文章，来看看它的参考文献列表。在多数情况下，你会发现其至少有一篇参考文献来自组织研究期刊，例如《管理科学季刊》（*Administrative Science Quarterly*）、《管理学界》（*Academy of Management Journal*）、《组织科学》（*Organization Science*）或《组织行为和人力绩效》（*Organizational Behavior and Human Performance*）等。然后反过来，从上面所列举的这些组织研究期刊中随机地挑选一篇文章，重复之前的步骤，多数情况下，你却很难找到哪怕一条参考文献是出自 IT 期刊或者那些关于 IT 系统设计、IT 基础结构的专著的。

当然，这两个领域之间出现这种影响关系不平衡的状况是有原因的。一方面，IT 研究集中关注组织中的信息系统，探讨组织现象如何影响技术的开发和使用，同时，讨论信息技术如何形塑组织。另一方面，对于组织研究者来说，信息技术是一个特定的并且边缘性的研究议题，相比之下，诸如组织决策、群体动力、组织结构的影响因素等研究主题才是主流。不过，从 IT 研究往往被视作比组织研究更接近应用研究的意义上来看，这种不平衡关系也是可以理解的——毕竟，在大部分自然科学和社会科学研究中，都是追求一般性、普遍性的理论研究“影响”偏应用性的经验研究更多。但就研究对象而言，信息技术（IT）和组织研究（OS）是两个相互重叠而非是彼此脱节的研究领域。

然而，这两个领域之间仍然存在很重要的区别，其中最核心的则是认识论差异。大部分 IT 研究的任务是在给定具体目标和操作条件下，进行技术开发并解释信息技术应用的后果（无论是模型、技术还是设备）。同时，很大一部分比例的 IT 研究集中关注产品的设计、应用和使用，意在为现实问题提供具体的应对之策。因此，IT 就类似于工程、建筑以及其他设计领域的研究。像在工程学领域一样，实际问题“怎么办”成为大部分 IT 研究的出发点。尽管工程师和设计师们广泛地吸收各种基础科学知识，但是他们的主要关注点和精力还是放在说明各种情境化、暂时性的问题上。同样地，许多 IT 研究的目标就在于得出具体的解释，进行开发创新，提出关于信息技术如何改变现代生活的种种具体可行的解决方案。

相比之下，组织研究的认识论更接近惯例性的科学研究方法范畴——针对某些普遍现象，提出简约的假设性解释，并对其进行检验。实际上，该领域最初的研究议题是组织内部及组织之间的人类行为，而这又包括个人、群体以及组织间三个分析层次。正如其他社会科学家所做的那样，组织研究者试图回答“为什么”的问题，并努力发展出高度一般化的理论体系。因此，组织研究的目的在于发现规律，阐述一般化原则，以及明晰因果关系。

相应地，这些认识论上的差异有时候会导致追求特殊化与一般化之间以及强调应用性议题与理论性议题之间的不兼容关系。而其结果就是，某个领域的研究者有时候会排斥另一个领域的研究者。但在我们看来，事实上他们之间的差异性恰恰是可以互补的，这一点我们很容易从物理科学和工程科学之间的关系中得到佐证。工程师们如果不能理解那些支配物质、元件属性及其相互作用关系的一般化物理原则，就无法设计出机械设备。同样，物理科学家们也会常常将自己的研究发现归因于工程师们在机械设备制造上的杰出贡献。事实上，正是工程师们不时提出的一些非规律性的经验现象促进了科学研究的不断发展（Allen，1977）。

总之，认识特殊现象对于理论建构工作十分重要，而抽象理论对于理解、解释特殊现象也不可或缺。换句话说，这种特殊化与一般化之间、实践性与理论性之间的相互交融关系也正是社会科学的一大特点。

应该说，正是认识论差异而非研究议题差异，才使得 IT 研究和组织研究彼此交叉，存在着相互学习的极大空间。尽管如此，在当前情况下，相比 IT 研究从组织研究中所能获得的借鉴，组织研究也许应从对 IT 研究的学习中获益更多。我们之所以这么认为，不仅是因为希望推动一种更为对称的相互影响关系，还因为我们的工作和组织在本质上已经发生了巨大变化，如果我们的研究仍然将技术基础的改变对经济和组织活动的影响摒弃在外，我们恐怕就难以理解这些变化。基于此，搭建两个研究领域之间的沟通之桥并不只是为了丰富各自的现有研究，显然，这两个领域之间的互动蕴含着重要的视野融合的潜力，而分析视角的融合无疑将有助于我们更好地解释技术-社会现象的本质。当然，要理解为什么能够如此，首先我们还是要来看看组织研究者和 IT 研究者到底可以相互学习些什么。

组织研究向 IT 研究学习什么？

唯物质论和行动者视角

组织研究长期以来都将兴趣集中在建立命题和发现跨社会组织情境的一般化原则上，这种认识论形塑了组织理论家们界定技术和研究技术的方式。尽管有证据表明情境会发生变迁，但大部分组织理论仍在抽象意义上界定技术，这就为技术抹上了决定论色彩（技术通常是被视为组织变迁的主要诱因），同时也在很大程度上忽略了人类行动者在设计与使用技术中所扮演的能动性角色。回顾已有研究文献可知，组织研究对技术界定的难题始于技术权变论（contingency theories），而且，这也是组织研究领域第一次试图将技术变量正式纳入研究分析框架。

从伍德沃德（Woodward）1958 年开创性的工作开始，组织理论家们开始对技术如何影响、塑造组织形式（organizational form）感兴趣。在 20 世纪六七十年代，研究者们已经建构出了几种理论来解释技术与组织形式之间的关系，其结论则都可以归结为“不同的技术对应不同的组织结构”（例如，Gerwin，1979，1981；Harvey，1968；Hickson et al.，1969；Khandwalla，1974；Perrow，1967）。而权变论研究者们的核心工作就是设计一套关于技术与组织之间关系的普遍法则（如果这并非一种真正的理论的话），并试图将这些法则推广应用于所有类型的技术和组织。

基于上述考虑，权变理论家们通常采用两种方法中的一种来抽象地界定技术。许多学者把技术等同于生产系统类型，尤为典型的是，有的研究者将技术区分为定制化生产系统、小批量生产系统、大批量生产系统以及连续生产系统几种类型（Harvey，1968；Woodward，1958）。另一些学者则寻求一套普遍的维度或特征来比较不同的技术，而不管它们的应用目的是什么或者设计如何（Glisson，1978；Mohr，1971；Perrow，1967）。回顾这一派别的已有文献，研究者重点关注了任务的“复杂性”“可预测性”以及“可分析性”这几个特征维度，随后，这些特征本身就成为技术的代称。在这两种方式里，技术都被视作组织结构的物质性决定因素。例如，权变理论中有一种流行观点就认为技术越复杂、越不可预测，组织越可能采取一种灵活而非机械的结构。尽管蔡尔德（Child，1972）曾指出经理人对技术和组织结构的选择都有影响，从而试图在权变理论中加入行动者因素，但是其中经理人的行动影响并没有扩展到技术设计或使用环节，而只限于采用技术或不采用技术的决策环节，一旦技术被采用，则又被认为是决定了组织结构。所以，与以往的理论一样，战略选择理论也并没有真正认识到行动者意志的作用。

将技术视作抽象的物质因（material cause），无视技术的具体设计形式，忽略技术变迁过程中行动者因素的影响，这种研究思路在早期的权变理论和战略选择理论中被一直延续下来。比如，早期社会-技术系统理论流派的研究者把技术当作一个具体的物体来对待，并认为技术系统和社会系统之间是反复彼此建构的关系（reciprocally constitutive）（Rice，1963；Trist and Bamforth，1951），但后续的研究者们却逐渐抛弃了对技术和工作实践的深入研究，转而采用系统理论，对技术进行抽象研究。尤其是在米勒（Miller）和赖斯（Rice）的《组织系统》（*Systems of Organization*）一书于 1967 年出版以后，社会-技术系统理论者越来越将技术视为一个投入-产出的不确定过程。从而，社会-技术系统理论对技术的描述就变得跟权变理论的因果模型类似，技术再次成为黑箱。

以追求一般性理论的名义，将技术简化为一个抽象的物质因也是近代甚至更长周期内许多技术理论的共性。媒介丰富理论（media richness theory）就是这样的一个例子（Daft and Lengel，1984，1986）。媒介丰富理论试图解释个体如何基于媒介属性，例如传播的信息量、传播是同步的还是非同步的等特征，来选择沟通媒介。尽管媒介丰富理论相比权变理论跨出了巨大的一步，表现出对现实技术特征的较大兴趣，但是对一般化的理论的追求仍然使得该理论陷入过度决定论，损害了它对人类媒体选择行为的解释能力。实际上，组织文化、个人和群体偏好、群体工作实践以及媒介的象征性在媒介选择上至少发挥了与媒介技术本身特性一样重要的影响作用（Fulk et al.，1987；Markus，1984；Orlikowski and Yates，1994；Trevino et al.，1987）。

近年来，不少组织理论家逐渐对“技术的社会建构论”感兴趣，突出行动者在技术变迁中的作用。这个发展代表了一种技术定义的转向，技术在组织中的角色从抽象的、唯物质论的形象开始转向社会客体（social objects）。实际上，科学社会学家们从1980年代就开始研究技术现象（Bijker and Law，1992；Bijker and Pinch，1987；MacKenzie and Wajcman，1985），而社会建构论者则从大量的科学社会学研究工作中获取了灵感。大部分采取此分析视角的组织研究者都试图解释个人和群体利益、认知等因素如何形塑技术系统的设计和意义（Fulk，1993；Prasad，1993；Thomas，1994）。但遗憾的是，这些研究者仍然没有说明一旦技术在组织中被引进和使用，行动者将如何干预技术改变工作实践方式和组织结构的过程。

尽管社会建构论代表了技术研究中一种重要而且令人欣喜的改变，但这些研究者有时却又走向另一极端——否认技术的物质能使性及限制性。比如，克林（Kling，1992：355）就曾批评“粗暴的”（relentless）的社会建构论是一种“过分的解构”，牺牲了其他任何形式的分析。而民俗方法论者巴顿（Graham Button，1993）则与IT设计者进行过广泛合作，他同样认为在技术的社会建构论者那里，技术和工作实践本身都“消失”了。比如，他曾提到劳（Law）用行动者网络理论来解释造船的案例（1993：24）：

> 劳（Law）在描述中遗漏了对各种相关细节的刻画——这应该是对造船过程中互动行为的描绘，尤其体现为造船工人的工作实践，甚至就表现在船作为一种产品如何被建造起来的种种细节中……但是在劳的行动者网络理论中，我们固然看见了造船过程中所涉及的各种生产要素、重要事件，注意到了不同行动主体彼此合作的事实，但我们却不能理解在一个特定的物品（船）的制造过程中，它们之间的相互联系究竟包含了什么。这是因为在使用“联系”一词时，劳抛弃了行动的概念而只是关注过程……因为没有那些对工作实践的描述，技术在一阵理论热情中又一次消失不见了。

总之，不管是社会建构论还是唯物质论都保持着它们一贯的认识论立场，而这恰恰妨害了它们发展出兼及物质性和社会性特征的技术变迁理论。

搭建唯物质论和行动者视角的沟通之桥

技术既是物质性的，也是社会性的。所以，仅仅只用建构论或者唯物质论都不足以解释工作中的技术现象，我们需要整合这两种研究视角。在我看来，每种技术都从两个方面反映行动者的意志：首先，因为在满足同一工程需求时总可能存在多种技术设计，每种技术都代表了设计者的一系列特定选择（Bucciarelli，1994）。这其中，有些设计是从自然法则角度考虑的结果，有一些则反映了设计者对使用者的某些假设和想象，还有一些设计则反映了设计者群体的既有传统，反映了设计者群体对世界是如何被组织起来的（理所当然的）假设。其次，进一步来讲，因为大部分技术都可以有多种不同的使用方式，所以，当使用者将技术引入日常实践时，便可以形塑技术的含义（Orlikowski，2000）。因此，相似的技术可以以不同的方式嵌入有差异的社会系统中，并产生不同的社会后果（Barley，1986）。

与此同时，技术的物质特性也会影响相应的行动主体。每一项技术都具有能使性和限制性（Norman，1988）。尽管有些限制性和能使性要求具有一定弹性，但另外一些不能——至少在没有大幅度的重新设计或破坏性使用的情况下不能。放射科所使用的超声设备的设计就是一个例子。超声波检查要求有人来转动手持传感器，围绕另一个人的身体转动以扫描出超声波图像，图像随之在一个录像监测仪上显示出来。为了得到对诊断有用的数据，扫描员必须根据他们看到的影像不断调整传感器的扫描部位。这就要求扫描员能够对影像中的病理学和解剖学指标进行"实时"解释。因此，一个不能够实时解读扫描图像的扫描员实际上是不能胜任放射科诊断工作的，除非技术研发人员能设计出一个不需要移动就能够获取诊断数据的传感器。所以，不仅现代超声波的物质特征使得放射科即使有了X光照相术和荧光透视法也不可能常规化（routinize）超声波扫描法（Barley，1990），而且技术的物质特征也限制了技术设计者的选择。

关于数控机器是否能够导致机械师去技能化的研究史就阐释了如果要恰当地解释技术变迁的含义，为什么必须同时考虑人类行动者因素和技术的物质特征影响。而在《劳动和垄断资本主义》（*Labour and Monopoly Capitalism*）一书中，布雷弗曼（Braverman，1973）认为，在其他条件相同的情况下，技术进步之所以导致员工去技能化，是因为经理层有意通过技术设计和劳动过程的划分，将认知与执行领域分离开来，并且将执行工作降低到工人层面，而把认知工作保留给经理人和管理人员。布雷弗曼的这一言论是通过他对数控技术如何改变技工们的技术投入和自主权的研究得出的。在他看来，数控技术使得程序员们（而不是机械师）对机械加工负主要责任，同时，使得之前有技术主导权的机械师在工作角色上转变为机器的"保姆"①。

显然，布雷弗曼认识到了机器可以有多种设计方式。而且，与严格的唯物质论不同，他认为美国管理界对于组织控制的理念决定了哪种设计被采用，稍后，我们还可以在诺贝尔（Noble，1984）的研究案例中看到这一点。尽管如此，在我们现在看来，布雷弗曼阐述了数控工具的决定性逻辑，他的分析受制于当时特定类型数控工具的技术特征——程序是被写在纸上，且以纸张为存储介质的。实

① 指维护员。——译者注

际上，布雷弗曼和那些采取布雷弗曼式视角的研究人员（Crompton and Reid，1982；Kraft，1979；Zimbalist，1979）忽略了雇员们的能动性，比如管理层可能有自己的意志。因此，像战略选择理论（strategic choice theory）那样，早期的去技能化理论（deskilling theory）可以被理解为马克思主义学派：管理人员选择技术，而技术的影响就或多或少取决于他们的设计。

随后，在布雷弗曼的去技能化理论刺激下，涌现出了讨论数控技术影响的大量文献。这也使得数控技术成为组织研究历史上被研究最多的技术之一。尽管早期的一些研究支持了布雷弗曼的论点（Noble，1979），但后期的研究却对这种理论的普遍性表示怀疑。有些研究者注意到了恰恰只有那些具有技能的机械师才能解决机械化过程中一些糟糕的、有缺陷的程序设计导致的问题，所以，布雷弗曼无视机械师在车间中不容忽视的、正式和非正式权力的做法未免太过轻率（Aronowitz，1978；Burawoy，1979）。换句话说，布雷弗曼和其他去技能化理论家们对机器“保姆”（机械师）的主体性关注不足。

其他研究者则注意到雇主们是否使用数控技术来降低对技师的依赖取决于他们的态度和背景（Buchannan and Boddy，1983），以及工厂的组织环境和经济状况。去技能化现象在小机械厂中更少见，因为在小机械厂，老板和工头们自己就是机械师。同样，这在那些从事小批量生产的工厂中也很少见（Keefe，1991；Wood，1982）。然而，最终关于数控技术影响的核心指标之一被证明是机器工具的设计，以及该设计的特性如何影响工作实践。随着存储介质从纸张到光盘的转变，制造商们将逐渐将机器工具变成行编辑器（line editor），它在功能上相当于一个终端。早在 1984 年，研究者们就开始观察那些操作计算机数控机器（computer numerically controlled，CNC）的机械师们如何参与排除故障，甚至用行编辑器编写程序。而到了 1980 年代后期，数控机器又装上了微型计算机。随后，关于机械化的定性研究和定量研究都表明认知与执行的分离在先进的计算机数控机器操作中并不常见（Kelley，1986；Shaiken，1984）。也就是说，微型计算机和光盘存储的出现使得机械师们重新承担起编程的任务，而且这通常也被老板们鼓励。事实上，机械师们还通常认为数控机器工具提高了他们的技术能力（Gallie，1994）。因此，关于数控技术的研究文献意外地说明了，对技术变迁的研究需要融合几方面的因素：行动者的行动和选择、特定技术的特性和功能以及技术的使用环境。将这些因素融合起来，我们就可以展现出具体技术应用实践的微观动力机制。

有一点很明确，那就是对信息技术研究文献了解越多就越能促进组织研究。一般来说，IT 研究相对于组织研究更具有特殊化、具体化的特点，也对作为产品的技术本身关注更多。而且，因为 IT 研究的研究议题通常包含一种特定的技术设计和使用，IT 研究者更喜欢讨论技术细节。通过接触大量 IT 研究文献，组织研究学者可能会对技术的物质特性及其影响等问题做出更细致的解释。另外，他们可能还会认识到，掌握一定的技术知识有助于学者们理解在围绕技术的能使性和限制性特征而展开的人类行动中，新的组织结构是如何形成的。早期对基于计算机支持下的协同工作技术（computer-supported cooperative work，CSCW）的研究为我们提供了一个这种“融合”思路的范例，并且很好地展示了 IT 研究可以给予组织研究什么样的启示。

一个例证：计算机支持下的协同工作技术研究

对计算机支持下的协同工作技术的研究诞生于 1980 年代中期的人机互动研究中，是计算机科学家、软件设计者和那些对技术发展如何支持协同工作感兴趣的社会科学家之间合作的产物（Greif，1988）。一般的观念认为，设计师如果参照社会科学家所给出的工作实践描述，无疑就能更贴切地满足系统需求。在过去十年内，协同工作研究者完成了大量论文，以讨论在参考工作实践的数据基础上，如何整合民族志和系统设计知识来实现技术系统的设计和再设计（Hughes et al.，1993；Simonson and Kensing，1997）。协同工作研究者们开始认定是技术特性形塑了社会动力，反之亦然。其中，计算机支持下的协同工作技术研究文献的一个分支（我们可以称为“情境化的合作研究”）尤其如此，因为它指出，探讨如何理解人们使用技术的方式能够刺激产生新的组织理论。情境化的合作研究显然关注在个体及其工具之间持续的、大量的互动中，组织是如何出现和变迁的。

情境化合作的研究者们也研究了那些影响群体采用技术和产品的情境因素，人们不仅把技术用于组织他们自己的工作，而且还用于实现一些复杂的、系统的功能，比如航空交通控制（Harper and Hughes，1993）、机场地面指挥（Goodwin and Goodwin，1996；Suchman，1993）、地铁控制（Heath and Luff，1992），以及建造海军舰艇（Hutchins，1990，1995）。在组织研究的相关文献中，韦克和罗伯茨（Weick and Roberts，1993）将这种情境标称为高度可靠的组织（high reliability organization）。情境化协作的研究者与那些研究高度可靠系统的研究者们的不同之处在于，他们在方法上主要采用组织研究中并不常见的民族志方法、社会学方法，他们也更多地关注技术的特性而不是组织理论，正因为如此，这些研究更倾向于对工作实践进行民族志描述。

情境化协作研究的典型代表是描述工人们如何借助新出现的信息和手边的技术来彼此协调、完成任务。一般而言，情境化协作的研究者们擅长描述技术与社会互动的顺序，这是共同使用工具和技术来解决问题、倾向于合作的一个群体的实践逻辑。在这种情况下，大部分采用民族方法的研究者对情境化协作的研究都强调稳定状态被破坏后是如何重建和修复的。尽管他们并没有明确发展出一种组织理论——部分原因是因为民族方法论的议题有意回避建构理论——他们的研究充斥着概念，不过，这些概念具有发展出理论的潜力。比如，咬合研究（articulation work）（Bannon，1998；Suchman，1996）、分布式认知（distributed recognition）（Hutchins，1995；Rogers，1993）、目击能力（witness ability）（Harper and Hughes，1993）、共享信息空间（shared information spaces）（Schmidt and Bannon，1992），以及合作中心（centers of coordination）（Suchman，1993）。总体而言，这些概念都很有进一步挖掘的潜力，这是因为它们得自于对人类活动和技术如何交织——事实上人们通常就用“交织”来形容——的实地观察。其结果是，这些概念代表了一种取向，把组织视作具体的活动体系，它们持续地塑造着被应用技术的特征，相应地，组织也持续地被后者所形塑。

IT 研究向组织研究学习什么？

过去若干年以来，IT 被赋予的各种标签展现了该领域持续受到关注并逐步得到扩展的态势，而其研究议题则涵盖计算机机器、电子数据处理、计算机信息处理、信息系统、管理信息系统和信息技术。抛开它们在名字上的差异，IT 研究长期以来集中关注各个分析层次上的计算机技术的开发、应用及影响。总体上，IT 研究的文献包括信息系统、信息技术开发项目、信息技术基础设施和计算机网络等多个方面；相应地，IT 研究者们分别在个体、群体、组织以及组织间层次上探讨技术变迁的动力机制。然而，林林总总的研究其实仍有一定的共性，大体而言，大部分研究都可以被划归以下三类研究中的一类：（1）信息技术的影响研究；（2）信息技术的开发、推广和使用研究；（3）信息技术资源的组织和管理研究。

IT 研究的三个流派

信息技术的影响研究关注信息技术应用的社会和经济结果，这与组织研究者的兴趣最为接近，这类文章也常常在组织研究的刊物上发表。比如，有的研究者追问 IT 应用是促进了去技能化（deskilling）还是再技能化（reskilling）（Attewell and Rule，1984），是促进了去中心化还是中心化（Bloomfield and Coombs，1995；George and King，1991；Robey，1981），是改变了组织结构还是仅仅改变了沟通模式（Huber，1990；Malone et al.，1987；Sproull and Kiesler，1991），是否提升了个体能力和工作绩效（Grant and Higgins，1991；Kraut et al.，1988；Todd and Benbasat，1999），是否改善了群体的绩效表现

(Kraemer and Pinsonneault，1990；Zack and McKenney，1995)，是否提高了整个组织的绩效水平（Brynjolfsson，1993；Gurbaxani and Whang，1991；Weill，1993）等等问题。既然关心 IT 影响的研究者与组织研究者的兴趣相同，顺理成章，他们大量参考组织研究的相关文献。事实上，IT 研究中的这一类文献跟组织研究的相关文献之间十分接近，也是 IT 研究中最少关注技术的物理限制和能使特征的一个流派。与此相应，许多关于 IT 影响的研究论文也在组织研究的期刊上发表。

相比之下，第二个研究流派集中于关注技术应用和操作中的一些实际问题，尤其是技术问题。这部分研究的中心问题包括如何设计出更好的技术系统、使用者如何才能更有效地采用技术系统，以及技术应用如何能够持续地产出预期结果。尽管这些问题在组织研究的文献中并非主流，但是组织研究文献却对那些研究信息技术开发、配置和应用的学者影响至深，它们在概念采用上和研究结论上都对 IT 研究中的第二个研究流派产生了明显影响。比如，IT 研究者们也研究了组织特征，例如任务差异性、执行的支持要素和使用者的参与性等如何形塑技术的应用后果（Bostrom and Heinen，1977；Franz and Robey，1984；Ginzberg，1981；Lucas，1975）。有的学者还探讨了心理和认知过程（Boland and Tenkasi，1995；Davis，1989；Ives et al.，1983；Orlikowski and Gash，1994；Robey and Sahay，1996），以及政治、文化和战略（Hirschheim and Newman，1991；Kling，1991；Markus，1983；Markus and Bjørn-Andersen，1987；Walsham，1993）是如何影响技术的采纳、落实和使用的。在更系统的层面上，研究者还研究了技术扩散模式（Cooper and Zmud，1990；Fichman and Kemerer，1998）和临界值（critical mass）（Markus，1987）是如何影响人们什么时候以及如何部署、使用技术的。

第三个 IT 研究议题则是关于如何组织和管理 IT 服务的。因为这个主题关注 IT 怎么实现其技术解决方案，研究者们都很关心 IT 基础构造的物质方面，这既包括硬件、软件架构，也包括整个组织中通用的一般标准、工具以及之前留下来的系统维护等方面。因为这些问题从本质上说是战略性的，所以，那些阐述 IT 资源管理的论文大量参照宏观层面的组织（macro-organization）研究，尤其是组织战略、治理和资源控制等方面的研究。IT 研究者们发现组织理论家们的理论对于回答各种各样的问题十分有用，包括：中心化、去中心化或者联合治理结构（federal governance）何者更适合 IT 应用（Sambamurthy and Zmud，1999；Zmud，1984）；IT 部门应该如何跟其他组织部门合作、整合（Brown and Magill，1994；Henderson and Venkatraman，1993）；公司应该如何配置 IT 服务资源，将 IT 资源配置到哪里才合适（Lacity and Hirschheim，1993；Lacity et al.，1996；Venkatraman，1997）；公司应该如何招聘和留住 IT 人才（Agarwal and Ferratt，1999）；公司开发和管理 IT 基础架构的最佳办法是什么（Broadbent et al.，1999；Weill and Broadbent，1998）。最近，那些关注这些问题的研究者们又开始探讨什么样的 IT 能力和架构（既包括组织的也包括技术的）最适应数字经济的问题（Sambamurthy and Zmud，2000）。

技术的制度背景

简言之，IT 研究者们在过去若干年来借用了组织研究中的很多概念、框架、研究方法及技巧。这种借用使得 IT 研究者注意到了组织生活中的认知、政治和战略动态等因素的影响。但是显然，IT 研究者们还需要进一步采纳新近发展起来的制度化、全球化、企业家精神和后现代主义等主题的组织理论。我们现在来看看制度理论的发展，这是近二十年来组织研究中取得尤为突出发展的一个学派（最早出现在 1950 年代早期，然而不久以后就被忽略了）。除了少数几个研究（比如，Barrett and Walsham，1999；Kling et al.，1994；Kling and Lacono，1988），大部分 IT 研究者并没有讨论制度是如何影响组织内部以及组织之间的技术设计、使用及其结果的。由于 IT 研究领域的实践兴趣在于信息系统的开发、使用和管理，分析层次较低，因此无法揭示规则化过程、规范系统和文化框架是如何形塑技术系统的设计和使用的。

制度分析者关注广泛的社会力量和历史力量，探讨从外显的法律到内隐的文化理解是如何影响组织行动，以及反过来又如何被后者影响的。组织中的制度研究者尤其是“新制度主义”（Powell and DiMaggio，1991）学派推翻了组织研究中把组织和经理人视作理性行动者的既定理论。与其他的组织理论不同，制度主义者支持对组织变动进行认知和文化层面的解释。巴利和托尔博特（Barley and Tolbert，1997：93）曾这样说：

> 组织以及组成组织的成员，都被悬挂在一个价值、规范、规则、信仰和一系列被视作理所当然的假设所织就的网中，而且这张网至少部分是由他们自己编织的。

例如，朱克（Zucker，1977）就认为组织的稳定性和持续性建立在组织历经数代行动者所形成和发展起来的信念基础之上，而且，这种信念往往是抵制变化的。类似地，蒂马鸠和鲍威尔（DiMaggio and Powell，1983）也在解释组织结构和组织行动的同构性时指出，强制和模仿过程使得组织采取在文化上合法的结构形式和发展路径。

制度的影响既可以促进行动也能够限制行动。在制度主义者眼里，组织并非被动地接受环境的控制，而是一个积极的行动者，它们能够战略性地、创造性地应对环境压力（Scott，1995）。比如制度主义视角对网络技术扩散现象的解释。

从 1991 年以来，当对网络贸易的限制有所松动后，各个公司就越来越多地采用网络技术来跟客户、供应商和消费者进行联系，这在很大程度上就导致了美国因特网的流量每年都翻番（Guice，1998）。IT 研究者们开始研究网络的社会-经济意义（Brynjolfsson and Kahin，2000），但是他们却忽略了制度因素的影响，以至于陷入了过度理性化的经济决定论或技术决定论之中。简化的决定论在大众话语和学术话语中都时常出现，它们把“数字经济”（the digital economy）视作一个独立的、客观的和不可避免的现象（Orlikowski and lacono，2000）。对于这一点，我们可以列举很多学者的类似“预测”，像“无摩擦”（frictionless）电子贸易（Bakos，1998）、“距离的消失”（the death of distance）（Cairncross，1997）、“即插即用的互通性”（plug and play interoperability）（Shaw，1999），以及“剪切加粘贴”（cut-and-paste）的虚拟组织（Mowshowitz，1997）等。

制度化视角会使 IT 研究者们更好地把“数字经济”定义为新出现的、逐步演进的、嵌入性的、碎片化的以及带有突生性的社会产物。在它的形成过程中，文化和社会组织结构力量发挥了与技术和经济因素一样重要的作用。当面对新形式的基于电子媒介的交换、分配和互动现象时，IT 研究者们将兴趣局限于信息技术开发和应用，甚至只是研究技术对局部情境的影响，这显然是不合理的。全球网络世界的发展（既是技术意义上的也是组织意义上的）提出了制度互赖的研究议题，要理解这一点就需要弄清楚既有的假定、规范、价值、选择和互动是如何营造了人们的行动条件，以及后续的行动又如何造成了意料之外却影响广泛的后果。对制度因素影响电子商务活动的确认使得研究者们关注一些更复杂的问题，比如合作边界的模糊性、民族国家主权、组织控制、知识产权、个人隐私以及网际公约等。假定没有制度视角的引入，IT 研究者的关注范围可能就更狭窄，将局限于技术设计、经济决定或心理影响层次的问题讨论，而因此忽略那些很重要的社会、文化和政治方面。

IT 研究仍继续从对组织研究文献的参考和借鉴中获益。尽管如此，这种参考在很大程度上主要局限于信息技术系统的引入、使用、影响以及特定情境中的信息技术资源管理等主题。如果将这种学习关系扩展开来，关注到制度理论的相关研究，IT 研究者们也许会对技术如何被嵌入到复杂的、相互影响的社会、经济和政治网络中，以及它们互动的结果又是如何被这些更广阔的制度环境所形塑的，形成更加结构化和系统化的理解。

远程办公研究走向制度——技术融合的视角

为了说明技术变迁的组织理论如何可能从多参考 IT 文献中获益，以及 IT 研究如何能从关注制度因素的影响中受益，我们不妨想想最近几年发展起来的最重要的技术-社会发展现象之一——“远程办公”。“远程办公”概念最初由尼尔斯

(Jack Nilles，1975）提出，指称使用远程交流线路、计算机和其他办公技术（如无线传呼机、电话和传真）来实现在办公室以外的地方办公这样一种现象。尽管人们可以分别在很远的、各种各样的地方办公，比如机场或者旅馆房间，大部分的研究文献都假定远程工作的地点是家里。事实上，研究者们有时候就将远程办公等同于家庭办公，并且还常把远程办公视作“办公室办公”的替代物。

组织研究者们一直到 1980 年代中期才开始关注远程办公现象，这几乎是在这个概念出现十年之后。而且，相比我们在大众商业杂志和 IT 研究期刊中看见大量评论的事实，组织研究者们对此议题的兴趣仍然不大。正如我们理解的那样，大部分关于远程办公的组织研究只是顺便提到新技术是如何“能够”影响远程办公出现的趋势及其工作形式的等问题。与 IT 研究不同，组织研究者几乎只关注两个问题：远程办公如何影响个人的工作方式，以及组织和制度框架如何限制了远程办公方式的扩散。而且，很少有文章同时讨论上述两个问题，它们只是讨论其中一个问题，而且往往集中于第一个问题。

远程办公对个体有何影响？这类研究通常会对远程办公的职员与传统的坐办公室的职员进行比较，而具体比较指标则包括工作满意度、自主权、绩效、社会隔离、压力、工作管理能力以及家庭事务管理能力等。而且，对缓解工作和家庭之间冲突关系的兴趣是很多研究的原动力，这些研究都将远程办公视作职业女性同时兼顾事业和家庭的折中办法，不如此她们就得在工作和养育孩子之间进行取舍（Duxbury et al.，1998；Foegen，1984）。而另外一些人则进一步研究了它对两性工作以及生活质量的影响（Bailyn，1988，1993；Shamir and Salomon，1985）。不管在哪个主题中，远程办公都被视作一种新的工作方式，而且与我们传统文化对工作应该怎么组织起来的理解有天壤之别。尤其是，远程办公打乱了工作与家庭的区隔，而这正是 19 世纪以来就存在的工业雇佣方式的一个重要特征。因此，个体层次的研究就可以被设计来间接检验远程办公对这个关键制度的打破是否有益于远程办公者、雇主以及家庭成员。在很大程度上，个体层次的已有研究把远程办公描述成对雇员和雇主同样有益的技术发展。

第二个关于远程办公的组织研究流派队伍虽然并不壮大，但却引入了对制度问题的分析。这类研究者的文章通常采用更为消极的观点，而其主要研究议题则是解释为什么远程工作者会遭遇困难以及为什么经理人（总体上来说）不愿意采用远程办公方式（Bailyn，1993；Kurland and Egan，1999；McDavid，1985；Pontell et al.，1986；Tomaskovic-Devey and Risman，1993）。彼尔姆（Perm，1991）就认为，雇佣关系长期以来承担着一种社会控制功能，但是控制机制却因工作种类的不同而有差异。雇主们发现，相对来说，工厂工人比办公室职员更易于控制，因为他们的劳动产出是具体可测的。因为工厂中的手工工作和办事员工作涉及物料物品的物理转换，工人们如果偷懒就很容易被发现。相比之下，因为办公室中的管理工作和专业技术工作基本上都是脑力劳动，而且涉及人际合作，不易于控制。这在一定程度上导致经理人们常把“在场”视作办公室员工工作的重要评价指标，且以此作为后者是否应该升迁的评判基础（Perlow，1997）。

研究表明，经理们抗拒远程办公多因为他们担心当员工不在自己眼皮底下工作时会偷懒。相应地，员工们则担心远程办公会减少他们的升迁机会，阻碍自己的发展前程。因此，制度取向的研究发现，远程办公不仅挑战了既存的工作实践，而且既有的文化惰性对远程办公的普及也是一个重要的约束条件。制度主义视角下的研究表明，不管远程办公在技术上多么成熟，全职的远程办公现象也很少见，因为我们的社会和文化传统还没有改变。

虽然很少有人质疑远程办公破坏了长期建立起来的对在什么地方工作以及什么时候该工作的理解，但组织研究者们过分强调文化惰性，可能忽略现实世界里所发生的工作方式在时空分布意义上的巨大变迁。之所以出现这个问题，原因部分在于研究者们将远程办公定义为办公室办公的替代物，另外，还与他们对当前的技术演变趋势缺乏足够关注有关。而在 IT 研究中，对后者的关注程度则明显高得多。

虽然学术界的 IT 研究者们零星地发表了一些关于远程办公的文章，但大部分文章与组织研究思路相差不大（例如，DeSanctis，1984；Mokhtarian and Bagley，1997；Olson，1987，1989；Venkatesh and Vitalari，1992）①，尽管如此，我们也在一些期刊上，比如《个人电脑杂志》（*PC Magazine*）、《自动化处理》（*Datamation*）、《电脑世界》（*Computerworld*），以及《比特》（*Byte*），发现了远程办公研究中一个显著不同的视角，这就是对 IT 专业人才实践工作的研究。在 1970 年代后期，这些期刊刊出了远程办公研究中有关这一议题的早期文章。总体上，这些注重远程办公专业实践的文献主要有四个主题：

其一，受到物质决定论的影响，大多数面向实践者的 IT 研究文献对远程办公的扩散持乐观态度。这种乐观主义主要建立在技术发展会使远程办公更经济、更快捷、更可靠的承诺之上，因此，这也就可能导致更多的人选择使用远程办公。事实上，我们可以把这类研究当作技术史文献来读，它展示了技术人员如何持续将自己的发展预期嵌入远程办公技术之中。在 1980 年代早期，有文章提到家庭中的远程终端和调制解调器；到 1980 年代后半期，研究者又开始关注取代远程终端的个人电脑；而到了 1990 年代早期，微型计算机（包括笔记本电脑）又使得局域工作网（LANs）、整合服务数字网络（ISDN lines）、有线调制解调器以及其他承诺可以扩大带宽的远程交换技术逐渐淡出学者们的语境；到了

① 事实是 IT 研究者们对远程办公的研究采取了与组织理论者们一样的视角，这可以视作组织研究有时候对 IT 研究的影响太过的证据。在大众 IT 文献中出现的那些技术主题以及其他 IT 研究流派中的特点对解决远程办公研究中的制度问题很重要，稍后我们将谈到这一点。

1990 年代后期，对网络技术的讨论又因为因特网和万维网而迅速扩张。

其二，远程办公研究标志着出现了一个信息技术的市场，这是 IT 研究文献中的第二个主题（Dziak，1993；Kocher，1993；Ohlhausen，1992）。关于远程办公作为一个新兴技术市场的讨论最早出现在 1990 年代初，而且跟 1990 年的《清洁空气法案》、1991 年的《美国残疾人法案》和 1993 年的《家庭和医疗假期法案》这三部法律的通过有一定关联。在这三个法案中，影响最大的是《清洁空气法案》，它要求雇员超过 100 人的公司必须采取措施减少 25%的员工的通勤问题。就像当时的大众商业杂志一样，IT 杂志社描述并推荐了远程办公可以作为公司应对法律要求的一种办法，而且无须付出巨大的成本（Armstrong，1993；Harler，1993）。后来，人们甚至还开始讨论远程办公可以用于降低公司的办公费用（Apgar，1998）。

其三，最近几年以来，实践文献又将远程办公与合同工增长、流动性增加以及全球经济导致办公室区位越来越不重要等现象联系起来（Davenport and Pearlson，1998）。合同工被定义为自由的行动者，他们可以在家工作也可以在别的地方进行远程工作。远程办公的声誉好转使得公司倾向于用这种方式来管理那些拥有公司急需的技术但是又不愿意被长期聘用关系所束缚的人才。同样，远程办公也被视作解决那些在时空上彼此分隔的员工之间的整合、通勤难题的良策。IT 杂志宣称，远程办公是在具有高流动性且地理上彼此分隔的员工之间实现协同工作的一个前提条件。

其四，大部分 IT 研究文章，不管是在哪年发表，都预测远程办公技术将越来越多地被应用。通常，这类文章总是突出远程办公的潜在巨大需求。最早在 1981 年，科尔（Cole）曾估计 10%的人口将在 21 世纪选择在家办公。到 1985 年，有学者对 1990 年代将有多少人从事远程办公的估算从 1 000 万上升到了 2 000 万（Antonoff，1985；D' Attilo，1985；Regenye，1985）。1992 年，博格（Burger）则指出 60%的就业人口都可能成为远程工作者。相比之下，诺梅（Romei，1992）的预计则保守一些，大约占 33%。而 1997 年，华莱士（Wallace）宣布进入 21 世纪将有 2 570 万的人从事远程工作。然而，不管学者们的估计如何乐观，实际的远程工作者数量总是比预期的少得多。在综合考查了美国的各个预测研究之后，马洪尼和巴利（O' Mahony and Barley，1999）总结说，1992 年只有 0.26%的员工采用全职远程工作方式，而在 1997 年也只有 6.7%的永久雇员以各种方式进行远程办公。

这些大众 IT 出版物可能对远程办公代替办公室办公过分乐观，但诸多评论家们所强调的一点无疑是正确的，那就是支持远程办公的基础设施呈现爆炸性增长。美国拥有个人电脑、笔记本电脑、调制解调器、有线接入、高速电话线以及因特网接入的家庭占全美家庭的比例正在飞速增长（International Data Corporation，1998；National Telecommunications and Information Administration，1997)。同时，很多雇主也都提供上述设施。这些事实向我们提出了一个有趣的问题：如何理解家庭办公条件迅速普及，但全职远程办公却极少发生（根据组织理论家们的观察）的现象？是因为制度环境约束了这种工作方式的扩散吗？

组织理论家们可能会说，通俗性的IT研究文献太过于浅薄或者方向不正确，大众评论几乎只是关注能够使得人们实现远程办公的技术状况。尽管我们可以发现，组织甚至社会都抗拒在家办公，但是人们通常都认为单纯的技术因素是阻碍远程办公方式扩散的最重要限制条件。因此，那些写给实践者们看的文章描述每一种重要的新技术如何增加网络带宽、传输速度、信息入口，认为这些微小的技术变革会导致广泛的社会变革。这种趋势将技术可能性与社会可能性混为一谈，才导致了评论家们对远程办公普及过分乐观的估计。

尽管如此，仍然存在另一种可能性：或许，一种既非大众IT研究亦非组织研究（学术型IT研究）的视角才更适合描述远程办公的实际情况。两种视角各自讨论了信息技术发展现状的一面，但却缺乏一个整合性的理解：大众IT研究文献的可取之处在于它看到了新技术使得远程工作成为可能，并且远程办公也越来越常见；组织理论家们的难得之处则在于他们看到了远程办公研究必须考虑制度因素和文化背景，必须考虑到制度惰性的影响。遗憾的是，这两种视角下的研究都没有真正把握远程办公的社会动力机制，因为它们都没有揭示人们如何将远程办公技术整合到日常生活之中。

这种忽略一定程度上是由于两类文献都将远程办公定义为办公室工作的对立面。进一步而言，这两类文献实际上都采取了不恰当的研究视角。IT研究是参照技术应用的未来可能性来研究技术的当下状况，而组织研究则是参照过去的技术经验来研究技术的当下发展。据此，我们建议，更有效的技术和组织分析应该是对技术实践中的实际情况进行经验描述。

尽管全职远程办公的职员数量看起来很少，但是有另外许多人常常在一个月中有几天时间，通常更多的情况是一天有几个小时，进行远程办公。正如通俗IT刊物所预计的那样，越来越多的雇主开始提供家用电脑或差旅用便携电脑。而且，在分散办公和移动办公的名义下，越来越多的公司开始不为雇员提供固定的办公空间。这样一来，雇员们也就被鼓励在家办公。

综合起来，这些数据表明远程办公并不是对办公室办公的替代，而是对后者的补充。果真如此的话，那么我们就可以预计远程技术可能导致人们花费越来越多的时间在家办公，而家庭则成为办公室的延伸。

总之，远程办公的实际情况既不同于制度学派的研究也不同于技术学派的观点。两种视角都不过是处理了问题的一个方面，而忽略了问题的另一面，从而导致二者对于远程办公本质特征概述、分析上的疏漏。一方面，IT实践文献的务实取向使得其强调远程办公依赖于技术设施的可及性是正确的；而另一方面，组织研究中的制度学派则准确地解释了为什么全职远程办公从来就没有出现过。解答这个问题我们还需要回答：为什么远程计算机不断增长而远程办公的增速却似蜗牛爬？因为即使制度阻碍了在家工作替代办公室工作，既存的文化规范却允许基础设施被用于增加雇员们在家工作的时间，并且通常情况下，使雇员的家庭变得适宜办公也并不需要花费太多成本。所以，因为充斥着对技术能力的鼓吹，大众 IT 刊物中并没有意识到制度维持现状的能力到底有多大；类似地，因为忽略了技术的发展潜力，组织研究者也没能认识到计算机、网络可能在打破家庭与工作之间区隔关系中所扮演的角色，而工作与家庭的分离正是工业资本主义社会长期以来作为其存在标识的重要社会关系特征。还能有比这更深远的社会变迁吗？

总结

如果我们承认人类社会正经历从工业社会到后工业社会的转型，那么我们就需要新的视角来理解这个社会正在发生的变化及其发展走势。我们看到，社会经济变迁正是建立在新技术发展的基础之上的，新的技术导致了新的组织形式。从这个意义上来说，我们若仍然坚持技术研究与组织研究之间的强边界分离关系，显然不会是有益的做法。界定、理解和引导技术-社会发展都需要我们对技术系统、社会过程及其二者间的互动关系有深刻的了解。不幸的是，我们曾经画下的学科边界正在妨碍我们发展出一个更整合的研究方法。

我们建议，IT 研究和组织研究的视角应该结合起来，这种整合性的研究视角会使我们获益良多。当然，这并不是要完全整合两个领域，而是要鼓励在具体研究和理论有交叉的地方将两种视角结合起来。我们认为，这种融合之后的视角与两个领域的主流研究视角都不同，或许它们在内容上一样，但在认识论上却确有不同。毫无疑问，我们期待看见这样的研究：研究者对技术属性和组织的社会动力机制都了解至深，同时还认识到，技术作为一种物质体系的物理特性（功能性能使与限制）与嵌入在制度环境中的行动者主体性一样重要。

我们认为，要实现这样的认识论转变，组织研究者比 IT 研究者要走的路更长。这种不平衡的局面并非简单地反映了一个事实——IT 研究对组织研究的成果吸纳比组织研究对 IT 研究的成果吸纳更多，尽管情况也确实如此，而是要强调，组织研究者们需要对技术系统的发展现状有所了解，还要知道技术系统的发展往往比社会系统的变迁快得多。面对既有的困惑，也许一个更有效的方法是就像之前已经出现在 CSCW 研究领域中的社会科学家和计算机科学家之间的合作那样，将各自为政的两种研究结合起来，培养组织研究者和信息技术研究者之间的合作精神以及合作基础。

将组织研究和 IT 研究整合起来的价值远远超越了只是让一个领域了解、借鉴另一个领域所带来的收益，这将使得我们可以在一个研究中将人类行动者、物质性能使/限制条件和制度动力机制等因素都融合起来，从而为技术-社会变迁提供一个更丰富的解释框架。这种理论融合可以发生在各个分析层次，并以各种不同的方式进行，它要求研究者特别关注随时间演进而出现和改变的情境动力。当然，这种融合性研究在较低的分析层次上更为可行。这不仅是因为宏观的社会变迁比微观的社会实践更少见，而且还因为后者集中在更短的时间内（因此更易于研究）。例如，任何关于电子系统如何在美国出现的故事，必定要同时考虑技术本身的发展和特定利益集团的政治行动（Hughes，1983；Nye，1990）。而要解释基于互联网的电子经济如何出现、影响如何的研究如果要令人满意的话，也必须兼顾制度力量、技术能力和人类行动这三类因素。

总之，当我们研究具体实践中的个体或群体时，研究者可能会观察正在发生的行动，并收集多个案例的信息，从而可能推论出更一般化的理论，CSCW 研究所取得的既有成果在一定意义上正是这个思路引导下的结果。考虑到在经济和社会层面的技术-社会发展的现实属性及其变动性，我们研究中所用的时间框架会超越任何单一研究者的眼界。尽管如此，认识到技术系统与政治行动、行动者选择之间如何随时间推移而不断互动，从而导致了那些复杂的、突生性的现象，仍可能有助于组织研究和 IT 研究各自都发展出对后工业社会、经济的技术环境和制度环境具有更强解释力的理论分析框架。

致谢

感谢丹・罗比（Dan Robey）和其他匿名评审人为本文的修改提出了有益的建议。

参考文献

Agarwal. R. , andFerratt, T, *Coping with Labor Scarcity in Information Technology Strategies and Practices for Effective Recruitment and Retention*, Pinnaflex Educational Resources，Cincinnati，OH，1999.

Alien，T J，*Managing the Flow of Innovation*，MIT Press，Cambridge，MA，1977.

Antonoff，M. "The Push for Telecommuting，" *Personal Computing* (9)，1985，pp. 82-92.

Apgar，M. "The Alternative Workplace：Changing Where and How People Work，" *Harvard Business Review*，May-June 1998，pp. 121-136.

Arrnstrong，L. "The Office is a Terrible Place to Work，" *Businessweek*，1993，p. 46D.

Aronowitz，S . "Marx，Braverman，and the Logic of Capital，" *The Insurgent Sociologist* (8)，1978，pp. 126-147.

Attewell，P，and Rule，J， "Computing and Organizations：What We Know and What We Don't Know，" *Communications of the ACM* (27. 12) 1984，pp. 1184-1191.

Bailyn，L. *Breaking the Mold：Men，Women and Time in the New Corporate World*. MacMillan，New York. 1993.

Bailyn，L. "Freeing Work From the Constrains of Location and Time，" *New Technology，Work and Environment* (3)，1988，pp. 143-152.

Bakos，Y "The Emerging Role of Electronic Marketplaces on the Internet，" *Communications of the ACM* (41：8)，1998，pp. 35-42.

Bannon，L. J. "CSCW：Towards a Social Economics. " NATO Human Factors and Medicine Panel Meeting on Collaboration Crew Performance in Complex Operational Systems，Edinburgh，Scotland，1998.

Barley，S R. "The Alignment f Technology and Structure Through Roles and Networks，" *Administrative Science Quarterly* (35)，1990，pp. 61-103.

Barley，S R. "Technology as an Occasion for Structuring：Evidence From Observations of CT Scanners and the Social Order of Radiology Departments，" *Administrative Science Quarterly* (31)，1986，pp. 78-108.

Barley，S. R. and Tolbert，P. S. "lnstitutionalization and Structuration：Studying the Links between Action and Institution，" *Organization Studies* (18：1)，1997，pp. 93-117.

Barrett，M.，and Walsham，G. "Electronic Trading and Work Transformation in the London Insurance Market，" *Information Systems Research* (10：1)，1999，pp. 1-22.

Bijker，W. E.，and Law，J. *Shaping Technology/Building Society：Studies in Sociotechnical Change*，MIT Press，Cambridge，MA，1992.

Bijker，W. E.，and Pinch，P. "The Social Construction of Facts and Artifacts，" in *The Social Construction of Technological Systems. New Directions in the Sociology and History of Technology*，W. E. Bijker. T. Hughes，and T. Pinch (eds.)，MIT Press，Cambridge，MA，1987.

Bloomfield，B.，and Coombs，R. "lnformation Technology，Control and Power：The Centralizatlon and Decentralization Debate Revisited，" *Journal of Management Studies* (29：4)，1992，pp. 459-484.

Boland，R. J. Jr.，and Tenkasi，R. V. "Perspective Making and Perspective Taking in Communities of Knowing，" *Organization Science* (6. 4)，1995，pp. 350-372.

Bostrom, R. P., and Heinen, J. S. "MIS Problems and Failures: A Socio-Technical Perspective, Part I-The Causes." *MIS Quarterly* (1: 3), 1977, pp. 17-32.

Braverman, H. *Labor and Monopoly Capital*, Monthly Labor Review Press, New York, 1973.

Broadbent, M., Weill, P., and St. Clair, D. "The Implications of Information Technology Infrastructure for Business Process Redesign," *MIS Quarterly* (23: 2), 1999, pp. 159-182.

Brown, C. V., and Magill, S. "Alignment of the IS Function with the Enterprise: Towards a Model of Antecedents," *MIS Quarterly* (18), 1994, pp. 371-403.

Brynjolfsson, E. "The Productivity Paradox of Information Technology: Review and Assessment," *Communications of the ACM* (37), 1993, pp. 66-77.

Brynjolfsson, E., and Kahin, B. (eds.). *Understanding the Digital Economy: Data, Tools, and Research*, MIT Press, Cambridge, MA, 2000.

Bucciarelli. L. L. *Designing Engineers*, MIT Press. Cambridge, MA, 1994.

Buchanan, D. A., andBoddy, D. *Organizations in the Computer Age*, Gower, Hampshire, England, 1983.

Burawoy, M. *Manufacturing Consent: Changes in the Labor Process Under Monopoly Capitalism*, University of Chicago Press, Chicago, 1979.

Burger, K. "Offices Without Walls: Remote Computing in the 90s," *Insurance and Technology* (17: 8), 1992, pp. 46-50.

Button, G. "The Curious Case of the Vanishing Technology," in *Technology in Working Order: Studies of Work, Interaction and Technology*, Graham Button (ed.), Routledge, London. 199 3, pp. 10-28.

Cairncross, F. *The Death of Distance: How the Communication Revolution Will Change Our Lives*, Harvard Business School Press, Boston, MA, 1997.

Child, J. "Organization Structure, Environment, and Performance—The Role of Strategic Choice," *Sociology* (6), 1972, pp. 1-22.

Cole, B. C. "Computing to Work," *Interface Age* (6), 1981, pp. 94-96.

Constant, D., Sproull, L., and Kiesler, S. "The Kindness of Strangers: The Usefulness of Electronic Weak Ties for Technical Advice," *Organization Science* (7), 1996, pp. 119-135.

Cooper, R. and Zmud, R. W. "Information Technology Implementation Research: A Technological Diffusion Approach," *Management Science* (36: 2), 1990, pp. 123-139.

Crompton, R., and Reid, S. "The Deskilling of Clerical Work," in *The Degradation of Work: Skill, Deskilling and the Labour Process*, S. J. Wood (ed.), Hutchinson Press, London, 1982, pp. 146-162.

D'Attilo, L. "Branching Out into the Home," *Datamation* (36), 1985, pp. 156, 158.

Daft, R. L., andLengel, R. H. "Information Richness: A New Approach to Managerial Information Processing and Organization Design," in *Research in Organizational Behavior*, Volume 6, B. Staw and L. L. Cummings (eds.), JAI Press, Greenwich, CT, 1984, pp. 191-233.

Daft，R. L.，andLengel，R. H. "Organizational lnformation Requirements，Media Richness，and Structural Design，" *Management Science* （32），1986，pp. 554-571.

Davenport，T.，and Pearlson，K. "Two Cheers for the Virtual Office，" *Sloan Management Review* （39：3），1998，pp. 51-65.

Davis F. D. "Perceived Usefulness，Perceived Ease of Use，and User Acceptance of Information Technology，" *MIS Quarterly* （13：3），1989，pp. 319-340.

DeSanctis，G. "Attitudes Toward Telecommuting：Implications for Work-at-Home Programs，" *Information and Management* （7），1984，pp. 133-139.

DeSanctis，G. and Poole，M. S. "Capturing the Complexity in Advanced Technology Use Adaptive Structuration Theory，" *Organization Science* （5：2），1994，pp. 121-147

DiMaggio，P J.，and Powell，W. W. "The Iron Cage Revisited：Institutional lsomorphism and Collective Rationality in Organizational Fields，" *American Sociological Review* （48：4），1983，pp. 147-160.

Duxbury，L.，Higgins，C.，andNeufled，D. "Telework and the Balance Between Work and Family：Is Telework Part of the Problem or Part of the Solution?" In *The Virtual Workplace*. M. lgbaria and M. Tan （eds.），Idea Group Publishing，Hershey，PA，1998，pp. 218-255.

Dziak，M. J. "Telecommuters Do Their Best Work at Home，" *Telephone Engineer and Management* （97）. 199 3，pp. 48-50.

Fichman，R. G.，and Kemerer，C. F. "The Assimilation of Software Process Innovations：An Organizational Learning Perspective，" *Management Science* （43：10），1998，pp. 1345-1363.

Foegen，J H. "Telecommuting：New Sweatshops at Home Computer Terminals，" *Business and Society Review* （51）. 1984，pp. 52-55.

Franz，C. R. and Robey，R. "An Investigation of User-Led System Design：Rational and Political Perspectives，" *Communications of the ACM* （27. 12）. 198 4，pp. 1202-1209.

Fulk，J. "Social Construction of Communication Technology"，*Academy of Management Journal* （36）. 1993，pp. 921-950.

Fulk，J.，Steinfield，C. W.，and Schmiti，J. "A Social Information Processing Model of Media Use in Organizations." *Communication Research* （14），1987，pp. 529-552.

Gallie，D. "Patterns of Skill Change：Upskilling，Deskilling or Polarization?" in *Skill and Occupational Change*，R. Penn，M. Rose，and J Rubery （eds.）. Oxford University Press，London，1994.

George，J F.，and King，J. L. "Examining the Computing and Centralization Debate，" *Communications of the ACM* （34：7），1991，pp. 63-72.

Gerwin，D. "The Comparative Analysis of Structure and Technology：A Critical Appraisal，" *Academy of Management Review* （4），1979，pp. 41-51.

Gerwin，D. "Relationships Between Structure and Technology，" in *Handbook of Organization Design*，Volume 2，P. Nystrom and W. H. Starbuck （eds.），Cambridge University Press，

Carnbridge，England，1981，pp. 3-38.

Ginzberg，M. J. "Early Diagnosis of MIS Implementation Failure：Promising Results and Unanswered Questions，" *Management Science*（27：4），1981，pp. 459-478.

Glisson，C. A. "Dependence of Technological Routinization on Structural Variables in Human Service Organizations，" *Administrative Science Quarterly*（23），1978，pp. 383-395.

Goodwin C.，and Goodwin，M. H. "Seeing As Situated Activity：Formulating Planes，" in *Cognition and Communication at Work*，Y. Engestrom and D. Middleton（eds.），Cambridge University Press，New York，1996，pp. 61-95.

Grant，R. A，，and Higgins，C. A. "The Impact of Computerized Performance Monitoring on Service Work：Testing a Causal Model，" *Information Systems Research*（2：2），1991，pp. 116-142.

Greif，（ed.）. *Computer Supported Cooperative Work*，Morgan Kaufman，New York，1988.

Guice，J. "Looking Backward and Forward at the Internet，" *The Information Society*（14：3），1998，pp. 201-212.

Gurbaxani，V.，and Whang，S. "The Impact of Information Systems on Organizations and Markets，" *Communications of the ACM*（34：1），1991，pp. 59-73.

Harler，C. "Why User Firms Favor Workers' Telecommuting，" *Communications News*（30），1993，pp. 66-67.

Harper，R H. R.，and Hughes，J. A. "What a F-ing System! Send'Em All to the Same Place and Then Expect Us to Stop'Em Hitting，" in *Technology in Working Order Studies of Work，Interaction and Technology*，G. Button（ed.），Routledge，London，1993，pp. 127-143.

Harvey，E. "Technology and the Structure of Organizations." *American Sociological Review*（03），1968，pp. 247-259.

Heath，C，and Luff，P. "Collaboration and Control：Crisis Management and Multimedia Technology in London Underground Line Control Rooms，" *Computer Supported Cooperative Work*（I），1992，pp. 69-94.

Henderson，J. C.，andVenkatraman，N. "Strategic Alignment：Leveraging lnformation Technology for Transforming Organizations，" *IBM Systems Journal*（32），1993，pp. 4-16.

Hickson，D. J.，Pugh，D. S.，and Pheysey，D. C. "Operations Technology and Organization Structure：An Empirical Reappraisal，" *Administrative Science Quarterly*（14），1969，pp. 378-397.

Hirschheim，R.，and Newman，M. "Symbolism and Information Systems Development：Myth，Metaphor and Magic，" *Information Systems Research*（2：1），1991，pp. 29-62.

Huber，G. P. "A Theory of the Effects of Advanced Information Technologies on Organizational Design，Intelligence，and Decision Making，" *Academy of Management Review*（15：1），1990，pp. 47-71.

Hughes，J. A.，Randall，D.，and Shapiro，D. "From Ethnographic Record to System Design：Some Experiences From the Field，" *Computer Supported Cooperative Work*（1），

1993, pp 123-141.

Hughes, T. P. *Networks of Power: Electrification in Western Society*, 1880-1930, Johns Hopkins Press, Baltimore, MD, 1983.

Hutchins, E. *Cognition in the Wild*, MIT Press, Cambridge, MA, 1995.

Hutchins, E. "The Technology of Team Navigation," in *lntellectual Teamwork. Foundations of Cooperative Work*, J. Galegher, R. E. Kraut, and C. Egido (eds.), Lawrence Erlbaum Associates, Hillstale, NJ, 1990, pp. 191-220.

International Data Corporation. "IDC Predictions'98: New Power Brokers Reshape the IT Industry" 1998 (http: //www. idcresearch. com/F/Ei/gensl 6. htm. accessed February 16, 1998).

Ives, B., Olson, M. H., and Baroudi, J. J. "The Measurement of User Information Satisfaction," *Communications of the ACM* (26: 10), 1983, pp. 785-793.

Jarvenpaa, S. L., and Leidner, D. E. "Communication and Trust in Global Virtual Teams," *Organization Science* (10: 6), 1999, pp. 791-815.

Keefe, J. H. "Numerically Controlled Machine Tools and Worker Skills," *Industrial and Labor Relations Review* (44), 1991, pp. 503-519.

Kelley, M. R. "Programmable Automation and the Skill Question: A Reinterpretation of the Cross-National Evidence," *Human Systems Management* (6), 1986, pp. 223-241.

Khandwalla, P. N. "Mass Output Orientation of Operations Technology and Organizational Structure," *Administrative Science Quarterly* (19), 1974, pp. 74-97.

King, J. L., Gurbaxani, V., Kraemer, K. L., McFarlan, F. W., Raman, K. S., and Yap, C. S. "Institutional Factors in Information Technology Innovation," *Information Systems Research* (5: 2), 1994, pp. 139-169.

Kling, R. "Audiences, Narratives, and Human Values in Social Studies of Technology," *Science, Technology, & Human Values* (17: 3), 1992, pp. 349-365.

Kling, R. "Computerization and Social Transformations," *Science, Technology, & Human Values* (16: 3), 1991, pp. 342-367.

Kling, R., and lacono, C. S. "The Institutional Character of Computerized Information Systems," *Office: Technology and People* (5: 1), 1988, pp. 7-28.

Kocher, C. E. "Pinpointing the Work-at-Home Market," *Telephony* (224). 1993, pp. 26-36.

Kraft, P. "The Routinizing of Computer Programming," *Sociology of Work and Occupations* (6), 1979, pp. 139-155.

Kraemer, K. L., and Pinsonneault, A. "Technology and Groups: Assessment of the Empirical Research," in *Intellectual Teamwork: Social and Technological Foundations of Cooperative Work*, J. Galegher, R. E. Kraut, and C. Egido (eds.), Lawrence Erlbaum Associates, Hillsdale, NJ, 1990, pp. 375-405.

Kraut, R., Koch, S., and Dumais, S. "Computerization, Productivity, and Quality of Employment," *Communications of the ACM* (32), 1988, pp. 220-238.

Kurland, N. B., and Egan, T. D. "Telecommuting: Justice and Control in the Virtual Organization," *Organization Science* (10), 1999, pp. 500-513.

Lacity, M. C., and Hirschheim, R. *Information Systems Outsourcing: Myths, Metaphors, and Realities*, John Wiley & Sons, Inc., New York, 1993.

Lacity, M. C., Willcocks, L. P., and Feeny, D. F. "The Value of Selective IT Sourcing," *Sloan Management Review* (37), 1996, pp. 13-25.

Lucas, H C. Jr. *Why Information Systems Fail*, Columbia University Press, New York, 1975.

MacKenzie, D., and Wajcman, J. *The Social Shaping of Technology*, Open University Press, Milton Keynes, 1985.

Malone, T. W., Yates, J., and Benjamin, R. I. "Electronic Markets and Electronic Hierarchies." *Communications of the ACM* (30: 6), 1987, pp. 484-497.

Markus, M. L. "Electronic MailAs the Medium of Managerial Choice," *Organization Science* (5), 1994, pp. 502-527.

Markus, M. L. "Power, Politics, and MIS Implementation," *Communications of the ACM* (26), 1983, pp. 430-444.

Markus, M. L. "Towards a'Critical Mass' Theory of Interactive Media: Universal Access, Interdependence and Diffusion," *Communication Research* (14), 1987, pp. 491-511.

Markus, M. L., and Bjarn-Andersen, N "Power over Users' Its Exercise by System Professionals." *Communications of the ACM* (306). 1987, pp. 498-504.

McDavid, M, "US. Army: Prototype Program for Professionals," *Office Workstations in the Home*, National Research Council, National Academy Press, Washington, DC, 1985.

Miller, E. J., and Rice, A. K. *Systems of Organization*, Tavistock Publications, London, 1967.

Mitchell, V. L., andZmud, R. W. "The Effects of Coupling IT and Work Process Strategies in Redesign Projects." *Organization Science* (10'4), 1999. pp. 424-438.

Mohr, L. B "Organizational Technology and Organizational Structure," *Administrative Science Quarterly* (16), 1971, pp. 444-459.

Mokhtarian, P. L., and Bagley, M. N. "The Impact of Gender, Occupation and Presence of Children on Telecommuting Motivations and Constraints," *Journal of the American Society for lnformation Science* (49), 1998, pp. 1115-1134.

Mowshowitz. A. "Virtual Organization", *Communications of the ACM* (40: 9), 1997, pp. 30-37.

National Telecommunications and Information Administration. *Falling Through the Net* Ⅱ. *New Data on the Digital Divide*, US Department of Commerce, Washington, DC. 1997.

Nilles, J. M. "Telecommunications and Organizational Decentralization," *IEEE Transactions on Communications* (10). 1975, pp. 1142-1147.

Noble, D. F. *Forces of Production—A Social History of Industrial Automation*, Knopf, New York, 1984.

Norman, D A. *The Psychology of Everyday Things*, Basic Books, New York, 1988.

Nye，D E *Electrifying America：Social Meanings of a New Technology*，MIT Press，Cambridge，MA，1990.

O'Mahony，S.，and Barley. S. R. "Do Digital Telecommunications Affect Work and Organization? The State of Our Knowledge，" in *Research in Organization Behavior*，Volume 21，B Staw and R. Sutton（eds.），JAI Press，Greenwich. CT，1999，pp. 125-162.

Ohlhausen，P. "The Turning Tide of Telecommunications，" *Rural Telecommunications*（11），1992，pp. 21-30.

Orson，M. H. "Remote Office Work：Changing Work Patterns in Space and Time，" *Communications of the ACM*（26），1989，pp. 182-187.

Orson，M. H. "Telework：Practical Experience and Future Prospects，" in *Technology and the Transformation of White Collar Work*，R. E. Kraut（ed.），Lawrence Erlbaum，Hillsdale，NJ，1987.

Orlikowski，W. J. "Using Technology and Constituting Structures：A Practice Lens for Studying Technology in Organizations，" *Organization Science*（11：4），2000.

Orlikowski，W. J.，and Gash，D. "Technological Frames：Making Sense of lnformation Technology in Organizations，" *ACM Transactions on Information Systems*（12. 2）. 1994，pp. 174-207.

Orlikowski. W. J.，and Lacono，C. S. "The Truth Is Not out There：An Enacted View of the Digital Economy，" in *Understanding the Digital Economy：Data，Tools，and Research*，E. Brynjolfsson and B. Kahin（eds.），MIT Press，Cambridge，M A. 2000.

Orlikowski，W. J. and Yates，J. "Genre Repertoire Examining the Structuring of Communicative Practices in Organizations，" *Administrative Science Quarterly*（39：4），1994，pp. 541-574.

Perlow，L. *Findrng Time*，ILR Press，Ithaca，NY，1997.

Perin，C. "The Moral Fabric of the Office：Panopticon Discourse and Schedule Flexibilities，" in *Research in the Sociology of Organization*，P. Tolbert and S R. Barley（eds.）. JAI Press，Greenwich，CT，1991.

Perrow，C. "A Framework for the Comparative Analysis of Organizations，" *American Sociological Review*（32），1967，pp. 194-208.

Pontell，S.，Gray，P.，Markus，M. L.，and Westfall，R. D. "The Demand for Telecommuting，" *Proceedings of Telecommuting'96*，Jacksonville，FL，1996.

Powell，W. W.，and DiMaggio，P. J.（eds.）. *The New Institutionalism in Organizational Analysis*，The University of Chicago Press，Chicago，1991.

Prasad，P. "Symbolic Processes in the Implementation of Technological Change：A Symbolic lnteractionist Study of Work Computerization，" *Academy of Management Journal*（36），1993. pp. 1400-1429.

Regenye，S. "Telecommuting，" *Journal of Information Management*（6），1985，pp. 15-23.

Rice，A. K. *Productivity and Social Organization：The Ahmedebad Experiment*，Tavistock Publications，London，1963.

Robey，D. “ComputerInformation Systems and Organization Structure,” *Communications of the ACM* (24)，1981，pp. 679-687.

Robey，D.，and Sahay. S. “Transforming Work Through Information Technology：A Comparative Case Study of Geographic Information Systems in County Government,” *Information Systems Research* (7)，1996，pp. 93-110.

Rogers，Y. “Coordinating Computer-Mediated Work,” *Computer Supported Cooperative Work* (I)，1993，pp. 295-315.

Romei，L. K. “Telecommuting：A Workstyle Revolution,” *Modern Office Technology* (37) . 1992，pp. 38-40.

Sambamurthy，V.，and Zmud，R. W. “Arrangements for Information Technology Governance：A Theory of Multiple Contingencies,” *MIS Quarterly* (23)，1999，pp. 261-288.

Sambamurthy，V.，and Zmud，R. W. “Research Commentary：The Organizing Logic for an Enterprise's IT activities in the Digital Era—A Prognosis of Practice and a Call for Research,” *Information Systems Research* (1 I)，2000，pp. 105-114.

Schmidt，K.，and Bannon，L. J. “Taking CSCW Seriously，Supporting Articulation Work,” *Computer Supported Cooperative Work* (1)，1992，pp. 7-40.

Scott，W. R. *Institutions and Organizations*，Sage Publications，Thousand Oaks，CA，1995.

Shaiken，H. *Work Transformed*：*Automation and Labor in the Computer Age*，Holt，Rinehart，and Winston，New York，1984.

Shamir，B.，and Salomon，I. “Work-at-Home and the Quality of Working Life,” *Academy of Management Review* (10)，1985，pp. 455-464.

Shaw，M. J. “Electronic Commerce：State of the Art,” *Conference on E-Commerce in the Global Marketplace*，University of Illinois，Urbana-Champaign，IL，April 15，1999.

Simonsen，J.，and Kensing，F. “Using Ethnography in Contextual Design,” *Communications of the ACM* (40) . 1997，pp. 82-88.

Sproull，L.，and Kiesler，S. *Connections*，MIT Press. Cambridge，MA，1991.

Suchman，L. A. “Constituting Shared Workspaces,” In *Cognition and Communication at Work*，Y. Engestrom and D. Middleton (eds.)，Cambridge University Press，New York，1996，pp. 35-59.

Suchman，L. A. “Technologies of Accountability：Of Lizards and Airplanes,” in *Technology in Working Order Studies of Work*，*Interaction and Technology*，G. Button (ed.)，London：Routledge，London，1993，pp. 113-143.

Thomas，R. J. *What Machines Can't Do*：*Politics and Technology in the Industrial Enterprise*. University of California Press，Berkeley，1994.

Todd，P.，andBenbasat，I. “Evaluating the Impact of DSS，Cognitive Effort，and Incentives on Strategy Selection,” *Information Systems Research* (10：4)，1999，pp. 356-374.

Tomaskovic-Devey，D.，and Risman，B. “Telecommuting Innovation and Organization：A Contingency Theory of Labor Process Change,” *Social Science Quarterly* (74)，1993，pp. 367-385.

Trevino, L. K., Lengel, R. H., and Daft, R. L. "Media Symbolism, Media Richness, and Media Choice in Organizations: A Symbolic Interactionist Perspective," *Communication Research* (5), 1987, pp. 553-574.

Trist, E. L., andBamforth, K. W. "Some Social Psychological Consequences of the Longwall Method of Coal Getting," *Human Relations* (4), 1951, pp. 3-38.

Venkatesh, A., and Vitalari, N. P. "An Emerging Distributed Work Arrangement: An Investigation of Computer-Based Supplemental Work at Home," *Management Science* (38: 12), 1992, pp. 1687-1706.

Venkatraman, N. "Beyond Outsourcing: Managing IT Resources as a Value Center," *Sloan Management Review* (38), 1997, pp. 51-64.

Wallace, P. "Support for Work at Home Needed." *Computer Reseller News* (93), 1997. p. 100.

Walsham, G. *lnterpreting lnformation Systems in Organizations*, John Wiley & Sons. New York, 1993.

Walther, J. B. "Rational Aspects of Computer-Mediated Communication: Experimental Observations Over Time," *Organization Science* (6: 2), 1995, pp. 186-203.

Weick, K. E, and Roberts, K. H. "Collective Mind in Organizations: Heedful lnterrelating and Flight Decks," *Administrative Science Quarterly* (38), 1993, pp. 357-381.

Weill, P. "The Relationship Between Investment In lnformation Technology and Firm Performance: A Study of the Valve Manufacturing Sector," *Information Systems Research* (3: 4), 1993, pp. 307-333.

Weill P., and Broadbent, M. *Leveraging the New Infrastructure How Market Leaders Capitalize on lnformation Technology*. Harvard Business School Press, Boston, 1998.

Wood. S.. I. *The Degradation of Work: Skill, Deskilling and the Labour Process*, Hutchinson Publications, London, 1982.

Woodward, J*Management and Technology*, HMSO, London. 1958.

Zack, M. H., andMcKenney, J. L. "Social Context and Interaction in Ongoing Computer-Supported Management Groups," *Organization Science* (6: 4), 1995, pp. 394-442.

Zimbalist, A "Technology and the Labor Process In the Printing Industry," in *Case Studies in the Labor Process*. A. Zimbalist (ed.), Monthly Review Press, New York, 1979.

Zmud, R. W. "Design Alternatives for Organizing lnformation System Activities," *MIS Quarterly* (a), 1984, pp. 72-93.

Zucker. L "lnstitutionalization and Cultural Persistence," *American Sociological Review* (42: 5), 1977, pp. 726-743.

竞争与社会影响：第六代处理器在全球电脑行业中的扩散*

马休·博特纳

李玮、张茂元　译

张虎祥、王水雄、王旭辉　校

社会行动者在什么时候受其朋辈的影响最为强烈？本文尝试用一个实例来对这个问题进行说明和阐释，即电脑公司在什么时候受其结构位置相当的竞争对手决策的强烈影响，而决定采纳广为人知的技术——Intel第六代处理器。其核心的假设是，结构位置相当的公司采纳行为给焦点公司（所要考察的公司）带来的影响，随着它们在其市场位置中所面临的竞争压力的上升而增强。结果表明，一个公司在面临基于规模的竞争并且趋向多样化时，受其竞争对手的影响最为强烈。这项研究的内涵是双重的：一个社会行动者对他人行为的敏感性可能不仅取决于自己在层级体系中的位置，还要视他与外部行动者的纽带性质而定；同时，社会影响的权变理论可能对正确地描绘这种扩

---

* BOTHNER M S. Competition and social influence: the diffusion of the sixth-generation processor in the global computer industry. American Journal of Sociology, 108 (6), 2003: 1175-1210. 感谢芝加哥大学商业研究生院的Charles E. Merrill教师研究基金的赞助。另外，我还要感谢Peter Bearman，Ron Burt，Stanislav Dobrev，Damon Phillips，Paul Ingram，Ed Laumann，David Stark，David Strang，Toby Stuart，Valery Yakubovich和Harrison White等人很有价值的建议。我还要对国际数据公司（International Data Corporation，IDC）表示感谢，他们为我提供了必要的数据。（如果对本文有意见，可以直接联系我，我的联系方式是：Matthew Bothner，University of Chicago，Graduate School of Business，1101 East Fifty-eighth Street，Chicago，Illinois 60637；电子邮件：matthew. bothner@gsb. uchicago. edu。）

散过程是非常必要的，特别是当外部的、随时间变动的非网络因素有着显著性影响时。

在一个关于参照群体的早期研究中，默顿和罗斯（Merton and Rossi，1950）提出了一个核心的社会学问题：社会行动者什么时候受其朋辈的影响最为强烈？此后，许多学者都对邻近的他者群体的影响这一主题进行了探讨（参见 Marsden and Friedkin，1993；Strang and Soule，1998）。很多研究都用竞争机制来解释社会影响的存在。比方说，伯特（Burt，1987）把内科医师们描绘成在一定范围内的竞争对手，主要是由于他们在一个医学建议和讨论的网络中扮演了相似的角色。从这一观点看来，一个医生密切关注和回应社会网络中邻近医生的选择，以维护他在医学共同体中的地位。正是试图占据可争夺性角色，促发了社会成员间的竞争，并由此导致了局部监控和对彼此的选择的影响（Burt，1982；Burt，1987：1 291）。类似地，怀特（White，2002：106-108）描绘了作为竞争者的公司之间由于其地域的临近而导致的相互影响。在怀特的描述中，自我中心主义的生产商有着部分交叉的邻里关系，这就会在战略选择上相互影响，以应对他们由于空间所导致的竞争交叠。

除了这些著作以外，研究者对竞争和社会影响间联系的关注则相对较少。虽然先前的研究已经表明公司之间可能会复制同一行业内其他公司的行为模式（如 Fligstein，1985），但很少有研究细致地阐明竞争活动如何激发邻近社会行动者之间的相互影响。在这篇文章中，我把竞争作为回答默顿和罗斯问题的核心答案，详细阐明电脑公司在何种条件下会受到结构位置相当的竞争对手的最为强烈的影响，从而采纳一项广为人知的技术——英特尔（Intel）第六代处理器。接下来，我将建立并检验如下假设：结构位置相当（在不同细分市场中有着相同运作模式）的公司给采纳行为所带来的影响，随着某一既定公司在其市场位置中所面临的竞争压力的上升而增强。

这些假设在将结构位置相当与竞争等量齐观这一点上与前面的研究是一致的。但我通过提出一种社会性邻近群体之间相互影响的权变视角，对前面的研究进行了扩展。在该研究中，结构位置相当的公司的影响对于面临规模竞争压力（Carroll and Hannan，2000）并且正在不断多样化（Carroll，1985）的公司最为强烈。基于此，结构位置相当就构成了一个多面向地看待竞争的基准线，在此，被选定公司的一些组织属性（如相对规模和范围）共同加强或抑制了它受市场中地位相近企业群所左右的程度。

将社会影响看作一种基于竞争压力差异而权变的过程，会对新特性如何扩散进行更为精确的解释。科尔曼（Coleman，1964：43-45）为相关研究提供了一个很有价值的起点，他指出有三个因素被典范性地用来解释某种属性在人群中的渗透：（1）预期采纳者的属性，（2）行动者之间传递的局部过程，以及（3）外部行动者的活动。比方说，医生之所以冒险采纳一个新的抗生素处方（如 Coleman，Katz and Menzel，1966），可能是他试图跟上医学进步的内在倾向使然，或者是受到与他社会性邻近的已采纳者的影响，又或者是药物公司市场推广努力的结果。

但是，大多数研究都忽略了将前两种机制整合在一起的可能性，因而也就忽略了去探讨行动者之间的传递过程在何时是最强的。正是针对这一点，格拉诺维特和宋（Granovetter and Soong，1983：165）批评了扩散模型，认为它并未放弃这样的宣称：行动者在“就其可能产生因相似而接近传染的诸多特征来看”是同质性的。除了使用斯特朗和图马（Strang and Tuma，1993）异质性扩散模型的一部分研究之外（如 Zylan and Soule，2000；Myers，2000），大多数研究都奇怪地忽略了将个体特征和社会网络属性联合起来、进而充分实现对社会影响的分析的必要性。

当竞争起作用时，影响的权变理论提供了一种观察一个新特性扩散模式的十分有吸引力的视角。比方说，两个医生可能在一个职业的社会网络中扮演相似角色，但是如果一个医生开始争夺另外一个医生的病人，他们之间的对立关系就会升级，超过依据他们在网络中的相互替代性所能预测的水平，那么，失去病人的医生就会更密切地以他的竞争对手为导向。相应地，即便是两个奉行相似战略的公司，当下的其他相关因素也会使它们的相似性对技术创新行为有极为重要的（或相对重要的）影响。将公司之间的影响看作一个有赖于竞争压力的过程，清晰地传达出这样一层意思：要弄清楚，在关系网络的哪些节点上会更倾向于模仿和盲从行为，在哪些节点上则更倾向于自主行为。本研究表明，公司之间的相互影响在其面临最大的竞争压力时最为强烈。换句话说，当其他结构位置相当的公司采纳新的处理器技术时，那些处于最不利竞争位置的公司更有可能采取同样的措施作为回应。

这一结果的背后隐含着更为宽泛的社会学命题：相对较弱的或社会边缘化的行动者最倾向于跟随他们的竞争对手。不同时代的许多研究者都曾经得出过这一结论：行动者在社会环境中的生存能力（的缺乏）与受相关的他人行为的感染性之间存在关联。比方说，齐美尔（Simmel，1904）在他关于时尚的论文中指出，男士相较女士而言更少追随新的潮流，因为男士即便不那么密切留意他们的外表也能够享有社会流动的优势。通过研究公共代理机构中的工作群体，布劳（Blau，1960）发现那些处于社会边缘的雇员更倾向于采纳组织规范，远甚于那些处在中心位置、与组织整合良好的同事们。不像那些已经被融入主流的雇员，边缘化的雇员认为更需要通过遵从组织的约束来改善自己的处境（Blau，1960：245-246）。类似地，伯特（Burt，1992）认为，社会网络中那些受到较强社会约束的管理人员和公司（其生存概率较低），也必须遵守既定的执行工作的方法。

不像那些企业家网络中的个体，他们可以自由试验新的完成工作的方法，而那些在网络中缺乏结构洞的经理人员由于对失去工作的恐惧，必须“正确地扮演他们的角色”（Burt，1992：195-196）。这些截然不同的研究项目最终共同汇集到了这一共同论点上：社会影响在边缘性个体或组织中最为强烈。

这篇文章的首要目标是通过对核心企业面对的竞争压力建模来阐述默顿和罗斯（1950）的问题；随之而来的第二个目标，则是说明如何将这种方法加入进现今对扩散模型的论辩中来。引用科尔曼（1964）的话来说，这场论辩主要针对到底是行动者之间的局部传递，还是外部行动者在推动扩散中起到了主要作用。这场论辩最早可以追溯到马克斯·韦伯（Max Webber，[1992] 1978：23）关于社会行动和非社会行动的区分上，他认为社会行动绝不等同于许多个体在同一时间都进行的相似行为。以马克斯·韦伯的例子来说，如果下雨时每个人立刻撑起伞来，这一事件更像一个对外部变化的共同反应——而不是由于个体间相互适应和相互影响的结果。

那些外部的“变革主体”（Rogers，1962），比方说管制者、法院或者国家等，都已经被证明在扩散过程中起到了十分重要的作用（Dobbin et al.，1993）。即使是在一个行动者之间的传递十分重要的领域，外生因素最近也被证明对扩散过程有着十分重要的影响。在对科尔曼、卡茨和门泽尔（Coleman，Katz，and Menzel）数据的第四次分析中，凡·登·布尔特和利莲（Van den Bulte and Lilien，2001）发现，对药品公司市场推广效果的调整应对，消除了社会因素相似性对医生采纳行为的影响。考虑到医药界对抗生素和四环素的熟悉程度极为相似，他们认为，医生之间的相互影响作用可能极小。更抽象地来说，他们的研究结果表明外生的、随时间变化的“非网络性”的因素也可以导致那些学者们原先归因于社会影响过程的经验规律（Van den Bulte and Lilien，2001：1411-1412）。

与这种观点形成对照的是，大量关于网络分析的研究表明：某些形式的社会影响几乎总是在起作用。在结构社会学家看来，结构相当产生出相似的行为和认知几乎是不言自明的。比方说怀特、鲍曼和布雷格（White，Boorman，and Breiger，1976）就是用组合模型表明一个修道院的社会结构崩溃的障碍链，这个研究表明，在这其中修道士被管理人员驱逐还是留下，取决于他们在这一社会结构中的地位。类似地，埃里克森（Erickson，1988）论述了人们之所以愿意分享看法，不是因为他们有着相同的潜在倾向，而是因为他们应对着位置同样重要的其他人。

扩散模型（contagion model）也将结果看作社会或地理范畴内临近事件的产物。这种模型的定义拒绝了大多数分析所暗含的独立性假设（Abbott，1988：181-183），具体而言，是描绘了一幅更为完整的社会过程的图景。在其早期研究中，多里安和哈蒙（Doreian and Hummon，1976）建立了一个关于战后菲律宾某地区被一个起义政治团体控制的程度和该群体占领邻近地区之间关系的函数模型。兰德、迪恩和布劳（Land，Deane and Blau，1991）后来在一个关于教堂出席率的研究中发现了空间扩散的证据，赫德斯托姆（Hedstrom，1994）在对贸易组织的扩散研究中也发现了这一点。从这些研究的共同之处可以看出一个十分显而易见的理论主张：一个人或组织的行为结果，至少部分地受到一定数量的较为临近的他人的影响。

当我们把这一理论主张和凡·登·布尔特和利莲（2001）的发现放在一起进行审视时，一个自然而然的推论是：要确保关于同辈影响的论述是正确的，需说明，如果同辈影响存在，则能在所有外部影响都保持不变的情况下呈现出来。在理想状态下，模型框架应该能够调整适应任何时刻的异质性，所以，保守地看，临近他人的影响具有代表性。

为此，下一部分内容建立了关于公司采纳第六代英特尔处理器的速度的三个假设。第一个预测对先前研究中将结构位置相当与竞争和影响等量齐观的说法进行了扩展，认为采纳可能性随着与焦点公司策略相似的竞争敌手采纳行为的增加而增加。以这个假设的建立为基线，第二个假设是相对规模（Hannan et al.，1998；Dobrev and Carroll，2003）导引了公司受相似竞争对手行为影响的程度。第三个假设是关于社会影响如何随着相对规模和多样化联合分布的变化而产生变化，也就是假定规模相对小的公司更有可能采取模仿行为，特别是当它们缺乏定位在一个狭窄细分市场的优势时。在本文接下来的部分中，我将阐述这一案例的具体特点，并简要描述第六代处理器与原有奔腾处理器（Intel 第五代处理器）的不同。同时，我还会关注为什么公司之间的影响与这种配置相关。再接下来的部分将介绍数据和测量方法。而建模策略和控制变量将是随后部分的主体内容。最后是本文关于研究结果和结论的分别讨论。

理论和假设

竞争者的采纳

当一个社会行动者的临近竞争对手已经具备一项更为先进的特性时，那么这个行动者很有可能也会采纳这一特性，以避免落后所可能带来的社会和经济损失。这个理论主张的先例出现在前面所引用的伯特（1987）和怀特（2002）的著作中，以及把结构位置相当与竞争及社会影响等量齐观的相关研究中。在他们的早期论述中，洛兰和怀特（Lorrain and White，1971）描绘了两个行动者如果与共同的第三方有同样的联系，他们就是结构位置相当的。伯特（1976）对这一方法进行了扩展，他将行动者的结构位置相当概念化为他们在一个网络中与他人拥有相似关系的程度。这一概念化方法的优势在于它能够抓住群体中（通过对竞争和影响的扩展）行动者之间在时空层面上可替代性的变动水平。

这一扩散过程的理论框架的学术应用依靠一套相关命题。比方说，格拉斯科维奇和伯特（Galaskiewicz and Burt，1991）解释了结构位置相当的行动者之间（在他们的案例中为公司慈善官员）作为相互替代者，必须要相互监视来为他们的自身绩效寻找基准。相应地，当焦点行动者的参考群体中有一个成员采纳了一项新的特性来增强他们的相对地位时——比方说，使他们的产品、服务或者观念更有价值，这时其他焦点行动者要么跟着模仿，要么遭受社会或经济的惩罚。

在个体层面上，不追随临近竞争者的采纳行为，可能带来的是相对剥夺后的愤怒（Burt，1982），或者因为没有持有恰当的有关社会角色的观念所带来的困窘，导致被迫彻底脱离这个角色（Galaskeiwicz and Burt，1991：89-90）。类似地，在组织层面，一个公司如果不能跟随临近竞争对手的捐赠活动，可能会导致其在政治影响上的损失（Mizruchi，1990）。

竞争的概念被集中在结构位置相当的行动者之间，他们相互模仿对方的采纳决策以避免落后所带来的成本，这一点与电脑产业的经验事实极为相符。这个行业根据目标消费者的战略决策而被分为不同层次，拥有相似战略的公司之间会相互密切关注。在公司与共同的第三方进行互动时，如果一个公司采纳一种创新行为，作为必要的回应，其他公司也很可能会追随。

在竞争者采取行动时不做出追随，需要承担各种成本，特别是可能丧失购买方。那些希望最先采纳最好技术的“勇士”尤其重要，因为他们影响着他们雇主的购买行为。比方说，软件工程师需要最好的机器来编码，还有，在金融服务中，交易商需要最新的芯片来更快地估算数据。维护与一个机构客户——比方说公司或者大学——有活力的关系也需要为其提供这类高端技术。公司顾客在购买产品时希望获得总量折扣，并减少来自不相关平台的技术摩擦。所以，当一个厂家不能为一个经销商的高端使用者提供服务时，它可能就会失去销售的“价值链”，也会因此失去它作为“偏好厂家”的地位，或者将全部合同拱手让于相邻的竞争者。

相似的潜在惩罚种类还可能出现在零售和转售渠道中。货架空间总是被主要零售商，比方说 CompUSA 和 Circuit City 的最新机器所占据。经销商和增值转售商（如 Micro 和 Merisel）的网络是渠道策略中非常重要而严肃的组成部分。卖方经常会为用户量身定制市场计划，来说服转售商为什么应该首先给他们的产品优先权。很明显，这类计划之所以能够成功，就是因为有竞争对手没有能够跟上这个步伐。

一个公司的采纳行为同时还影响着它与供应商的关系。对供应商来说，公司的采纳行为意味着自己可以通过渠道推出机器的能力。出售硬盘驱动器的希捷（Seagate）和西部数据（Western Digital）公司通过供货给那些位于技术前沿的人而从中获益。他们希望自己推出的驱动器尽可能地处于前沿，这样，他们的成功率会更高，而零件返修率则更低。合同通常会允许返还特定数量的零件——很明显，这是供应商想避免的一个结果。对一个销售商来说，如果供应商失去了通过既有渠道对其经销商推销他们产品的信心，那么他就会被排除在主要的上游关系之外。不采纳竞争对手已经采取的那些行为，会损害一个公司相对于竞争对手的地位，反过来也就缩小了自身的生存空间。和这个讨论相符，我假定在战略相似的竞争对手采取某些行为时，一个销售商更有可能采纳该行为。

假设 1：采纳的可能性随着一个公司的结构位置相当的竞争对手对新技术的采纳程度的增加而上升。

竞争者采纳与相对规模

在并不贬低假设 1 的前提下，不断增加的大量研究也表明同步（同辈）采纳行为的影响会随着一个公司的相对规模变化而有所不同。这个命题与先前所讨论的那个更广泛的观点相一致——社会角度或经济角度的边缘群体最倾向于遵守规则——竞争对手的采纳行为对那些规模相对较小的公司的影响最大。对这一观点最直接的表述来自组织生态学理论关于相对规模的著作。但是直到最近，很多经验研究都还只使用绝对规模变量来检验小规模的运营者所面临的危险（如 Ranger-Moore，1997）。在这些研究中巴伦（Barron，1999）的研究十分引人注目，因为他把规模概念化为一个抵抗竞争压力的防御性壁垒。通过使用纽约信用联合会的数据，巴伦发现人口密度的不利影响对小公司的影响最大，从而把公司规模发展成为首批相对性概念之一。

自此，一些学者加重了对这一关系的强调。在他们的方法背后，暗含着公司的存活概率受其他公司的成长影响的想法，特别是在一些规模经济效应显著的行业中。在这一领域的研究中，研究者对一个公司能够抵挡随机的外在冲击的能力（通过绝对规模实现）和它能够直接与规模更大、更有效率和政治上更有实力的竞争对手竞争的能力（通过相对规模衡量）进行了区分。汉南等人（Hannan et al.，1998）通过对英国、法国、德国和美国汽车行业的研究，估计了相对规模对企业生存的影响。研究表明，通过对绝对规模的控制，组织规模与行业中最大公司的接近性降低了公司死亡的可能，这个结果在四个国家的市场上都十分显著。更抽象地说，这个结果强调了，占有优势的公司效率的变动与相对比较劣势的竞争对手的生存概率之间通常存在着紧密联系。

卡罗尔和斯瓦米纳坦（Carroll and Swaminathan，2000）后来证明在美国啤酒工业市场上，面临许多较大规模竞争者的公司更可能会死亡。他们论证说，只要公司之间存在等级上的竞争，那么规模的相对测量就是恰当的。从这一点来说，小公司较高的成本结构之所以会威胁到它们的生存，正是因为那些更大、更有效率的竞争对手的存在。如果没有那些大规模的公司，这些较小的公司的境况将会更好。这正是通过利用它们的规模来定义其在一个层级中较低的位置，从而说明规模较小的公司会面临更大的破产风险（Carroll and Swaminathan，2000；Dobrev and Carroll，2003）。

卡罗尔和汉南（Carroll and Hannan，2000）还列举了相对规模起作用的三个密切相关的领域，在他们看来，除了强化对生产效率的影响之外，相对规模对供应商和分销商也能够产生更大的影响。他们将这些观点应用于不同的行业，特别关注电脑公司的行为和绩效，在这个产业领域中，采购、生产和分销竞争的规模化优势更为显著。从上游来看，供应商规模越大，享受的折扣越大，特别是在购买软件、显示器、处理器和键盘等方面。在制造业中，规模优势由于起步成本较高而变得十分重要（Brock，1975；Scherer，1996：244-246）。从下游来看，越大的公司越能够得到零售商最好的货架空间，并在主要分销商那里享有第一位的优先权。和这些规模带来的优势相一致，竞争对手已经采纳某项技术而自己没有采纳，所引致的成本压力在位居规模层级低端的公司身上更为显著。也就是说，同步采纳的影响预计在那些较之战略相似的竞争对手规模较小的企业中最为显著。

假设 2：与公司结构位置相当的竞争对手的采纳行为的影响，随公司相对规模的降低而增加。

相对规模和经营范围对竞争者采纳行为的影响

理论的其他分支为假设 2 的扩展提供了基础。在不断暗示相对较小的公司最为脆弱的同时（也就更有可能对其他公司的行为给予回应），关于规模和范围的理论著作（如 Carroll，1985；Chandler，1990；Carroll and Hannan，2000）更进一步说明了如果公司业务多样化，那么这种影响将更为强烈。生态学理论的核心原则指出，通才（多样化公司）面临的等级竞争摇摆于两种极端之间。跟那些规模较大的竞争对手相比，多样化经营的公司无法在规模上进行竞争；而跟那些更加专业化的竞争对手相比，这类公司又无法有效地根据特殊的消费者偏好来调整自身行为。

作为相对规模方面的近期研究的典范，钱德勒（Chandler，1990）对现代资本主义和资源分割的生态模型的描述都强调了大规模多样化公司所具有的优势。钱德勒（1990）将现代经济描绘成同时追求规模和多样化的企业的副产品。正是在获得规模优势之后，化工、汽车和机械制造商通过开拓新的成长型市场，进一步巩固和推进了其竞争地位。更宽泛地说，卡罗尔和汉南（Carroll and Hannan，

2000）认为，在规模经济显著的行业中，大企业更倾向于与竞争对手展开“军备竞赛”，扩张其经营范围。而更大经营范围所具有的更高效率使得它们能够进一步多样化，从而进入小规模的通才公司的生态位（niches），并夺取后者的顾客，最终导致后者的死亡。反过来说，不像那些更为专门化的公司面临着相同的规模分布，面临规模竞争的通才公司缺乏细分市场定位所提供的保护。这里的理论逻辑与假设 2 的基础并不完全相同，而是有所拓展。

这些研究共同说明专注于一个狭窄细分市场的公司能够抵消其基于规模竞争的不利因素，并因此减少小规模公司模仿竞争对手技术策略的倾向。根据这部分的研究（参见 Bruggeman，1997：203-204），当一个组织定位于一个具体的狭窄市场领域时，与那些更多样化的竞争对手相比，它至少可以在自己的领域内占据优势。尤其是生态研究表明，专门性程序能够更好地吸收组织调研的教训（Barnett，Greve，and Park，1994），从而产生更为可靠（更不易变）的结果（Hannan and Freeman，1984），整体而言就能够更有效地匹配本土化的客户偏好（Carroll，1985；Peli and Nootenboom，1999）。其他对地位优势的描述与之相对应：一个公司能够通过坚持和逐渐增强某个特定战略行为过程，更有效地将自己与竞争对手隔绝（例如 March，1991）。同时，这一领域的研究也表明，专门化可以增强一个公司同自己客户的联系，从而弥补与更大竞争对手相近带来的有害影响，因而减少跟随大的竞争对手采纳决策的趋势。

在电脑行业的早期发展历史中，盖特威（Gateway）和戴尔（Dell）是专门化优势的典型。在不断成长和日渐多样化之前，它们都是通过直销模式来销售台式电脑的。戴尔特别致力于最大化一个有限的、愿意不看现货就购买的成熟消费者子群业务（Narayandas and Rangan，1996）。戴尔这样集中的一个主要优势是能够持续获得关于消费者偏好的信息，这就使得它更容易定制和推广它的产品（Dell，1999）。更抽象地说，专门化的优势表明：相对较小的、专门化的公司比它们的多样化的竞争对手更少可能跟随它们竞争对手的行为。由于无法在规模上进行竞争和缺乏集中的优势，相对较小的通才公司会对竞争对手的技术战略更为敏感。

假设 3： 公司的结构位置相当的竞争对手的采纳行为对那些规模相对较小和经营范围较广的公司的影响最为强烈。

第六代处理器

前述假设在本案例的主要历史细节中能够得到较好支持。尤其需要指出的是，第六代处理器和它之前的奔腾处理器的差异性，与公司间的相互影响（而不仅仅是英特尔的努力、公司特定的人力资本，或者产品的市场特质）在采纳行为中起着决定性作用这个假设也是相容的。

最初命名编号为“P6”的英特尔第六代处理器是在 1995 年 11 月作为“奔腾专业版”发布的。将奔腾专业版和它之前的第五代处理器联系起来看，一位分析人员将它称之为“奔腾的儿子”（Ortiz，1995）。① “奔腾”这个名称依然保留，但通过加上“专业版”这个修饰词，英特尔宣称 P6 是一个比它的前辈更快、更“专业”的芯片（Jackson，1997：370）。

奔腾专业版包含了许多比原奔腾处理器更为显著的高级之处。一个是晶体管数量的大幅增加——从 310 万到 550 万，将近两倍——这就使得新设计能够更好地应用于多媒体和视频。与此相关的是英特尔自身的数字处理技术的升级，这就使得处理器能够承担通常由多媒体软件完成的任务。杰罗姆（Jerome，1995）指出，虽然“与此前的奔腾处理器负载量相同”，但“奔腾专业版”能够“在进行其他日常工作的同时，处理 MPEG 压缩、音频和电话”。除此之外，奔腾专业版还能够比奔腾更快地处理命令。它有三个端口能够对指令进行重新排序，从而更快地执行命令。②

在技术上，奔腾专业版的确是一个极大的飞跃，但它并不是一个必须要一次性采纳的强制性改变。因此，它的扩散是一个关于企业间影响的值得探讨的案例，因为可以明确这种影响在何种范围起作用。如果奔腾专业版是一个强制性的飞跃——如果不是由于奔腾浮点技术的早期缺陷被及时发现，它很可能就会是这样了——那么，除了部分落后者之外所有人都必须立刻采纳。在这种情况下，采纳者的数量随时间的变化呈现出一个 J 形曲线，也就是说，采纳行为在早期迅速增加，然后随着时间的推移逐渐减少（Coleman，1964；Burt，1987）。

具体而言，第六代处理器芯片是重要的但不是强制性的，主要基于两个原因：首先，从第五代到第六代的技术飞跃并不像从第四代到第五代那样剧烈。奔腾处理器比同比兆赫的 486 芯片快两倍，但奔腾专业版却只比同比兆赫的奔腾处理器快 50%。反过来说，如果说是压倒前者优势的飞跃创造了消费者的坚持，那么是需求而非公司间的相互影响促进了采纳过程。其次，当奔腾专业版在 1995 年末出现时，英特尔在几个月前刚推出了 133 兆赫的高速处理器，而且对第五代系统（1993 年首次推出）的需求仍然强烈并不断增加。此外，虽然那时 486 芯片的需求在下降，但它们并没有完全退出市场，这表明新的处理器没有立刻取代旧的产品。第四代、第五代和第六代处理器出货量的相对水平如图 1

---

① 在这种意义上，“代”意味着一种家族血统的类型。芯片技术自早年的硬件行业开始就从它的父母中“诞生”而来。奔腾专业版的谱系开始于 1970 年代：在 1972 年，英特尔公司推出了第一代8086；三年后，它推出了第二代 286；386 于 1986 年推出，随后是 1989 年的 486，以及 1993 年推出的第五代“奔腾”处理器。

② 尤其是，它能够辨别命令是否依赖于数据，然后在芯片需要延迟或“停止”直到得到所需数据的时间内，对那些既不需要记忆信息又不需要前期命令结果的指令进行列表。

所示。

在各个系列中，我标明了三代处理器中每一种在全球市场每个季度的总出货量。在奔腾专业版发行之前，奔腾系列处理器总出货量超过半数。就在英特尔推出奔腾专业版之时，第五代处理系统的市场份额还迅速上升达到巅峰，超过了 80%。

考虑到奔腾处理器的吸引力，总的来说，电脑制造者并没有被强迫过渡到第六代处理器。紧接前面的讨论，即使这样，在某些特定的情况下，如果一家公司的同辈采纳这项新技术，这家公司很有可能不得不追随模仿。伯特（Burt，1987：1294）认为，对于一个处于弱势地位的公司而言，如果它的同辈已经开始采纳，那么它将不得不跟上——忽略创新就是一种不可能的“奢侈”。通过采纳第六代处理器，一个公司能够有效地超越奔腾世界，为消费者提供最新的技术，从而给它的竞争对手带来压力。图 2 中每一季度采纳者的数量分布表明，外部效应的倒转 J 形曲线特征并不明显，相反，它具有行动者与行动者之间相互影响的 S 形曲线特质。季度 1 为 1995 年第 3 季度，即英特尔推出奔腾专业版之后的那个季度；季度 15 为 1999 年的第 3 季度，是可以获得数据的最后一个季度。

资料与测量

资料

本研究所使用的资料都是由国际数据公司（International Data Corporation，IDC）收集、整理的，IDC 为全球最大的数据咨询公司，专门为信息技术公司和信息技术产业提供服务。1995 年，在整理了有关电脑产业自 1970 年代以来的年度资料之后，IDC 就开始着手跟踪个人电脑（PC）销售商每个季度的销售和价格模式。IDC 对 PC 的定义不包括大型机、微型机、高端的工作站以及低端的个人数码产品。所以，我们样本中所提及的销售商销售（出货）资料仅限于个人电脑。

IDC 拥有多于 575 名分析员，其研究中心分布在 43 个国家，因此在搜集和整理 PC 产业的信息方面相当得心应手。它对整个行业的覆盖面尽管还不是十分全面，但已经相当接近全面覆盖。在 1995 年第一季度到 1999 年第一季度间，IDC 所跟踪的销售商占据了全球预计 PC 销售量的 83%。在我们的研究中，没有包含 1995 年前两个季度的资料，因为英特尔公司在这一年的第四季度才发行了奔腾专业版，因而我们删去了其在上一季度的 Beta 版本芯片的 PC 的销售记录。本研究所使用的资料包含了来自 302 家销售商的不同时间段的信息。

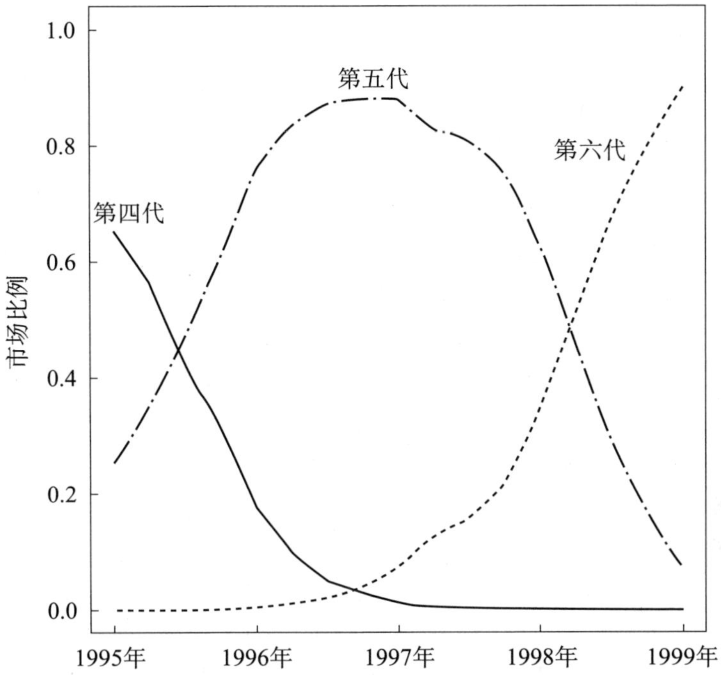

图 1　第四、五、六代处理器的发展轨迹（资料来自 IDC）

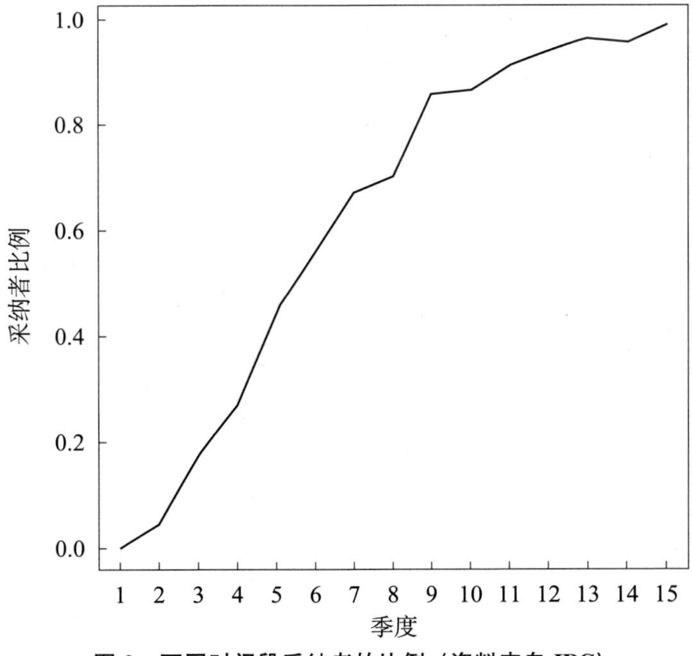

图 2　不同时间段采纳者的比例（资料来自 IDC）

IDC公布了每个公司的多代处理器（比如386，以及其后的第四、五、六代处理器）的销售量。对少数严重依赖摩托罗拉公司的PowerPC芯片的销售商（比方说苹果公司）来说，根本无法区分其处理器究竟是哪一代，所以我干脆就剔除了那些PowerPC系统使用比例超过三分之一的公司。IDC还将使用Cyrix和超威（Advanced Micro Devices，AMD）公司所生产芯片的电脑出货当成是第六代的——只要其结构可和英特尔的类别相应，超威公司的K6-2就是一个例子。在我们的研究初始，Cyrix占有3%的市场，而英特尔占有80%～85%，从而证明了早先讨论中对英特尔的关注。①

IDC每季度还公布按照国内市场、科技重点、销售渠道等标准来细分的销售量和出货量。共有57个国内市场被跟踪，遍布加拿大、英国、日本和智利等国。其中又包括了5个以汇总形式出现的区域性市场，比如“亚太其余地区”和“拉丁美洲其余地区”，以涵盖那些资料没有被细分的市场。

除了国内市场焦点外，公司的战略还包括：对“外形因素”或者说是PC技术及其销售渠道的选择。这些“外形因素”类型——字面意思就是产品的外形或者说形态——就是台式电脑、笔记本、微型笔记本和服务器。笔记本，比如康柏公司的HiNote或者东芝公司的Libretto都被认为是“轻薄型”的。服务器则是笨重的，并以其处理庞大信息的能力著称。②

除了外形因素外，销售商的位置还取决于其所选择的销售渠道。IDC区分了5种渠道：（1）直接内销（direct inbound），（2）直接外销（direct outbound），（3）转售（reseller），（4）零售（retail），（5）其他。如果顾客直接通过电话、因特网或者专卖店目录发生交易，那么就属于直接销售。盖特威和戴尔就属于这种，但绝非仅此两家。在我们进行调研的这段时间内，其他很多公司也在利用这种直销方式。AST、苹果、康柏、IBM、三星和三洋就是其中的新进入者。相反，直接外销渠道则以成熟的上门销售队伍而著称。一个著名的例子就是IBM对大公司的销售。但当客户们需要高度专业化的解决方案时，他们也经常会求助于转售渠道。在IDC的编码方案中，这一类包括经销商（如Ingram Micro）、系统整合者（如Vanstar和Dornier）和增值转售商。转售商所提供的不仅仅只是“箱

---

① 当然，同为第六代处理器，他们之间也存在生产上的差异。比如，1997年5月上市的奔腾II，P6的第二个版本，是奔腾专业版的改进版。但是，代际或者“结构”之间的差异仍远大于代内差异。这也说明，我们将不同版本归为同一代的做法是合理的。奔腾专业版和奔腾II采用的是同一个系统，都采用动态执行技术，并且几乎使用完全一样的设计。比较起来，它们间的差异还是相当小的。比如，奔腾II跟奔腾专业版的差别就在于其包装不同，而且其要求的电压伏数稍微低一点。

② 它们集中储存文档和程序，并能够为诸多使用者或者“客户”同时提供服务。它们还可以有网页，能够备份文档，收集并存储电子邮件。这让服务器显得和主机很相似——都用来处理“关键任务”，比如薪水支付。不过，高端的台式电脑和PC服务器之间存在重叠。销售商和分析员都普遍将服务器归入其他PC市场。

子”（机器），他们还提供服务、软件以及机器的外围设备。第四类渠道，也就是零售，包括美国的 CompUSA 和英国的 Dixons。最后，被列为第五种的“其他”渠道，则包含了好几种不同的途径。通过 IDC 的描述，我们可以看到，“其他”渠道包括第三方邮购、在线发售、军用交易以及上述四类渠道之外的很多其他类型。

根据 IDC 的分类框架——57 个国内市场、4 种外形因素和 5 种渠道分类，那么就存在 1 140 种销售商销售 PC 的可能选项。抛开衡量公司业绩的季度销售量不谈，公司的战略和行为就是考虑对技术、销售和区域关注点的选择。这些资料的一个优点就是，它们包含了每个公司在不同战略上不同时段的信息。据此，就可以辨认出每个公司在战略上最接近的竞争对手。

竞争对手采纳行为、相对规模和范围的测量

本研究对竞争对手采纳行为的测量主要考虑以下两个要素：市场关联和结构位置相当。如果公司 i 和公司 j 在时间 t 同样采纳了上述的 1 140 种可能战略选项（根据技术、销售渠道和国家三个维度）中的至少一种，发生了交叠的话，我们就说这两个公司在时间 t 上发生了市场关联。即使在同一国家，如果公司 i 完全通过直销渠道来销售笔记本，而公司 j 则只以转销的方式销售服务器，那么 i 和 j 之间的市场关联就是 0。我们进而假定它们并不相互影响对方的行为和业绩。在将市场关联看作一个双边结果后，对竞争者采纳行为进行量化的下一步，就是根据公司 i 和 k 之间的结构位置相当程度来进行加权。我用 k 而非 j 来代表 i 的竞争对手，是因为 i 不太可能在时间 t 内和所有被调查的公司[①]都有市场关联，因此 max（k）$\leqslant$max（j）。

以一个著名的销售商如 Micron 为例。Micron 和盖特威在细分市场上存在重叠，这意味着如果盖特威在时间 t 采纳某种技术，那么 Micron 就很有可能在时间 $t+1$ 上采纳。但是，Micron 在时间 t 上还和 k 家其他公司存在业务重叠，这 k 家公司都或多或少在战略上更类似于 Micron，基于盖特威与 Micron 的相似性。其中，Infotel，Fountain 和戴尔都对 Micron 的行为和业绩产生着影响。因此，在 Micron 的竞争对手是否采纳的定量操作上，我遵循网络分析中的已有方法（例如 Burt，1976，1987），那就是通过赋予这 k 家公司一个采纳指标而获取它们相对于 Micron 的相当程度的权重比例。

对第 i 家公司的竞争对手在时间 t 的采纳行为的测量就是：

$$C_{it} = \sum_{k=1}^{K_{it}} w_{ikt} A_{kt} \tag{1}$$

其中 A_{kt} 是一个指标，如果公司 k 在时间 t 销售了非零数量的基于第六代服务器的机器，那么 A_{kt} 就为 1，否则就为 0。整数 K_{it} 是与公司 i 有市场关联的其他

① 也就是公司 j。——译者注

公司的个数，它随着时间而变动。系数 w_{ikt} 就是公司 i 和 k 之间的结构位置相当程度。当然，要想计算 w_{ikt}，首先需要对每个公司的售出指标进行调整，将其除以其在每个市场分项中的销售量总和；其次，就是计算公司对公司的欧几里得距离矩阵。于是就有：

$$d_{ikt}=\left[\sum_{j=1}^{1,140}\left(\frac{Y_{ijt}}{\sum_j Y_{ijt}}-\frac{Y_{kjt}}{\sum_j Y_{kjt}}\right)^2\right]^{1/2} \tag{2}$$

其中，Y_{ijt} 表示第 i 家公司在时间 t 于市场选项 j 上的销售量。然后，通过从最大距离中减去每一个要素，并除以与 A_{kt} 相关的总体距离（Burt and Carlton，1989），我将每个公司的距离矢量转化成结构位置相当系数：

$$w_{ikt}=\frac{\max(d_{it})-d_{ikt}}{\sum_{k=1}^{K_{it}}[\max(d_{it})-d_{ikt}]} \tag{3}$$

这种对竞争对手采纳行为的测量具有很多优点。它只考虑那些切实与目标公司至少在一个市场选项中碰头的公司，并依据其他公司与被选中公司的结构位置相当程度赋予它们权重。这样，根据这些公司与被选中公司的战略相似性，这个指标就会影响到这些公司的等级排序。结构位置相当权重也体现了特定竞争对手的影响是随着时间而变动的。比如，如果 IBM 进行战略调整以便在时间 t 比在时间 $t-1$ 更接近于 Micron，那么，如果其他情况相同的话，IBM 对 Micron 的竞争对手采纳值的相对贡献在时间 t 就上升了。

这个测量其实模仿了空间过程模型（Doreian，1981；Sorenson and Audia，2000）——地理位置上分散的行动者的影响随着距离的增大而减弱；另外也类似于生态学取向的研究对生态位（niche）重叠的论述。比如，汉南和弗里曼（Hannan and Freeman，1989）将公司之间的竞争看作它们依赖于同一消费群体程度的函数。而在公司层面，麦克弗森（McPherson，1983）则根据公司在自主招募员工时的种类的重叠程度来界定竞争。佩利和诺顿鲍姆（Peli and Nootenboom，1999）则认为，当不同公司都在迎合消费者的同一口味时，竞争就存在了。与生态学模型相一致，等式（1）采纳了伯特（Burt，1976，1987）所发展的结构位置相当连续距离模型，来确定那些至少共享一个市场选项的公司间的战略相似性程度。

这一方法同样有助于说明市场中某一公司地位的策略差异。比如，在 1995 年第 4 季度，其战略接近 Micron 的那些公司之间存在的差异。为了识别 Micron 的 25 个竞争对手以及它们之间的战略差异，根据公司销售量在所有选项中的总销售量中所占的比例，我将每个公司的销售矢量按照 1 140 种选项（根据技术、销售渠道和地区来划分）进行标准化。然后，在构建了由经过调整的销售矢量所构成的欧几里得距离矩阵之后，我搜集了 25 家那些在战略上最接近 Micron 的公司。接着，我将多维测度（Johnson and Wichern，1982）应用于这个 26×26 的距离矩阵，并得到图 3 所示的坐标图。

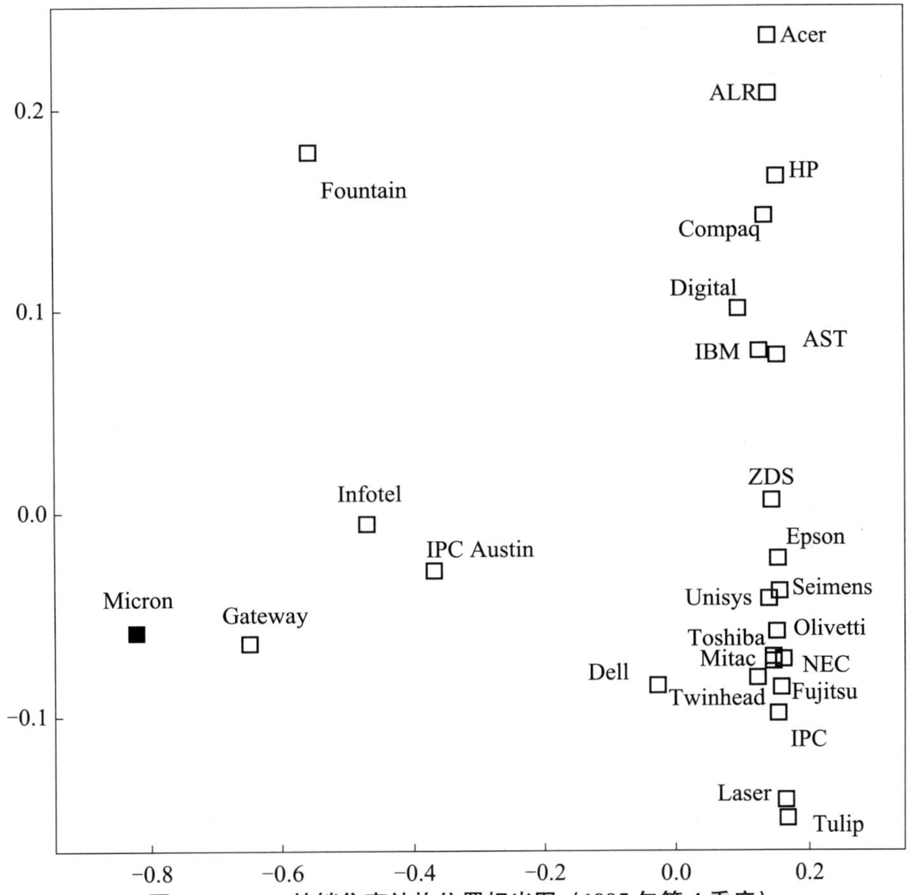

图 3　Micron 的销售商结构位置相当图（1995 年第 4 季度）

图 3 的左下角显示，Gateway 公司和 Micron 公司在 1995 年第 4 季度采取了极为相似的战略。更具体地来说，它们都主攻台式电脑，并且都通过直销渠道在美国销售。Micron 只采纳直销方式，而 Gateway 也只有一小部分产品经由非直销方式售出。与此相对应，Epson 跟 Micron 之间的战略差异就大了，后者主要通过转售和零售的方式来销售其产品，而且在关注美国市场的同时还在日本市场投入相同的精力。这样，我们也就可以假定 Micron 和 Gateway 之间的竞争激烈程度，要远远高于 Micron 与 Epson、Digital 或者 IBM 之间的竞争。

运用同一套销售数据和计算模式，对相对规模的动态测量就可以表示为：

$$R_{it} = \frac{S_{it}}{\sum_{k=1}^{K_{it}} w_{ikt} S_{kt}} \tag{4}$$

等式（4）和竞争采纳之间的唯一区别就是，S_{it} 和 S_{kt} 是第 i 个和第 k 个公司的销售量。这里使用同样的结构位置相当权重，只是现在应用于每个公司的竞争对手的销售量而已罢了。

最后，我还用这些根据市场选项（同样是根据外形因素、销售渠道和地区来划分）细分的资料，来测量经营范围或者多样化。由此，我设计了一个熵指标（Coleman，1964；Hannan and Freeman，1989；Davis，Diekmann and Tinsley，1994）：

$$E_{it} = 1 + \sum_{j=1}^{J_{it}} P_{ijt} \ln(1/P_{ijt}) \tag{5}$$

其中，P_{ijt} 是在时间 t 第 i 个公司的销售量在分类市场 j 中所占的比例；J_{it} 是一个随时间而变动的量，表示在时间 t 公司 i 参与其中的那些分类市场的数量。我之所以在该测量中加了一个 1，是因为这样我就可以在将其转化为对数模型时，减少它的非对称性。

模型和控制变量

为了检验前面的假设，我用如下形式的离散事件史模型来进行评估：

$$L(\mu_{it+1}) \equiv \ln\left(\frac{\mu_{it+1}}{1-\mu_{it+1}}\right) = \alpha_0 + \tau_{t+1} + X_{it}\beta + Z_{it}\phi \tag{6}$$

其中，μ_{it+1} 是指 i 个公司在 $t+1$ 首次购进第六代处理器所面临的风险，给定这一风险是由 t 时刻所带来的；α_0 是一个常数；τ_{t+1} 是除 1995 年第 4 季度（英特尔在这个时候发布了奔腾专业版）外的一组季度指标；X_{it} 包含了竞争对手采纳及其与相对规模、经营范围的交互作用——这些都是作为实质利益的预测指标；β 是一个参数向量；Z_{it} 包括了控制变量，其系数来自 ϕ。就像等式中的下标所表明的那样，所有这些指标都延滞一个季度。

一整套季度指标的引入，使得基准风险能够严格依时间变动而变化（Allison，1984）。与第六代服务器上市的时间间隔会对尚未采纳者产生压力一样，日历时间同样能够影响公司的风险。但是，完全的时间虚拟——不仅仅从英特尔的发布日期算起——又足以使不同时段的异质性消失得无影无踪。这一过程厘清了好几个重要因素——如，处理器的销售价格、采纳者和使用者的总量——的影响。控制这些因素是相当重要的，因为更大范围的采纳将会赋予一项新技术合法性（Hannan and Carroll，1992）；而且由于网络外部性的存在，它还会引发进一步的需求（Katz and Shapiro，1985）。

季度指标还根据英特尔的努力程度来进行调整。在此，英特尔是一个外在行动者，也是供给约束者。英特尔通过广告和提供主板（这样，销售商就无须再等待主板生产商）来加速采纳过程。1989 年，在旨在以 386 芯片替代 286 芯片的

“Red-X”活动中，英特尔的广告就产生了影响深远（Jackson，1997）。随着奔腾处理器投放市场，英特尔的主板生产也首次变得重要起来。上述两个因素都最有可能影响奔腾专业版的采纳。另外，第六代处理器的供应其实只在我们所研究的 15 个季度中的三个季度——也就是 1996 年第 4 季度和 1998 年的第 3、4 季度——是短缺的。季度指标弥补了这些短缺以及所有其他形式的时期差异所造成的不良影响。

现在让我们来看看公司层次的控制变量。考虑到大型的、多样化经营的公司与英特尔的密切关系，公司的绝对规模和范围极有可能影响到公司对第六代处理器的采纳。使用一项新技术往往需要英特尔工程师的支持，这些工程师通过首先与那些最大型公司的合作，可以实现规模经济。另外，为了排除共谋的可能性，基于理性的效率诉求，先供应给康柏而非 eMachines 是相当关键的。英特尔也会偏好那些经营范围较广的公司，因为它们对新芯片的广告宣传能力要强于那些更为专门化、在市场上占据更狭窄份额的公司。

公司对服务器、台式电脑或者笔记本的关注程度，也很可能会影响它们采纳第六代服务器的速度。服务器的速度要快于台式电脑和笔记本，而那些最新的处理器往往就是专门为服务器制造的。从外形上看，台式电脑最接近一种日用品，这样，低差异化的可能性往往促使它们的销售商实施采纳行为。相反，笔记本销售商们有好几条可以实施差异化战略的途径——如重量、尺寸和电池的耐用性等。不过，工程、制造方面的考虑也是重要的。产品刚发布时，因为过热，第六代处理器还无法应用于笔记本或者微型笔记本。在投放市场之后，英特尔使用较低伏数的芯片来代替前一版本，才解决了过热问题。为了根据技术差异而进行相应调整，我不仅计算了销售商在服务器销售量上所占的比例，也计算了他们在笔记本或者微型笔记本销售量上所占的比例。另外，我还剔除了样本内那些在 1996 年第二季度之前只生产笔记本电脑的生产商（如三洋、佳能和夏普）。因为在 1996 年第二季度，笔记本电脑才刚刚开始配置第六代处理器。那么在此之前，根本就不存在采纳的问题。

然而，对技术性焦点的控制也无法完全排除公司具体特征和背景的影响。比如，两个都只销售服务器的销售商，即使对他们在地理关注上的差异进行调整之后，仍可能存在这样的情况：某个企业可能面临着对最新技术的更大需求，或者某个企业可能在采纳行为上有更高的成本。为新的处理器设计一个新系统也需要大量的工作。处理器必须和众多的芯片匹配，还要选择合适的数据传输线的速度。工程师们还要清楚芯片的散热量，因为这直接影响到对外壳和风扇，以及机箱尺寸及电路设计等的选择。在这些方面做得不好的销售商们，可能就要花费更多的时间才能采纳新的处理器了。

为了调整这些可能的效应，我遵循赫克曼和鲍伽斯（Heckman and Borjas，1980）的逻辑，对一个公司销量中包含第五代处理器的比例建立了一个随时间而变动的变量。比起那些刚刚从 486 转移到奔腾处理器的销售商来说，一直以奔腾处理器为核心的销售商则会更倾向于升级到奔腾专业版。一个公司中奔腾处理器的销售量所占的比例，也就代表该公司在处理器速度平均值中的位置。一些没被观察的因素——如消费者爱好、生产线技术和公司所特有的人力资本，特别是制造工艺——肯定和这个测量存在关联，这也使得该调整能够起到一些作用。我还设计了一个指标变量来测量是否一个公司超过 50%的产品仍然使用第四代（或者更低）处理器，还有一个指标用来测量一个公司的同辈们是否还主要在采纳第四代处理器。这两个指标作为替代性解释变量都是极为重要的，它们将在下一部分得到更为详细的阐述。

即使已经控制了技术和以奔腾为内核的销售量的水平，不同公司对特定国内市场的强调也会减缓或者加速采纳过程。为此，我又增加了一个测量模型，将能够显著预测接纳比率的公司的销售量在所在市场中所占的比例纳入其中。这个测量模型还包括了所有理论上的重要指标，和其在 57 个地区中 56 个地区的销售量中所占的比例。在 0.05 或者更低的水平上显著的国内市场是巴西和墨西哥。而在美国，销售量的比例则对是否采纳没有显著影响，为了简化模型因而将其剔除。表 1 给出了分析中所有变量的描述统计。

结果

表 2 给出了 7 个用来预测第六代服务器采纳行为的离散时间事件史模型分析结果，模型 1 包含了绝对规模、经营范围和一些时间指标。

公司的绝对规模和经营范围所产生的影响与它们作为推动因素的预测是一致的——它们作为外部革新者，使得英特尔对公司更具吸引力。沉寂时期的系数反映了 1996 年第 4 季度和 1998 年第 3、4 季度间的供应短缺状况，这些时间段虚拟变量的系数表明相对此前的季度风险底线下降了。

模型 2 表明，如果不考虑虚拟时间变量，竞争对手采纳第六代处理器的行为强烈地影响着采纳行为——即使在控制了绝对规模和范围影响的情况下。[①] 不过，当季度指标再度出现在模型 3 中时，竞争对手采纳情况的影响就消失了。考虑到竞争对手采纳情况和其他因素之间的相互关系，比如广告、处理器价格等，出现这个结果也就不足为奇了。如果说其他公司的行为存在影响的话，那也只能是与其他协变量共同起作用。

① 在这个模型中，观察量从 1 158 个降为 1 157 个。这是因为一个公司的发货数据仅与另一个公司重叠，这样，对竞争对手采纳情况的测量就无法体现在等式（3）中。

表 1 分析中所有变量的描述统计表

	1	2	3	4	5	6	7	8	9	10	11
1. ln（销售）	1										
2. ln（范围）	0.507	1									
3. 竞争对手采纳	−0.134	−0.132	1								
4. ln（相对规模）	0.940 5	0.455 6	−0.278 3	1							
5. 奔腾	0.110 5	−0.060 3	0.568 2	0.064	1						
6. 第四代	−0.094 7	0.050 1	−0.469 7	−0.065 5	−0.865 2	1					
7. 第四代的竞争对手	0.045 7	0.150 5	−0.788 7	0.118 9	−0.721 8	0.660 4	1				
8. 手提电脑	0.119 8	0.102 6	0.290 4	0.028 4	0.201 7	−0.119 9	−0.212 4	1			
9. 服务器	−0.193 1	−0.078 2	−0.008	−0.142 6	−0.009 8	0.017 6	0.036 7	−0.082 3	1		
10. 巴西	0.062 8	−0.025 6	0.033 1	0.051 6	0.052 7	−0.000 4	−0.038 7	−0.034 6	−0.031 7	1	
11. 墨西哥	−0.076 6	−0.161 8	0.073 6	−0.098 8	−0.076 5	0.085 7	0.010 1	−0.069 3	−0.023 1	−0.043 7	1
均值	15.590 7	0.493 88	0.482 75	−4.827 7	0.668 24	0.287 56	0.196 23	0.167 34	0.018 44	0.088 02	0.018 44
标准差	1.766 36	0.353 33	0.317 21	1.869 29	0.334 32	0.452 82	0.272 93	0.325 12	0.108 51	0.277 93	0.133 49
最小值	10.183 2	0	0	−11.101	0	0	0	0	0	0	0
最大值	21.953 1	1.621 61	1	2.891 39	1	1	1	1	1	1	1

表 2 **预测第六代处理器采纳情况的离散时间事件史模型**

	1	2	3	4	5	6	7
影响因素：							
ln（销售）	0.19	0.218	0.2	−0.234	−0.245	0.031	0.026
	(0.053)**	(0.051)**	(0.054)**	(0.141)	(0.149)	(0.165)	(0.165)
ln（范围）	0.755	0.412	0.71	0.662	4.056	4.167	4.121
	(0.260)**	(0.249)	(0.263)**	(0.268)*	(1.011)**	(0.968)**	(0.962)**
竞争对手采纳		2.214	0.478	−1.213	4.755	3.785	3.877
		(0.278)**	(0.527)	(1.008)	(1.862)*	(1.814)*	(1.807)*
ln（相对规模）				0.712	−0.052	−0.296	−0.274
				(0.146)**	(0.229)	(0.241)	(0.238)
ln（相对规模）×竞争对手采纳				−0.493	0.758	0.687	0.684
				(0.145)**	(0.318)*	(0.304)*	(0.301)*
ln（范围）×竞争对手采纳					−6.654	−4.578	−4.686
					(1.898)**	(1.977)*	(1.976)*
ln（相对规模）× ln（范围）					0.924	0.931	0.918
					(0.218)**	(0.216)**	(0.215)**
ln（范围）×ln（相对规模）×竞争对手采纳					−1.617	−1.214	−1.224
					(0.376)**	(0.373)**	(0.372)**
季度指标：							
96Q1	1.484		1.348	1.924	2.926	2.706	2.776
	(0.386)**		(0.415)**	(0.504)**	(0.750)**	(0.728)**	(0.776)**
96Q2	1.604		1.334	1.86	2.775	2.599	2.749
	(0.389)**		(0.489)**	(0.609)**	(0.826)**	(0.824)**	(0.898)**
96Q3	2.428		2.123	2.596	3.475	3.383	3.542
	(0.381)**		(0.513)**	(0.635)**	(0.845)**	(0.854)**	(0.933)**

续前表

	1	2	3	4	5	6	7
96Q4	2.321		1.973	2.428	3.302	3.262	3.459
	(0.400)**		(0.555)**	(0.669)**	(0.872)**	(0.889)**	(0.960)**
97Q1	2.125		1.771	2.389	3.273	3.415	3.631
	(0.451)**		(0.597)**	(0.699)**	(0.901)**	(0.925)**	(0.986)**
97Q2	2.562		2.227	2.752	3.648	3.988	4.262
	(0.440)**		(0.574)**	(0.674)**	(0.880)**	(0.919)**	(0.986)**
97Q3	3.053		2.698	3.236	4.116	4.742	5.034
	(0.458)**		(0.602)**	(0.706)**	(0.902)**	(0.959)**	(1.021)**
97Q4	2.497		2.075	2.58	3.447	4.525	4.797
	(0.548)**		(0.718)**	(0.802)**	(0.985)**	(1.074)**	(1.125)**
98Q1	2.213		1.787	2.333	3.23	4.378	4.64
	(0.675)**		(0.822)*	(0.886)**	(1.060)**	(1.156)**	(1.201)**
98Q2	3.909		3.514	4.008	4.815	7.029	7.288
	(0.599)**		(0.739)**	(0.820)**	(0.990)**	(1.119)**	(1.165)**
98Q3	3.528		3.118	3.423	4.463	6.137	6.393
	(0.768)**		(0.887)**	(0.950)**	(1.117)**	(1.240)**	(1.283)**
98Q4	2.497		2.073	2.328	3.651	4.866	5.139
	(1.182)*		(1.268)	(1.308)	(1.450)*	(1.706)**	(1.736)**
99Q1	3.643		3.271	3.88	4.757	5.455	5.734
	(1.458)*		(1.513)*	(1.569)*	(1.654)**	(2.004)**	(2.033)**
控制变量：							
奔腾						0.823	
						(0.438)	

续前表

	1	2	3	4	5	6	7
第四代							−0.753
							(0.358)*
第四代的竞争对手							0.558
							(0.94)
手提电脑						−2.661	−2.631
						(0.412)**	(0.413)**
服务器						1.514	1.595
						(0.690)*	(0.688)*
巴西						−1.733	−1.73
						(0.402)**	(0.401)**
墨西哥						−2.147	−2.157
						(1.022)*	(1.017)*
常数	−6.695	−6.241	−6.837	2.407	−1.733	−7.262	−6.606
	(0.885)**	(0.822)**	(0.899)**	(2.719)	(3.026)	(3.441)*	(3.395)
N	1 158	1 157	1 157	1 157	1 157	1 157	1 157
Deviance	1 027.104	1 064.914	1 025.798	999.243	974.056	890.466	888.923

注：* 表示 $p < 0.05$，** 表示 $p < 0.01$。

模型 4 纳入了竞争对手的采纳情况、相对规模和它们的产品，以检验假设 2——当相对规模最小的时候，同辈公司的影响是最强的。模型 4 表明，竞争对手采纳情况、相对规模以及两者的交互作用，显著地提高了拟合度。模型 3 和模型 4 也有可能相互嵌套，并因此导致方差上的巨大差异。两者相差 26.56，远远高于 5.99（自由度为 2 时的临界值）。如此一来，模型 4 也就支持了假设 2：如果一个公司的规模远远小于与其邻近的竞争对手的规模，那么它就会更密切留意并响应其竞争对手的采纳决策。

根据模型 4，下列式子表明了竞争对手采纳情况的影响是如何随着相对规模的变动而变化的：

$$L(\mu_{it+1}) \propto [-1.213 - 0.493\ln(R_{it})]C_{it} \tag{7}$$

其中，C_{it}是对等式（1）中竞争对手采纳情况的测量。当相对规模的对数为 −2.5 时，竞争对手采纳的系数就等于 0。当相对规模变小时，扩散影响加强。大约 90%的销售商都符合这个判断。规模相对小的公司则会更倾向于亦步亦趋地跟在它们的竞争对手后面，模仿它们的行为；而那些规模相对大的公司则不那么在乎其竞争对手们的行为。也就是说，那些其对手们采取了采纳策略，自己如果没有跟随就得付出更高代价的公司，响应最为积极。在控制绝对规模和时间这两个变量的情况下，如果两个公司的规模相对较小，但是其中一个公司的对手已经采纳了第六代处理器，而另一个公司的对手则还没有采纳，那么前者就会面临更大的压力要采纳第六代处理器。

模型 5 增加了一些变量，以检验假设 3：相对小但又多样化的公司，尤其容易受到同辈公司的影响。这种设想来自组织生态学对“小而全”公司弱点的攻击。组织生态学认为，当公司在规模上竞争，也在某一小块细分市场上的专业化能力优势上竞争的时候，“小而全”的小公司就会居于劣势。

接着，模型 6 表明，当引入一整套控制变量时，这个影响依然显著存在。其中很多系数都印证了早先的直觉。首先是对外形因素的强调程度的测量。产品中笔记本电脑（跟台式电脑相比）所占比例越高的公司，越不倾向于模仿其对手采纳第六代服务器，也就是说两者存在负相关并在统计检验上显著。与此相反，销售服务器越多的公司，越倾向于模仿（即采纳第六代服务器）。我当初之所以这样猜测，是因为我看到英特尔改变其处理器以迎合不同类型的 PC。一个公司在处理器速度排行中的位置，在模型 6 中并没有显著影响，尽管在模型中删掉其他变量时，它有一定影响。最后，在巴西，销售量的比例显著降低了采纳的可能性。在墨西哥也是如此。

三阶交互效应揭示了不同水平的公司间影响在什么情况下会发生。模型 6 中的变量直接表明，这种影响随着相对规模和经营范围的变化而变化：

$$L(\mu_{it+1}) \propto kC_{it} \tag{8a}$$

其中：

$$k \equiv 3.785 + 0.687\ln(R_{it}) - 4.578\ln(E_{it}) - 1.214\ln(R_{it})\ln(E_{it}) \quad (8b)$$

也就是说，采纳第六代处理器的风险（机会）取决于竞争对手的采纳情况 C_{it}，还有相对规模 R_{it} 和范围 E_{it} 的一个函数的乘积。一个有意义的描述这种权变影响的方式是：在竞争对手的采纳行为增加一个单位（e^k）的情况下，发生比是如何随着相对规模和经营范围的联合分布而变动的（见图 4）。

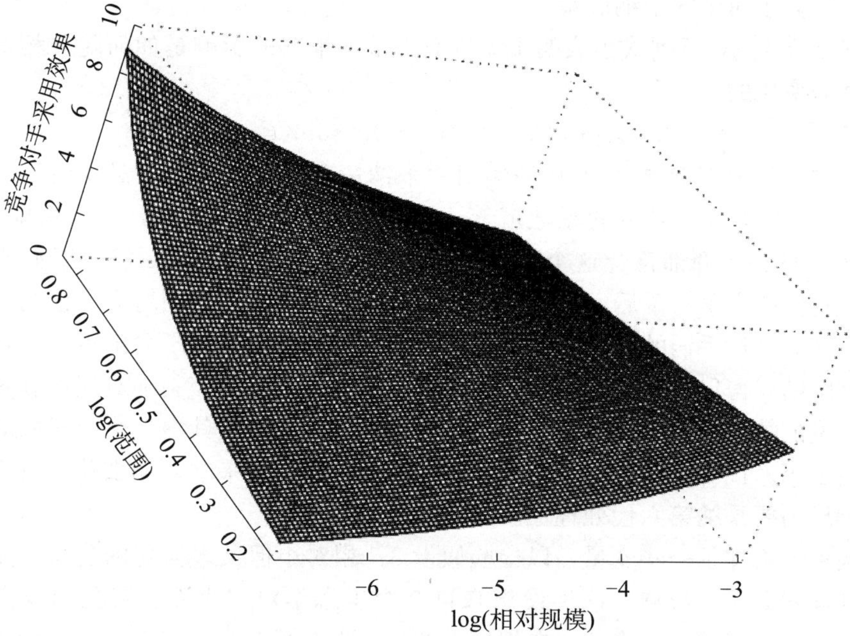

图 4　因相对规模和经营范围而变化的竞争对手采纳效应

纵轴标示的是竞争对手采纳效应，每个单位表示结构位置相当的竞争对手采纳的协变量每增加一个单位（e^k），采纳发生比的变化。其他两条轴的变化范围是平均值加上或者减去一个标准差（见表 1 列 2、列 4）。我以此作为两条横轴的端点，是为了保证图中反应平面始终能够覆盖所有资料。

回到图 4，即使在其中心——也就是三条轴的中点连线的交点——公司采纳所带来的对其同辈的影响也是相当显著的。因此，邻近竞争对手对第六代处理器的采纳会提高公司自身采纳第六代处理器的可能性，而且三个因素中的任何一个都能带来这种影响。因此，战略相似的竞争对手的行为，强烈地影响着公司的平均采纳行为。而一旦同辈公司所产生的影响，通过与其他重要协变量的交互作用而被详细说明，那么它就是一个强烈的交互影响，且这一影响即使在加入了时间虚拟变量后也持续存在。

不过，图 4 的主要含义在于，规模相对较小的多样化公司更容易被其竞争对手的采纳情况所影响。它在图中的位置也相当突出，就是相对规模小、经营范围高的上方的那个最高点。在表中跟纵轴相交的左上角，竞争对手采纳每一单位的增加将会导致发生比上升将近 9 个点。而这一区域所对应的就是那些面临规模竞争而又未能从狭小的经营范围中获利的公司。跟假设 3 一样，这个模式表明：竞争对手的行为对那些居于市场弱势地位的公司会产生最大影响。

模型 7 呈现的是一种竞争性解释。这个解释在扩散理论中往往被忽视，而在本研究中，却是需要在此类分析中特别加以注意和避免的。[①] 它涉及多里安（Doreian，1980）所说的空间效应与空间扰动的区别。空间效应源自相互邻近的社会或者经济单元之间的相互影响；而空间扰动则是说相互邻近的单元可能共享一个未被觉察的因果关系，因而显得好像相互之间存在影响。在技术扩散的背景下，完全有可能是公司特有的、采纳新技术的倾向，刚好在某一特定市场位置上聚集了。[②] 更为精确地说，具有相似销售结构的公司也可能具有相似的采纳临界点或者保留价格（Van den Bulte and Lilian，2001：1411）。处理器价格的影响被时间虚拟变量所解释，而群聚采纳临界点强大的潜在效应则没有被解释，该效应也不能通过采纳了奔腾内核的销售量所占的比例与时间的协同效应来解释。这个协同效应所代表的仅仅是面临压力的公司的采纳临界点，而非结构位置相当公司的采纳临界点。因而，抛开进一步的测量，一个可能的解释是：战略相似的公司所花的等待时间是相似的，而且仅仅是因为处理器的价格几乎同时降到了它们所共享的、未被觉察的临界点之下。

为了更好地阐述这个竞争解释，就需要对公司的“同辈们”的采纳倾向进行

① 附加模型（没有给出，但如果你想要的话我可以提供）用于提出三个竞争性解释：（1）相对规模和经营范围与竞争对手采纳的交互作用，只是反映了这些协变量随处理器的年限而变动。在模型 3 中，由于引入时间虚拟变量，竞争对手的主效应降为零。这意味着时间和同辈公司的采纳水平是相关的。如果利益的三阶效应仅仅是短期交互作用的结果，那么用竞争对手采纳这个变量来取代时间变量就会是一个更好的模型。事实上，如果这样做的话，不仅二阶效应与趋势之间的交互作用不显著，而且“范围—相对规模—时间”这个三元交互效应也只在 0.10 水平上显著。这一结果对于所采用的理论和测量框架而言，非常重要。与时间变量的一定的交互作用是能够预期的，因为竞争对手的采纳水平随时间演进而有所提高。但是，由于时间只与其他公司的行为相关，而其他公司的行为又没有在研究中得到有效测量，只能以不同时间点的行为结果来替代实际行为，这就不可避免地存在很大问题。（2）尽管有 84%的个案的相对规模和经营范围水平都跟扩散效应呈正相关，但是，那少数几个很早就采纳了第六代处理器的、巨型的多样化公司，以及少量永远也不会采纳的小型的专业化公司，仍会对研究结论产生影响。为了印证这一点，我设计了两个指标变量，一个针对小型的专业化公司，一个针对大型的多样化公司（对它们而言，扩散效应都是负的）。不过，即使剔除这些个案，原先的系数也不会发生变化。这又为假设 3 提供了进一步的支持。（3）尽管时间虚拟变量解释了限制供应的主效应，但是供应短缺却可能不会对所有公司都产生同样影响。不过，当公司规模和前述的三个季度（1996 年的第 4 季度、1998 年的第 3 季度和 1998 年的第 4 季度）（这三个季度的供应限制在新闻机构中被广泛讨论和记载）产生交互作用时，这些变项都不显著。这就表明，时间虚拟变量本身就足以解释短缺效应。

② 非常感谢《美国社会学杂志》（*AJS*）的评阅人提醒我这一点。

测量。一个可能的方案就是，对公司的同辈们是否还主要在销售第四代（486）或者更低级别的芯片进行动态测量。如果我们用一个二分指标来衡量仍然主要销售第四代（或者更低级别的）机器的目标公司是否会压制其采纳第六代处理器的尝试，那么上述方案就尤其可行。在模型 7 中，第四代这个虚拟变量的负效应，就很好地说明这种情况。所以，我设计了下面的公式，用来测量公司的竞争对手是否还主要停留在第四代水平：

$$CF_{it} = \sum_{k=1}^{K_{it}} w_{ikt} F_{kt} \tag{9}$$

就像符号所表示的那样，这个协变量与等式（1）中用于计算竞争对手采纳水平的步骤是一样的。唯一的差别就在于：如果公司 k 在季度 t 其半数以上的机器都是 486 装备（或者更低级别）的话，那么 $F_{kt}=1$；否则 $F_{kt}=0$。（w_{ikt}同样是用于对 F_{kt} 进行加权。）

除了这个协变量外，模型 7 还纳入了另外一个指标，这个指标也是用来测量公司 i 中是否有超过半数的机器装备的是第四代或者更低级别的处理器。如果自相关的未被观察的异质性解释了模型 6 中竞争对手采纳的影响，那么我们就能够合理预期在模型 7 中，同辈公司的采纳所产生的影响会略微弱些。然而，当引入该指标作为目标公司同辈们的采纳临界点时，很显然，其影响是不显著的，而且相当重要的效应模式都完全没有变化。

结论

这篇文章讨论的问题是，社会行动者何时受其竞争对手的影响最大。对权变网络效应的关注，引发了当前学科内的诸多研究。伴随着网络分析的日渐成熟，经济社会学家尤其热衷于探讨社会关系何时发挥最大效应。这些研究包括，波多尼（Podolny，1994）关于市场不确定和交换模式的研究，伯特（Burt，1997）对社会资本的权变价值的探讨，英格拉姆和罗伯茨（Ingram and Roberts，2000）关于宾馆管理人员之间友谊何时会对公司业绩产生最强影响的研究。正如怀特（1992）所主张的那样，一个社会行动者不应被看作一个“单纯的原子”，而应该是嵌入更大的“分子”——也就是其他个人或者组织——之中的。这样一来，社会关联何时发挥最大影响就是一个相当重要的问题。我们通常所认为的社会原子是嵌套在更大结构中的（Uzzi，1996），并在不同程度上被其他的邻近原子所改变。

这一分析表明，规模相对小的公司是最容易受其同辈们的技术战略影响的，尤其是当它们分散在多个市场选项中而从事多样化经营时。其他学者也已经开始研究市场位置与新技术扩散的具体过程之间的关系。比如，斯特朗和梅西（Strang and Macy，2001）就将市场位置和扩散放在同一个模拟框架里。他们指出，那些具有结构优势的公司，并不是在寻求最好的创新，而是在生产被其他公司所拷贝的模式——尽管这些模式可能丝毫没有价值。在此，我将公司之间的影响与相对规模和经营多样化联结起来——而后两者都是已经广为研究的组织绩效指标。与社会网络和空间过程的分析相一致，公司的同辈们的采纳行为会产生强大影响，同时，其行为与其他相关因素之间存在交互作用。我们的研究结论和组织生态学的发现也是一致的，本文分析明确指出，这个效应对于那些面临规模竞争而又没有专业化优势的公司来说是最大的。

这些研究结果对今后的扩散研究具有相当重要的意义，对于更为宽泛的社会学理论同样具有重要意义。为了更好地阐明其中的意义，很有必要提及扩散理论所独有的想象：一项新事物——艺术形式、组织设计、观点或者其他——总是来自外部。随着时间的演进，一个相邻群体中越来越多的个体开始采纳这种新事物。通常，这种转型背后的推动力都是外在的变革主体——比如媒体和管制者——所引致的。在另外一些情况下，个体之间的差异导致了他们并不是在同步采纳这些新事物。这其中最吸引社会学家的是：采纳可能性之间的差异在多大程度上是由后来者是否接近先前的采纳者来解释的。在此，网络分析的想象和模型都派上了用场。在弄清楚究竟是什么因素导致个体分层——以致某些节点比较“邻近”，而某些节点则相对“远离”——之后，对那些先采纳者行为的测量，就可以通过分析某一对象的竞争对手的行为来获得。而其竞争性的强弱关系，我们又可以通过两者之间的社会和空间距离的倒数来判断。

不过，绝大多数对行动者之间影响的扩散研究，也就到此为止了。因此，它们也就等于盲目地进行了一项难以验证的假定——临近（无论怎样定义和确定标准）本身就是影响发生的基础。在这个框架中，社会行动者之间的相互影响被视为是相当的，其中的差异没有被考虑，这些差异范围包括：它们在同一产业里或者其他可比较方面上的相邻性、亲近性、联结性和相当性。

我这个研究的一个主要意义在于，发现这个假设可能掩盖了后续社会过程的操作化。更为精确地说，如果我们认为邻近本身就能够产生行动者之间的影响，那么我们就会错误地推论：群体是由不相关的行动者构成的——至少在扩散理论中是这样。在我这个分析中，当只考虑竞争对手采纳第六代处理器这个变量的主效应时，所呈现出来的结果就是：在电脑产业中，一个公司并不关心其他公司的技术策略。然而，季度指标的引入削弱了战略上相似的竞争对手采纳行为的影响。正如凡·登·布尔特和利莲（Van den Bulte and Lilien，2001）曾发现的那样，广告强度这个变量的引入，使得社会性邻近的医生间的行为彼此无关。这样看来，一项新事物的扩散，似乎只是源于外来因素的影响。不过，其他模型已经表明，在第六代处理器上，扩散过程并不是那么简单。也就是说，即便是在与公司绩效理论相一致的条件下，由战略相似性所界定的参考框架也影响着采纳选择。

这个研究的另一个意义在于，它关注这样一个事实：相对规模和经营范围这两个变量不过是更大社会结构的特例而已。相对于其他公司，规模宽泛地指明了一个企业在等级序列中所处的位置，处于序列底端的所面临的竞争压力就大，其生存机会相对而言也就少。在其他产业中，与相对规模所对应的可能是社会地位（Podolny，Stuart，and Hannan，1996）或者声誉（Kreps，1996）。如此，与具有更高声望或者产品质量的公司竞争的那些公司，就属于竞争力较弱的公司或者说是边缘性公司。与我的研究发现一致，在这类等级序列中处于底端的公司受其同辈的影响最大。虽然我在这里说的是一项新技术的采纳，但是从原理上来讲，这个判断可能同样适用于其他任何新事物——只要对它的采纳行为会削弱不采纳者的生存机会。

相对规模只是测量个体在群体中序列位置的诸多方法之一，同样，专业化和多样化也只是宽泛地意指一个社会行动者与其外部相关者的关系类型。在这篇文章中，外部相关者包括 PC 消费者；而在其他研究中，外部相关者还可能包括评论家、赞助商、老板或者其他评估者。组织生态学早先的研究认为，专业化为客户关系处理提供了优势，而在我的这个研究中，专业化则削弱了规模的竞争效应。其他可能更为直接的测量（测量与外部相关者的关系），取决于我们要以何种方式来处理其他变量所产生的权变效应。

网络分析中存在两个相互关联的可能性。一个是行动者与群体之外的行动者关系的持久性（Granovetter，1973），这可以体现在公司进入各个市场的加权时间上。另一个可能性就是多元性（Kapferer，1969），或者说是社会联结包含多个而且实质上不同的关系类型的程度。例如本研究中的有关结论——专业化降低了规模竞争的影响，未来对持久性和与客户或者评估者的多元性联结的测量，或者能减弱低地位或未成气候的声誉所带来的不良影响。也就是说，行动者的地位如果内在不稳定并且与其外部相关者缺乏长久关系或者多元联结，那么他们受其竞争对手行为的影响最大。从这个意义上来说，我们在这里所使用的经营范围和相对规模概念，可能就是今后测量社会影响（因其内部等级位置及其与外部相关者的联结强度而呈现差异）的发展趋势。

更宽泛地说，我的研究结论表明，关于社会影响的社会学理论与关于竞争和等级的理论，可以通过更进一步的整合而共同获益。社会学家在理解社会行动者为何要模仿其他行动者的行为上已经取得了长足进展。塔德和勒庞（Tarde and Le Bon）的经典解释认为，个体几乎是无意识地服从于群体权威。而现在的研究工作则远远超越了这一解释，现在关于社会影响的精细化模型已经纳入了社会心理学的观点和网络分析的形式技巧（如 Friedkin，1998）。现今，我们还发展出了复杂而精致的竞争和等级理论——它认为，等级序列（Chase，1980）取决于人力资本的差异、物理资产所有权以及人们在早先的社会场景中所具有的优势或者劣势，等等。我认为，如果我们能够综合这些方面，那么将会在以后的研究中受益匪浅。当早先的研究认为居于等级序列底端的行动者最可能服从或者模仿其他行动者时，所有的关注点都只集中在一个唯一的等级排序上，而忽略了行动者排序中可能具有的多元维度。而行动者在其他维度的排序又可能弥补其在某一维度中的不利排序。因此，曾长期支配社会理论家的想象的社会空间概念（见 Silber [1995]），就非常需要多元维度的补充，而不应再局限于单一的、线性的排序。只要竞争和等级序列的分类仍然是社会生活的稳固特质（Veblen，1973；Gould，2002），人们就不会停止占据具有竞争力的位置和序列的努力。因为这样可以降低不利位置给他们带来的压力。在整合了网络和社会影响研究的洞见以及竞争和等级理论的影响之后，我的研究结果有助于人们更好地理解行动者在等级序列中所占据的位置何时影响到其生存境况，同时，也有助于人们更好地理解社会影响的来源。

参考文献

Abbott，Andrew. 1988. Transcending General Linear Reality. *Sociological Theory* 6（Fall）：169-186.

Allison，Paul D. 1984. *Event History Analysis：Regression for Longitudinal Event Data*. Newbury Park，Calif.：Sage.

Barnett，William P.，Henrich R. Greve，and Douglas Y. Park. 1994. An Evolutionary Model of Organizational Performance. *Strategic Management Journal* 15：11-28.

Barron，David N. 1999. The Structuring of Organizational Populations. *American Sociological Review* 64：421-445.

Blau，Peter M. 1960. Patterns of Deviation in Work Groups. *Sociometry* 23（3）：245-261.

Brock，Gerald. 1975. *The Computer Industry：A Study of Market Power*. Cambridge：Ballinger.

Bruggeman，Jeroen. 1997. Niche Width Theory Reappraised. *Journal of Mathematical Sociology* 22（2）：201-229.

Burt，Ronald S. 1976. Positions in Networks. *Social Forces* 55：93-122.

——1982. *Toward a Structural Theory of Action：Network Models of Social Structure，Perception，and Action*. New York：Academic Press.

——1987. Social Contagion and Innovation：Cohesion versus Structural Equivalence. *American*

Journal of Sociology 92：1287-1335.

——1988. The Stability of American Markets. *American Journal of Sociology* 93：356-395.

——1992. *Structural Holes：The Social Structure of Competition*. Cambridge，Mass.：Harvard University Press.

——1997. The Contingent Value of Social Capital. *Administrative Science Quarterly* 42：339-365.

Burt，Ronald S.，and Debbie S. Carlton. 1989. Another Look at the Network Boundaries of American Markets. *American Journal of Sociology* 94：723-753.

Carroll，Glenn R. 1985. Concentration and Specialization：Dynamics of Niche Width in Populations of Organizations. *American Journal of Sociology* 90：1262-1283.

Carroll，Glenn R.，and Michael T. Hannan. 2000. *The Demography of Corporations and Industries*. Princeton，N. J.：Princeton University Press.

Carroll，Glenn R. and Anand Swaminathan. 2000. Why the Microbrewery Movement? Organizational Dynamics of Resource Partitioning in the American Brewing Industry after Prohibition. *American Journal of Sociology* 106：715-762.

Chandler，Alfred D.，Jr. 1990. *Scale and Scope：The Dynamics of Industrial Capitalism*. Cambridge，Mass.：Harvard University Press.

Chase，Ivan D. 1980. Social Process and Hierarchy Formation in Small Groups：A Comparative Perspective. *American Sociological Review* 45，no. 6 (December)：905-924.

Clark，Don. 1995. Intel's Next Generation Chip to Get Pentium Brand Name. *Wall Street Journal Europe*，September 21，p. 4.

Coleman，James S. 1964. *Introduction to Mathematical Sociology*. London：Free Press of Glencoe，Collier-Macmillan Limited.

Coleman，James S.，Elihu Katz，and Herbert Menzel. 1966. *Medical Innovation*. New York：Bobbs-Merrill.

Collins，Randall. 1987. Interaction Ritual Chains，Power and Property：The Micro-Macro Connection as an Empirically Based Theoretical Problem. Pp. 193-206 in*The Micro-Macro Link*，edited by Jeffrey C. Alexander，Bernhard Giesen，Richard. Munch，and Neil J. Smelser. Berkeley and Los Angeles：University of California Press.

Compaq Computer Corporation. 1997. Pentium II Processor Technology. *Technology Brief* [online document]，August，1-9.

Davis，Gerald F.，Kristina A. Diekmann，and Catherine H. Tinsley. 1994. The Decline and Fall of the Conglomerate Firm in the 1980s：The Deinstitutionalization of an Organizational Form. *American Sociological Review* 59：547-570.

Dell，Michael. 1999. *Direct from Dell：Strategies That Revolutionized an Industry*. New York：Harper Business.

Dobbin，Frank，John Sutton，John Meyer，and W. Richard Scott. 1993. Equal Opportunity Law and the Construction of Internal Labor Markets. *American Journal of Sociology* 99：396-427.

Dobrev, S. D. , and G. R. Carroll. 2003. Size (and Competition) among Organizations: Modeling Scale-Based Selection among Automobile Producers in Four Major Countries, 1885—1981. *Strategic Management Journal*, in press.

Doreian, Patrick. 1980. Linear Models with Spatially Distributed Data, Spatial Disturbances or Spatial Effects. *Sociological Methods and Research* 9: 29-60.

——1981. Estimating Linear Models with Spatially Distributed Data. Pp. 359-388 in *Sociological Methodology*, edited by Samuel Leinhardt. San Francisco: Jossey-Bass.

Doreian, Patrick, and N. P. Hummon. 1976. *Modeling Social Processes*. New York: Elsevier.

Erickson, Bonnie H. 1988. The Relational Basis of Attitudes. Pp. 99-121 in*Social Structures: A Network Approach*, edited by Barry Wellman and S. D. Berkowitz. New York: Cambridge University Press.

Fligstein, Neil. 1985. The Spread of the Multidivisional Form. *American Sociological Review* 50: 377-391.

Friedkin, Noah E. 1998. *A Structural Theory of Social Influence*. Cambridge: Cambridge University Press.

Galaskiewicz, Joseph, and Ronald S. Burt. 1991. Interorganization Contagion in Corporate Philanthropy. *Administrative Science Quarterly* 36: 88-105.

Gould, Roger V. 2002. "The Origins of Status Hierarchies: A Formal Theory and Empirical Test." *American Jounral of Sociology* 107: 1143-1178.

Granovetter, Mark. 1973. The Strength of Weak Ties. *American Journal of Sociology* 78: 1360-1380.

Granovetter, Mark, and Roland Soong. 1983. Threshold Models of Diffusion and Collective Behavior. *Journal of Mathematical Sociology* 9: 165-179.

Hannan, Michael T. , 1998. Rethinking Age Dependence in Organizational Mortality: Logical Formulations. *American Journal of Sociology* 104: 85-123.

Hannan, Michael T. and Glenn R. Carroll. 1992. *Dynamics of Organizational Populations: Density, Legitimation, and Competition*. New York: Oxford University Press.

Hannan, Michael T. , Glenn R. Carroll, Stanislav D. Dobrev, and Joon Han. 1998. Organizational Mortality in European and American Automobile Industries, Part I: Revisiting the Effects of Age and Size. *European Sociological Review* 14: 279-302.

Hannan, Michael T. and John Freeman. 1984. Structural Inertia and Organizational Change. *American Sociological Review* 49: 149-164.

——1989. *Organizational Ecology*. Cambridge, Mass. : Harvard University Press.

Heckman, James, and GeorgeBorjas. 1980. Does Unemployment Cause Future Unemployment? Definitions, Questions, and Answers from a Continuous Time Model of Heterogeneity and State Dependence. *Econometrica* 47 (187): 247-283.

Hedstrom, Peter. 1994. Contagious Collectivities: On the Spatial Diffusion of Swedish Trade Unions, 1890—1940. *American Journal of Sociology* 99: 1157-1179.

Ingram, Paul, and Peter W. Roberts. 2000. Friendships among Competitors in the Sydney Hotel

Industry. *American Journal of Sociology* 106：387-423.

Jackson，Tim. 1997. *Inside Intel：Andy Grove and the Rise of the World's Most Powerful Chip Company*. New York：Plume.

Jerome，Marty. 1995. P6 Systems：They're Finally Here! *PC/Computing* 8（11）：68.

Johnson，Richard A.，and Dean W. Wichern. 1982. *Applied Multivariate Statistical Analysis*. Englewood Cliffs，N. J.：Prentice-Hall.

Kapferer，Bruce. 1969. Norms and the Manipulation of Relationships in a Work Context. Pp. 181-244 in *Social Networks in Urban Situations*，edited by J. Mitchell. Manchester：Manchester University Press.

Katz，Michael，and Carl Shapiro. 1985. Network Externalities，Competition，and Compatibility. *American Economic Review* 75：424-440.

Kreps，David M. 1996. "Markets and Hierarchy and (Mathematical) Economic Theory. *Industrial and Corporate Change* 5：561-596.

Land，Kenneth C.，Glenn Deane，and Judith R. Blau. 1991. Religious Pluralism and Church Membership：A Spatial Diffusion Model. *American Sociological Review* 56：237-249.

Lorrain，Francois，and Harrison C. White. 1971. Structural Equivalence of Individuals in Social Networks. *Journal of Mathematical Sociology* 1：49-80.

March，James G. 1991. Exploration and Exploitation in Organizational Learning. *Organization Science* 2：71-87.

Marsden，Peter V.，and Noah E. Friedkin. 1993. Network Studies of Social Influence. *Sociological Methods and Research* 22：127-151.

McPherson，Miller. 1983. An Ecology of Affiliation. *American Sociological Review* 48：519-532.

Merton，Robert K.，and Alice S. Rossi. 1950. Contributions to the Theory of Reference Group Behavior. Pp. 279-334 in *Social Theory and Social Structure*，edited by Robert K. Merton. New York：Free Press.

Mizruchi，Mark S. 1990. Cohesion，Structural Equivalence，and Similarity of Behavior：An Approach to the Study of Corporate Political Power. *Sociological Theory* 8：16-32.

Myers，Daniel J. 2000. The Diffusion of Collective Violence：Infectiousness，Susceptibility，and Mass Media Networks. *American Journal of Sociology* 106：173-208.

Narayandas，Das，and V. Kasturi Rangan. 1996. *Dell Computer Corporation*. HBS Case 9-596-058. Boston：Harvard Business School Publishing.

Nelson，Richard，and Sidney Winter. 1982. *An Evolutionary Theory of Economic Change*. Cambridge，Mass.：Harvard University Press.

Ortiz，Catalina. 1995. Intel Rolls Out Newest Processor，Pentium Pro，"Son of Pentium." Associated Press，October 31.

Peli，Gabor，and Bart Nootenboom. 1999. Market Partitioning and the Geometry of the Resource Space. *American Journal of Sociology* 104：1132-1153.

Podolny，Joel M. 1994. Market Uncertainty and the Social Character of Economic Exchange. *Administrative Science Quarterly* 39：458-483.

Podolny，Joel M.，Toby E. Stuart，and Michael T. Hannan. 1996. Networks，Knowledge，and Niches：Competition in the Worldwide Semiconductor Industry，1984—1991. *American Journal of Sociology* 102：659-689.

Ranger-Moore，James. 1997. If Bigger Is Better，Is Older Wiser? Organizational Size and Age in the New York Life Insurance Industry. *American Sociological Review* 58：901-920.

Rogers，Everett M. 1962. *Diffusion of Innovations*. New York：Free Press.

Scherer，F. M. 1996. *Industry Structure，Strategy，and Public Policy*. New York：Harper-Collins.

Silber，Illana F. 1995. Space，Fields，Boundaries：The Rise of Spatial Metaphors in Contemporary Sociological Theory. *Social Research* 62 (2)：323-355.

Simmel，Georg. 1904. Fashion. *International Quarterly* 10：140-155.

Sorenson，Olav，andPino G. Audia. 2000. The Social Structure of Entrepreneurial Activity：Geographic Concentration of Footwear Production in the United States，1940—1989. *American Journal of Sociology* 106：424-462.

Strang，David，and Michael W. Macy. 2001. "In Search of Excellence"：Fads，Success Stories，and Adaptive Emulation. *American Journal of Sociology* 107：147-182.

Strang，David，and Sarah A. Soule. 1998. Diffusion in Organizations and Social Movements：From Hybrid Corn to Poison Pills. *Annual Review of Sociology* 24：265-290.

Strang，David，and Nancy Brandon Tuma. 1993. Spatial and Temporal Heterogeneity in Diffusion. *American Journal of Sociology* 99：614-639.

Uzzi，Brian. 1996. The Sources and Consequences of Embeddedness for the Economic Performance of Organizations：The Network Effect. *American Sociological Review* 61：674-698.

Van denBulte，Christopher，and Gary L. Lilien. 2001. Medical Innovation Revisited：Social Contagion versus Marketing Effort. *American Journal of Sociology* 106：1409-1435.

Veblen，Thorstein. 1973. *The Theory of the Leisure Class*. Boston，Houghton Mifflin.

Weber，Max. (1922) 1978. *Economy and Society：An Outline of Interpretive Sociology*. New York：Bedmeister.

White，Harrison C. 1992. *Identity and Control：A Structural Theory of Social Action*. Princeton，N. J.：Princeton University Press.

——2002. *Markets from Networks：Socioeconomic Models of Production*. Princeton，N. J.：Princeton University Press.

White，Harrison C.，Scott A. Boorman，and Ronald L. Breiger. 1976. Social Structure from Multiple Networks：Part I. Blockmodels of Roles and Positions. *American Journal of Sociology* 81：730-780.

Zylan，Yvonne，and Sarah A. Soule. 2000. Ending Welfare As We Know It (Again). *Social Forces* 79 (2)：623-652.

图书在版编目（CIP）数据

技术与组织：学科脉络与文献/邱泽奇主编．—北京：中国人民大学出版社，2018.3
（技术与组织关系研究丛书）
ISBN 978-7-300-25187-5

Ⅰ．①技… Ⅱ．①邱… Ⅲ．①组织学-文集 Ⅳ．①C936－53

中国版本图书馆 CIP 数据核字（2017）第 298219 号

技术与组织关系研究丛书
主编 邱泽奇
技术与组织：学科脉络与文献
邱泽奇 主编
Jishu yu Zuzhi：Xueke Mailuo yu Wenxian

出版发行	中国人民大学出版社		
社　　址	北京中关村大街 31 号	**邮政编码**	100080
电　　话	010－62511242（总编室）		010－62511770（质管部）
	010－82501766（邮购部）		010－62514148（门市部）
	010－62515195（发行公司）		010－62515275（盗版举报）
网　　址	http://www.crup.com.cn		
	http://www.ttrnet.com（人大教研网）		
经　　销	新华书店		
印　　刷	北京东君印刷有限公司		
规　　格	170 mm×240 mm　16 开本	**版　　次**	2018 年 3 月第 1 版
印　　张	24.25 插页 1	**印　　次**	2018 年 3 月第 1 次印刷
字　　数	462 000	**定　　价**	79.80 元